Mittelpunkt  B2

Deutsch als Fremdsprache für Fortgeschrittene

LEHR- UND ARBEITSBUCH B2.2

Lektion 7–12

Albert Daniels
Christian Estermann
Renate Köhl-Kuhn
Ilse Sander
Ellen Butler
Stefanie Dengler
Ulrike Tallowitz

Ernst Klett Sprachen
Barcelona Belgrad Budapest Ljubljana
London Posen Prag Sofia Stuttgart Zagreb

Unterrichtssymbole in **Mittelpunkt B2**

 1, 6   Verweis auf CD und Tracknummer

  prüfungsrelevanter Aufgabentyp: Goethe-Zertifikat B2
→GI

 prüfungsrelevanter Aufgabentyp: telc Deutsch B2,
→TELC   ehemals: Zertifikat Deutsch Plus

Mittelpunkt B2
Deutsch als Fremdsprache für Fortgeschrittene
Lehr- und Arbeitsbuch B2.2, Lektion 7–12

Lehrbuchteil von: Albert Daniels, Christian Estermann, Renate Köhl-Kuhn, Ilse Sander,
Ellen Butler; Ulrike Tallowitz (Referenzgrammatik)
Arbeitsbuchteil von: Albert Daniels, Stefanie Dengler, Christian Estermann, Renate Köhl-
Kuhn, Ilse Sander

1. Auflage   1 ^{5} ^{4} ^{3} ^{2} | 2012   2011   2010   2009

Alle Drucke dieser Auflage können nebeneinander benutzt werden, sie sind untereinander
unverändert. Die letzte Zahl bezeichnet das Jahr des Druckes.

© Ernst Klett Sprachen GmbH, 2008
Alle Rechte vorbehalten.

Internet: www.klett.de, www.klett.de/mittelpunkt

Redaktion: Alicia Padrós, Angela Fitz, Iris Korte-Klimach
Layout und Herstellung: Katja Schüch, Jasmina Car, Claudia Stumpfe
Illustrationen: Jani Spennhoff
Satz: Jürgen Rotfuß, Neckarwestheim; Jasmina Car, Nürtingen
Druck: LCL S.A., Lodz • Printed in Poland

ISBN: 978-3-12-676621-0

9 783126 766210

Arbeiten mit **Mittelpunkt B2**

Mittelpunkt B2 ist der Beginn einer neuen Lehrwerksgeneration. Alle Lernziele und Inhalte leiten sich konsequent aus den Kannbeschreibungen (Niveau B2) des Gemeinsamen Europäischen Referenzrahmens für Sprachen ab. Das führt zu Transparenz im Lernprozess und zu internationaler Vergleichbarkeit der Ergebnisse. Mit diesem neuen Ansatz sollen sich die Neugier auf die andere Kultur und das persönliche Einbringen der eigenen Werte und Vorstellungen verbinden.

Das Lehrbuch von **Mittelpunkt B2** ist in zwölf Lektionen mit Themen aus Alltag und Beruf gegliedert. Jede Lektion ist wiederum in sechs Lerneinheiten (jeweils eine Doppelseite) aufgeteilt. Diese übersichtliche Portionierung der Lernsequenzen fördert Ihre Motivation als Lerner und erleichtert die Unterrichtsplanung.

Die Ableitung der Inhalte aus dem Referenzrahmen sehen Sie gleich auf den ersten Blick:

- Auf der ersten Doppelseite jeder Lektion finden Sie die Rubrik „Was Sie in dieser Lektion lernen können".

- Die Lernziele jeder Lerneinheit werden zudem auf der jeweiligen Doppelseite rechts oben in der Orientierungsleiste aufgeführt. Diese Form der Transparenz bietet Ihnen und den Kursleitern / -innen eine schnelle Orientierung und einfache Zuordnung der Aufgaben zu den Kannbeschreibungen.

- Zu jeder Aufgabe finden Sie außerdem in der Marginalspalte Hinweise auf die trainierten Fertigkeiten, also z. B. Lesen und Sprechen.

- Bei den Aufgaben zur Grammatik oder Wortbildung erhalten Sie unter dem Stichwort „Formen und Strukturen" einen Seitenverweis auf die entsprechende Erklärung in der Referenzgrammatik im Anhang des Lehrbuchteils.

- Bei Hörtexten ist die passende CD samt Tracknummer angegeben, z. B. CD 1, Track 6.

- Wenn für eine Übung im Arbeitsbuchteil ein Hörtext aus dem Lehrbuchteil noch einmal gehört werden soll, findet man einen Hinweis, dass es sich um einen Hörtext aus dem Lehrbuchteil handelt, z. B. Track 51–60 von der CD1 zum Lehrbuchteil.

Das Arbeitsbuch von **Mittelpunkt B2** dient zur Vertiefung und Erweiterung des Lernstoffs im Lehrbuch und ist analog zum Lehrbuch aufgebaut: In zwölf Lektionen, die jeweils in sechs Lerneinheiten aufgeteilt sind, werden die Themen des Lehrbuchs aufgegriffen. Im Unterschied zum Lehrbuch sind diese sechs Lerneinheiten jedoch unterschiedlich lang, je nachdem wie viel Übungsmaterial jeweils der Lernstoff im Lehrbuch erfordert.

Wortschatz, Redemittel, Grammatik und Strategien werden in sinnvollen Zusammenhängen geübt, daneben enthält jede Lektion für die Kommunikation relevante Ausspracheübungen. Eine CD mit diesen Übungen sowie weiteren Hörtexten zum Arbeitsbuchteil ist integriert. Der Lösungsschlüssel zum Arbeitsbuchteil erlaubt es Ihnen, die meisten Übungen auch im Selbststudium – ganz nach Ihrem Lerntempo und Lernbedarf – zu machen.

Ein weiteres Plus: Wenn Sie mit **Mittelpunkt B2** lernen, werden Sie auch mit den Aufgabenformaten der B2-Prüfung des Goethe-Instituts (*Goethe-Zertifikat B2*) und von TELC (*telc Deutsch B2*, ehemals: *Zertifikat Deutsch Plus*) vertraut gemacht: Die prüfungsrelevanten Aufgabentypen finden Sie immer wieder im Lehr- und Arbeitsbuch eingestreut, sodass Sie sie wiederholt trainieren können. Um Ihnen die Übersicht hierzu zu erleichtern, haben wir solche Aufgaben mit einem Symbol versehen:

Darüber hinaus finden Sie im Lehr- und Arbeitsbuch B2.2 eine Probeprüfung zum Goethe-Zertifikat B2, die Ihnen eine Vorbereitung unter Prüfungsbedingungen ermöglicht.

Viel Spaß und Erfolg bei der Arbeit mit **Mittelpunkt B2** wünschen Ihnen der Verlag und das Autorenteam!

Inhalt – Lehrbuchteil

| 5

7 Natur

Sprechen

1 Natur

Denken Sie eine Minute lang bei geschlossenen Augen an „Natur": Welche Bilder, Geräusche, Gerüche, Gefühle kommen Ihnen dabei in den Sinn? Machen Sie sich dann Notizen und tauschen Sie sich anschließend zu zweit darüber aus.

Hören 1, 1
Sprechen

2 Klingende Natur

a Hören Sie die Musik. Welche Assoziationen haben Sie dazu?

b Welches der Bilder A bis D passt am besten zur Musik? Warum? Tauschen Sie sich in Kleingruppen aus.

Lesen
Sprechen

3 Die Jahreszeiten

a Welcher Text passt zu welcher Jahreszeit? Bitte begründen Sie. Arbeiten Sie zunächst zu zweit und stellen Sie dann Ihre Zuordnung im Kurs vor.

> Die Welt wird schöner mit jedem Tag,
> Man weiß nicht, was noch werden mag,
> Das Blühen will nicht enden.
>
> Ludwig Uhland

> Ein Sturm hat gestern Nacht die Bäume kahlgefegt und das Grün vor meinen Fenstern in ein Gitterwerk von nackten Ästen verwandelt.
>
> Wolfgang Hildesheimer

> Der Schatten, den ich mir erwählt,
> Erfrischt mich kaum.
> Die Hitze hat das Holz geschält
> Am Birnenbaum.
>
> Karl Krolow

> Schönes, grünes, weiches Gras.
> Drin liege ich.
> Inmitten goldgelber Butterblumen!
>
> Arno Holz

> Ein Schweigen in den schwarzen Wipfeln wohnt.
> Ein Feuerschein huscht aus den Hütten.
>
> Georg Trakl

Nicht ein Flügelschlag ging durch die Welt,
still und blendend lag der weiße Schnee.
Nicht ein Wölklein hing am Sternenzelt,
keine Welle schlug im starren See.

Gottfried Keller

Die Winde pfeifen, hin und her bewegend
Das rote Laub, das von den Bäumen fällt,
Es seufzt der Wald, es dampft das kahle Feld, ...

Heinrich Heine

*Es regte sich kein Hauch am heißen Tag,
nur leise strich ein weißer Schmetterling;
doch ob auch kaum die Luft sein Flügelschlag
bewegte, sie empfand es und verging.*

Friedrich Hebbel

Die Blätter fallen, fallen wie von weit,
als welkten in den Himmeln ferne Gärten; ...

Rainer Maria Rilke

Es färbte sich die Wiese grün,
Und um die Hecken sah ich's blühn,
Tagtäglich sah ich neue Kräuter;
Mild war die Luft, der Himmel heiter.

Novalis

b Teilen Sie Ihren Kurs in vier Arbeitsgruppen: Jede beschäftigt sich mit einer anderen Jahreszeit.
Sammeln Sie alles, was Sie mit dieser Jahreszeit verbinden, gestalten Sie ein Plakat dazu und
präsentieren Sie es dann den anderen.

- Was ist typisch / charakteristisch für die Natur in dieser Jahreszeit?
- Was ist typisch / charakteristisch für das Verhalten und die Aktivitäten von Menschen und Tie-
  ren in dieser Jahreszeit?
- Gibt es bei den Jahreszeiten Unterschiede zwischen den deutschsprachigen Ländern und Ih-
  rem Herkunftsland?
- Wie ist Ihre persönliche Einstellung zu dieser Jahreszeit?

4 Die Geschichte von der Schneeflocke

Hören 1, 2
Sprechen

Hören Sie die Geschichte zweimal. Machen Sie Notizen und erzählen Sie dann anhand Ihrer
Notizen die Geschichte nach: erst zu zweit, dann gemeinsam im Kurs.

Was Sie in dieser Lektion lernen können:

über aktuelle oder abstrakte Themen sprechen und Gedanken und Meinungen dazu äußern

literarischen oder alltäglichen Erzählungen folgen und viele wichtige Details verstehen

eine Geschichte zusammenhängend erzählen

im Radio Informationen aus Nachrichten- und Feature-Sendungen verstehen

sich während eines Gesprächs oder einer Präsentation Notizen machen

Informationen und Sachverhalte schriftlich weitergeben und erklären

Erfahrungen und Ereignisse detailliert und zusammenhängend schriftlich beschreiben

Informationen in Ansagen und Mitteilungen verstehen

detaillierte Informationen umfassend und inhaltlich korrekt weitergeben

in Artikeln und Berichten über aktuelle Themen Haltungen und Standpunkte verstehen

Informationen aus längeren Texten zusammenfassend wiedergeben

ein Problem darlegen, dabei Vermutungen über Ursachen und Folgen anstellen sowie Vor- und Nachteile abwägen

in längeren und komplexeren Texten rasch wichtige Einzelinformationen finden

in längeren Reportagen zwischen Tatsachen, Meinungen, Schlussfolgerungen unterscheiden

komplexe Informationen über alltägliche und berufsbezogene Themen verstehen

ein Interview führen und auf interessante Antworten näher eingehen

1 Die Natur als Lehrmeister

Haben Sie schon von der Wissenschaft der Bionik gehört? Was wissen Sie darüber? Warum wird die Natur wohl „Lehrmeister" genannt?

2 Natur und Technik

a Was glauben Sie? Für welche technischen Entwicklungen standen die nachfolgenden Tiere, Pflanzen und Phänomene Modell?

Ente   Löwenzahn   Krebs

 A

 C

Dorn

 D

 E

 F

Schlange   Spinnennetz (at)

b Ordnen Sie die Fotos oben den Erklärungen 1 bis 6 zu.

Die Natur löst manches technische Problem auf so geniale Art, dass der Mensch mit seinen begrenzten Möglichkeiten davon nur träumen kann. Doch die Wissenschaft entdeckt immer mehr Möglichkeiten, von der Natur zu lernen. Die Bionik hält Einzug in die unterschiedlichsten Bereiche der Technik. Einige Beispiele:

D **1.** Stacheldraht ist ein Allerweltsprodukt. Niemand macht sich Gedanken darüber. Woher stammt die Idee zu dieser simplen und doch wirkungsvollen Methode der Feindabwehr?

C **2.** Zangen und Scheren liegt ein sehr einfaches technisches Prinzip zugrunde: zwei sich kreuzende Schenkel und ein Gelenk in der Mitte. Die Hebelwirkung macht das Werkzeug so effektiv.

F **3.** Das Zeltdach des Olympiaparks in München: ein architektonisches Glanzstück und eine technische Meisterleistung. Das 74.800 qm große Dach wird von in sich vernetzten Stahlseilen gebildet.

E **4.** Soldaten haben ein gutes Mittel zur Tarnung: Kleinteilige Farbflecke auf Uniformen bewirken, dass die Körperkonturen aufgelöst werden. So ist man schwer vor ähnlichfarbigem Hintergrund zu erkennen.

B **5.** Vor mehr als 400 Jahren gelang der erste Fallschirmsprung. Heutzutage sind Fallschirme technisch sehr ausgereift.

A **6.** Um sich leichter im Wasser bewegen können, zieht der Mensch Taucherflossen an.

	Foto		Foto
1. Stacheldraht	D	**4.** Tarnuniform	E
2. Zange / Schere	C	**5.** Fallschirm	B
3. Zeltdach	F	**6.** Schwimmflossen	A

c Kennen Sie weitere Beispiele für die moderne Technik, bei der die Natur Vorbild ist? Überlegen Sie gemeinsam im Kurs.

3 Die Natur als Ingenieur: Was ist Bionik?

Hören ● 1, 3
Schreiben

a Hören Sie den ersten Teil einer Radioreportage. Vergleichen Sie die Informationen mit Ihren Vermutungen aus Aufgabe 1.

b Hören Sie diesen Teil der Reportage noch einmal und machen Sie sich Notizen zu folgenden Punkten:

1. Warum ist die Natur ein Vorbild?
2. Bedeutung des Wortes
3. Beispiele von Bionik

4 Der Klassiker der Bionik: der „Lotuseffekt"

Hören ● 1, 4
Sprechen

a Kennen Sie diesen Begriff? Bitte erklären Sie oder vermuten Sie (mithilfe der Fotos unten), woher der Begriff stammt und was er bedeuten könnte.

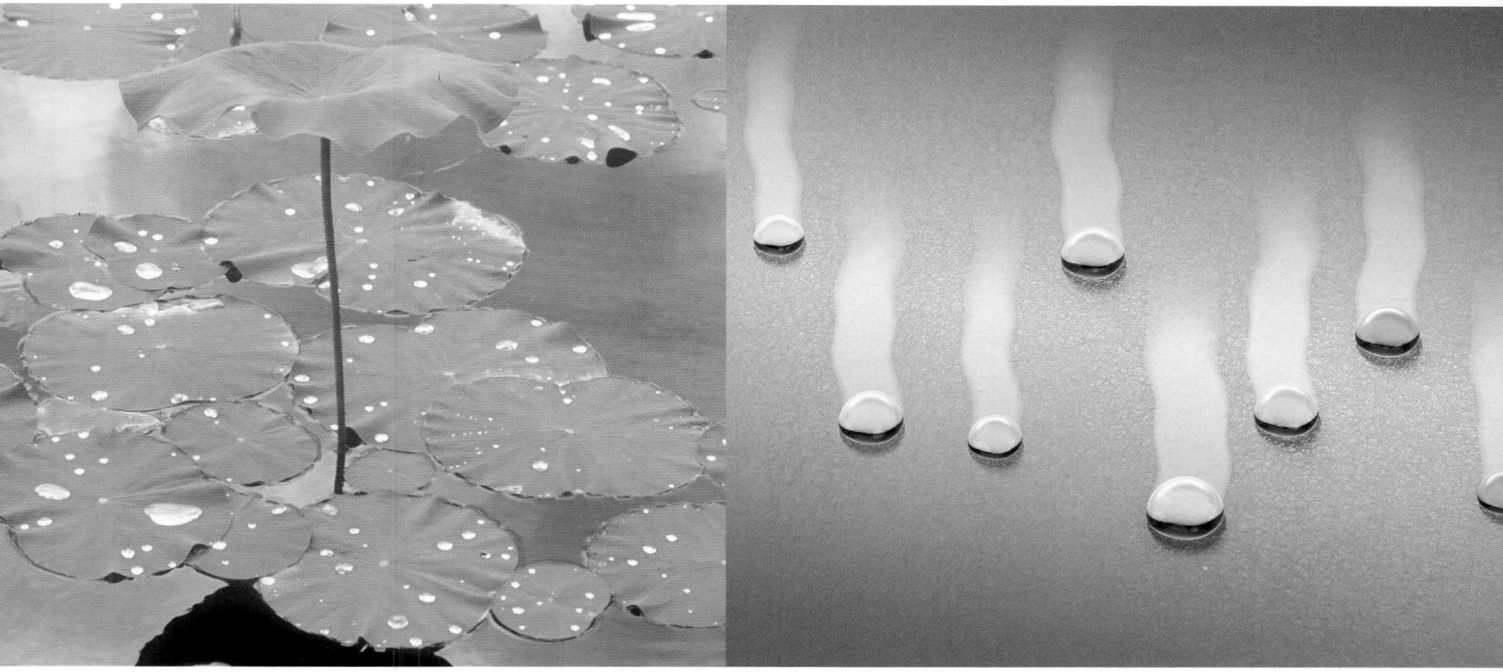

b Hören Sie jetzt den zweiten Teil der Reportage. War Ihre Erklärung des Lotuseffekts richtig?

c Hören Sie diesen Abschnitt der Reportage noch einmal und achten Sie auf die folgenden Punkte:

1. Wie funktioniert der Lotuseffekt?
2. Wie wenden die Bioniker ihn heute an?
3. Welche Anwendungsgebiete für den Lotuseffekt sind künftig denkbar?

d Vergleichen Sie zu zweit Ihre Notizen und ergänzen Sie sich gegenseitig.

5 Informationen weitergeben

Schreiben

Ihr Kollege konnte die Radioreportage nicht hören, da er auf Dienstreise war. Er hat Sie nun gebeten, ihn kurz per E-Mail darüber zu informieren. Schreiben Sie die Mail und sagen Sie darin etwas zu folgenden Punkten:

– Was hat Bionik erstens mit Natur, zweitens mit Technik zu tun?
– Resümieren Sie die wichtigsten Informationen der Reportage über Bionik.
– Wie fanden Sie die Radiosendung?

Sprechen

1 Naturschauspiel oder Naturkatastrophe?

Diskutieren Sie: Welche der folgenden Begriffe sehen Sie als Naturschauspiel, welche als Katastrophe an?

Erdbeben   Vulkanausbruch   Geysir   Eisberg   Hochwasser   Sandsturm   Polarlicht
Lawine   Dürre   Tsunami   Sonnenfinsternis   Blizzard   Hurrikan   Gewitter
Erdrutsch   Ebbe und Flut   Meteoriteneinschlag   Waldbrand   Sonnenuntergang

Schreiben

2 Selbst erlebt?

Lesen Sie die Anzeige und antworten Sie darauf. Berichten Sie über ein Erlebnis in der Natur (Sie können auch etwas erfinden.): Wann? / Wo? / Was genau haben Sie gesehen, gehört, gefühlt? ...

Naturereignisse oder -katastrophen selbst erlebt?

Berichte gesucht Für meine Seminararbeit in Psychologie suche ich persönliche Berichte über Erlebnisse mit Naturereignissen oder -katastrophen. Diskretion garantiert.

Bitte schicken Sie Ihren Bericht an
rainer.domhan@rainerdomhan.de

3 Schon gehört? Katastrophenmeldungen

Hören ● 1, 5-12
Schreiben

a Hören Sie die Kurznachrichten und notieren Sie die Informationen aus den einzelnen Meldungen in eine Tabelle mit folgenden Spalten.

wo?	was?	wann?	Folge?
Jakarta			

Sprechen

b Welche Merkmale sind typisch für Kurznachrichten? Was ist charakteristisch für Nachrichtensprecher? Sammeln Sie im Kurs.

Schreiben
Sprechen

c Wählen Sie zu zweit drei Kurzmeldungen aus Aufgabenteil a. Formulieren Sie die Kurzmeldungen mithilfe der Stichwörter in der Tabelle aus und machen Sie eine kleine Nachrichtensendung daraus. Üben Sie, den Text gut und deutlich zu sprechen.

d Wenn Sie Lust haben, nehmen Sie Ihre Kurznachrichten im Kurs auf. Welche Gruppe hat am deutlichsten gesprochen?

Lesen

4 Meinungen und Kommentare

Lesen Sie die Kommentare aus einem Online-Forum und markieren Sie, welche Position (1 oder 2) die Verfasser jeweils vertreten.

Sagen Sie uns Ihre Meinung. Regelmäßig formulieren wir eine aktuelle Fragestellung, die Sie online diskutieren können.

Die aktuelle Frage: Naturkatastrophen

Jedes Jahr verwüsten Hurrikane ganze Landstriche. Wirbelstürme und Überschwemmungen treiben Hunderttausende Menschen in die Flucht. Sind Naturkatastrophen [1] Vorboten eines von Menschenhand verursachten Klimawandels oder [2] ganz natürliche Phänomene?

Kommentare

A Wohl selten zuvor bewegte die Furcht vor den verheerenden Folgen der Erderwärmung so viele Menschen wie in diesen Tagen. Diese Entwicklung scheint für manche Journalisten ein Ansporn zu sein, plakativ eine Gegenposition zu vertreten. Das gilt auch für die beiden größten Wochenzeitschriften. Nachdem Gero von Randow in der „Zeit" meinte, wir sollten uns nicht aufregen und versicherte, die diesjährige Hurrikan-Saison sei „normal", legt nun Gerald Traufetter im Spiegel nach mit der Feststellung, die Katastrophe habe mit der globalen Erwärmung nichts zu tun. Diese Aussagen sind wissenschaftlich unhaltbar und politisch fatal. Tabea Blum

B Hurrikane, Taifune, Auftauen des Permafrostbodens … Alle 3 Jahre 'ne Jahrhundertflut. Zufall? Da finde ich es geradezu zynisch, wenn Gero von Randow schreibt, die bevorstehende Sturmkatastrophe bringe uns keine böse Botschaft vom Klimawandel. Auf die Dauer sei der Forderung nach Klimaschutz nicht gedient, wenn jede Wetterkatastrophe zu seiner Begründung herhalten müsse. Fakt ist aber: Wenn wir unser Verhalten nicht VOLLSTÄNDIG ändern, dauert es nicht mehr lange, bis die Natur sich der ungeliebten Spezies „Mensch" entledigt. Wenn ich mit Tempo 200 auf eine Mauer zurase, bremse ich und diskutiere nicht! Ein Naturwissenschaftler!

C Leute, orientiert euch an den messbaren Fakten und nicht an Weltuntergangsphantasien. Und auch wenn es banal klingt, das Klima war noch nie konstant, und beständig ist nur die Veränderung. Traufetter schreibt, die Hurrikan-Aktivität sei zwischen 1920 und 1960 schon einmal sehr stark gewesen und habe bis Mitte der 90iger-Jahre abgenommen. Derzeit nehme sie wieder zu. Machen wir uns also lieber Gedanken darüber, wie wir mit diesen Veränderungen umgehen und wie wir deren Folgen abmildern können. Joachim Scheirich

D Alles Aberglaube! Die Natur hat schon mehrfach ohne uns Eiszeiten, meterhohe Schwankungen des Meeresspiegels, Polverschiebungen etc. zustande gebracht. Es spricht für die Arroganz der Menschen, dass sie aus ein paar Jahren Wetterbeobachtung langfristige Trends ableiten und sich dann auch noch selbst als Ursache dafür ausmachen wollen. Wir sollten uns lieber um uns selbst Sorgen machen, denn eines wird auf der Erde mit Sicherheit überleben: die Natur. Die ist weitaus widerstandsfähiger, als wir glauben. Bei den Menschen bin ich mir nicht so sicher. Helmut Gräter

E Wir fördern eine Entwicklung, die irgendwann ohnehin stattfinden wird: einen Klimawechsel. Wir sind Gäste, der Boss ist und bleibt die Natur. Katharina Meierhold

F Winter fallen aus, im Sommer eine Hitze wie in den Tropen und dazwischen Stürme und sintflutartige Regenfälle – wer da von natürlichen Entwicklungen spricht, hat keinen Verstand! Alex König

Formen und
Strukturen
S. 103

5 Sprache im Mittelpunkt: indirekte Rede

a Lesen Sie die Kommentare in Aufgabe 4 noch einmal. Unterstreichen Sie die Äußerungen, die nicht von den Verfassern sind, sondern von den beiden Journalisten Gero von Randow und Gerald Traufetter.

b Ergänzen Sie die Sätze in der Tabelle.

	Indirekte Rede
Gero von Randow meint,	die diesjährige Hurrikan-Saison _sei normal._ . die bevorstehende Sturmkatastrophe _bringe..._ .
Gerald Traufetter schreibt,	die Katastrophe _habe..._ die Hurrikan-Aktivität _sei..._

c Was haben die beiden Journalisten wohl direkt gesagt? Schreiben Sie die Aussagen in die Tabelle.

	Direkte Rede
Gero von Randow behauptet:	„Die diesjährige Hurrikan-Saison _ist normal_ " „Die bevorstehende Sturmkatastrophe _bringt..._ "
Gerald von Traufetter sagt:	„Die Katastrophe _hat..._ " „Die Hurrikan-Aktivität _ist hat..._ "

d Vergleichen Sie nun die Sätze und überlegen Sie zu zweit, welche Signale Sie für indirekte Rede finden.

e Wählen Sie drei oder vier Sätze aus den Kommentaren D bis F in Aufgabe 4 und geben Sie sie in der indirekten Rede wieder.

Sprechen

6 Klimawandel

Wie ist Ihre Meinung zum Thema Klimawandel? Diskutieren Sie im Kurs und nehmen Sie Bezug auf die Kommentare in Aufgabe 4.

1 Klonen – Chancen und Gefahren

Sprechen
Schreiben

a Was verbinden Sie mit diesem Thema? Welche Fragen haben Sie dazu?

Sammeln Sie in der Gruppe. Notieren Sie die einzelnen Informationen oder Fragen auf je ein Kärtchen und heften Sie diese in zwei Spalten an die Tafel.

b Tauschen Sie die Informationen im Kurs aus und suchen Sie dann Informationen zu den übrig gebliebenen Fragen.

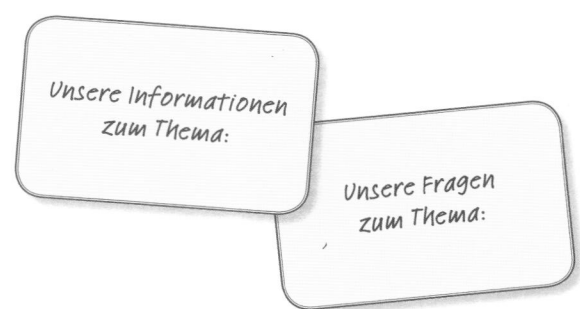

Unsere Informationen zum Thema:

Unsere Fragen zum Thema:

2 Klonen – ein Geschäft?

Lesen
Sprechen

a Arbeiten Sie zu zweit: Jede/r liest einen Artikel und gibt dann der/dem anderen die Informationen zusammenfassend wieder.

Die Geschichte übers Klonen sollte 100.000 Dollar kosten

Wie die „New York Times" berichtet, hat der Wissenschaftsjournalist Michael A. Guillen verschiedenen Fernsehsendern und der Zeitung selbst eine Klon-Geschichte als Exklusiv-Beitrag angeboten.
5 Er soll, wie die „Times" berichtet, dabei bisweilen ein Honorar von mehr als 100.000 Dollar verlangt haben.

Guillen will genau beweisen können, dass zwei Frauen der Raelianer-Sekte geklonte Babys auf die
10 Welt gebracht haben. Dem Sender Fox soll er ein regelrechtes Reality-Fernsehen angeboten haben, eine dokumentarische Seifenoper, die angeblich vor der Geburt in der Familie eines geklonten Kindes beginnt und mit der Niederkunft endet. Fox
15 lehnte das Angebot aber ab, es erschien dem Sender, wie es heißt, mit zu vielen ethischen Fragen belastet.

Nun soll Guillen laut Bericht der „Times" dieser einen exklusiven Artikel über ein Paar angebo-
20 ten haben, das versuche, durch Klonen ein Kind zu bekommen. Guillen will der einzige sein, dem der Zugang zu den Betroffenen erlaubt sei. Er will in den letzten Jahren in engem Kontakt zu sämtlichen bedeutenden Klon-Forschern gestanden ha-
25 ben und will insgesamt mehr wissen als die einzelnen Forscher. Doch auch die „Times" lehnte ab.

Hwang will trotz langem Sündenregister wieder klonen

Wie „The Korea Times" am 27. Juni berichtete, beabsichtigt Hwang Woo-suk, seine Klonversuche wieder aufzunehmen. In einem Monat soll er mit rund 30 Forschern, von welchen die meisten seinem früheren Team angehörten, vorerst
5 einmal mit Tierversuchen beginnen. Versuche zur Gewinnung von embryonalen Stammzellen mithilfe von geklonten menschlichen Embryonen könnten später ebenfalls durchgeführt werden.

Hwang Woo-suk will private Sponsoren gefunden haben,
10 die sein Comeback ermöglichen.

Bekanntlich wurde Hwang von der südkoreanischen Justiz zur Rechenschaft gezogen, da er nicht nur bei seinen „bahnbrechenden" Publikationen in den Jahren 2004 und 2005 Daten gefälscht hatte, sondern auch erhaltene For-
15 schungsgelder im Millionenbereich veruntreut hatte. Ein Teil floss in seine eigene Tasche, während den anderen Teil Politiker und Geschäftsleute erhielten, die seine Forschung unterstützten. Insgesamt soll Hwang für seine Klonversuche 2.236 Eizellen von 136 Eizellspenderinnen von vier medizi-
20 nischen Institutionen erhalten haben.

Außerdem verletzte Hwang das Bioethikgesetz, indem er Frauen aus seinem Forscherteam zur Eizellspende animierte und von lokalen Kliniken Eizellen ohne Zustimmung der Spenderinnen erhielt. Die Untersuchungsbehörden fanden
25 heraus, dass er 113 Eizellen von 72 Spenderinnen erhalten hatte, deren Zustimmung nie eingeholt worden war.

b Woher haben die Autoren ihre Informationen?

3 Sprache im Mittelpunkt: Informationen aus zweiter Hand

Formen und Strukturen S. 98

a Überlegen Sie gemeinsam im Kurs: Welche Informationen in den Zeitungstexten sind Tatsachen? Welche Aussagen sind Informationen aus zweiter Hand? Woran kann man das als Leser/in erkennen?

b Was passt zu wem? Versuchen Sie, die Informationen zuzuordnen und überprüfen Sie Ihre Zuordnung dann mithilfe der Texte in Aufgabe 2.

Michael A. Guillen — will
Hwang Woo-suk — soll

2236 Eizellen erhalten haben.
in engem Kontakt zu Klon-Forschern gestanden haben.
ein unglaublich hohes Honorar verlangt haben.
mit Tierversuchen beginnen.
einen Exklusiv-Beitrag angeboten haben.
die Geburt von zwei geklonten Babys beweisen können.
mehr als alle Beteiligten über die Sache wissen.
die einzige Kontaktperson zu einem Paar mit Klon-Baby sein.
private Sponsoren gefunden haben.

c Versuchen Sie nun, aus dem Kontext herauszufinden, welche Bedeutung die Modalverben „sollen" und „wollen" hier haben und markieren Sie die richtige Lösung.

1. „Er **soll** etwas getan haben." bedeutet:
a. Man hat ihn gezwungen, etwas zu tun.
b. Man sagt, dass er etwas getan hat.
c. Man hat erwartet, dass er etwas tut.

2. „Er **will** etwas getan haben." bedeutet:
a. Es war sein Wunsch, etwas zu tun.
b. Er bedauert, etwas getan zu haben.
c. Er behauptet, etwas getan zu haben.

d Tragen Sie nun die Sätze aus Aufgabenteil b in die Tabelle ein.

subjektiver Gebrauch der Modalverben „sollen" und „wollen" – Gegenwart			
	Modalverb		Infinitiv (+ 2. Modalverb)
Guillen	will	die Geburt...	beweisen können.
" "	will	die einzige...	sein
Hwang	soll	mit T...	beginnen
Guillen	will	mehr...	wissen

subjektiver Gebrauch der Modalverben „sollen" und „wollen" – Vergangenheit				
	Modalverb		Partizip	haben/sein
Hwang	will	private Sponsoren	gefunden	haben
Guillen	soll	in engem...	gestanden	haben
Hwang	soll	2236 Eizellen ...	erhalten	haben
Guillen	soll	einen...	angeboten	haben

4 Sensationspresse: Haben Sie das gelesen?

Arbeiten Sie zu zweit: Ein Partner berichtet von seinen Nachrichten 1 bis 3, der andere von 4 bis 6. Gebrauchen Sie dabei die Modalverben „sollen" und „wollen" wie in Aufgabe 3.

1. Eine alte Dame hat 50.000 US-Dollar für ein neun Wochen altes Klon-Kätzchen bezahlt.

2. Hwang Woo-suk behauptet, dass er mit seiner Klonforschung Schwerkranken geholfen hat.

3. Eine Amerikanerin hat am vergangenen Freitag in Europa ein Klonbaby zur Welt gebracht.

4. Kinderlose Paare können schon jetzt eingefrorene Embryonen kaufen.

5. Der Physiker Richard Seed behauptet, dass er bald die erste Klonklinik der Welt eröffnen kann.

6. Die Überlebenschance von Klonbabys ist deutlich gestiegen.

1 Natürliche Ernährung?

der Riegel
Tiefkühltruhe
'freezer'

a Was verbinden Sie mit „natürlicher Ernährung"? Sammeln Sie in Kleingruppen.

b Welche der folgenden Arten von Ernährung kennen Sie? Tauschen Sie sich in Ihrer Kleingruppe aus.

> Functional Food   Schonkost   Veganismus   Gourmetgastronomie
> Rohkost   Slow Food   Feinkost   Tiefkühlkost   Vegetarismus   Trennkost
> Vollwerternährung   Fasten   Molekulargastronomie   Fast Food

c Informieren Sie sich genauer über eine der genannten Ernährungsmöglichkeiten.

d Tragen Sie die Informationen in der Kleingruppe zusammen und diskutieren Sie dann die Fragen.

> – Was könnten Gründe für eine solche Art der Ernährung sein? Wägen Sie Vor- und Nachteile gegeneinander ab.
> – Welche Folgen wären bei zu viel oder zu wenig davon möglich?
> – Welche der Art(en) bevorzugen Sie?

2 Genfood – Segen oder Fluch?

a So lautet der Titel eines Zeitungsartikels. Bitte erklären Sie die Wörter. Was wissen Sie über das Thema? Sammeln Sie in Kleingruppen.

b Lesen Sie den Artikel und markieren Sie alle Begriffe zum Thema Gentechnik. Wählen Sie dann drei Begriffe aus und erklären Sie deren Bedeutung. Präsentieren Sie Ihr Ergebnis im Kurs.

Genfood – Segen oder Fluch?

Das Thema weckt Emotionen – es geht schließlich um die Gesundheit, den täglichen Essgenuss und natürlich ums Geld. Die Vorstellungen des deutschen Otto Normal-
5 verbrauchers über Gentechnik schweben irgendwo zwischen Horrorszenarien und Heilsvisionen. Die Skepsis überwiegt jedoch. Die Mehrheit der Deutschen möchte keine genveränderten Lebensmittel auf ihren Tel-
10 lern. Umfragen belegen es – Genfood wird von 70 Prozent der Bevölkerung abgelehnt. Das tiefe Misstrauen gegen genmanipulierte Nahrung lässt sich jedoch nicht nur mit dem ausgeprägten Sicherheitsdenken der Deut-
15 schen erklären, denn die neue Technologie der Lebensmittelproduktion kann auch sonst in Europa bislang nicht richtig Fuß fassen. Dabei sind die Versprechungen der Befürwor-ter der neuen Technologie sehr verlockend.
20 Sie reichen von einer haltbaren „Anti-Matsch-Tomate" über Raps als Vitaminfabrik, dürre- und schädlingsresistente Pflanzen, Kartoffeln mit größerem Stärkegehalt bis zu genmanipu-lierten Wäldern, die mehr Kohlendioxid bin-
25 den und damit das Klima schützen sollen.

Für die Gegner der Gentechnik ist die Techno-logie noch nicht ausgereift und ihre Risiken für die Umwelt und die Gesundheit des Men-schen sind für sie daher noch nicht absehbar. Auch ließe sich bisher nicht beweisen, ob etwa 30 die Genvitamine überhaupt vom menschlichen Organismus absorbierbar seien. Die Fronten sind verhärtet. Starke Argu-mente für und wider wechseln sich dabei auch beim Thema Bekämpfung der Hungersnot 35 in der Welt ab. Bereits heute leiden darun-ter etwa 800 Millionen Menschen. Mithilfe der Gentechnik ließe sich der Hunger, so die Erwartungen vieler Forscher, zumindest lin-dern, da man ertragreichere Pflanzensorten 40 einsetzen könnte. Heinz Saedler, Direktor am Max-Planck-In-stitut für Züchtungsforschung in Köln, findet die Aussicht faszinierend, dieses große Pro-blem der Menschheit mit der Genforschung 45 zu besiegen. Und es ist für ihn besiegbar. Da-her ist die „grüne" Gentechnik seiner Ansicht nach ein absolutes Muss und angesichts der wachsenden Weltbevölkerung und schrump-fenden Anbauflächen alternativlos. 50

Das wachsende Problem der Ernährung der Menschheit in den kommenden Jahrzehnten sieht auch Klaus-Dieter Jany von der Bundesforschungsanstalt für Ernährung und
55 Lebensmittel in Karlsruhe: „Ergo muss die Nahrungsmittelproduktion verdoppelt werden. Das ist ohne Gentechnik nicht zu machen." Widerspruch kommt hier von den Grünen-Politikern: Die einzigen, die daraus
60 einen wirklichen Nutzen ziehen würden, sei-

en die internationalen Saatgutkonzerne. Die Vorstellung, dass die Kleinbauern in den Entwicklungsländern künftig auf die Lieferungen der Saatgutkonzerne restlos angewiesen sein könnten, sei erschreckend. Schließlich 65 solle man die Ursachen der Hungerkatastrophe bekämpfen und den armen Ländern ermöglichen, sich selbst zu ernähren, statt sie vom subventionierten Lebensmittelimport abhängig zu machen. 70

c Lesen Sie nun den Artikel noch einmal. Welche Informationen sind neu für Sie?

d Machen Sie einen Notizzettel und notieren Sie Tatsachen, Meinungen (pro und contra) und Schlussfolgerungen zum Thema Genfood aus dem Text.

Tatsache	Meinung (pro)	Meinung (contra)	Schlussfolgerung

e Welcher Meinung schließen Sie sich an? Diskutieren Sie im Kurs.

Formen und Strukturen S. 102, 112

3 Sprache im Mittelpunkt: Das Gleiche mit anderen Worten sagen

Was kommt jeweils dem ersten Satz am nächsten? Bitte markieren Sie.

1. Hunger lässt sich lindern.
- **a.** … kann gelindert werden.
- **b.** … wird gelindert.
- **c.** … muss man lindern.

2. Ohne Gentechnik ist das nicht zu machen.
- **a.** … macht man das nicht.
- **b.** … kann das nicht gemacht werden.
- **c.** … wird das nicht gemacht.

3. Die Plage Hunger ist besiegbar.
- **a.** … muss besiegt werden.
- **b.** … soll besiegt werden.
- **c.** … kann besiegt werden.

4. Wissenschaftler fordern: Gentechnik ist einzusetzen.
- **a.** … darf eingesetzt werden.
- **b.** … muss eingesetzt werden.
- **c.** … kann eingesetzt werden.

Formen und Strukturen S. 102, 112

4 Sprache im Mittelpunkt: Passiversatzformen

a Suchen Sie weitere Beispiele für Passiversatzformen im Zeitungsartikel von Aufgabe 2.

Passiv-Ersatz	Passivsatz	
lässt sich + Infinitiv	mit „können"	12, 30, 37
sein + zu + Infinitiv	mit „müssen" oder „können"	57
Adjektivendung -bar (Wortbildung Adjektive: Verbstamm + Endung -bar)	mit „können"	28, 32, 46

b Wandeln Sie die Passiversatzformen in Passivsätze oder in Sätze mit „man" um.

Das tiefe Misstrauen gegen genmanipulierte Nahrung lässt sich nicht nur mit dem ausgeprägten Sicherheitsdenken der Deutschen erklären. —> Das tiefe Misstrauen gegen genmanipulierte Nahrung kann nicht nur mit dem ausgeprägten Sicherheitsdenken der Deutschen erklärt werden.

1   Der Kräutergarten der Natur

Lesen

Leider ist der Text am rechten Rand teilweise verschwunden. Ergänzen Sie jeweils das fehlende Wort. Bitte geben Sie nur eine Lösung an.

Krankheiten mithilfe von Heilpflanzen zu behandeln, ist eine der ältesten Errungenschaften der Menschheit. Man kann sogar sagen, dass die Phytotherapie bis zum Ende des 19. Jahrhunderts die wichtigste Medizinlehre überhaupt *war*.   **Bsp.**

Bereits im 16. Jahrhundert begann Paracelsus damit, die bei uns heimischen Heilkräuter systematisch zusammenzufassen, und entwickelte Methoden, wie *die*   **1**
gewünschten Wirkstoffe am besten aus den Pflanzen extrahiert werden *können*.   **2**

Er machte damit die Phytotherapie zu einer Erfahrungswissenschaft, die danach mehr und mehr naturwissenschaftlichen Grundsätzen folgte.

Viele der Arzneimittel, die heute chemisch hergestellt werden, stammen ursprünglich aus der Pflanzenheilkunde. So enthält zum Beispiel Aspirin *den*   **3**
Wirkstoff aus der Rinde des Weidenbaumes, stark schmerzlindernde Substanzen wie die Opiate werden aus dem Milchsaft des Schlafmohnes gewonnen, und erst vor kurzem fand man im Schneeglöckchen den Wirkstoff Galantamin, der jetzt *bei*   **4**
der Alzheimer-Erkrankung eingesetzt wird.

In der Phytotherapie werden Pflanzen als Frischpflanzen, als Extrakte oder auch *in*   **5**
Form von Tees, Kapseln, Tropfen und Salben verwendet. Im Allgemeinen *haben*   **6**
pflanzliche Präparate ein recht breites Wirkungsspektrum und – was besonders vorteilhaft ist – deutlich weniger Nebenwirkungen als synthetische *Medikamente*   **7**

An Phytopharmaka werden heute die gleichen hohen Anforderungen gestellt *wie*   **8**
an chemisch produzierte Arzneimittel. Was Qualität, Wirksamkeit *und*   **9**
Unbedenklichkeit anbetrifft, müssen sie die gleichen gesetzlichen Bestimmungen erfüllen. Außerdem dürfen nur Wirkstoffe verordnet werden, deren Nutzen *höher*   **10**
ist als das Risiko. In dieser Hinsicht sind pflanzliche Arzneien den synthetischen Medikamenten sogar meist überlegen. Als Ausgangsmaterial sollten Pflanzen *aus*   **11**
kontrolliertem Anbau genutzt werden, bei denen sich der Wirkstoffgehalt standardisieren lässt, so dass jede Tablette oder Kapsel immer die gleiche Dosis enthält.

Ihr Haupteinsatzgebiet haben Phytopharmaka bei Befindlichkeitsstörungen wie nervöser Unruhe, bei Einschlafproblemen sowie bei Erkältungen, Magenproblemen und leichten Herz-Kreislauf-Störungen. Damit decken sie bereits einen Großteil *der*   **12**
häufigsten Beschwerden ab, mit denen Patienten zum Arzt oder Apotheker kommen. Aber auch auf anderen Gebieten wie Allergien, Wechseljahr-Problemen, depressiven Verstimmungen oder zur Stärkung des Immunsystems sind pflanzliche Arzneimittel auf dem Vormarsch.

Trotz der guten Verträglichkeit der Phytopharmaka sollten auch sie nicht *über*   **13**
einen längeren Zeitraum eingenommen werden, ohne sich zuvor bei einem Fachmann informiert zu haben. Vor allem Kombinationen verschiedener Heilkräuter oder auch mit herkömmlichen synthetischen Medikamenten sind *nicht*   **14**
immer unbedenklich. Ein Beratungsgespräch mit dem Apotheker ist auf alle Fälle sinnvoll und gibt zusätzlich Sicherheit, das Richtige für seine Gesundheit zu *tun*.   **15**

Hören ○ 1, 13-14
Lesen

2 Naturheilkunde im Gespräch

a Hören Sie das Interview: Welche zusätzlichen Informationen hören Sie?

b Hören Sie das Interview noch einmal und markieren Sie die Redemittel, die die Interviewerin benutzt.

ein Interview beginnen: Entschuldigen Sie bitte, haben Sie etwas Zeit? Ich würde / Wir würden Sie gern zum Thema ... interviewen. | Ich bin ... und möchte gern / Wir sind ... und möchten ein Interview über ... durchführen. Hätten Sie ein wenig Zeit für mich / uns?

Verständnis sichern: Habe ich (Sie) richtig verstanden? Sie meinen ... | Wenn ich Sie (vorhin / eingangs / am Anfang) richtig verstanden habe, meinen Sie, dass ... Stimmt das (so)? | Ich bin nicht sicher, ob ich Sie richtig verstanden habe. Meinen Sie ... ? | Sie sagten (vorhin): ... Würden Sie das bitte erläutern? | Was versteht man unter ...? / Was verstehen Sie unter ...?

auf Antworten näher eingehen: Darf ich noch einmal auf den Punkt ... zurückkommen? | Ich möchte gern noch einmal auf das zurückkommen, was Sie vorhin gesagt haben: ... | Ich würde gern noch mal auf das eingehen, was Sie eingangs / zu Beginn / gerade / vorhin gesagt haben: ... | Dürfte ich den Gedanken / den Punkt ... noch einmal aufgreifen? ...

ein Interview gliedern: Darf ich zunächst mal ... | Kommen wir zur Frage: ... | Ich würde jetzt gern zum nächsten Punkt kommen. | Können wir bitte (noch etwas) beim Thema ... bleiben? | Kommen wir noch mal zurück zur Frage: ...

etwas nachfragen: Dürfte ich bitte kurz nachfragen: ...? | Könnte ich (direkt) dazu eine Frage stellen: ...? | Eine (kurze) Frage bitte: ...?

einen Interviewpartner unterbrechen: Entschuldigen Sie bitte die Unterbrechung, aber ... | Entschuldigung, darf ich Sie kurz unterbrechen? ... | Tut mir leid, wenn ich Sie unterbreche: ... | Da würde ich gern kurz einhaken: ...

ein Interview abschließen: Das war sehr interessant, Frau / Herr ... Vielen Dank! | Frau / Herr ... ich danke Ihnen für dieses interessante / informative Gespräch. | Hiermit sind wir am Ende unseres ... Ich danke Ihnen für ...

3 Mein Interview

Sprechen
Schreiben

a Arbeiten Sie zu zweit. Wählen Sie eines der Themen aus der Lektion. Bereiten Sie ein Interview vor. Überlegen Sie, wer genau die Interviewpartner sind, welche Fragen Sie stellen wollen / können und notieren Sie sich Stichwörter dafür.

b Suchen Sie sich dann einen neuen Partner. Interviewen Sie sich gegenseitig. Benutzen Sie die Redemittel aus Aufgabe 2.

c Sprechen Sie im Kurs darüber, was bei den Interviews gut gelaufen ist und was Sie schwierig fanden.

8 Wissen und Können

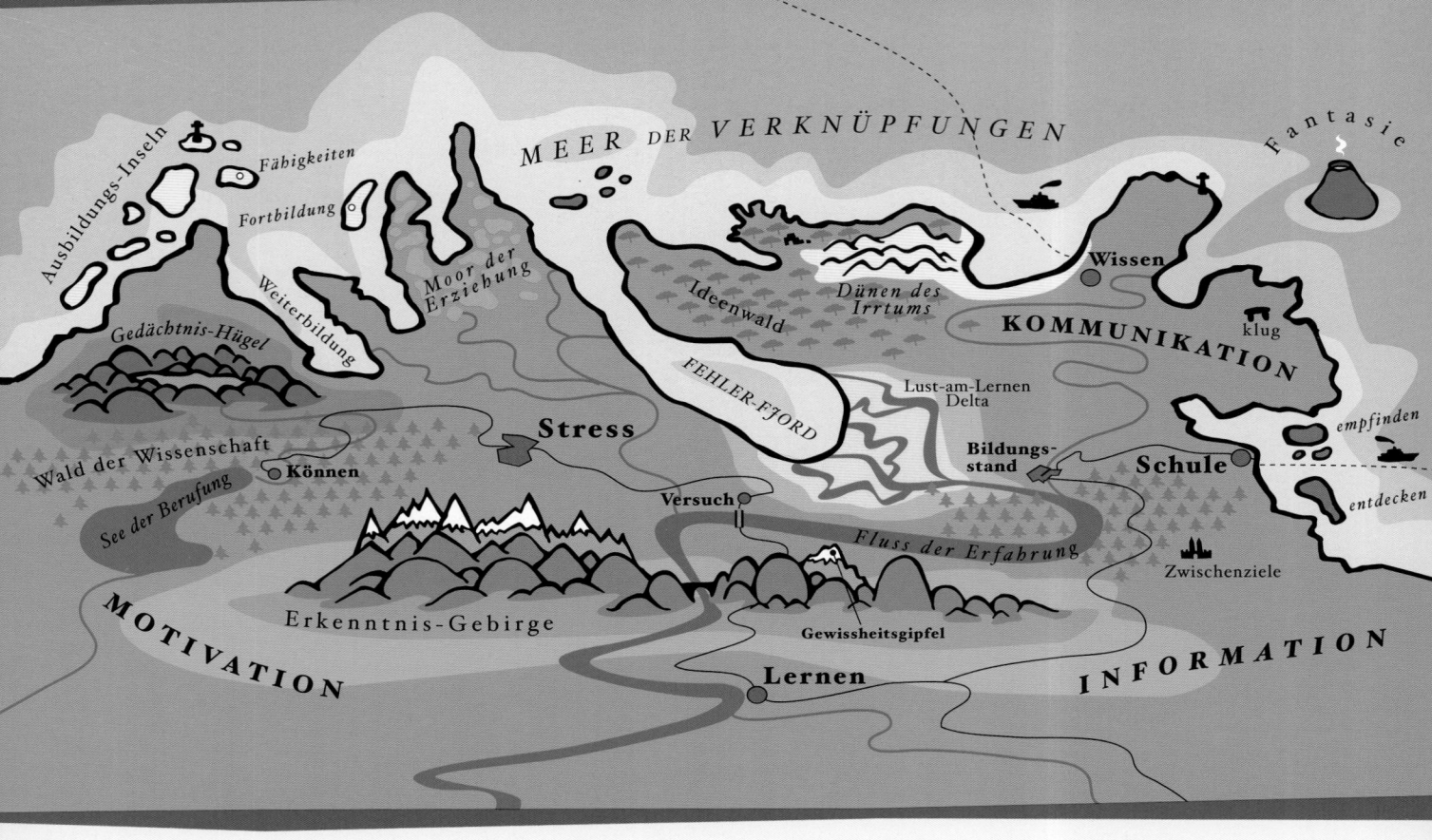

1 Das Land des Wissens und Könnens

Sprechen

Schauen Sie sich die Karte an. Was bedeuten die Wörter darauf? Was fällt Ihnen sonst dazu ein? Sprechen Sie im Kurs darüber.

2 Wissen oder Können?

Lesen
Sprechen

a Ordnen Sie zu zweit die Aussagen den Begriffen „Wissen" bzw. „Können" zu. Falls Sie mehrere Zuordnungen für möglich halten, begründen Sie sie bitte.

1. 5 x 5 = 25   _Wissen_
2. Armin Hary lief bereits 1960 die 100-Meter-Distanz in 10,0 Sekunden. _Können_
3. Am 9. November 1989 fiel die Mauer von Berlin. _Wissen_
4. Der Brite Zoe Finn schaffte in einer Minute 78 Saltos auf dem Trampolin. _Können_
5. Der Mensch ist ein Säugetier. _Wissen_
6. In 3 Minuten und 18 Sekunden schälte Alan St. Jean 22,67 Kilogramm Zwiebeln. _Können_
7. Picasso entwarf seine Skizzen oft mit nur wenigen Zeichenstrichen. _Können_
8. Ein Stein ist ein Gegenstand. _Wissen_

b Tauschen Sie sich im Kurs aus und diskutieren Sie Ihre unterschiedlichen Zuordnungen. Suchen Sie eigene Beispiele für die beiden Kategorien.

Hören ○ 1, 15–16
Sprechen

3 Abenteuerspielplatz im Kopf. Ein Gespräch mit Prof. Artur Fischer

a Schauen Sie sich die Bilder an. Was ist darauf dargestellt? Was kann man mit diesen Dingen tun?

 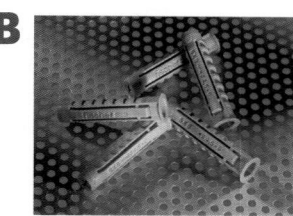  

b Ein Interview mit Prof. Artur Fischer, der mehr als 1.000 Erfindungen gemacht hat.
Hören Sie und machen Sie sich Notizen zu den folgenden Punkten:

1. Die materiellen Voraussetzungen für die Umsetzung von neuen Ideen und Erfindungen.
2. Die persönlichen Voraussetzungen für die Umsetzung von neuen Ideen und Erfindungen.

c Hören Sie das Gespräch noch einmal und notieren Sie alles, was Sie persönlich interessant finden.
Tauschen Sie sich dann im Kurs aus.

4 Wissenswerte Sprüche

Lesen
Sprechen

a Verbinden Sie.

1. Ich weiß, dass
2. Was wir wissen, ist ein Tropfen,
3. Wissen ist ein Schatz, der
4. Wissen ist
5. Was ich nicht weiß,
6. Kunst kommt von Können. Käme es von Wollen,
7. Keiner kann nichts und

A Macht. (Francis Bacon)
B macht mich nicht heiß. (Sprichwort)
C müsste es ja Wunst heißen. (Karl Valentin)
D ich nichts weiß. (Sokrates)
E keiner kann alles. (Sprichwort)
F seinen Besitzer überallhin begleitet. (Sprichwort aus China)
G was wir nicht wissen, ist ein Ozean. (Isaac Newton)

1. D
2. G
3. F
4. A
5. B
6. C
7. E

b Wählen Sie eine Aussage aus, die Ihnen besonders gefällt oder missfällt, und überlegen Sie zu zweit, wie Sie sie z. B. mit einer Geschichte oder Situation illustrieren können. Bereiten Sie Ihr Beispiel vor und stellen Sie es im Kurs vor.

Was Sie in dieser Lektion lernen können:

im Radio Informationen aus Nachrichten- und Feature-Sendungen verstehen

sich während eines Gesprächs oder einer Präsentation Notizen machen

in Texten neue Sachverhalte und detaillierte Informationen verstehen

auf Fragen im eigenen Fach- oder Interessenbereich detaillierte Antworten geben

zu verschiedenen Themen ziemlich klare und detaillierte Beschreibungen geben

die Hauptaussagen von klar aufgebauten Vorträgen, Reden und Präsentationen verstehen

eine vorbereitete Präsentation gut verständlich vortragen

in Korrespondenz die wesentlichen Aussagen verstehen

zu allgemeinen Artikeln oder Beiträgen eine Zusammenfassung schreiben

komplexe Sachverhalte für andere schriftlich darstellen und die eigene Meinung dazu äußern

in Texten Informationen, Argumente oder Meinungen ziemlich vollständig verstehen

über aktuelle oder abstrakte Themen sprechen und Gedanken und Meinungen dazu äußern

(im Fernsehen) Informationen in Reportagen, Interviews oder Talkshows verstehen

in einer Diskussion der Argumentation folgen und hervorgehobene Punkte im Detail verstehen

Sprechen
Lesen

1 Definitionen

a Wie würden Sie „Wissen" definieren? Sammeln Sie im Kurs.

b Lesen Sie die Texte. Welche Unterschiede fallen Ihnen auf? Besprechen Sie sie zu zweit.

Für den Begriff des Wissens lässt sich keine präzise und allgemein anerkannte Definition finden. Es bestehen zahlreiche, häufig ähnliche Definitionen, die abhängig vom Standpunkt des jeweils Definierenden formuliert sind. Hier drei Beispiele:

A

Wissen: Gesamtheit der Kenntnisse, die jemand (auf einem bestimmten Gebiet) hat.

B Als Wissen bezeichnet man den Erkenntniszustand allgemeiner intersubjektiv vermittelter Sicherheit. Wissen wird von Erfahrung, Erkenntnis, Gewissheit, Empfinden, Meinen und Glauben abgegrenzt. Wir unterscheiden zumindest drei Formen des Wissens: „Wissen-Dass", „Wissen-Von" und „Wissen-Wie".

C Das Wort „Wissen" stammt von dem althochdeutschen Wort „wizzan" (gesehen haben) ab. Eine gebräuchliche und populäre Definition von Wissen lautet wie folgt: Wissen bezeichnet das Netz aus Kenntnissen, Fähigkeiten und Fertigkeiten, die jemand zum Lösen einer Aufgabe einsetzt.

c Lesen Sie nun die Texte noch einmal und kreuzen Sie richtig (r) oder falsch (f) an.

1. Es gibt keine allgemein gültige Definition des Begriffs „Wissen".   r   f

2. Wissen unterscheidet sich von Erfahrung und Meinung.   r   f

3. Wissen ist immer Spezialwissen in einem bestimmten Bereich.   r   f

4. Es gibt unterschiedliche Formen des Wissens.   r   f

5. Es gibt kein Wissen ohne Fertigkeiten.   r   f

d Können Sie der Behauptung zustimmen, dass es mehrere Arten von Wissen gibt? Wenn ja: welche? Diskutieren Sie im Kurs.

Lesen
Sprechen

2 Wie erwirbt man Wissen?

a Lesen Sie die Erklärung aus dem Lexikon und geben Sie ein praktisches Beispiel für die verschiedenen Arten, Wissen zu erwerben.

■ **Man kann Wissen erwerben**

primär:
– durch zufällige Beobachtung
– durch systematische Erforschung (Experiment)
– durch deduzierende Erkenntnis

sekundär:
– durch lernende Aneignung von Wissensstoff (Wissenschaft)

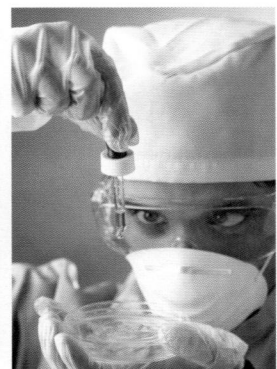

b Interviewen Sie nun Ihre/n Partner/in, wie er oder sie Wissen auf einem bestimmten Gebiet erworben hat.

- Sprechen Sie über den Wissenserwerb z. B. in der Schule, im Studium, in der Ausbildung, im täglichen Leben, ...
- Machen Sie Notizen und bereiten Sie einen Steckbrief über Ihren Gesprächspartner vor: Auf welchen Gebieten weiß er oder sie einiges? Wie hat er oder sie dieses Wissen erworben?
- Hängen Sie die Steckbriefe im Kurs aus, gehen Sie herum und lesen Sie sie.

---

erfragen: Kannst du mir sagen, wie ... | Ich habe das nicht ganz verstanden ... | Könntest du das noch mal erklären? | Könntest du das noch mal anders/genauer sagen? | Wie hast du das genau gemacht? | Wie kamst du eigentlich dazu?

sich korrigieren: Ich habe mich missverständlich ausgedrückt. Ich meinte Folgendes: ... | Was ich eigentlich sagen wollte, war Folgendes: ... | Besser gesagt, ...

Äußerung verdeutlichen: Ich meine damit ... | Du verstehst, was ich damit sagen wollte?

kommentieren: Das finde ich toll! | Das ist aber interessant! | Das ist eine gute Idee! | Das finde ich nicht gut/unmöglich. | Das gefällt mir gar nicht. | Da bin ich skeptisch.

---

3 Worüber wüssten Sie gern mehr?

Schreiben
Sprechen

Gibt es eigentlich Dinge, die man unbedingt wissen muss? Warum (nicht)? Bereiten Sie Notizen für einen kleinen Redebeitrag (ca. zwei Minuten) zu diesem Thema vor.

4 Kleines Quiz: Erfindungen oder „zum ersten Mal"

Sprechen

Welche der drei angebotenen Lösungen ist jeweils die richtige?

- Benennen Sie einen Quizmaster. Bis auf den Quizmaster schließen jetzt alle ihre Bücher.
- Bilden Sie zwei Gruppen.
- Der Quizmaster liest die Fragen und die Jahreszahlen vor. Wer zuerst antwortet, bekommt einen Punkt. Der Quizmaster notiert die Antwort der schnelleren Gruppe.
- Wenn alle Fragen gestellt sind, prüft der Quizmaster mithilfe des Arbeitsbuchs, welche Antworten richtig waren. Falsche Antworten bedeuten einen Punkt Abzug!
- Die Gruppe mit den meisten Punkten gewinnt.

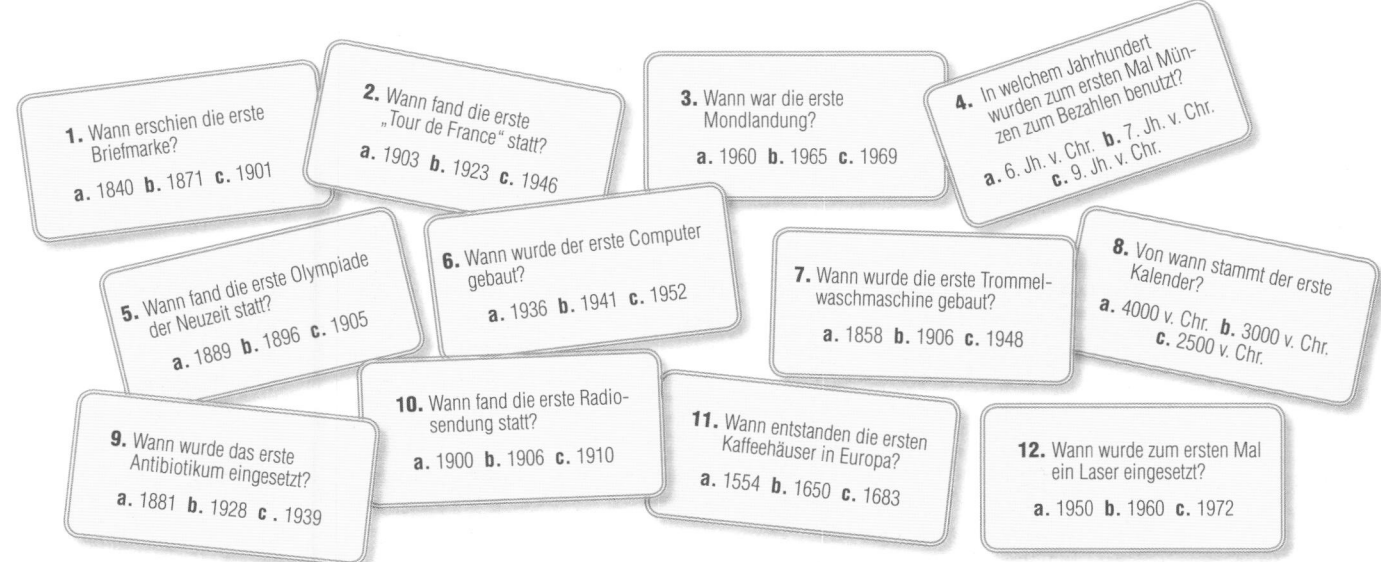

1. Wann erschien die erste Briefmarke?
   a. 1840 b. 1871 c. 1901

2. Wann fand die erste „Tour de France" statt?
   a. 1903 b. 1923 c. 1946

3. Wann war die erste Mondlandung?
   a. 1960 b. 1965 c. 1969

4. In welchem Jahrhundert wurden zum ersten Mal Münzen zum Bezahlen benutzt?
   a. 6. Jh. v. Chr. b. 7. Jh. v. Chr. c. 9. Jh. v. Chr.

5. Wann fand die erste Olympiade der Neuzeit statt?
   a. 1889 b. 1896 c. 1905

6. Wann wurde der erste Computer gebaut?
   a. 1936 b. 1941 c. 1952

7. Wann wurde die erste Trommelwaschmaschine gebaut?
   a. 1858 b. 1906 c. 1948

8. Von wann stammt der erste Kalender?
   a. 4000 v. Chr. b. 3000 v. Chr. c. 2500 v. Chr.

9. Wann wurde das erste Antibiotikum eingesetzt?
   a. 1881 b. 1928 c. 1939

10. Wann fand die erste Radiosendung statt?
    a. 1900 b. 1906 c. 1910

11. Wann entstanden die ersten Kaffeehäuser in Europa?
    a. 1554 b. 1650 c. 1683

12. Wann wurde zum ersten Mal ein Laser eingesetzt?
    a. 1950 b. 1960 c. 1972

1 Eine Präsentation: Der weite Weg vom Wissen zum Können

Sprechen
Lesen

a Welche Unterschiede gibt es in der Entwicklung von Wissen bzw. Können? Studieren Sie, was auf Folie 1 und 2 dargestellt ist, und tauschen Sie sich dann im Kurs aus.

> **Thema:** Bei Folie 1 geht es um ... | Folie 1 zeigt ... | Auf Folie 2 ist dargestellt, wie ...
>
> **Entwicklung:** Während bei Folie 1 sich ... entwickelt, sieht die Entwicklung bei Folie 2 ... aus | Bei Folie 1 verändert sich ..., bei Folie 2 hingegen ... | Die Kurve verläuft ... | ... steigt (leicht / stark / exponentiell) an | Die Kurve sinkt. | Es gibt einen Sprung. | Die Entwicklung verläuft in Sprüngen.

1

Entwicklung des Entwicklungs-Faktors Wissen

Ausprägung / Zeit / Wissen

2

Entwicklung des Entwicklungs-Faktors Können

Ausprägung / Zeit / Können

3

Entwicklungs-Krise & Lern-Ebene

Ausprägung / Zeit / Können

b Erläutern Sie den Titel der Folie 3.

2 Die Präsentation

Hören ● 1, 17–21
Sprechen

a Hören Sie die Präsentation und beantworten Sie die Fragen.

1. Aus welchem Anlass findet die Präsentation statt?
2. Worum geht es in der Präsentation?
3. Womit sollen sich die Arbeitsgruppen beschäftigen?

b Hören Sie die Präsentation noch einmal und machen Sie sich während des Hörens Notizen zu dem, was über den Weg vom Wissen zum Können gesagt wird. Vergleichen Sie die Notizen mit Ihren eigenen Aussagen aus Aufgabe 1 und sprechen Sie darüber in Kleingruppen.

3 Mein eigener Lernweg

Sprechen

→TELC

a Bereiten Sie eine Präsentation (ca. drei Minuten) zu diesem Thema vor.

- Machen Sie sich ein Stichwortkonzept.
- Zur sprachlichen Vorbereitung können Sie die Präsentation oben noch einmal hören.
- Achten Sie beim Vortragen auf folgende Schritte: Begrüßung, Ziel Ihrer Präsentation, Beispiele, Dank, Aufforderung zu Fragen / Diskussion.
- Beantworten Sie im Anschluss die Fragen zu Ihrer Präsentation.

> In dieser Kurspräsentation möchte ich ... / geht es darum, ... | Dies möchte ich mit einigen Beispielen verdeutlichen. | Nach der Präsentation gibt es Gelegenheit zu Fragen / zur Diskussion.

WIE PRÄSENTIERE ICH RICHTIG?

Lesen Sie noch einmal die Tipps für Präsentationen in Lektion 4.

b Analysieren Sie Ihre Präsentationen im Kurs.

4 Lernen macht glücklich

Lesen
Sprechen

a Lesen Sie die folgenden Auszüge aus drei Leserbriefen zu einem Zeitungsartikel mit dem Titel „Lernen macht glücklich". Welcher Brief ist in welchem Stil geschrieben?

1. wissenschaftlich: _____   **2.** standardsprachlich: _____   **3.** umgangssprachlich: _____

A ... Was für ein wundervoller Artikel! Ja, „Lernen macht glücklich"! Der Mensch braucht eben immer neue Anregungen, sonst verkümmert er. Das belegen auch die neuesten Untersuchungen der Hirnforschung. „Es lebt der Mensch, solang' er lernt!" Diesen Artikel sollte sich jeder Lehrer über seinem Schreibtisch einrahmen. (Elke Schneider, Wuppertal)

B ... schon ein cooler Artikel, aber voll einseitig! „Lernen macht glücklich, wegen der Erfolgserlebnisse", schreibt Ihr superkluger Redakteur. Ha! Ha! Bei mir war es genau das Gegenteil. Schule ist und bleibt Horror! Und ich kenne viele, denen es genauso geht. Wann schreiben Sie mal über die? (Thomas Zielinsky, Gummersbach)

C ... In Ihrem sehr guten Artikel über das Lernen vermisse ich zwei m. E. essenzielle Punkte: erstens den Bezug auf die unterschiedlichen Lerntypen und zweitens den wichtigen Faktor „Motivation". Gerade letztere scheint zumindest unseren Schülern weitgehend zu fehlen. Würde sich da nicht ein Artikel lohnen? (Dr. Klaus Schüller, Köln)

b Unterstreichen Sie jeweils die Hauptaussage und tragen Sie sie dann in die Tabelle ein. Vergleichen Sie Ihre Eintragungen im Kurs.

Leserbrief 1	Leserbrief 2	Leserbrief 3

5 Wie kann ich meine Lernmotivation steigern?

Lesen
Sprechen

a Welche Beispiele passen zu welcher Überschrift im Kasten? Ordnen Sie zu.

aus Fehlern lernen   ~~Zwischenziele setzen~~   angenehme Folgen schaffen
kreative Arbeitstechniken einsetzen   realistische Ziele setzen   in Portionen lernen

1. Bis zum Wochenende kann ich die Hälfte der unregelmäßigen Verben, die im Test der übernächsten Woche abgefragt werden. *Zwischenziele setzen*
2. In einer Viertelstunde will ich fünf neue Vokabeln lernen. _____
3. Heute Morgen lerne ich zwei Stunden und heute Abend wieder zwei Stunden. _____
4. Wenn ich das Referat fertig habe, gehe ich mit Freunden ins Café. _____
5. Ich führe eine Tabelle mit den Fehlern, die ich beim Schreiben am häufigsten mache. _____
6. Ich versuche an das, was ich schon weiß, anzuknüpfen, z. B. durch Wortnetze, Skizzen, Bilder etc. _____

b Besprechen Sie die Zuordnung zu zweit. Welche anderen Methoden kennen Sie, um die Lernmotivation zu steigern? Notieren Sie sie.

c Sammeln Sie Ihre Ideen im Kurs und erarbeiten Sie gemeinsam ein Lernplakat zum Thema „Lernmotivation".

Sprechen
Lesen

1 „Macht Musik klüger?" Ein Artikel in einer Fachzeitschrift

a Stellen Sie Vermutungen an, worum es in einem Text mit dieser Überschrift gehen wird. Tauschen Sie sich im Kurs aus.

b Lesen Sie den Text und notieren Sie dabei ca. fünfzehn Schlüsselwörter.

Macht Musik klüger?

Manche Botschaft kann Musik genauer ausdrücken als Worte: Liebe, Glück, Schmerz – darin liegt ihr rätselhafter Zauber. Komponierte Tonfolgen lösen nahezu identische Muster der Hirnaktivität aus wie
5 gesprochene Sätze. Das belegen Studien am Leipziger Max-Planck-Institut für Kognitions- und Neurowissenschaften. Denn auf Klänge geht jede menschliche Kommunikation zurück. So hat Musik den Menschen als soziales Wesen schon in grauer Vorzeit geformt
10 und formt ihn noch heute.

Neueste Studien am Leipziger Max-Planck-Institut belegen, dass aktives Musizieren, also die Annäherung an die menschliche Ursprache, auch die Kompetenz
15 im Umgang mit der heutigen Muttersprache steigert. So untersuchte der Doktorand Sebastian Jentschke 24 Kinder von zehn und elf Jahren: eine Gruppe junger Musiker, deren Großteil im Leipziger Thomanerchor singt, und eine Gruppe junger Nichtmusiker. Obwohl
20 alle Kinder aus demselben sozialen Milieu und von Eltern mit ähnlichem Bildungsstand stammen, registrierte das Elektroenzephalogramm (EEG) bei den jungen Musikern stärkere Hirnreaktionen auf sprachliche Syntaxverletzungen als in der Kontrollgruppe.
25 Zudem zeigten die jungen Musiker durchschnittlich einen höheren Intelligenzquotienten. Hinweise darauf, wie wichtig musikalische Erziehung im Schulalter sei, hatten zwar schon mehrere Studien geliefert. Die Leipziger Untersuchung gilt jedoch als erste, die
30 neurophysiologisch belegt, was bisher lediglich zu beobachten war: dass Musik Kinder offenbar klüger macht und auch ihre sozialen Fähigkeiten positiv beeinflusst. Die Befunde decken sich mit Beobachtungen der Psychologin Maria Spychiger von der Universität Fribourg:
35 Sie berichtet von einem deutlich verbesserten Sozialverhalten der Kinder aus 50 Schulklassen, die im Zuge einer Schweizer Studie zwischen 1989 und 1992 zusätzliche Musikstunden genossen hatten. Der Grund sei wohl, dass die Kinder beim gemeinsamen Musizieren
40 geübt hätten, aufeinander zu achten, sagt Spychiger.
Macht Musik also bessere Menschen? Zumindest bessere Hirne. So müssen sich beim Instrumentenspiel beide Hände über die Hirnbrücke hinweg koordinieren.

Und auch die weiteren simultanen Aktivitäten etwa des Hörzentrums lassen beim Musiker durch Übung 45 einen Regelkreis entstehen, der nahezu das gesamte Gehirn beansprucht. Es entstehen Verknüpfungen, die auf andere Weise nicht zustande kommen.
An der Universität Zürich wird gemessen, wie das Gehirn von Musikern beim Musikhören durchblutet 50 wird. Tatsächlich ist im Musikerhirn ziemlich viel los, und zwar auch dann, wenn der Musiker nur passiv Musik hört. Ergebnis: Bei den Laien waren nur die Bereiche für das Hören und für einige Emotionen aktiv, bei Profi-Musikern dazu auch die Regionen für die 55 Sprache (das so genannte Broca-Areal), die Bereiche für Motorik und Handbewegungen, für Sehen und bewusstes Steuern von Handlungen. Die Musiker hörten also nicht nur Musik, sondern sahen etwas, stellten sich dazu Handlungsabläufe vor und ordneten das Ge- 60 hörte in andere Zusammenhänge ein.
Wegen dieser Wirkung der Musik auf das Gehirn hat sich Musik längst als Therapeutikum bewährt. Patienten mit geschädigten Hirnarealen, die die Sprache verloren haben, finden durch die Intonationstherapie 65 oft wieder Möglichkeiten zur Kommunikation. Sie versuchen, ihre Wünsche zu singen, was leichter gelingt, weil sich diese Ausdrucksform einer größeren Zahl von Hirnarealen bedient als Sprache.
Musik verhilft autistischen Kindern zur Kontakt- 70 aufnahme mit der Umwelt. Und der Leipziger Doktorand Jentschke hofft, dass seine Ergebnisse einmal bei der Behandlung sprachentwicklungsgestörter Kinder helfen. An manchen Krankenhäusern unterstützt Musik, die den Patienten berieselt, bereits die Arbeit der 75 Narkoseärzte. Es hört sich wunderlich an. Aber wenn ein Miles Davis von der Liebe spielt, ein Schönberg von körperlichem Schmerz berichtet oder ein Robbie Williams die Leichtigkeit einer Epoche beschwört, von der es hieß, „It don't mean a thing if it ain't got that 80 swing", dann ergibt das für den Menschen nicht einen jeweils isolierten Sinn. Er profitiert individuell und gesellschaftlich, biologisch und medizinisch. Das hört sich wunderlich an. In gesprochener Sprache.

c Arbeiten Sie jetzt zu zweit. Vergleichen Sie Ihre Schlüsselwörter und einigen Sie sich auf zehn gemeinsame Schlüsselwörter. Stellen Sie Ihre Wörter im Kurs vor und begründen Sie Ihre Auswahl.

2 Zusammenfassen und Stellung nehmen

Schreiben

a Fassen Sie jetzt den Text von Aufgabe 1 anhand Ihrer Schlüsselwörter schriftlich zusammen.

> In dem Artikel, „Macht Musik klüger?" geht es darum, zu zeigen, wie Musik ...

> **Redemittel für die Zusammenfassung:** Bei dem Text ... handelt es sich um ... | Die Hauptaussage des Textes ist folgende: ... | Es geht hauptsächlich / vor allem darum, ... | Es wird außerdem / darüber hinaus / zudem beschrieben / dargestellt, ... | Der Autor betont / hebt hervor / bezieht sich auf ... | Diese Aussage wird durch einige / viele / zahlreiche Beispiele aus ... (Bereich) belegt. | Der Autor verdeutlicht dies mit Beispielen aus ...

b Bereiten Sie Ihre Stellungnahme zum Text wie folgt vor:

– Sammeln Sie Ideen.
– Ordnen Sie Ihre Ideen.
– Wählen Sie zwei oder drei Hauptgedanken aus.
– Notieren Sie Begründungen und Beispiele zu jedem Gedanken.

c Nehmen Sie nun kurz Stellung zum Inhalt des Textes. Vergessen Sie nicht, Ihre Meinung zu begründen.

> Zu dem Artikel „Macht Musik klüger" möchte ich wie folgt Stellung nehmen: ...

> **Text bewerten:** Ich finde diesen Artikel ..., weil | Ich halte den Text für ...
>
> **Besonderheiten hervorheben:** Besonders bemerkenswert / interessant / spannend / neu ist für mich / finde ich ...
>
> **Beispiele anführen:** Dies möchte ich durch folgendes Beispiel verdeutlichen: ... | Das folgende Beispiel kann dies belegen: ... | ... beispielsweise ...

Lesen
Sprechen

1 Üben und behalten

a Lesen Sie die folgenden drei Zeitungsmeldungen und analysieren Sie, wie sie aufgebaut sind.

		Hauptinformation	Beleg	Nebeninformation
A	Musikgenies	Zeilen: *Kein Genie*	Zeilen: *2-4*	Zeilen: *5ff*
B	Gedächtnis	Zeilen:	Zeilen:	Zeilen:
C	Lustobjekt	Zeilen: *Lernen ist immer Lust*	Zeilen:	Zeilen:

A

Das Geheimnis der Musikgenies

Wer Musiker werden will, weiß: Ohne mindestens zehn Jahre Üben reicht es nicht einmal für ein Musikstudium. Das geht aus
5 einer Studie der Forschungsgruppe um den Psychologen K. Anders Ericsson hervor. Danach haben Studenten, die Musiklehrer werden wollen, nicht nur über
10 3.500 Stunden geübt, sondern sie haben auch sehr früh angefangen: in der Regel mit sieben Jahren.

B

Sprache und Gedächtnisprozesse

Die Gedächtnisleistung des Menschen ist auch auf seine jeweilige Sprache zurückzuführen. Das haben Sprachwissenschaftler
5 aus China und Deutschland festgestellt. Indem man Informationen innerlich immer wieder wiederholt, merkt man sie sich. Dies ist jedoch nur in begrenztem Um-
10 fang möglich. Da das Chinesische eine Sprache ist, in der fast jede einzelne Silbe eine feste Bedeutung hat, können sich Chinesen Informationen in sehr kurzer und
15 konzentrierter Form merken. Deshalb schneiden Chinesen in Gedächtnistests meist besser ab als zum Beispiel Deutsche.

C

Das Lustobjekt Gehirn

Lernen ist lustvoll und macht glücklich. Und zwar in jedem Alter. Das haben Hirnforscher am Leibniz-Institut
5 für Neurobiologie in Leipzig nachgewiesen. Denn Lernen und das erfolgreiche Lösen von Problemen wirken direkt auf das Belohnungszen-
10 trum des Gehirns.

b Welche Behauptungen werden jeweils aufgestellt? Wie stehen Sie persönlich dazu? Diskutieren Sie darüber in Ihrer Arbeitsgruppe.

zustimmen: Ich kann dem nur voll zustimmen. | Das sehe ich ganz genauso. | Das ist auch meine Erfahrung, denn …

widersprechen: Ich kann mir nicht vorstellen, dass … | Da muss ich dir widersprechen. | Glaubst du wirklich, dass …?

Einwände äußern: Vielleicht ist das so, aber … | Man sollte jedoch bedenken, dass … | Ja, aber … | Tut mir leid, aber ich sehe das doch etwas anders.

hervorheben: Ich finde Folgendes wichtig: …

Hören ● 1, 22–23
Sprechen

2 Vergessen – ein Gespräch mit einem Gedächtnisforscher

a Warum vergisst man eigentlich häufig so schnell? Ist es wichtig, zu vergessen? Sprechen Sie darüber in Ihrer Arbeitsgruppe.

b Hören Sie jetzt das Interview und lösen Sie die folgenden Aufgaben.

1. Hören Sie zuerst das ganze Interview und machen Sie sich Notizen zu der Frage: Was erfahren wir über Stress und seine Wirkungen auf das Gehirn?
2. Hören Sie nun den ersten Teil des Gesprächs noch einmal und notieren Sie Stichpunkte zu dem Beispielfall, den Professor Markowitsch nennt. Versuchen Sie dann, die Geschichte des Mannes in Ihrer Arbeitsgruppe kurz mündlich zusammenzufassen.
3. Hören Sie jetzt den zweiten Teil des Interviews und machen Sie sich Notizen zu den fünf Langzeit-Gedächtnissystemen, die Prof. Markowitsch beschreibt.
4. Sprechen Sie in Ihrer Arbeitsgruppe über das Interview: Gibt es für Sie neue Informationen? Was ist interessant? Kennen Sie ähnliche Fälle wie den dort beschriebenen? Wie bauen Sie Stress ab?

Formen und
Strukturen
S. 96

3 Sprache im Mittelpunkt: Bedeutungen von „können"

a Lesen Sie die acht Überschriften von Zeitungsmeldungen. Welche der folgenden Bedeutungen sind darin „versteckt"? (Es kann mehr als eine Bedeutung sein.)

A Es gibt (k)ein Hindernis; die Möglichkeit (nicht) haben.

B Die Gelegenheit, Chance, das Recht haben, wenn man nur will.

C Die Wahl haben, wenn man will.

D Die Kraft / die Fähigkeit (nicht) haben; gut und schnell etwas tun, weil man die Fähigkeit erworben hat.

1. Anne-Sophie Mutter und ihr wunderbares Violinspiel ___D___
2. Alles wissen: unmöglich _____
3. Die Kunst des Schweigens beherrschen nur wenige. _____
4. Teilnahme an einem Fortbildungsprogramm für Arbeitslose _____
5. Irrtum beim Chef ausgeschlossen _____
6. Ältere Arbeitnehmer – häufig schnelle und gute Arbeiter _____
7. Trotz Behinderung Sport treiben _____
8. Musik ist eine brotlose Kunst. _____

b Formulieren Sie nun die Sätze mithilfe des Modalverbs „können" um.

> 1. *Anne-Sophie Mutter kann wunderbar Violine spielen.*

Formen und
Strukturen
S. 96

4 Sprache im Mittelpunkt: Welche Modalverben verbergen sich hinter den folgenden Sätzen?

Formulieren Sie die Sätze um. Es gibt oft mehrere Möglichkeiten.

1. In der Vorlesung ist Rauchen verboten. *In der Vorlesung darf man nicht rauchen.*
2. Ich bin verpflichtet, an dem Seminar teilzunehmen. *Ich soll an dem Seminar teilnehmen*
3. Erlauben Sie mir, eine Frage zu stellen? *Darf ich eine Frage stellen.*
4. In Deutschland besteht Schulpflicht für alle Kinder. *Alle Kinder müssen...*
5. Ihr großer Wunsch ist es, Medizin zu studieren. *Sie will...*
6. Wie oft verdoppelt sich das Wissen der Menschheit? Das vermag ich nicht zu sagen. *Das kann ich...*
7. Liebe Kollegen! Bitte den Videoprojektor nicht immer an- und ausschalten. *Könnten Sie...*

Formen und
Strukturen
S. 90

1 Sprache im Mittelpunkt: Wozu eigentlich lebenslanges Lernen?

a Lesen Sie die folgenden Aussagen und unterstreichen Sie die Wörter, die ein Ziel oder einen Zweck einleiten.

1. Als Fachmann muss man ständig lernen, damit der Fortschritt einen nicht überrollt.
2. Um mein Gehirn zu trainieren, versuche ich weiterzulernen.
3. Man sollte sich fortbilden, um bessere Karriereaussichten zu haben.
4. Ich lerne immer weiter, damit ich meinen Kindern in der Schule helfen kann.

b Wann steht „damit", wann „um ... zu"? Ergänzen Sie die folgenden Regeln.

> **!**
> 1. Der Haupt- und der Nebensatz haben dasselbe Subjekt: _um ... zu/damit_
> 2. Der Haupt- und der Nebensatz haben zwei verschiedene Subjekte: _damit_
> 3. Das Verb ist konjugiert und steht am Satzende: _damit_
> 4. Das Verb ist im Infinitiv und steht am Satzende: _um ... zu_

Lesen
Sprechen

2 Ziel und Zweck von Fortbildung

Schauen Sie sich die Grafik an und beschreiben Sie dann, mit welchem Ziel Beschäftigte an Fortbildungsveranstaltungen teilnehmen. Vergleichen Sie die Motive.

Fortbildungs-Motive
Von je 100 Beschäftigten geben als Grund für die Teilnahme an Weiterbildungsmaßnahmen an

Aktualisierung des beruflichen Wissens	30
Förderung der beruflichen Karriere	22
Pflichtübung (vom Betrieb gefordert)	9
Spaß	8
Freizeitgestaltung	7
Erwerb eines Berufsabschlusses	4
Wissenserweiterung	3
Arbeitsplatzsicherung	3
Andere Menschen kennen lernen	3
Persönliches Interesse	3
Höheres Einkommen	2
Nachholen eines Schulabschlusses/ Aufnahme eines Studiums	2

Quelle: iw   Mehrfachnennungen   © Globus 7348   Stand 1999

Versuchen Sie bei Ihren Formulierungen zu variieren, so:

> _30 Prozent bilden sich fort, um ihr berufliches Wissen zu aktualisieren._

Oder so:

> _Während 30 Prozent sich fortbilden, um ihr berufliches Wissen zu aktualisieren, hoffen nur zwei Prozent, dass sie dadurch ein höheres Einkommen erzielen können._

Sprechen
Lesen

3 Lebenslanges Lernen – Lust oder Frust?

a Welche Antwort würden Sie auf diese Frage geben? Sprechen Sie im Kurs darüber und begründen Sie Ihre Meinung.

b Der folgende Text „Wer nicht lernt, ist weg vom Fenster" ist beim Setzen durcheinandergeraten. Bringen Sie die Sätze zunächst in eine sinnvolle Reihenfolge. Besprechen Sie dann im Kurs, auf welches Problem sich die Überschrift des Textes bezieht und welcher Ausweg im Text angedeutet wird.

☐ Außerdem veraltet es ca. alle zehn Jahre. ☐ Und das Wissen wächst weiter:

☐ Wie auch immer, es ist heute wichtiger denn je, schon sehr früh das Lernen zu lernen, Techniken der Recherche zu beherrschen, Lust am Lernen zu entwickeln.

☐ 1 Heute ist kein Mensch mehr in der Lage, auch nur annähernd über das gesamte Wissen einer einzelnen Wissenschaft zu verfügen.

☐ Denn ohne permanentes Lernen kann man im Berufsleben nicht mehr bestehen.

☐ Die einen behaupten, es verdopple sich etwa alle hundert Jahre, die anderen schätzen, dass dies schon nach zwölf Jahren geschieht.

> _Heute ist kein Mensch mehr in der Lage, auch nur annähernd über das Wissen einer einzelnen Wissenschaft zu verfügen. ..._

4 Lebenslanges Lernen – aber wie? Eine Diskussion

Hören ● 1, 24–27
Sprechen

a Hören Sie die Diskussion zu diesem Thema zunächst einmal ganz. Notieren Sie dabei, welche Tätigkeiten die Gesprächspartner ausüben. Machen Sie sich außerdem Notizen zu dem, was Sie über das Lernen hören.

Frau Grün	Frau Schneider	Anna und Metin	Herr Gerner	Herr Vorberg
Professorin und …				

b Hören Sie das Gespräch nun noch einmal und ordnen Sie die Aussagen 1 bis 14 den Personen zu. Wer sagt was?

Moderatorin	Frau Grün	Frau Schneider	Anna und Metin	Herr Gerner	Herr Vorberg
1,					

1. Wir müssen immer wieder Neues lernen.
2. Kinder sollen schon früh möglichst viel selbst entdecken. Das bedeutet „anders lernen".
3. Wissen entsteht dadurch, dass man ausprobiert, Fehler macht und daraus lernt.
4. Man kann nicht alles über „Versuch und Irrtum" lernen.
5. Nur wenn Kinder auch falsche Vorstellungen äußern dürfen, lernen sie wirklich.
6. Schüler werden bei uns unterstützt, es wird aber auch etwas verlangt.
7. In einer Schule, wo die Schüler entscheiden, was sie lernen, kann nur Chaos entstehen.
8. Wir erledigen unsere Aufgaben angstfrei.
9. Kinder erlernen soziale Kompetenzen wie Zuhören, Helfen etc.
10. Bedeutet das nicht sehr viel Mehrarbeit für die Lehrer?
11. Wenn nicht alle das Gleiche lernen, kann man den Unterrichtsstoff nicht durchbringen.
12. Wir versuchen, für jeden individuell eine passende Lösung zu finden.
13. Kinder wollen Meister werden.
14. Die Ergebnisse in unserem Labor sind gleich.

c Gefällt es Ihnen, wie in der Hamburger Schule gelernt wird? Könnten Sie sich vorstellen, selbst so zu lernen? Was hat dies mit „lebenslangem Lernen" zu tun?

5 Wenn ich könnte, wie ich wollte, …

Schreiben

Benutzen Sie alle möglichen Modalverben und schreiben Sie einen kleinen Text. Lesen Sie ihn dann im Kurs vor, wenn Sie möchten.

> Wenn ich könnte, wie ich wollte,
> und nicht müsste, wie ich muss,
> wenn ich dürfte, was ich könnte,
> müsste ich nicht …

> Wenn ich dürfte, wie ich wollte,
> würd' ich …

9 Gefühle

1 Gefühl oder Verstand?

Lesen
Sprechen

a Ordnen Sie die folgenden Begriffe den Bereichen Gefühl oder Verstand zu.

Angst   Berechnung   Eifersucht   Einsicht   Wut   Unsinn
Vernunft   Vorsicht   Einsamkeit   Neid   Verständnis   Vertrauen
Mitleid   Leichtsinn   Misstrauen   Liebe   Stolz   Erfahrung

b Welche der Gefühle aus Aufgabenteil a finden Sie positiv? Welche sehen Sie kritisch?

2 Versuchen Sie, das folgende Gedicht von Erich Fried zu rekonstruieren.

Lesen
Sprechen

a Ordnen Sie jeder Zeile links eine Zeile rechts zu.

1.	Es ist Unsinn	A	sagt die Liebe	1.	F
2.	Es ist was es ist	B	sagt die Liebe	2.	A
3.	Es ist Unglück	C	sagt die Liebe	3.	I
4.	Es ist nichts als Schmerz	D	sagt die Angst	4.	D
5.	Es ist aussichtslos	E	sagt der Stolz	5.	J
6.	Es ist was es ist	F	sagt die Vernunft	6.	B
7.	Es ist lächerlich	G	sagt die Erfahrung	7.	E
8.	Es ist leichtsinnig	H	sagt die Vorsicht	8.	H
9.	Es ist unmöglich	I	sagt die Berechnung	9.	G
10.	Es ist was es ist	J	sagt die Einsicht	10.	C

b Was ist „es"? Sammeln Sie Ideen und begründen Sie Ihre Vorschläge.

3 Gefühle erkennen

Hören 🔘 1, 28–32
Schreiben

a Versuchen Sie herauszuhören, welche Gefühle die Sprecher haben. Notieren Sie das Gefühl in der Tabelle unten in der ersten Spalte.

b Was könnte der Grund für diese Gefühle sein? Notieren Sie die Begründung in der zweiten Spalte.

Gefühl	Grund für das Gefühl
1. Freude	Weil sie eine Jugendfreundin wieder getroffen hat.
2. Stolz	
3. Mitleid	
4. Angst	
5. Wut, Ärger	

Die Eifersucht ist eine Leidenschaft, die mit Eifer sucht, was uns leiden schafft.

4 Gefühlvolle Wörter

Sprechen
Schreiben

Ergänzen Sie in kleinen Gruppen die Liste mit Wörtern und Zitaten zu „Gefühl".

Verben, die Gefühle ausdrücken: lachen, lächeln, jubeln, schreien, weinen, zittern, ...
andere Gefühlsverben: empfinden, erahnen, spüren, ...
Gefühlsnomen: Zorn, Eifersucht, Glück, Freude, Mitgefühl, ...
Gefühlsadjektive: gefühlskalt, gefühllos, gefühlvoll, ... mitfühlend
Gefühlsbeschreibungen: ein gutes Gefühl, ein komisches Gefühl, ein angenehmes Gefühl, ...
Gefühlszitate: Wer nicht zuweilen zu viel empfindet, der empfindet immer zu wenig.
(Jean Paul, 1763–1825), ...

5 Gefühle nonverbal

Sprechen
Schreiben

a Wie drückt man mit dem Körper Gefühle aus? Ordnen Sie zunächst die Fotos den Gefühlen zu und sammeln Sie dann im Kurs.

Gefühl	Bild	Mimik, Gestik, Körperhaltung	Körperreaktionen
1. Freude			
2. Schüchternheit			
3. Wut			
4. Zufriedenheit			
5. Angst			
6. Mitgefühl			
7. Trauer			

b Verschiedene Kulturen zeigen (oder verbergen) Gefühle auf unterschiedliche Weise. Suchen Sie Beispiele für kulturell unterschiedliche Ausdrucksweisen.

Was Sie in dieser Lektion lernen können:

eigene Gedanken und Gefühle mündlich beschreiben

eigene Gedanken und Gefühle schriftlich beschreiben

literarischen oder alltäglichen Erzählungen folgen und viele wichtige Details verstehen

verschiedene Gefühle differenziert ausdrücken und auf Gefühlsäußerungen anderer reagieren

literarische Texte lesen, dabei die Gesamtaussage und viele Details verstehen

mündlich Vermutungen über Sachverhalte, Gründe und Folgen anstellen

Informationen aus längeren Texten zusammenfassend wiedergeben

in Korrespondenz die wesentlichen Aussagen verstehen

in Texten Vermutungen über Sachverhalte, Gründe und Folgen anstellen

in privater Korrespondenz Gefühle, Erlebnisse und Erfahrungen ausdrücken bzw. kommentieren

in längeren und komplexeren Texten rasch wichtige Einzelinformationen finden

einen kurzen Text relativ spontan und frei vortragen

Sprechen
Lesen

1 Positive Gefühle, negative Gefühle

a Wählen Sie einen der Titel und sammeln Sie in Kleingruppen Ihre Gedanken dazu.

A Warum es wichtig ist, Gefühle zu haben
B Warum negative Gefühle wichtig sind
C Warum positive Gefühle so wichtig sind

b Lesen Sie nun den Text. Welcher Titel passt Ihrer Meinung nach am besten?

Was sind Gefühle überhaupt? Die knappste Definition lautet: Gefühle sind verkörperte Informationen. Sie aktivieren sowohl das Denken als auch das Handeln.
Die Gesamtheit unserer Gefühle stellt ein Signalsystem dar, das uns einen schnellen Zugang zu unseren Vorlieben ermöglicht, zu den angeborenen und erworbenen. Alles in unseren Begegnungen mit der Umwelt und mit anderen Menschen wird positiv oder negativ codiert, mit einem Wert aufgeladen.
Unsere heutigen Gefühle sind zunehmend komplexer gewordene Anpassungsmechanismen, und sie unterscheiden sich in einer Reihe von Merkmalen:
Die negativen Emotionen wie Wut, Ekel, Hass oder Angst verengen das Spektrum unserer Denk- und Handlungsalternativen. Sie blenden alles aus, was nicht unmittelbar einer Problemlösung dient, und sie fokussieren Geist und Körper in kritischen Situationen, in Herausforderungen, Bedrohungen, Konflikten auf das jeweils sinnvolle Spektrum von Fähigkeiten oder Handlungsweisen: Wir laufen weg, wenn wir Angst vor etwas haben, drohen oder greifen an, wenn wir wütend auf jemanden sind, spucken aus, wenn wir uns vor etwas ekeln, verkriechen uns aus Scham und versuchen, Wiedergutmachung bei Schuldgefühlen zu erlangen. Negative Gefühle sind zudem oft von heftigen körperlichen Reaktionen begleitet: Erröten, erhöhtem Blutdruck, heftiger Muskelanspannung.
Die positiven Emotionen wie Freude, Zufriedenheit oder Heiterkeit dagegen erweitern das Spektrum unserer Denk- und Handlungsalternativen. Sie sind weit weniger präskriptiv, das heißt, es wird nicht wie bei negativen Gefühlen ein „Flüchten- oder Kämpfen-Programm" ausgelöst, auch keine Reflexe wie etwa bei Ekel oder Scham. Positive Gefühle wirken oft unscheinbar und etwas vage, weil sie uns nicht so sichtbar mobilisieren, sondern eher den Geist als den Körper in Gang bringen.
Die Hauptwirkung der positiven Gefühle liegt darin: Sie machen uns offener, freier, zugänglicher, integrativer.
Positive Gefühle erweitern deshalb den Wahrnehmungshorizont. Wenn wir uns gut fühlen, sind wir zugleich auf das Sammeln von Informationen und auf die Erforschung der Umwelt eingestimmt.
Die amerikanische Psychologin Barbara Frederickson konnte in zahlreichen Experimenten nachweisen, dass wir unter Einfluss guter Gefühle wacher, aufmerksamer und als Folge davon auch klüger werden.
Während Gefühle wie Ärger, Wut, Zorn, Angst, Aggression und der sie begleitende Stress uns körperlich und seelisch aus der Balance bringen, haben die positiven Gefühle einen vierfachen Langzeitnutzen:
– Sie begünstigen den Aufbau und die Pflege sozialer Beziehungen und Bindungen, die uns das Leben erleichtern und auf die wir in Krisenzeiten zurückgreifen können.
– Sie ermöglichen und fördern das Lernen, die Kreativität und alle anderen Intelligenzleistungen, die uns Problemlösungen auf höherem Niveau erlauben.
– Sie wirken sich positiv auf die körperliche Gesundheit aus, indem sie Stressreaktionen mildern und schneller abbauen und wie ein Puffer gegenüber zukünftigem Stress wirken.
– Sie verbessern die Qualität unserer psychischen Fähigkeiten, wie Widerstandskraft, Zielgerichtetheit und Optimismus, und sie ermöglichen die Festigung der Identität.

Heißt das, dass wir permanent gut drauf sein müssen, um ein gutes Leben zu führen? Was ist mit negativen Gefühlen? Eine
90 Prise Ängstlichkeit, Aggressivität oder Selbstunsicherheit macht uns in vielen Bewährungssituationen effektiver, wie der Glücksforscher Ed Diener herausfand. Ein Maximum an Glück ist nicht nur nicht
95 machbar, es wäre auch kontraproduktiv.

Eine Beziehung, in der es keine Differenzen, damit auch keine Kritik, keine Enttäuschungen gäbe, ist kaum vorstellbar. Denn in einer solchen Partnerschaft würden auch die positiven Emotionen ihre 100 Wirkung verlieren: Wenn überhaupt nie kritisiert oder geschmollt wird, verlieren Lob und Anerkennung ihre Wirkung.

2 Kurz und knapp

Lesen
Schreiben

a Lesen Sie noch einmal die Titelvorschläge in Aufgabe 1a. Antworten Sie in einem Satz auf die Fragen.

   1. Warum ist es wichtig, Gefühle zu haben? _____

   2. Warum sind negative Gefühle wichtig? _____

   3. Warum sind positive Gefühle so wichtig? _____

b Formulieren Sie eine Zusammenfassung des Artikels in drei bis fünf Sätzen.

> Der Artikel handelt von + Dat. | In diesem Text geht es um + Akk. |
> Im ersten / zweiten / dritten / … Abschnitt steht, dass … | Der Artikel
> thematisiert … | Die zentrale Aussage des Textes ist … | In dem
> Text wird deutlich, dass …

EINE ZUSAMMEN-FASSUNG SCHREIBEN

*Erinnern Sie sich:
Wortschatz für eine
Zusammenfassung finden
Sie auch in Lektion 6.*

3 Gefühlsleben

Sprechen

Sammeln Sie im Kurs Vorschläge, wie man positive Gefühle vermehren bzw. negative Gefühle verringern kann.

4 Sprache im Mittelpunkt: Nomen, Verben und Adjektive mit festen Präpositionen

Formen und
Strukturen
S. 110

a Sortieren Sie die nachfolgenden Ausdrücke für Gefühle in die Tabelle ein.

Welche Ausdrücke sind für Sie positiv?	Welche Ausdrücke sind für Sie negativ?

> Angst vor   wütend auf   Ekel vor   Sehnsucht nach   verliebt in   stolz auf   Hass auf
> sich freuen auf / über   zufrieden mit   Lust auf   Ärger über   neidisch auf   eifersüchtig auf
> trauern um   enttäuscht von   Interesse an   unglücklich über   Mitleid mit   begeistert von
> sich begeistern für   dankbar für   sich schämen vor / für

b Nach welchen Ausdrücken in Aufgabenteil a folgt der Akkusativ, nach welchen der Dativ?

c Ergänzen Sie weitere Ausdrücke für positive oder negative Gefühle.

Schreiben

d Beschreiben Sie eine Situation, in der Gefühle eine Rolle spielen. Wählen Sie dazu mindestens drei Ausdrücke aus dem Kasten in Aufgabenteil a aus. Beschreiben Sie dabei auch genau die Gedanken und Gefühle.

Hören ◯ 1, 33
Lesen

1 Equilibrium (Regie: Kurt Wimmer, 2002)

a Hören Sie die Filmbesprechung und bringen Sie die Stichworte der Filmkritikerin in die richtige Reihenfolge.

A Menschen ohne Emotionen _____
B Spannung und Dramatik _____
C anspruchsvoller Science-Fiction-Thriller __1__
D stilvolle Inszenierung _____
E einen Umsturz planen _____
F Gefühle unterdrücken _____
G Widerstandsgruppe _____
H eigene Ästhetik _____
I Kommunikationssysteme zerstören _____
J düstere Zukunftsvision _____
K Gramaton-Kleriker _____
L Gefühle als Ursache für alle Kriege _____

M „Vater" schon lange tot _____
N tägliche Dosis Prozium II spritzen _____
O ein Muss für Action-Liebhaber _____
P John Preston _____
Q jetzigen Machthaber töten _____
R totalitäres System _____

Schreiben

b Schreiben Sie mithilfe der Wörter eine kurze Inhaltsangabe des Films.

2 Unterdrückte Gefühle im Film

Schreiben

a Alle Gefühle wurden unterdrückt. Verbinden Sie die passenden Satzteile miteinander. Oft sind mehrere Lösungen möglich.

1. Die Freude darüber,	A Neues auszuprobieren.	1. 〔C〕
2. Die Liebe zu	B allein zu sein.	2. ☐
3. Die Angst davor,	C anderen Menschen zu begegnen.	3. ☐
4. Die Hoffnung darauf,	D dass man etwas Tolles geleistet hat.	4. ☐
5. Der Stolz darauf,	E dass seine Erwartungen nicht erfüllt werden.	5. ☐
6. Die Enttäuschung darüber,	F den Geliebten zu treffen.	6. ☐
7. Das Mitleid mit	G ein erfülltes Leben zu führen.	7. ☐
8. Die Lust darauf,	H einen Fußballverein.	8. ☐
9. Die Sehnsucht danach,	I einem anderen Menschen.	9. ☐
10. Die Begeisterung für	J was man im Leben erreicht hat.	10. ☐
11. Die Zufriedenheit mit dem,	K einem Lebewesen.	11. ☐

b Ergänzen Sie die Sätze für sich persönlich.

Ich empfinde ...

1. Ärger *darüber, dass ich nicht mehr Zeit zum Deutschlernen habe.*
2. Freude _____.
3. Angst _____.
4. Stolz _____.
5. Begeisterung _____.
6. Sehnsucht _____.
7. Ekel _____.

3 Sprache im Mittelpunkt: Präpositionalpronomen (darauf, dafür, damit, ...)

Formen und
Strukturen
S. 108

Welche Aussage ist richtig? Bitte markieren Sie.

!

1. Präpositionalpronomen ersetzen einen Nebensatz, z.B. einen dass-Satz, einen indirekten Fragesatz, einen zu + Infinitiv-Satz.

2. Präpositionalpronomen können ein Hinweis auf einen Nebensatz sein, z.B. auf einen dass-Satz, auf einen indirekten Fragesatz oder auf einen zu + Infinitiv-Satz.

4 Gefühlshoch – Gefühlstief

Hören ● 1, 34–35
Sprechen

a Sie hören zwei Kurzberichte. Von welchen starken Gefühlsmomenten in ihrem Leben erzählen die Personen?

b Mit welchen Ausdrücken äußern sie ihre Gefühle? Machen Sie sich Notizen.

c Über Gefühle berichten: Vergleichen Sie Ihre Notizen in der Gruppe und danach mit der folgenden Liste.

positiv:	negativ:
Das hat mir (wahnsinnig / echt) gut getan. | Das ist mir runtergegangen wie Öl. | Das ist / war rührend / süß / sehr nett / unglaublich / toll. | Ich bin / war gerührt / begeistert / von den Socken / hin und weg / im 7. Himmel / unglaublich stolz. | Ich hätte lachen und weinen können. | Du kannst dir (nicht) vorstellen, wie glücklich ich war / was das für mich bedeutet. | Das hat mich sehr gefreut.	Das hat mir wehgetan. | Das hat mich verletzt / traurig gemacht / enttäuscht. | Ich bin / war entsetzt / enttäuscht / total fertig / wie betäubt / fix und fertig / am Ende / am Boden zerstört / wütend. | Das hätte ich nicht gedacht / erwartet. | Ich fühlte Wut / Trauer / Schmerz. | Ich hoffe, dass ich das nie wieder erlebe. | Hoffentlich erlebe ich so etwas nie wieder. | Meine Welt ist völlig aus den Fugen geraten.

d Auf berichtete Gefühlsänderungen reagieren: Mit welchen der Redemittel könnten Sie auf die Berichte aus Aufgabenteil a reagieren?

Anteilnahme:	Wertung:
Das kann ich verstehen. | Das tut mir leid. | Das muss toll / phantastisch / schlimm / schrecklich / ein (…) Gefühl gewesen sein. | Du warst bestimmt total glücklich / gut drauf / einsam / traurig. | Das hätte mich auch geärgert / gefreut / gewundert. | Das hätte ich auch gesagt / getan. | Du könntest … | Vielleicht solltest du …	Warum hast du das gemacht / gesagt? | Das kannst du doch nicht machen. | Wie kannst du nur so hart / weich / gutmütig / kalt sein. | Das finde ich übertrieben / doof / dumm. | Ich verstehe überhaupt nicht, wieso … | Das hätte ich nicht gemacht / gesagt. | Ich hätte … / Du hättest … | Ich wäre … | Ich würde …

5 Die richtigen Worte finden

Schreiben
Sprechen

Wählen Sie eine der folgenden Situationen: Was würden Sie in dieser Situation sagen? Bereiten Sie kleine Dialoge (Bericht und Reaktion) vor und präsentieren Sie diese dann im Kurs.

1. Sie arbeiten erst seit zwei Wochen in einer Firma und dachten, dass niemand weiß, dass Sie heute Geburtstag haben. Aber die Kollegen und der Chef haben eine kleine Party mit Essen und Getränken vorbereitet und Ihnen ein Geschenk gemacht. Sie erzählen Ihrer Frau / Ihrem Mann davon.
2. Ihr Freund / Ihre Freundin ist eifersüchtig und traurig, weil Sie oft mit anderen ausgehen. Sie reden mit Ihrer Mutter darüber.
3. Sie wollen mit Ihrem Chef sprechen, weil Sie das Gefühl haben, dass er verärgert ist. Sie wissen nicht, warum, vermuten aber, dass sein Ärger damit zusammenhängt, dass Sie keine Überstunden machen wollen. Sie sprechen mit einer Kollegin / einem Kollegen darüber.

1 San Salvador (1)

Lesen

Lesen Sie den Anfang einer Kurzgeschichte von Peter Bichsel.

Er hatte sich eine Füllfeder gekauft.

Nachdem er mehrmals seine Unterschrift, dann seine Initialen, seine Adresse, einige Wellenlinien, dann die Adresse seiner Eltern auf ein Blatt gezeichnet hatte,
5 nahm er einen neuen Bogen, faltete ihn sorgfältig und schrieb: „Mir ist es hier zu kalt", dann, „ich gehe nach Südamerika", dann hielt er inne, schraubte die Kappe auf die Feder, betrachtete den Bogen und sah, wie die Tinte eintrocknete und dunkel wurde (in der
10 Papeterie garantierte man, dass sie schwarz werde), dann nahm er seine Feder erneut zur Hand und setzte noch seinen Namen Paul drunter.

Dann saß er da.

Später räumte er die Zeitungen vom Tisch, überflog
15 dabei die Kinoinserate, dachte an irgendetwas, schob den Aschenbecher beiseite, zerriss den Zettel mit den Wellenlinien, entleerte seine Feder und füllte sie wieder. Für die Kinovorstellung war es jetzt zu spät.

Die Probe des Kirchenchores dauert bis neun Uhr, um halb zehn würde Hildegard zurück sein. Er war- 20 tete auf Hildegard. Zu all dem Musik aus dem Radio. Jetzt drehte er das Radio ab.

Auf dem Tisch, mitten auf dem Tisch, lag nun der gefaltete Bogen, darauf stand in blauschwarzer Schrift sein Name Paul. 25

„Mir ist es hier zu kalt", stand auch darauf.

Nun würde also Hildegard heimkommen, um halb zehn. Es war jetzt neun Uhr. Sie läse seine Mitteilung, erschräke dabei, glaubte wohl das mit Südamerika nicht, würde dennoch die Hemden im 30 Kasten zählen, etwas müsste ja geschehen sein. Sie würde in den „Löwen" telefonieren.

Der „Löwe" ist mittwochs geschlossen.

Sie würde lächeln und verzweifeln und sich damit abfinden, vielleicht. ... 35

eine Kneipe

2 Sprache im Mittelpunkt: Vermutungen
Subjektiver Gebrauch der Modalverben (Gegenwart)

Formen und
Strukturen
S. 98

Tragen Sie die Informationen zu folgenden Punkten zusammen und stellen Sie Vermutungen an. Benutzen Sie dazu die Modalverben in der Tabelle.

- Ort der Handlung
- Zeit der Handlung
- Personen
- Hauptperson
- Beschäftigung der Hauptperson
- Gefühle der Hauptperson

Sicherheit	ca. 95%	ca. 75%	ca. 60%	ca. 50%	ca. 40%
Modalangaben	sicher / bestimmt	wahrscheinlich	vermutlich / gut möglich, dass	möglicherweise / eventuell	vielleicht
Modalverben	muss	dürfte	könnte	kann	mag
„werden" wie ein Modalverb gebraucht		wird			

Paul muss zu Hause sein, denn im Text steht, Hildegard würde „heimkommen".

Hildegard dürfte eine gute Sängerin sein. Denn im Text steht, dass sie im Kirchenchor singt.

3 Wie geht die Kurzgeschichte weiter?

Sprechen

a Decken Sie die Fortsetzung der Geschichte auf der rechten Seite zu und stellen Sie zu zweit Vermutungen an.

b Präsentieren Sie Ihre Version im Kurs und vergleichen Sie.

4 San Salvador (2)

Lesen
Sprechen

a Lesen Sie die Kurzgeschichte nun ganz und fassen Sie ihren Inhalt zusammen.

Sie würde sich mehrmals die Haare aus dem Gesicht streichen, mit dem Ringfinger der linken Hand beidseitig der Schläfe entlang fahren, dann langsam den Mantel aufknöpfen.

40 Dann saß er da, überlegte, wem er einen Brief schreiben könnte, las die Gebrauchsanweisung für den Füller noch einmal – leicht nach rechts drehen – las auch den französischen Text, verglich den englischen mit dem deutschen, sah wieder seinen Zettel, dachte an Palmen, dachte an Hildegard. 45

Saß da.

Um halb zehn kam Hildegard und fragte:

„Schlafen die Kinder?"

Sie strich sich die Haare aus dem Gesicht.

b Was steht im Text? Markieren Sie die korrekten Aussagen, unterstreichen Sie die passenden Stellen im Text und notieren Sie die Zeilenangaben.

Zeile(n)

1. **Hauptpersonen** _____

   a. Die Hauptperson heißt Paul und lebt allein.

   b. Paul ist verheiratet und Familienvater.

2. **Situation** _____

   a. Paul probiert seinen neuen Füller aus.

   b. Paul schreibt einen Brief.

3. **Thema** _____

   a. Paul bekommt Fernweh und ihn überkommen Sehnsüchte.

   b. Paul möchte sich von seiner Frau trennen, weil er in seiner Beziehung unglücklich ist.

c Sprechen Sie im Kurs über folgende Punkte:

– Was bedeutet: „Mir ist es hier zu kalt"?

– Warum heißt die Geschichte „San Salvador"?

– Welche Beziehung haben Paul und Hildegard zueinander?

– Was bedeutet: „Sie strich sich die Haare aus dem Gesicht."?

– Warum schreibt Paul den Brief und bleibt trotzdem?

d Können Sie Pauls Verhalten verstehen? Kennen Sie dieses Gefühl? Sprechen Sie zu zweit über Ihre eigenen Sehnsüchte.

5 Interpretationen zu „San Salvador"

Lesen
Sprechen

a Fassen Sie die Hauptthese der jeweiligen Interpretation in einem Satz zusammen.

b Welche Interpretation finden Sie plausibel? Begründen Sie Ihre Meinung.

A In seiner Kurzgeschichte „San Salvador" erzählt Peter Bichsel vom Leiden am Alltag. Paul, der Protagonist der Geschichte, leidet als verheirateter Mann und Familienvater unter dem Einerlei des Alltags und der Kälte des Alleinseins. Die innige Bindung zu seiner Frau Hildegard und auch die von Wärme geprägte Atmosphäre in der Familie gehören der Vergangenheit an. Es bleibt nur noch die Sehnsucht, diesem eintönigen und kalten Alltag zu entfliehen …

B „Mich interessiert, was auf dem Papier geschieht." Diese Grundidee des Erzählens veranschaulicht Peter Bichsel in „San Salvador". Aus einer zufälligen Beschäftigung mit einem Gegenstand, dem Füller, entsteht ein Text. Zwar schreibt Paul „Fluchtsätze" und spielt das Szenario im Kopf durch. Doch dann bleibt er sitzen und handelt in keiner Weise so, dass wir seine Gedanken ernst nehmen sollten. Paul erlaubt sich etwas, was wir heute kaum noch tun: Er nimmt sich Zeit, seinen Gedanken und Gefühlen nachzuhängen …

6 Peter Bichsel

Lesen
Sprechen

Sammeln Sie Informationen über den Autor, visualisieren Sie diese an einer Pinnwand, auf Overhead-Folie etc. und stellen Sie ihn in der Klasse vor.

9 Fingerspitzengefühl

Hören ● 1, 36–38
Sprechen

◼1 Militärschnitt

a Hören Sie die Erzählung. Notieren Sie nach dem ersten Hören nur die wichtigsten Informationen. Die Fotos oben können Ihnen helfen.

- Wer?
- Was?
- Warum?
- Wo?
- Wann?

b Hören Sie die Geschichte ein zweites Mal und versuchen Sie, diese nun im Detail zu verstehen. Tragen Sie die verstandenen Details in Kleingruppen zusammen.

c Formulieren Sie in Ihrer Kleingruppe fünf Fragen, die Ihnen für das Verständnis der Geschichte wichtig erscheinen, und schreiben Sie sie auf einen Zettel.

d Ein Repräsentant Ihrer Gruppe geht mit dem Zettel in eine andere Kleingruppe und lässt die Fragen dort beantworten.

◼2 Sprache im Mittelpunkt: Vermutungen
Subjektiver Gebrauch der Modalverben (Vergangenheit)

Formen und
Strukturen
S. 98

a Die Polizei ist am Tatort und stellt Vermutungen an. Welche Vermutungen stimmen wohl? Markieren Sie.

1. Es könnte ein Unfall gewesen sein.
2. Das Opfer muss sich selbst verletzt haben.
3. Der Ehemann dürfte sehr emotional reagiert haben.
4. Die Frau des Friseurs und das Opfer müssen sich heimlich getroffen haben.
5. Der Friseur und seine Frau könnten die Tat gemeinsam geplant haben.
6. Das Opfer und der Ehemann dürften sich nicht gekannt haben.

b Tragen Sie die Sätze aus Aufgabenteil a in die folgende Tabelle ein und ergänzen Sie drei weitere Vermutungen.

	Modalverb		Partizip	Infinitiv haben / sein
Es	könnte	ein Unfall	gewesen	sein.

3 Nagende Gefühle

Lesen
Schreiben

Lesen Sie die Mail und ergänzen Sie anschließend die fehlenden Informationen 1 bis 5.

Liebe Selma,

stell dir vor, was Manuel (du kennst ihn **doch**?!) gemailt hat: „Ja, ich bin in sie verliebt. Und ja, wir sind zusammen." Wenn das keine gute Nachricht zum neuen Jahr ist!!!! Der Mann wird **wohl** sehr glücklich sein. Schließlich hat er gerade eine hoffnungslose Schwärmerei durchlitten und eine neue Freundin mehr als verdient. Ich freue mich für ihn ... sagt mir mein Verstand. Mein Herz jedoch schreit immer wieder unüberlegte Dinge dazwischen, die so gar nicht angebracht sind. Denn seine Schwärmerei galt mir. Und obwohl ich ihm unzählige Male gnadenlos ehrlich gesagt habe, dass ich für ihn nicht das Gleiche empfinde und sich das vermutlich auch nicht ändern würde, gelingt es mir nicht, die angebrachte Freude zu fühlen. Denn ich muss zu meiner Schande gestehen: Ich bin **einfach** rasend eifersüchtig.

Ich frage mich, wie die Eifersucht überhaupt Macht über mich erlangt hat, **eigentlich** so ganz ohne Grund. Sie ist hier völlig fehl am Platz: Diese neue Freundin des E-Mail-Senders nimmt mir **ja** nicht den Partner weg, noch nicht mal einen Liebhaber, und sie nascht auch nicht von einem Kuchen, den ich gern gekostet hätte. Sie hat es nur geschafft, das Herz des Mannes zu gewinnen, der noch vor ein paar Wochen mir die unglaublichsten Komplimente gemacht, die schönsten Mixtapes geschenkt und das Gefühl gegeben hat, etwas ganz Besonderes zu sein. Und obwohl ich darunter gelitten habe, seine Gefühle nicht in gleichem Maße erwidern zu können, so hat es mir doch ungemein geschmeichelt, dass jemand wie er für mich schwärmte.

Wohin soll ich mit meiner Eifersucht? Soll ich es ihm sagen? Nein, auf keinen Fall!, sagt mein Verstand. Und trotzdem ... Liebe Selma, was soll ich **denn** tun? Bitte antworte deiner unruhigen

Katinka

1. Stimme des Gefühls: _____
2. Grund für das Gefühl: _____
3. Stimme des Verstandes: _____
4. Grund für die Stimme des Verstandes: _____
5. Lösung? _____

4 Sprache im Mittelpunkt: Gefühle unterstreichen

Formen und
Strukturen
S. 111

Bestimmen Sie die Bedeutung der in der Mail oben fett geschriebenen Modalpartikeln und modalen Adverbien im Kontext. Welche Bedeutung ist richtig? Bitte markieren Sie.

1. doch:	☒ Bestätigung	☐ Widerspruch		*Das weiß ich doch.*
2. wohl:	☐ Überraschung	☒ Vermutung		*Das stimmt wohl.*
3. einfach:	☒ Betonung des Adjektivs	☐ Abschwächung des Adjektivs		*Das Wetter ist einfach schlecht.*
4. eigentlich:	☒ Einschränkung	☐ Aufforderung		*Der Film war eigentlich gut, aber...*
5. ja:	☐ Warnung	☒ Bekanntes		*Da bist du ja! Da kommst du ja endlich!*
6. denn:	☐ Vermutung	☒ genauere Nachfrage		*Wohin gehst du denn?*

ähnlich aber 'doch' ist stärker

5 Über Gefühle schreiben

Schreiben

Katinka hat auch Ihnen geschrieben. Wie würde Ihre Antwort aussehen? Bitte schreiben Sie eine Mail und äußern Sie Vermutungen, warum Katinka eifersüchtig reagiert. Gehen Sie auch auf Katinka ein, indem Sie von eigenen Gefühlen und Erlebnissen berichten.

Lesen

→GI / TELC

1 Bücher: Erfahren Sie mehr über die Welt der Gefühle

Lesen Sie den Text und lösen Sie die Aufgabe

Gefühle bestimmen unser Leben ganz wesentlich. Seit in den neunziger Jahren der Begriff „Emotionale Intelligenz" eingeführt wurde, weiß man auch, dass das Vorhandensein von Gefühlen, Emotionen, Stimmungen und Affekten und der bewusste Umgang damit eine hohe emotionale Intelligenz ausmachen. Infolgedessen gibt es eine Reihe von Veröffentlichungen, die um das Thema „Gefühle" kreisen.

Was denken Sie, welches der acht Bücher (A–H) wäre für die einzelnen Personen von Interesse? Es gibt immer nur eine richtige Lösung. Es ist jedoch möglich, dass nicht für jede Person etwas Passendes zu finden ist, notieren Sie in diesem Fall „0".

Welches Buch wäre von Interesse für: **Lösung**

1. Marietta R., die seit Monaten unter der Trennung von ihrem Mann leidet, und sich endlich von ihren negativen Gefühlen befreien möchte.   _D_

2. Tilman M., der wissen möchte, wie Tiere bei Massentierhaltung empfinden.   _0_

3. Olga S., die einen Ratgeber sucht, um sich besser gegen den psychischen Druck ihres Chefs wehren zu können.   _____

4. Holger V., der eine Ausbildung zum Familientherapeuten macht und Genaueres über die Macht der Gefühle über die Psyche lernen möchte.   _____

5. Johanna M., die Musikerin ist und gern etwas über den Einfluss von Gefühlen auf die Werke großer Komponisten erfahren würde.   _0_

6. Beatrice H., die ihrem sehr ängstlichen 5-jährigen Sohn durch Geschichten die Furcht nehmen möchte.   _____

7. Pia Z., die sich als Gärtnerin für alles interessiert, was mit Natur und Gefühlen zu tun hat.   _____

A

Katzen zeigen Gefühle

von Susan Saughton

Anhand eindrucksvoller Beispiele aus Literatur und Wissenschaft sowie durch Erfahrungen mit ihren eigenen Katzen beweist Susan Saughton, dass die Gefühlswelt der Katzen mehr ist als eine Summe aus Reflexen und Instinkten. Wie der Mensch lernen kann, das ganze Repertoire an Körperhaltung, Bewegungen und sogar Lauten zu verstehen, veranschaulicht sie in diesem aufschlussreichen und kurzweiligen Beitrag zur Psychologie der Katzenseele.

B

Die Stimme der Eiche. Pflanzen und ihre Gefühlswelten

von Birgit Winter

Pflanzen besitzen Gefühle und kommunizieren untereinander und mit ihrer Umwelt – so die These von Birgit Winter. Anschaulich offenbart sie dem Leser eine Übersicht über die neusten Erkenntnisse und den Forschungsstand auf diesem Gebiet und versucht herauszufinden, inwieweit wir in Pflanzen intelligente Gefühlswesen sehen können. Nach der Lektüre des Buches wird der Leser empfindsamer und wacher mit den Pflanzen seiner täglichen Umgebung umgehen. In jedem Fall ein Buch, das einen für neue Erkenntnisse öffnet und zum Nachdenken anregt.

C

Gefühlsmanagement

von Andreas Stein

Fast jeder kennt das: In bestimmten Situationen wollen wir sachlich bleiben und doch kommen Emotionen hoch, und Gefühle bestimmen letztendlich unser Handeln und unsere Entscheidungen. Nur wer dieser Tatsache ins Auge sieht und sie im Alltag berücksichtigt, kann seine tägliche Arbeit bewältigen und im Beruf bestehen. Ein Buch für alle, die lernen wollen, wie sie erfolgreich mit den eigenen Gefühlen und den Gefühlen ihrer Mitmenschen umgehen.

D

Denken Sie positiv. Der Weg zur inneren Freiheit

von Markus Zach

Sind sie innerlich erschöpft? Wollen Sie sich von belastenden oder krank machenden Gefühlen befreien? Oder wollen Sie durch mehr Ausstrahlungskraft besser überzeugen und die verborgenen Führungsqualitäten in Ihnen wecken? Mit dem Ratgeber von Markus Zach lernen Sie Übungsmethoden kennen, die Ihnen helfen, Ihre inneren Kräfte zu mobilisieren und so Ihre Gefühle zu verändern: Ausgeglichenheit und Ausstrahlung durch mehr positive Gefühle ist das Erfolgsrezept. Die leicht zu erlernenden Übungen basieren auf Erkenntnissen der Verhaltenstherapie und orientieren sich an bewährten Mentaltechniken.

E

Drohen mit Gefühlen – die Gefahr der emotionalen Erpressung

von Patricia Sleet

„Wenn du jetzt gehst, habe ich keinen Sohn mehr.", „Wenn du das tust, ist es aus mit uns.", „Wenn du deine Tochter wiedersehen willst, tust du jetzt, was ich sage." – Wer kennt sie nicht, die emotionalen Erpressungsversuche? Die „Erpresser" – Partner, Freunde, Eltern, Vorgesetzte – wissen genau, wo sie ansetzen müssen, um ihr Opfer zu „überzeugen". Die bekannte Psychologin Patricia Sleet veranschaulicht mit zahlreichen Fallbeispielen, wie solche Erpressungen funktionieren und wie man sich der Manipulation entziehen kann.

G

Die Botschaften der Musik

von Natalie Lerhoff

Musik erzeugt und verstärkt Gefühle, löst emotionale Reaktionen aus und beeinflusst die Gefühlswelt des Hörers in jeglicher Hinsicht. Während sich die Musiktherapie diese Tatsache schon lange zunutze macht, interessiert sich die wissenschaftliche Musikpsychologie erst in neuster Zeit für die Frage, was Menschen während des Hörens von Musik empfinden. Dieses Buch gibt einen Überblick über die neusten Forschungsergebnisse und über die aktuelle Diskussion. Somit richtet es sich an Musikpsychologen, Musiktherapeuten und Soziologen, aber auch an Musiker, Eltern, Pädagogen und alle anderen am Thema Interessierten.

F

Psychologie der Emotionen

von Matthias Hösch

Wer mit den eigenen Gefühlen und mit den Emotionen anderer Personen klug umgehen will, muss zunächst die oft recht komplizierten Vorgänge dahinter verstehen lernen. Besonders für Pädagogen und Personen aus anderen sozialen Berufen ist das Verstehen der Gefühle von grundlegender Bedeutung. Mit diesem Lehrwerk bietet Matthias Hösch allen Interessierten eine verständliche Einführung in die Emotionspsychologie. Hösch bezieht dabei die Erkenntnisse über die biologischen Wurzeln unserer Emotionen ebenso ein wie die familiären und kulturellen Kontexte. Dieses Lehrbuch ist praxisnah und leicht verständlich aufgebaut; zahlreiche Fallbeispiele, Abbildungen und Übungen veranschaulichen die neuesten neurophysiologischen Erkenntnisse und geben Auskunft über die Wichtigkeit von Emotionen im sozialen Umfeld.

H

Der kleine Hase wird mutig

von Klara Rösner

Der kleine Hase fürchtet sich vor dunklen Kellern, großen Kindern und Gespenstern. Deshalb spielt er lieber mit dem kleinen Maxi. Aber als der Wolf Maxi holen will, ist der kleine Hase kein Angsthase mehr, sondern zeigt, wie viel Mut in ihm steckt. Eine bezaubernde Geschichte für unsere Kleinen, die fasziniert und Mut macht.

Schreiben
Sprechen

2 Das Gefühl werde ich nie vergessen!

Wählen Sie ein Gefühl, mit dem Sie sich in der Lektion noch nicht näher beschäftigt haben, und bereiten Sie einen zweiminütigen Kurzvortrag darüber vor.

– Sammeln Sie Informationen darüber.
– Überlegen Sie Ihren eigenen Umgang mit diesem Gefühl.
– Machen Sie Notizen (Mimik, Gestik, Körperreaktionen, Gründe, …) und sprechen Sie dann frei.

1 Was bedeutet Arbeiten im Ausland?

Sprechen
Lesen

a Was fällt Ihnen zu den Fotos ein? Sprechen Sie zu zweit.

b Lesen Sie die folgenden Aussagen und sprechen Sie im Kurs darüber. Mit welcher Meinung könnten Sie sich am ehesten identifizieren? Mit welcher sind Sie überhaupt nicht einverstanden?

Arbeiten im Ausland bedeutet:

Zeitverlust für den beruflichen Aufstieg im eigenen Land

Erweiterung des eigenen Horizonts

Abenteuer und Gefahr für Leib und Seele

besseres Leben im Ausland

finanzielle Risiken

Vorteile für die eigene Karriere

Fremder im Ausland, nach der Rückkehr Fremder im eigenen Land

Eintauchen in eine andere Kultur

...

2 Raus in die Welt – ein Muss!

Lesen
Sprechen

Was halten Sie von dieser Aussage?

> Immer in der Heimat bleiben? Das wäre mir zu einseitig. Man sollte auf jeden Fall über den Tellerrand schauen und öfter mal für einen längeren Zeitraum im Ausland leben.

– Sammeln Sie zu zweit jeweils mindestens drei Argumente dafür und drei dagegen.
– Bilden Sie anschließend zwei Gruppen und debattieren Sie darüber.
– Benennen Sie jeweils einen Moderator aus der Gruppe, der die Diskussion leitet.

Für einen längeren Aufenthalt im Ausland spricht, dass … | Dagegen spricht …
| An einem längeren Aufenthalt im Ausland ist positiv / negativ, dass … |
Ein längerer Aufenthalt im Ausland hat den Vorteil / Nachteil, dass …

ERINNERN SIE SICH, WIE MAN DEBATTIERT

Schauen Sie noch einmal in Lektion 3 und Lektion 8 nach.

3 Erst mal ins Ausland?

Hören ○ 2, 1–2
Schreiben

a Hören Sie das Gespräch und machen Sie Notizen zu den Argumenten, die die beiden austauschen.

Zwei Freundinnen sprechen darüber, welche Vor- und Nachteile damit verbunden sind, im Ausland zu arbeiten.

Sprechen

b Vergleichen Sie nun die Argumente der Freundinnen mit denen, die Sie in Aufgabe 2 besprochen haben.

pro	contra
Praktikum ist gut für Lebenslauf	

4 Persönliche Erfahrungen im Ausland

Lesen
Sprechen

a Lesen Sie die drei Beispieltexte und notieren Sie, welche der Aussagen 1 bis 7 welcher Person / welchen Personen zuzuordnen ist.

1. Am Anfang haben wir jede Arbeit angenommen, die sich bot. _Jutta Schultinger_
2. Man muss seine Kenntnisse und Fertigkeiten einsetzen. _____
3. Wir haben schnell viele Freunde aus unterschiedlichen Kulturkreisen kennen gelernt. _____
4. Man muss zu Beginn genügend eigenes Geld mitbringen. _____
5. Das Leben hier ist nicht so kompliziert. Inzwischen verdienen wir ca. dreimal so viel. _____
6. Die Menschen auf den Behörden waren sehr verständnisvoll. _____
7. Wir wollen immer in Australien bleiben. _____

A Karin Schneider (33) und ihr Mann Dirk (35) aus Berlin verließen Deutschland vor vier Jahren. Unflexibilität und festgefahrene Karriereaussichten hatten bei ihnen immer stärkere Unzufriedenheit ausgelöst, bis sie sich letztendlich dazu entschlossen, nach Australien auszuwandern.
„Wir sind stolz darauf, sagen zu können, dass wir in Australien wieder ganz von vorne angefangen haben und uns innerhalb der vier Jahre, die wir nun hier leben, so weit hochgearbeitet haben, dass wir jetzt etwa das Dreifache verdienen. – Auf gar keinen Fall würden wir wieder nach Deutschland zurückgehen!"

B Oskar Wiesner (56) wollte in Kolumbien noch einmal neu anfangen und eine Schreinerei aufmachen. „Wer im Ausland sein Know-how und sein Fachwissen einbringt und wer über genügend Kapital verfügt, um die Aufbauphase unbeschadet zu überstehen, der wird auch sein Glück finden", war sein Motto. Nur leider kam er überhaupt nicht mit der Mentalität seiner Kunden zurecht. Er ist immer noch dabei, seine Schulden abzuzahlen.

C Jutta Schultinger aus dem niederbayrischen Pfarrkirchen über ihr neues Leben in Kanada: „Wir haben anfangs Arbeiten angenommen, die weit unter unserer Ausbildung lagen, um uns über Wasser zu halten … Wir fanden zum Glück schnell einen sehr großen, multikulturellen Freundeskreis, und bei sämtlichen Behördengängen wurden uns Verständnis und Entgegenkommen gezeigt. Und obwohl es in den Großstädten Kanadas genauso turbulent zugeht wie in europäischen Großstädten, lebt man doch sehr viel freier und unkomplizierter hier."

b Waren Sie schon einmal für längere Zeit im Ausland bzw. leben Sie bereits im Ausland? Wenn ja, welche Erfahrungen haben Sie gemacht? Wenn nein, könnten Sie sich vorstellen, für längere Zeit im Ausland zu leben? Warum (nicht)? Sprechen Sie im Kurs darüber.

Was Sie in dieser Lektion lernen können:

sich während eines Gesprächs oder einer Präsentation Notizen machen

in Texten neue Sachverhalte und detaillierte Informationen verstehen

sich an Einrichtungen oder Organisationen wenden und um Rat oder Hilfe bitten

komplexere Situationen telefonisch bewältigen und dabei Bezug auf den Gesprächspartner nehmen

komplexe Formulare oder Fragebögen ausfüllen und dabei freie Angaben formulieren

einen anspruchsvollen formellen Brief schreiben

Schriftwechsel mit Behörden und Dienstleistern selbstständig abwickeln

in Verträgen die Hauptpunkte verstehen, Rechtliches jedoch nur mithilfe des Wörterbuchs

lange komplexe Anleitungen verstehen, wenn schwierige Passagen mehrmals gelesen werden können

mit Behörden und Dienstleistern umgehen

gezielt Fragen stellen und ergänzende Informationen einholen

Lesen
Sprechen

1 Wie bekomme ich Informationen?

Lesen Sie den Text und kreuzen Sie an, welche Definition von Eurodesk richtig ist.

a. Eurodesk ist ein europaweit etabliertes Netzwerk von Agenturen, das Jugendliche bei der Organisation von Auslandsaufenthalten aller Art unterstützt.

b. Eurodesk ist ein europäisches Informationsnetzwerk, das mit 29 Nationalagenturen und 600 regionalen Servicestellen Auslandsaufenthalte für Jugendliche organisiert.

> NÜTZLICHE LINKS ZUM THEMA WEGE INS AUSLAND:
>
> http://www.wege-ins-ausland.de
> http://www.inwent.org
> http://www.rausvonzuhaus.de
> http://www.eurodesk.de
> http://www.wwoof.de
> http://www.stepstone.de
> http://europa.eu/

EURODESK

ist ein europäisches Informations-netzwerk mit Nationalagenturen in 29 Staaten und über 600 weiteren regionalen Servicestellen. Ziel des Netzwerkes ist es, Jugendlichen und Multiplikatoren der Jugendarbeit den Zugang zu Europa zu erleichtern.

Wir beraten

alle Jugendlichen, die gerne für längere Zeit ins Ausland gehen wollen. Egal, ob Au-Pair, Zivildienst, Sprachaufenthalte, Workcamps, Freiwilligendienste, Schulaufenthalte etc. ... Wir selbst vermitteln bzw. entsenden nicht, sondern geben nur Adressen von Organisationen weiter, die wiederum Programme anbieten.

Telefonberatung (Hotline): 0228/9506-250| eurodeskde@eurodesk.org | Messen und Beratungstage | persönlicher Kontakt: Godesberger Allee 142-148, 53175 Bonn (bitte zuvor anmelden!)

2 Ein Gespräch zwischen der Studentin Martina Jung und einem Mitarbeiter von Eurodesk

Hören ⊙ 2, 3–4
Schreiben

a Lesen Sie die Aussagen unten, hören Sie dann das Gespräch und korrigieren Sie anschließend die Aussagen, wo nötig.

1. Die Studentin Martina Jung steht kurz vor dem Diplomabschluss.
2. Der Berater sagt, dass Martina zuerst die Nutzungshinweise im Internet lesen muss.
3. Eurodesk überprüft die Qualität der Organisationen in seinem Netzwerk.
4. Am wichtigsten ist Martina, dass sie ihre Sprachkenntnisse verbessern kann.
5. Der Berater rät von einem Praktikum ab, weil Martina nicht genügend Zeit hat.
6. Die meisten Freiwilligenprogramme dauern ein Jahr.
7. Wenn man bei „wwoof" arbeiten will, muss man sich lange vorher bewerben.
8. Bei „wwoof" muss man für die Unterkunft zahlen.

1. *Nein, Martina Jung ist erst im 3. Semester.*

b Hören Sie noch einmal: Martina Jung bemüht sich, freundlich und höflich zu sein. Notieren Sie die entsprechenden Ausdrücke. Machen Sie im Kurs eine gemeinsame Liste. Finden Sie, dass es Martina immer gelingt, höflich genug zu sein?

1. *Hätten Sie jetzt Zeit oder ...*

3 Ein Anruf bei der Gesellschaft für internationale Weiterbildung und Entwicklung

Lesen
Schreiben

a Lesen Sie, was Frau Seemann über Arbeitsmöglichkeiten im Ausland sagt. Was hat Jens Bremer wohl jeweils gefragt? Notieren Sie auf einem Blatt Papier mögliche Fragen.

1. GIW, Seemann, guten Tag. *Guten Tag, hier Jens Bremer. Bin ich hier richtig ...*
2. Ja, genau. Was kann ich für Sie tun? _____
3. Darf ich fragen, wie alt Sie sind? _____
4. ... Ausbildung beendet. Das ist gut. Haben Sie schon Berufspraxis? _____
5. Das macht nicht unbedingt etwas. – Wie steht es mit Fremdsprachen? _____
6. Und wohin zieht es Sie am meisten? _____
7. Tja, da wollen alle hin. Wenn ich Ihnen einen Tipp geben darf: In asiatischen Ländern finden Sie leichter ein Praktikum. Wie lange wollen Sie denn raus? _____
8. Dann wäre Japan genau das Richtige für Sie. Da gibt es das Heinz Nixdorf Programm zur Förderung der Asien-Pazifik-Erfahrung deutscher Nachwuchsführungskräfte. _____
9. Das Programm möchte im Geiste seines Gründers, des Unternehmers Heinz Nixdorf, die Kreativität und unternehmerischen Anlagen der Nachwuchskräfte stärken und sie Marktkenntnisse dort sammeln lassen, wo die Wirtschaft große Dynamik entfaltet – nämlich in Asien. _____
10. Genauere Informationen können Sie über uns erhalten. Haben Sie was zu schreiben? _____
11. Also: InWEnt, Friedrich-Ebert-Allee 40, 53113 Bonn, Tel: 0228 / 4460-1293. Fax ... _____ *'zwo' on the phone*
12. www.inwent.org, dort finden Sie sicher auch noch andere interessante Informationen. _____
13. Ich wünsche Ihnen viel Erfolg. _____
14. Wiederhören.

Hören ● 2, 5–6
Sprechen

b Hören Sie nun den Dialog und notieren Sie die Fragen von Jens. Vergleichen Sie sie mit Ihren Fragen, die Sie in Aufgabenteil a notiert haben.

4 Ein Anruf bei der ZAV

Lesen
Schreiben

a Lesen Sie noch mal konzentriert alle fürs Telefonieren nützlichen Redewendungen und Ausdrücke auf dieser Seite sowie die von Ihnen in Aufgabe 2b gesammelten Redewendungen.

b Arbeiten Sie jetzt zu zweit: Sie suchen eine Praktikumsstelle im Ausland. Rufen Sie bei der ZAV an und erkundigen Sie sich nach den Möglichkeiten.

Zentralstelle für Arbeitsvermittlung (ZAV)
Ihre InterNationale Personalagentur

Die Zentralstelle für Arbeitsvermittlung (ZAV) der Bundesagentur für Arbeit (BA) informiert und berät im Bereich ihrer Nachwuchsförderung junge Menschen und vermittelt sie in Jobs und Praktika im Ausland.

Partner A: Fragen
- Praktikum im Ausland
- Altersbegrenzung?
- Dauer?
- Kosten?
- Zeugnis?
- Wer betreut?
- Adresse?

Partner B: Antworten
- in verschiedenen Ländern
- 18–35 Jahre
- 1 bis 12 Monate
- unterschiedlich: manchmal werden Unterkunft, Verpflegung erstattet, manchmal muss man dafür zahlen
- Ja, ausführliches Zeugnis
- ZAV, Team Nachwuchsförderung; dort Ansprechpartner, Anträge etc.
- 53123 Bonn, Villemombler Str. 76

1 Im Glaskasten? Ein Bewerbungsfragebogen

a Sie haben sich entschlossen: Sie wollen für ein Jahr ins Ausland gehen. Füllen Sie zunächst den Fragebogen aus und überlegen Sie dabei, ob es Fragen gibt, die Ihnen indiskret oder sogar unzulässig vorkommen.

FRAGEBOGEN ZUR BEWERBUNG

Liebe Bewerberin, lieber Bewerber,

beantworten Sie bitte den folgenden Fragebogen sorgfältig. Sie wissen, dass besondere Anforderungen auf Sie zukommen, wenn Sie im Ausland leben und arbeiten möchten. Deshalb sprechen wir neben den üblichen Fragen auch persönliche Themenbereiche an; so können wir Sie schon im Vorfeld ein bisschen besser kennen lernen.

1. Name
2. Adresse
3. Beruf
4. Alter
5. Wie alt möchten Sie werden?
6. Sind Sie ledig, verheiratet? Warum?
7. Haben Sie Kinder? Warum/warum nicht?
8. Was für ein/e Landsmann/männin sind Sie?
9. Hätten Sie lieber einer anderen Nation (oder Kultur) angehört? Wenn ja, welcher?
10. Welcher politischen Richtung fühlen Sie sich zugehörig?
11. Wie viel möchten Sie im Monat verdienen?

12. Was für Lebensgewohnheiten haben Sie?
13. Wie würden Sie Ihren Gesundheitszustand beschreiben?
14. Welche Eigenschaft schätzen Sie bei einem Vorgesetzten am meisten?
15. Was schätzen Sie an einer Frau/an einem Mann am meisten?
16. Was wäre für Sie das größte Unglück?
17. Wen, der tot ist, würden Sie gern kennen lernen bzw. wiedersehen?
18. An Gott glauben ist der Gipfel des Pessimismus. Stimmen Sie dieser Auffassung zu?
19. Lieben Sie jemanden? Und woraus schließen Sie das?
20. Was fehlt Ihnen zum Glück?

b Tauschen Sie sich jetzt im Kurs aus: Welche Fragen finden Sie besonders (un)interessant, indiskret etc.? Je nach Situation (privat, beruflich, ...) oder kulturellem Kontext bewerten Sie die Fragen sicher unterschiedlich – warum? Begründen Sie Ihre Meinung.

2 Die Checkliste – noch zu erledigen

Nun ist es so weit: Der Umzug steht bevor. Schreiben Sie Briefe zu einem oder mehreren der unerledigten Punkte auf der Checkliste. Passende Redemittel finden Sie unten.

LETZTE ERLEDIGUNGEN:
1. Impfungen ✓
2. Gesundheitscheck ✓
3. Jugendzentrum informieren
4. Zeitungsabonnement – neue Adresse
5. Telefonanschluss kündigen

zu 3. Jugendzentrum informieren:
Sie haben bisher ehrenamtlich in einem Jugendzentrum geholfen. Das können Sie natürlich jetzt nicht mehr tun. Informieren Sie die Leitung des Zentrums.
zu 4. Zeitungsabonnement – neue Adresse:
Lassen Sie sich die Zeitung an die neue Adresse schicken.
zu 5. Telefonanschluss kündigen:
Kündigen Sie Ihren Telefonanschluss.

Ich wende mich an Sie, um Ihnen mitzuteilen, dass ... | Ich bitte Sie, ... | Ich wäre Ihnen sehr dankbar, wenn Sie ab dem (Datum) ... | Ich möchte Sie bitten ... | Hiermit möchte ich Ihnen mitteilen, dass ... | Hiermit kündige ich ... zum (Datum). | Da ich eine Tätigkeit im Ausland aufnehmen werde, ... | ..., weil ich ins Ausland gehen werde. | Bedauerlicherweise ... | Für eine kurze Bestätigung wäre ich dankbar. | Ich bedaure sehr/zutiefst, dass ...

3 So viele Schreiben ...

Lesen

a Lesen Sie den Brief und unterstreichen Sie die wichtigsten Informationen.

Wohnheim Möncke | Hansastraße 176 | 20148 Hamburg
Tel.: +49 / 040 / 395217 | Fax: +49 / 040 / 395218

23. Januar 20...

Frau
Elisa Vieira de Melo
Rua Duarte 56 r/c dto.
4050 Porto
Portugal

Ihre Anfrage vom 20.01. ..

Sehr geehrte Frau Vieira de Melo,

vielen Dank für Ihre Anfrage. Es freut uns, dass Sie im Rahmen des Europäischen Freiwilligendienstes nach Deutschland kommen.

Leider müssen wir Ihnen mitteilen, dass wir im Moment kein Einzelzimmer frei haben. Wir haben aber noch einige wenige Plätze in unseren frisch renovierten Doppelzimmern. Wunschgemäß legen wir eine Informationsbroschüre bei, aus der Sie Größe und Ausstattung der noch zur Verfügung stehenden Zimmer sowie die Höhe der Miete ersehen können.

Falls Sie an einem Platz in einem der Doppelzimmer interessiert sind, bitten wir Sie, den ausgefüllten und unterschriebenen Mietvertrag (ebenfalls in der Anlage) möglichst bald an uns zurückzusenden. Dies ist Voraussetzung für die Reservierung. Für zusätzliche Informationen stehen wir Ihnen jederzeit gern zur Verfügung.

Mit freundlichen Grüßen

i. A. Alfons Gruber
Hausverwalter

Anlagen

Schreiben

→TELC

b Beantworten Sie nun den Brief.

Ihre Antwort soll Folgendes enthalten:
Dank für den Erhalt des Schreibens und der Informationsbroschüre. Da die darin enthaltenen Informationen nicht ganz klar sind, fragen Sie:
• Jedes Doppelzimmer eigene Dusche und WC?
• Telefon?
• Internetanschluss, Fernseher?
• Wann freies Einzelzimmer?
Geben Sie eine gute Begründung, warum Sie so bald wie möglich ein Einzelzimmer bekommen sollten.
Bitten Sie um eine möglichst schnelle Beantwortung.
Achten Sie auch auf die formale Gestaltung des Briefes.

> **REDEWENDUNGEN IM BRIEF:**
>
> Erinnern Sie sich an typische Redewendungen im Brief? Sonst schauen Sie im Arbeitsbuch, Lektion 6, nach.

1 **Kann ich den Vertrag unterschreiben?**

Lesen
Schreiben

Ordnen Sie die Paragrafenüberschriften im Kasten den Aussagen rechts im Vertrag zu. Arbeiten Sie zu zweit! Nehmen Sie gegebenenfalls ein Wörterbuch für die Fachausdrücke zu Hilfe.

Mietvertrag

Zwischen dem Wohnheim Möncke, Hansastraße 176, 20148 Hamburg, nachstehend Wohnheim genannt,

vertreten durch den Vorstand, und

Herrn/Frau _____, geb. am _____, Staatsangehörigkeit _____,

nachstehend Mieter genannt, wird folgender Mietvertrag geschlossen:

Beendigung des Mietvertrags   Haftung   Hausordnung   Miete
~~Mietvertrag und Mietdauer~~   Kaution   Rückgabe des Zimmers
Sonstiges   Nutzungsbedingungen   Übernahme des Zimmers

---

§ 1 _Mietvertrag und Mietdauer_   Der Mieter erhält ab 01.03.2007 bis 31.08.2007 das Zimmer Nr. 87. Einer Verlängerung kann nur in begründeten Fällen vom Vorstand stattgegeben werden.

§ 2 _Miete_   Die Grundmiete beträgt monatlich 240 € zuzüglich 80 € Nebenkosten. Der Gesamtbetrag ist monatlich im Voraus, jeweils bis zum 10. Tag eines Monats zu entrichten.

§ 3 _Kaution_   Zur Erfüllung von Forderungen nach Ende der Nutzung, insbesondere für die übermäßige Abnutzung des Zimmers und Nachforderung von Nebenkosten, wird eine Sicherheitsleistung von einer Monatsmiete erhoben.

§ 4 _Hausordnung_   Durch den Abschluss dieses Vertrages erkennt der Mieter die im Wohnheim geltenden Vorschriften in ihren Einzelheiten an und verpflichtet sich, für ihre Einhaltung zu sorgen.

§ 5 _Übernahme..._   Der Mieter übernimmt das gereinigte, unrenovierte Zimmer vom Vermieter. Er ist für die Renovierung des Zimmers selbst verantwortlich.

§ 6 _Nutzungs..._   Das Zimmer wird ausschließlich zum Wohnen zur Verfügung gestellt und darf zu gewerblichen Zwecken nicht genutzt werden. Eine Untervermietung ist nicht gestattet.

§ 7 _Haftung_   Für vom Mieter oder seinen Besuchern verursachte Schäden haftet der Mieter. Ihm obliegt der Beweis, dass ein schuldhaftes Verhalten bei der Beschädigung nicht vorlag.

§ 8 _Beendigung_   Der Vertrag kann von beiden Seiten schriftlich bis spätestens am 3. Werktag eines Monats zum Monatsende gekündigt werden. Das Wohnheim kann den Vertrag bei einem schwerwiegenden Verstoß gegen die Hausordnung oder bei einem Mietrückstand von zwei Monaten fristlos kündigen.

§ 9 _Rückgabe..._   Der Mieter hat das Zimmer in gereinigtem, unrenoviertem Zustand zu übergeben und vom Hausmeister abnehmen zu lassen. Alle am Inventar oder an den Wänden entstandenen Schäden müssen beseitigt werden.

§ 10 _Sonstiges_   Der Mieter muss sich polizeilich an- und abmelden.

Formen und
Strukturen
S. 105

2 Sprache im Mittelpunkt: Partizip I und Partizip II

Lesen Sie den Vertrag noch einmal und markieren Sie die Partizipien I und II. Tragen Sie sie dann im Textzusammenhang in eine Tabelle ein.

Partizip I	Partizip II
§ 4: die im Wohnheim geltenden Vorschriften	§ 1: in begründeten Fällen
8: schwerwiegendem	5: gereinigte, unrenovierte
	7: verursachte
	9: gereinigtem, unrenovierten, entstandenen

Formen und
Strukturen
S. 105

3 Sprache im Mittelpunkt: Partizip I und II als Attribut

a In Vertragstexten, im offiziellen Schriftverkehr und auch in Zeitungstexten versucht man, möglichst knapp zu schreiben und die Informationen zu konzentrieren. Schauen Sie sich jeweils die Sätze 1 und 2 an. Wie sind die Sätze verkürzt worden? Besprechen Sie die Veränderungen.

1. Sie finden in der Anlage den Mietvertrag, der von mir ausgefüllt und unterschrieben worden ist.
   ▸ Sie finden in der Anlage den von mir ausgefüllten und unterschriebenen Mietvertrag.

2. Die Vorschriften, die im Wohnheim gelten, sind einzuhalten.
   ▸ Die im Wohnheim geltenden Vorschriften sind einzuhalten.

b Wie lautet die Regel richtig? Markieren Sie.

> **!**
>
> 1. Die verkürzte Information steht zwischen:
>   a. dem Artikelwort und dem Substantiv, auf das sie sich bezieht.
>   b. dem Substantiv und dem Verb, auf das sie sich bezieht.
>   c. dem Substantiv und dem Relativpronomen, auf das sie sich bezieht.
>
> 2. Die Partizipien erhalten Endungen wie:
>   a. Artikelwörter   b. Adjektive   c. Substantive

c Analysieren Sie nun noch einmal die Ausdrücke, die Sie in Aufgabe 2 gefunden haben. Was bedeutet:

1. in begründeten Fällen?   ▸ in Fällen, die begründet sind
   → 'begründet werden' bedeutet etwas anderes
2. die im Wohnheim geltenden Vorschriften?   ▸ die Vorschriften, die ... gelten
3. das gereinigte ___Zimmer___?   ▸ das Zimmer, das gereinigt ist
4. vom Mieter verursachte Schäden?   ▸ _____
5. bei einem schwerwiegenden Verstoß?   ▸ _____
6. alle am ... entstandenen Schäden?   ▸ _____

Formen und
Strukturen
S. 105

4 Sprache im Mittelpunkt: Wie man knapper schreiben kann

Verkürzen Sie die Sätze, indem Sie das Partizip I oder II benutzen.

1. Vielen Dank für Ihr Schreiben, das am 14.02. eingegangen ist.
2. Die Unterlagen, die noch fehlen, werde ich Ihnen so schnell wie möglich zukommen lassen.
3. Ich lege einen Rückumschlag bei, der adressiert und frankiert ist.
4. Besteht in den Monaten, die kommen, überhaupt eine Chance auf ein solches Zimmer?
5. Sie schreiben, dass die Anzahl der Einzelzimmer, die im Moment zur Verfügung stehen, sehr gering ist.
6. Mit den Konditionen, die in Ihrem Angebot beschrieben sind, bin ich einverstanden.
7. In der Anlage finden Sie eine Aufstellung der Kosten, die mir entstanden sind.

der mir entstandenen Kosten

1. Vielen Dank für Ihr am 14.02. eingegangenes Schreiben.

Lesen
Sprechen

1 Was sind die Voraussetzungen?

a Helfen Sie Ihrer Freundin / Ihrem Freund bei der Auswanderungsentscheidung!

Stellen Sie sich vor, eine gute Freundin oder ein guter Freund aus Deutschland möchte gern für einige Zeit im Ausland arbeiten, vielleicht sogar auswandern, und ist auf der Suche nach Informationen zu den wichtigsten Bedingungen und Voraussetzungen.

– Wählen Sie anhand der Kurzbeschreibungen ein Land aus, das Sie einer ausreisewilligen Freundin oder einem Freund empfehlen würden.

– Bilden Sie dann eine Arbeitsgruppe für jedes Land und recherchieren Sie (im Internet, bei Organisationen wie z. B. der Handelskammer) oder bitten Sie Ihre Lehrerin / Ihren Lehrer um Informationsmaterial.

– Die Webseite www.stepstone.de beantwortet unter dem Stichwort „Bewerbung und Karriere" Fragen zum Thema „Arbeiten im Ausland".

Welches sind die wichtigsten Voraussetzungen, um im jeweiligen Land zu arbeiten (z. B. Visum, Aufenthaltsgenehmigung, Arbeitserlaubnis, Steuern etc.)?

Was ist noch besonders wichtig (z. B. Verhaltensregeln, Sprachliches, etc.)?

Arbeiten in den USA

Nach wie vor sind die USA für viele das Land ihrer Träume. Es liegt an den traditionellen unternehmerischen Freiheiten, dass Geschäftsideen in den USA sehr viel schneller und leichter umgesetzt werden können als in Europa. Auch gibt es weniger Schranken und Konventionen hinsichtlich erforderlicher Ausbildungswege. Somit sind und bleiben die Vereinigten Staaten ein attraktives Land für Selbstständige, Forscher, Mediziner und alle, die von einer großen Karriere träumen. Weiter …

Arbeiten in Neuseeland

Für viele ist Neuseeland schon seit langem ein beliebtes Urlaubsziel und die Vorstellung, am anderen Ende der Welt zu arbeiten, ist spannend. Da es sich Neuseeland jedoch zum Ziel gesetzt hat, nur Personen mit guter Ausbildung die Möglichkeit der Einwanderung zu geben, sollten Sie über handfeste berufliche Qualifikationen verfügen. Weiter …

Arbeiten in China

In aller Regel arbeiten Deutsche in China, die von ihren Firmen für einen bestimmten Zeitraum dorthin entsandt werden. Natürlich kann man auch versuchen, von Deutschland aus einen Job in China zu bekommen. Am besten fragt man dann bei deutschen Unternehmen an, von denen man weiß, dass sie in China engagiert sind. Die Liste aller bei der Deutschen Handelskammer in China registrierten Firmen (das sind zurzeit ca. 2.600) ist unter www.china. ahk.de frei zugänglich. Weiter…

Arbeiten in Griechenland

Mit einer hohen Inflationsrate und einem niedrigen Lohnniveau nimmt Griechenland bei den Lebenshaltungskosten innerhalb Europas einen Spitzenplatz ein. Wer also beschließt, im Land der Akropolis zu arbeiten, braucht viel Idealismus. In Griechenland Arbeit zu finden, ist nicht einfach, da die Stellenvergabe oft informell erfolgt. Jede zweite Stelle wird über familiäre oder freundschaftliche Beziehungen vermittelt. Wenn Sie in Griechenland einen Job suchen, sollten Sie sich zunächst an den Euroberater Ihres Arbeitsamts wenden. Weiter …

b Tragen Sie die Informationen, die Sie gesammelt haben, in der Arbeitsgruppe zusammen und präsentieren Sie sie im Kurs.

Sprechen

2 Arbeiten in den deutschsprachigen Ländern (D, A, CH)

Bilden Sie drei Arbeitsgruppen. Finden Sie heraus, welches die wichtigsten Bedingungen sind, um als Ausländer / in in diesen Ländern zu arbeiten. Stellen Sie Ihre Ergebnisse im Kurs vor.

Sprechen

3 Ich möchte in Deutschland arbeiten – das Ausländeramt kann helfen

a Was wissen Sie über die Voraussetzungen dafür, dass man als Ausländer eine Aufenthaltserlaubnis und eine Arbeitsgenehmigung erhält? Sammeln Sie Informationen im Kurs.

b Telefonieren Sie nun mit einem Mitarbeiter des Ausländeramts und erkundigen Sie sich genauer. Bilden Sie Vierergruppen und bereiten Sie den Dialog gemeinsam vor. Dann spielen zwei das Gespräch, zwei sind Zuhörer.

Anrufer/in	Ausländeramt
Fragen Sie, wer zuständig ist.	Sie selbst; fragen Sie nach den Wünschen.
Fragen Sie nach den Bedingungen für Aufenthalts- und Arbeitserlaubnis für einen ausländischen Freund.	Verweisen Sie höflich auf die Homepage des Amtes.
Kein Computer; in der Arbeitszeit nicht erlaubt, im Internet zu recherchieren.	Akzeptieren Sie die Erklärung; fragen Sie nach, worum es genau geht.
Ein ägyptischer Freund soll an der Kölner Universität als Gastwissenschaftler arbeiten. Visum? Welche Unterlagen?	Antrag bei der deutschen Auslandsvertretung in Ägypten. Arbeitsvertrag, Mietvertrag.
Drücken Sie Ihre Verwunderung aus.	Ohne „aussagekräftige Unterlagen" kein Visum. Hilfe durch Universität?
Voraussetzungen für Aufenthalts- und Arbeitserlaubnis? Zuständigkeit?	Ausländeramt erteilt Arbeitsgenehmigung und Arbeitserlaubnis, wenn Bundesagentur für Arbeit geprüft hat, ob Deutsche oder „bevorrechtigte Ausländer" die Arbeit machen könnten.
Bitten Sie um Erläuterung.	Bevorrechtigte Ausländer – solche aus Staaten der EU; keine Arbeitsgenehmigung nötig.
Drücken Sie Ihr Erstaunen aus. Ihr Freund ist Wissenschaftler (Biotechnologe). Fragen Sie, ob es kein anderes Verfahren gibt.	Ausnahmen für Hochqualifizierte. Befristete Aufenthaltsgenehmigung zur Ausübung einer Erwerbstätigkeit.
Bedanken und verabschieden Sie sich.	Reagieren Sie darauf.

c Besprechen Sie zu viert den Gesprächsverlauf und überlegen Sie Verbesserungsmöglichkeiten. Tauschen Sie dann die Rollen und spielen Sie den Dialog noch einmal.

Formen und Strukturen S. 92

4 Sprache im Mittelpunkt: ... ohne sich Gedanken zu machen

Lesen Sie die Sätze und versuchen Sie herauszufinden, wann man „ohne zu" und wann „ohne dass" benutzt.

1. John ist ins Ausland gegangen, ohne sich allzu viele Gedanken gemacht zu haben.
2. Er begann zu arbeiten, ohne die Sprache gelernt zu haben.
3. Ohne sich den Kopf zu zerbrechen, meinte er, es ginge auch mit Englisch.
4. Er traf Entscheidungen, ohne „sein Team" zu fragen.
5. Ohne dass er es gemerkt hätte, begannen die Kollegen, ihn zu meiden.
6. Die Stimmung wurde immer schlechter, ohne dass es ihm aufgefallen wäre.
7. Er gab den anderen die Schuld, ohne einen Moment an sich selbst zu zweifeln.
8. Sein Projekt scheiterte, ohne dass er sich gefragt hätte, warum.

> **!** Wann benutzt man „ohne zu" und wann „ohne dass"?
> 1. Wenn das Subjekt in Haupt- und Nebensatz gleich ist: _____
> 2. Wenn Haupt- und Nebensatz zwei verschiedene Subjekte haben: _____

1 Mein größter Kulturschock

a Was fällt Ihnen zu den folgenden Stichworten ein? Worum könnte es in einem Text mit diesen Zwischenüberschriften gehen? Sammeln Sie Ideen und tauschen Sie sich im Kurs aus.

A Angst vor den toten Seelen

B Der Reiz des Unschönen

C Liebe erzieht zu Toleranz und Respekt

D Die Wiedergeburt des Menschen

E Kulturelles Missverständnis durch Unwissenheit

b Lesen Sie den folgenden Text und ordnen Sie die Zwischenüberschriften aus Aufgabenteil a den einzelnen Abschnitten zu.

Geister in der Stadt

1 ___B___

Meinen größten Kulturschock erlebte ich vor sieben Jahren, kurz nach meiner Ankunft in Berlin. Ich war noch nie in Europa gewesen. Mein lieber Freund, ein großer Stadtwanderer, zeigte mir sein ganz persönliches Berlin: Hinterhöfe im Prenzlauer Berg, ramponierte Fassaden mit uralter Gewerbe-Beschriftung. Seltsam, das Hässliche schien ihm schön.

2 _____

Dann standen wir vor einem schmiedeeisernen Tor. Dahinter ein breiter Kiesweg, beschattet von mächtigen Bäumen. Ein Park, dachte ich. Das stimmte nur fast. Mein Freund zog mich durch den Eingang und erklärte, dies sei sein Lieblingsfriedhof. Er komme oft hierher. Der Friedhof liege ja auch nur zwei Ecken entfernt von unserer künftigen gemeinsamen Wohnung. Um Buddhas willen! Jetzt sah ich's: ringsum nichts als Gräber. Mir brach der Schweiß aus. Ich musste sofort weg – fürs Erste raus, vor das Eisentor, zweitens möglichst schnell zurück nach Taiwan. Entweder war mein Freund pervers, oder, auch nicht beruhigender, die deutsche Normalität entsprach der von Edgar Allan Poe.

3 _____

Am Märchenbrunnen im Volkspark Friedrichshain habe ich mich dann etwas beruhigt und meinem Freund das Problem erklärt. Er hatte zwar Theologie studiert, aber vom Verhältnis der Asiaten zu ihren Toten wusste er nichts. Buddhisten glauben an Reinkarnation. Wer keines natürlichen Todes gestorben ist, kann auch nicht wiedergeboren werden. Die rastlosen Seelen bevölkern die Lüfte auf der Suche nach Vergeltung und Gerechtigkeit. Sie versuchen, sich anderer Seelen zu bemächtigen, die dann an ihrer Stelle durch die Welten geistern müssen. In Asien gehören den Toten die abgelegensten Hügel.

4 _____

Mein Freund sprach mit mir sehr vernünftig, doch er merkte bald, dass seine Kategorien von Glaube und Erfahrung hier nicht halfen. Er war Vikar und hatte viele Beerdigungen durchgeführt. Aus Liebe nimmt man manches in Kauf. Unsere Wohnung lag nun einmal, wo sie lag, und eine andere hätte einen anderen Friedhof in der Nachbarschaft gehabt. Ich redete mir schließlich ein, dass mich deutsche Geister nie besuchen würden.

5 _____

Inzwischen sind wir sechs Jahre verheiratet und sind viel gereist. Friedhofsbesichtigungen blieben für meinen Mann ein unentbehrlicher Teil seiner Urlaubsexkursionen. Ich gebe ihm dann frei, und er unterlässt es, mich in diesem Punkt zur Gemeinsamkeit zu bekehren. Immerhin macht mir die Nähe eines Friedhofs keine Angst mehr, sofern ich ihn nicht betreten muss.

c Kennen Sie Erlebnisse im Ausland oder mit Ausländern, die man als Kulturschock bezeichnen könnte? Berichten Sie darüber im Kurs und versuchen Sie, gemeinsam herauszufinden, wie es jeweils dazu kam.

2 Anpassung an eine neue Kultur

Lesen
Sprechen

a Besprechen Sie in Kleingruppen die Grafik rechts.

b In den Textabschnitten A bis D werden die Phasen der Anpassung an eine neue Kultur beschrieben. Ordnen Sie die Phasen in der zeitlichen Reihenfolge (erste, zweite, dritte, vierte Phase).

A In der _dritten_ Phase, der Phase der Akkulturation, erfolgt Anpassung an die neue Kultur.

B In der _zweiten_ Phase ändert sich die Stimmung: Die lokale Küche, das lokale Klima, das Verhalten der Menschen werden oft als unangenehm empfunden.

C In der _vierten_ Phase, der Stabilisierungsphase, zeigt sich, wie weit man sich individuell anpassen kann.

D Die _erste_ Phase der kulturellen Anpassung ist geprägt von Euphorie.
Der erste Kontakt mit der neuen Kultur löst Interesse und Optimismus aus.
Die neue Umgebung wird als sehr bereichernd erlebt.

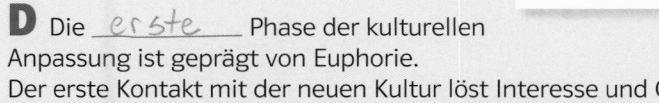

Darstellung der kulturellen Anpassung mittels der Akkulturationskurve

c Lesen Sie den nachfolgenden Auszug aus einem Brief einer Brasilianerin an ihre Deutschlehrerin zu Hause. Welche Phasen können Sie darin entdecken? Haben Sie schon einmal ähnliche Erfahrungen gemacht? Berichten Sie im Kurs.

> Im Herbst, als ich hier ankam, war ich total begeistert. Alles so sauber, ordentlich, die Straßen mit schönen Steinen gepflastert. Dann die Natur, bunte Blätter, blauer Himmel, ein Traum! Die Menschen in den Cafés, fast wie bei uns. Aber jetzt: Einen Monat lang hat es nur geregnet. Um 16.00 Uhr wird es schon dunkel. Stellen Sie sich vor, jetzt sind es -16 Grad. Minus! In unserer Kühltruhe sind es -18! Da können Sie sich vorstellen, wie ich mich fühle. Und genau so kalt finde ich die Menschen. Im Bus schaut jeder vor sich hin, keiner spricht mit dem anderen – am liebsten möchte ich den ganzen Tag im Bett bleiben!

3 Ferne Nähe

Lesen
Sprechen

a In der Tabelle ist die Zahl der Körperberührungen von Personen angegeben, die nachmittags in einem Café zusammensitzen. Sprechen Sie in Kleingruppen darüber.

Land	Häufigkeit der Körperberührungen
San Juan (Puerto Rico)	180
Paris (Frankreich)	110
Gainesville (USA)	2
London (England)	0

b Wie spiegelt sich dies zum Beispiel bei der Begrüßung, Verabschiedung oder beim Gespräch in unterschiedlichen Kulturen wider? Sammeln Sie Beispiele und berichten Sie dann im Kurs darüber. Vielleicht können Sie diese Beispiele auch in einer kurzen Szene darstellen.

Christiane Nüsslein-Volhard | Clemens Mayer | Clara Schumann | Wolfgang Fasching

Hören ● 2,7
Sprechen

1 Was steckt dahinter?

a Diese Menschen haben Schlagzeilen gemacht. Welche Geschichten könnten sich hinter diesen Bildern verbergen?

b Hören Sie nun einen kurzen Radiobeitrag. Auf welches Bild bezieht sich der Radiobeitrag? Was hat diese Person geleistet?

Sprechen
Schreiben

2 Leistungsstarke Wörter

a Welche dieser Begriffe sind positiv (+), welche negativ (-)?

> *stubborn* *persistent* *vain* *dogged* *determined*
> hartnäckig beharrlich talentiert risikofreudig verbissen entschlossen *self confident*
> stur erfindungsreich zielstrebig besessen vorbildlich selbstbewusst
> eigensinnig ausdauernd eitel humorvoll masochistisch fleißig
> *persevering* *purposeful* *obsessed*

b Notieren Sie zu den Adjektiven aus Aufgabenteil a die passenden Nomen.

c Kennen Sie die Sprichwörter? Ersetzen Sie die falschen Wörter mithilfe der Wörter im Schüttelkasten.

> Meister Schmied Übung wagt Preis Dorf Faulheit süchtig ~~vom Himmel~~

1. Es ist noch kein Meister <u>von der Leiter</u> gefallen. *vom Himmel*
2. Jeder ist seines Glückes <u>Ingenieur</u>. *Schmied*
3. <u>Dummheit</u> ist die Triebfeder des Fortschritts. *Faulheit*
4. Lieber der Erste im <u>Hof</u> als der Zweite in der Stadt. *Dorf*
5. Ohne Fleiß kein <u>Eis</u>. *Preis*
6. Wer nicht <u>fragt</u>, der nicht gewinnt. *wagt*
7. Früh übt sich, wer ein <u>Popstar</u> werden will. *Meister*
8. Erfolg macht <u>lustig</u>. *süchtig*
9. <u>Führung</u> macht den Meister. *Übung*

3 Ungewöhnliche Geschichten

Lesen
Sprechen

a Das sind die Leistungen der Personen aus Aufgabe 1. Welche finden Sie am beeindruckendsten bzw. am wenigsten beeindruckend?

Christiane Nüsslein-Volhard: Die Leiterin des Max-Planck-Instituts für Entwicklungsbiologie erhielt 1995 den Nobelpreis für Medizin und Physiologie für ihre Forschungen über die genetische Steuerung der frühen Embryonalentwicklung. Seit 2001 ist sie Mitglied im Nationalen Ethikrat der deutschen Bundesregierung.

Clemens Mayer: Der Gedächtnisweltmeister von 2005 kann sich in fünf Minuten 280 Ziffern, die auf einem Blatt notiert sind, oder die Abfolge von 52 Spielkarten merken. Sein Geheimnis: Eselsbrücken. Dabei verknüpft er jede Zahl oder Spielkarte mit einem bestimmten Bild: So verbindet er eine Karo drei z.B. mit einem Grizzlybär, eine Pik fünf mit Steinen. Als Abfolge der Karten ergibt sich so z.B. ein Grizzlybär, der Steine wirft.

Clara Schumann (1819–1896): Schon als 5-Jährige erhielt sie Klavierunterricht. 1828 gab die neunjährige Clara Schumann in ihrer Geburtsstadt Leipzig ihr Debüt, im Alter von 13 Jahren unternahm sie ihre erste Konzertreise und gilt schon bald als eine der bedeutendsten Pianistinnen ihrer Zeit.

Wolfgang Fasching: Der Extremsportler gewinnt die 20. Auflage des „Race across America". Für das über 4843 Kilometer lange Rennen benötigte der Radfahrer nicht mehr als 8 Tage, 10 Stunden und 49 Minuten. Während des Rennens verbrauchte Fasching knapp 160.000 Kalorien und kam dabei mit 6 Stunden 10 Minuten Schlafzeit aus.

b Welche Eigenschaften und Fähigkeiten sind Ihrer Meinung nach notwendig, um diese Leistungen vollbringen zu können?

4 Eine wahre Meisterleistung

Lesen
Sprechen

a Was verstehen Sie unter Leistung? (0 = keine Leistung, 1 = unklar, 2 = Leistung)

1. Ein Fußballer erzielt im WM-Finale für seine Nationalmannschaft den Siegtreffer.
2. Im Zirkus zaubert ein Magier eine Taube hinter dem Ohr eines Zuschauers hervor.
3. Trotz schlechten Gewissens geht Herr Stark am Montag nicht zur Arbeit.
4. Ein 10-Jähriger fährt zum ersten Mal alleine mit dem Bus.
5. Ein Gepard erreicht auf der Jagd nach seiner Beute bis zu 110 Kilometer pro Stunde.
6. Ein Wunderheiler schafft es, einen Patienten zu heilen.
7. Ein Spitzen-Langläufer gewinnt bei den Olympischen Spielen die Goldmedaille. Niemand weiß allerdings, dass er Dopingmittel genommen hat.

b Vergleichen Sie zu zweit Ihre Ergebnisse. Diskutieren Sie anschließend im Kurs: Was macht diese Tätigkeiten zu Leistungen?

5 Ihr ganz persönlicher Favorit

Schreiben

Überlegen Sie sich, wer in Ihren Augen eine besondere Leistung vollbracht hat und den Nobelpreis verdient, oder recherchieren Sie über einen beliebigen Nobelpreisträger. Schreiben Sie einen detaillierten Bericht darüber, worin dessen hervorragende Leistung bestand bzw. besteht.

Was Sie in dieser Lektion lernen können:

über aktuelle und abstrakte Themen sprechen und Gedanken und Meinungen dazu äußern

über interessante Themen klare und detaillierte Berichte schreiben

eigene Gedanken und Gefühle mündlich beschreiben

in Texten neue Sachverhalte und detaillierte Informationen verstehen

in Artikeln und Berichten über aktuelle Themen Haltungen und Standpunkte verstehen

Informationen und Sachverhalte schriftlich weitergeben und erklären

Anzeigen zu Themen eines Fach- oder Interessengebiets verstehen

Informationen und Argumente schriftlich zusammenführen und abwägen

ein Thema schriftlich darlegen, Punkte hervorheben sowie Beispiele anführen

Erfahrungen, Ereignisse, Einstellungen darlegen und die eigene Meinung mit Argumenten stützen

den eigenen Standpunkt begründen und Stellung zu Aussagen anderer nehmen

einen kurzen Text relativ spontan und frei vortragen

1 Erfolgsrezepte

Lesen
Sprechen

a Lesen Sie folgende Redensarten und erklären Sie deren Bedeutung.

> Erfolg passiert im Kopf.

> Wo ein Wille ist, ist auch ein Weg.

> Vom Tellerwäscher zum Millionär.

> Als Zweiter ist man erster Verlierer.

b Tauschen Sie Ihre Meinungen und Erfahrungen in Kleingruppen aus und berichten Sie dann im Kurs:

- Welche Geschichten kennen Sie, die zu den Aussagen in Aufgabenteil a passen?
- Wie ist das Gefühl, wenn Sie Ihr Ziel erreicht haben? Versuchen Sie, das Gefühl so genau wie möglich zu beschreiben.
- Wie ist das Gefühl, wenn Sie gescheitert sind? Versuchen Sie, das Gefühl so genau wie möglich zu beschreiben.
- Notieren Sie die Gründe für ein Erfolgserlebnis bzw. Misserfolgserlebnis. Warum hat es einmal besser geklappt, ein anderes Mal weniger?

2 Mehr Erfolg im Job durch Coaching

Lesen

a Lesen Sie den Artikel aus einer deutschen Fachzeitschrift für Wirtschaft.

Sie arbeiten an Ihrer Karriere und wollen mehr Erfolg? Sie haben Probleme am Arbeitsplatz und fürchten um Ihre Stelle? Oder frisst Ihr Job Sie auf und Sie haben kaum noch Zeit für Ihr Privatleben? Dann ist es Zeit für ein Coaching.

5 Egal ob Sie Sachbearbeiter(in), Teamleiter(in), Existenzgründer(in) oder Spitzenmanager(in) sind, Coaching ist immer dann sinnvoll, wenn Sie sich in Ihrem Beruf verändern möchten oder neue Prioritäten setzen müssen, wenn die Unzufriedenheit mit Ihrer Arbeit wächst oder Ihre 10 Work-Life-Balance aus dem Gleichgewicht geraten ist. Ob Sie dann ein Karriere-, Bewerbungs-, Konflikt- oder Existenzgründungs-, Einzel- oder Gruppencoaching haben, entscheiden Sie gemeinsam mit dem Coach. Aber was ist eigentlich ein Coach? Hinter dem Begriff 15 Coach verbirgt sich nicht etwa ein wild gestikulierender Trainer, der sein Team vom Spielfeldrand aus zum Sieg antreibt, sondern ein Coach versteht sich als professioneller Berater für Personen mit organisatorischen Aufgaben. In einer persönlichen Beratungssituation unterstützt 20 er seinen Klienten (Coachee) bei der Bewältigung seiner beruflichen Anforderungen. Der Klient soll lernen, seine Probleme selbst zu analysieren, und eigene Lösungsvorschläge entwickeln. Dabei wird er von seinem Coach unterstützt. „Beratung auf Prozessebene" nennt sich dieses 25 Verfahren.
Und wie findet man einen guten Coach? Am besten natürlich über persönliche Empfehlungen. Da das Berufs-

bild des Coaches jedoch nicht geschützt ist, gibt es eine Reihe von Scharlatanen. Daher sollte man darauf achten, dass der Coach einen entsprechend qualifizierten be- 30 ruflichen Erfahrungshorizont vorweist. Seine fachlichen Qualifikationen sollten sich nicht nur auf eine psychologische Ausbildung (Organisations- bzw. Arbeitspsychologie) beschränken, sondern auch betriebswissenschaftliche Kenntnisse aufweisen. 35
Der Begriff „coach" stammt aus dem Englischen und bedeutet ursprünglich „Kutsche". Und tatsächlich ist die Bestimmung des Ziels beim Coaching zunächst die wichtigste Aufgabe. So steht am Anfang eines jeden Coachings die Frage: „Wo wollen Sie hin?" Dass diese Frage oftmals 40 gar nicht so leicht zu beantworten ist, davon weiß auch Christine B. zu berichten. Die gelernte Physiotherapeutin war unzufrieden mit der „Massenabfertigung" ihrer Patienten in der Praxis, in der sie beschäftigt war. Zunehmende Konflikte mit ihren Kollegen bewogen sie schließlich 45 dazu, bei einem Coach Rat zu suchen. Doch erst nach sieben Sitzungen gewann Frau B. Klarheit über ihre berufliche Zukunft, kündigte und eröffnete eine eigene Praxis, die auf motorische Probleme von Kleinkindern spezialisiert ist und auch Seminare für Eltern anbietet. Der 50 Coach hat sie von der Konzeption über die Gespräche mit Banken bis hin zu einem ausgefeilten Marketingkonzept erfolgreich unterstützt. „Ohne ein gutes Coaching hätte ich diese Herausforderung nie gepackt", meint Frau B., die heute selbst Chefin von fünf Angestellten ist. 55

Sprechen

→ GI

b Arbeiten Sie zu zweit. Lesen Sie den Artikel noch einmal und berichten Sie sich gegenseitig darüber. Gehen Sie dabei auf folgende Punkte ein:

- Wovon handelt der Artikel?
- Erklären Sie die Begriffe „Coach" bzw. „Coaching".
- Welches Beispiel von Coaching gibt es im Text? Überlegen Sie sich weitere Beispiele.
- Was ist Ihre Meinung zum Thema?

3 Gründerjahre

Lesen
Sprechen

a Welches Wort passt nicht? Bitte markieren Sie.

1. **a.** ansteigen **b.** sich erhöhen **c.** den Tiefpunkt erreichen
2. **a.** fortsetzen **b.** abstürzen **c.** fallen
3. **a.** erwerbslos **b.** erwerbstätig **c.** arbeitslos
4. **a.** Existenzgründer **b.** Angestellte **c.** Selbstständiger
5. **a.** Liniendiagramm **b.** Schema **c.** Kreisdiagramm
6. **a.** mehr als die Hälfte **b.** mehr als zwei Drittel **c.** 80 %
7. **a.** leichter Anstieg **b.** kurzer Aufschwung **c.** kontinuierliche Entwicklung
8. **a.** dramatischer Rückgang **b.** keine Bewegung **c.** massiver Einbruch

b Schauen Sie sich die Grafik an. Was ist das Thema der Grafik?

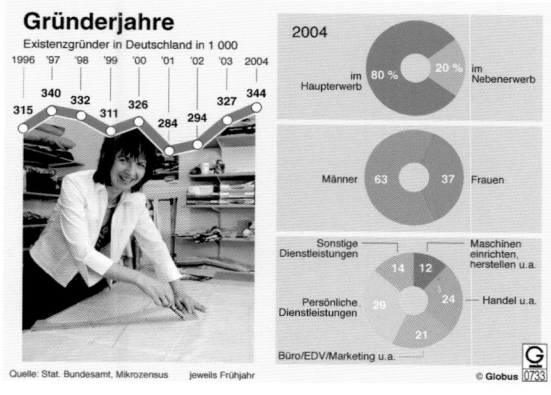

EIN SCHAUBILD
BESCHREIBEN:

Weitere Redemittel, um ein
Schaubild zu beschreiben,
finden Sie in Lektion 8.

4 Beschreibung einer Grafik

Lesen
Schreiben

a Bitte ergänzen Sie den Text. Nehmen Sie die Grafik und den Wortschatz aus Aufgabe 3 zu Hilfe.

Die Grafik mit dem Titel Gründerjahre besteht aus einem Liniendiagramm und drei
[1] _Kreisdiagrammen_. Die Daten stammen aus dem Jahre 2006. Das Liniendiagramm zeigt die
Anzahl der [2] _Existenzgründer_ in 1.000 von 1996–2004. Von 1996 bis 1997 ist ein
[3] _Anstieg_ der Existenzgründungen zu verzeichnen. Aber im folgenden Jahr gehen die
Zahlen wieder zurück. 2001 ist die Zahl der jungen Unternehmer auf dem
[4] _Tiefpunkt_ angelangt. Sie liegt bei nur [5] _284.000_ Neugründungen. Ab dann
ist eine [6] _Kontinuierliche_ nach oben zu verzeichnen. So sind 2004 rund [7] _60.000_
Firmengründungen mehr als in 2001 registriert.
Die drei Kreisdiagramme beziehen sich auf die 344.000 Existenzgründungen im Jahre 2004. Im
ersten Diagramm wird deutlich, dass [8] _80 %_ der Existenzgründer ihre Tätigkeit
hauptberuflich ausüben und nur 20 % im Nebenerwerb. Unter den Jungunternehmern sind
ca. [9] _63 %_ Männer und etwa ein Drittel Frauen. Das letzte [10] _Kreisdiagramm_
gibt Aufschluss darüber, in welchen Bereichen die Selbstständigen tätig sind. Arbeit im
Dienstleistungssektor liegt dabei voll im Trend, gefolgt von Handel und dem Büro- / EDV- und
Marketing-Bereich. Erst an letzter Stelle sind Firmen im technischen Bereich aufgeführt.

Lesen
Sprechen

b Lesen Sie nun den Text, der zur Grafik gehört. Welche Informationen sind neu?

Gründerjahre / 23.06.2006

Sein eigener Herr zu sein, wird zunehmend beliebter. Seit dem Jahr 2001 wagen immer mehr Arbeitnehmer den Weg in die Selbstständigkeit. Die meisten Gründer beginnen ihre Tätigkeit ohne Beschäftigte. Vollzeitgründungen ohne Angestellte waren im Jahr 2004 überwiegend Männersache. Dagegen entfielen 62 Prozent der Teilzeitgründungen ohne Beschäftigte auf Frauen. Für diese Form der Selbstständigkeit entscheiden sich Frauen vor allem wegen persönlicher oder familiärer Verpflichtungen: Sie möchten Familie und Beruf besser vereinbaren. Insgesamt jedoch ist die „Kultur der Selbstständigkeit" in Deutschland nach Expertenangaben nur schwach ausgeprägt. Vor allem bei der Wertschätzung des Unternehmertums und der Bereitschaft zur Übernahme von Risiken bestehe Nachholbedarf, heißt es beim Institut für Arbeitsmarkt- und Berufsforschung (IAB).

11 Wir müssen nur wollen

Lesen
Sprechen

1 Wir sind Helden

a Lesen Sie diese kurze Information über die Band „Wir sind Helden" aus einem Musikmagazin.

Die Produktion „Die Reklamation" von der deutschen Band „Wir sind Helden" gehörte in den Jahren 2003/2004 zu den meistverkauften Alben und brachte der Gruppe, die zuvor nur im Raum Berlin bekannt war, Popularität auch über Deutschlands Grenzen hinaus. Der Kopf der Band ist die Sängerin Judith Holofernes, die bereits Erfahrungen als Solokünstlerin gesammelt hat. Sie gilt im Augenblick als Deutschlands witzigste und zugleich intelligenteste Songwriterin, die mit der deutschen Sprache clever und spielerisch zugleich umgehen kann. Musikalisch unterstützt wird sie von dem Schlagzeuger Pola Roy, dem Bassisten Mark Tavassol und dem Gitarristen und Keyboarder Jean Michel Tourette. „Müssen nur wollen" gehört zu den bekanntesten Songs des Debüt-Albums.

b Lesen Sie die markierten Wörter noch einmal. Klären Sie deren Herkunft und Bedeutung mithilfe eines Wörterbuchs. Benutzen Sie die Wörter auch in Ihrer Sprache?

Hören ● 2, 8
Sprechen

2 Müssen nur wollen

a Decken Sie den Liedausschnitt in Aufgabe 3 ab und überlegen Sie zu zweit, wovon das Lied „Müssen nur wollen" handeln könnte.

b Hören Sie nun das Lied „Müssen nur wollen" zwei- bis dreimal. Versuchen Sie, Teile des Textes zu rekonstruieren. Vergleichen Sie Ihr Ergebnis mit Ihren Vermutungen in Aufgabenteil a.

Lesen
Sprechen

3 Lyrik

a Lesen Sie nun den unten stehenden Ausschnitt aus dem Liedtext. An welcher Stelle benutzt die Sängerin folgende sprachlichen Mittel? Bitte suchen Sie die passende(n) Textstelle(n).

1. Übertreibung _____
2. Vergleich _____
3. Widerspruch _____
4. sprachliche Bilder _____

b Welche Wirkung haben die sprachlichen Mittel. Sprechen Sie im Kurs.

„Müssen nur wollen" von „Wir sind Helden"

…
Ich kann mit allen zehn Füßen in zwanzig Türen
und mit dem elften in der Nase
noch Ballette aufführen
Aber wenn ich könnte wie ich wollte würd ich gar nichts wollen
Ich weiß aber dass alle etwas wollen sollen

Wir können alles schaffen genau wie die tollen
dressierten Affen wir müssen nur wollen
wir müssen nur wollen wir müssen nur wollen
Wir müssen nur

…
Das ist das Land der begrenzten Unmöglichkeiten
Wir können Pferde ohne Beine rückwärts reiten
Wir können alles was zu eng ist mit dem Schlagbohrer weiten
Können glücklich sein und trotzdem Konzerne leiten

Wir können alles schaffen genau wie die tollen
dressierten Affen wir müssen nur wollen
…

(©Holofernes, Judith: Freudenhaus Musikverlag / Partitur Musikverlag GbR / Wintrup Musikverlag)

Sprechen

4 Im Internetforum des Fanclubs von „Wir sind Helden" gibt es eine Diskussion

Soll das Lied zu mehr Leistung motivieren oder will es die Leistungsgesellschaft kritisieren?

5 Musikgeschmack

Sprechen

a Welchen Begriff oder welche Begriffe würden Sie dem Lied zuordnen?

| Liebeslied   Jazz   Pop   Schnulze   Rock   Schlager   Chanson   Rap |

b Wie finden Sie die Musik?

| traurig   eingängig   mitreißend   melancholisch   beschwingt   naiv   verträumt
innovativ   verspielt   abwechslungsreich   rockig   kraftvoll   intensiv   ernst |

c Welche Art von Musik mögen Sie, welche nicht? Warum?

6 Eine Rezension

Sprechen
Schreiben

a Was könnten die Begriffe bedeuten? Schauen Sie im Wörterbuch nach.

| Ohrwurm   Gute-Laune-Pop-Song   Plattheiten   Genuss   mit Lob überschüttet
rauf und runter   mitschwingenden Melancholie   unbeschwert   Talentprobe |

b Füllen Sie die Lücken mit den Begriffen aus Aufgabenteil a.

Bewertung: ★★★★★	Wir müssen nur wollen, 14. März
Rezensent/in:	Martin Reder aus Zürich/Schweiz

„Wir sind Helden" haben mit „Müssen nur wollen" eine neue Single aus ihrem hervorragenden Album „Die Reklamation" veröffentlicht.

Was macht das Geheimnis dieses Liedes aus, das gerade im Radio [1] _____ gespielt und von den meisten Kritikern [2] _____ wird? Ich wage zu behaupten, dass diese Band in unserer heutigen Zeit einzigartig ist. Mit der neuen Single geben „Wir sind Helden" eine weitere [3] _____ ab.

Die Texte von Sängerin Judith Holofernes sind schon für sich ein [4] _____. Zu Beginn kommt der Text ganz unschuldig daher und klingt wie eine Aufforderung zu mehr Mut und Arbeit im Leben. Doch spätestens ab der Mitte wird klar, dass manche Aussagen auch ironisch gemeint sind und sich gegen die Leistungsgesellschaft wenden. Alles klingt frech, ehrlich und [5] _____ , ohne dabei [6] _____ zu äußern. Einfach so, wie man es bei vielen anderen Bands in den Hitparaden vermisst.

Judith Holofernes präsentiert das Lied mit einer so zuckersüßen Stimme, dass man einfach hinhören und mitsingen muss. Trotz der [7] _____ wirkt das Stück durch die eingängigen Keyboard-Klänge wie ein typischer, aber kritischer [8] _____ . Ein richtiger [9] _____ , den man auf dem Weg zur – stressigen – Arbeit nicht mehr aus dem Kopf bekommt. Sie werden von den „Helden" in Zukunft sicher noch öfters hören. Kaufen Sie die Single oder gleich das Album! Es lohnt sich. Definitiv!!!

7 Ihre Meinung

Sprechen
Schreiben

a Stimmen Sie dieser sehr positiven Rezension zu? Warum (nicht)?

b Wählen Sie eines Ihrer Lieblingslieder und stellen Sie es im Kurs vor.

c Schreiben Sie dann eine Rezension zu Ihrem Lied. Denken Sie bitte an folgende Punkte:

- Information zum Album/zur CD
- Eindrücke vom Text
- Eindrücke von der Sängerin/dem Sänger, Melodie, Klang
- Was ich besonders gut/schlecht finde.
- Gesamteinschätzung (von 5 Sternen)

1 Intelligenz

Lesen
Sprechen

a Welche Definitionen A bis G treffen für diese „intelligenten" Begriffe zu? Ordnen Sie zu.

- Klugheit *(clever)*
- Weisheit
- Intelligenzquotient
- Intelligenztest (IQ-Test)
- Schlauheit *(cunningness)*
- Intelligenz
- Künstliche Intelligenz

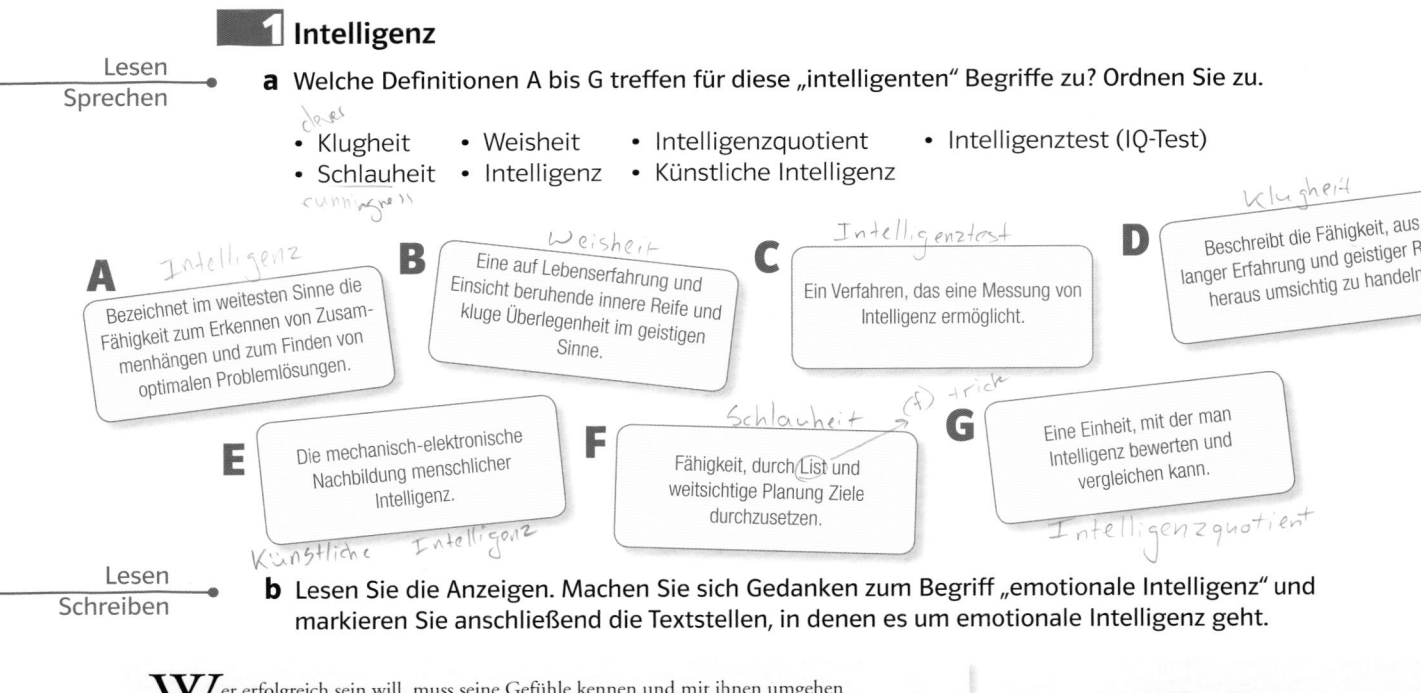

A *Intelligenz*
Bezeichnet im weitesten Sinne die Fähigkeit zum Erkennen von Zusammenhängen und zum Finden von optimalen Problemlösungen.

B *Weisheit*
Eine auf Lebenserfahrung und Einsicht beruhende innere Reife und kluge Überlegenheit im geistigen Sinne.

C *Intelligenztest*
Ein Verfahren, das eine Messung von Intelligenz ermöglicht.

D *Klugheit*
Beschreibt die Fähigkeit, aus langer Erfahrung und geistiger Reife heraus umsichtig zu handeln.

E *Künstliche Intelligenz*
Die mechanisch-elektronische Nachbildung menschlicher Intelligenz.

F *Schlauheit → (f) trick*
Fähigkeit, durch List und weitsichtige Planung Ziele durchzusetzen.

G *Intelligenzquotient*
Eine Einheit, mit der man Intelligenz bewerten und vergleichen kann.

Lesen
Schreiben

b Lesen Sie die Anzeigen. Machen Sie sich Gedanken zum Begriff „emotionale Intelligenz" und markieren Sie anschließend die Textstellen, in denen es um emotionale Intelligenz geht.

Wer erfolgreich sein will, muss seine Gefühle kennen und mit ihnen umgehen können, also das „emotionale Einmaleins" beherrschen. „EQ statt IQ" heißt das neue Schlagwort, mit dem Daniel Goleman den Nerv unserer Zeit trifft. Sein Bestseller zeigt aktuelle Forschungsergebnisse zu einem Thema, das uns alle angeht: das Zusammenspiel von Herz und Verstand. Denn: Was nützt ein hoher IQ, wenn man ein emotionaler Idiot ist?

Als Marktführer im Bereich Digitalfernsehen suchen wir eine/n

Juniorverkäufer/in im Außendienst

Aufgabe:
Sie sollten in 3 bis 6 Monaten selbstständig und professionell unsere wichtigsten Kunden betreuen.

Erfahrungen:
Alle wichtigen Kenntnisse werden Ihnen intensiv vermittelt.
Unverzichtbar sind jedoch Ihre Fähigkeiten, auf Menschen zuzugehen, Ideen zu vermitteln, andere zu begeistern und selbstständig zu handeln.

DIGICOM Digital Fernsehen · 60789 Frankfurt a. M.

---

*Wochenendseminar:
Einsatz der emotionalen Intelligenz im Berufs- und Privatleben*

Was Sie erwarten können:
Samstag (Beginn: 9:00 Uhr)

– Erkennen der eigenen Stärken und Schwächen im Team
– Erkennen der eigenen Emotionen
– Wie motiviere ich mich?
– Einfühlungsvermögen in die Sichtweisen und Gefühle unserer Mitmenschen
– Wie vermittle ich mein Anliegen eindeutig meinem Geschäftspartner?

c Was haben Sie über emotionale Intelligenz gelernt? Welche Fähigkeiten umfasst emotionale Intelligenz? Notieren Sie.

2 Der EQ-Selbsttest

Lesen

Ermitteln Sie den Quotienten Ihrer emotionalen Intelligenz. Sind Sie empathisch: Verstehen Sie die Gefühle anderer? Können Sie sich in andere hineinversetzen?

		ja	nein	ich weiß nicht
1	Meine Kollegen sprechen mit mir über ihre Sorgen.	☐	☐	☐
2	Ich verstehe die Gefühle anderer.	☐	☐	☐
3	Ich arbeite gern im Team.	☐	☐	☐
4	Ich helfe meinen Freunden bei Problemen.	☐	☐	☐
5	Für Freunde verschiebe ich auch berufliche Termine.	☐	☐	☐
6	Die Sprache des Körpers ist oft stärker als Worte.	☐	☐	☐
7	Ich kann gut zuhören.	☐	☐	☐
8	Es ist schwer, das Vertrauen anderer zu gewinnen.	☐	☐	☐
9	Es ist nicht leicht für mich, gute Freunde zu finden.	☐	☐	☐
10	Anderer Leute Angelegenheiten gehen mich nichts an.	☐	☐	☐

3 Und so fördern Sie Ihre emotionale Intelligenz

Lesen

a Lesen Sie den Text.

Menschen mit hoher emotionaler Intelligenz zeigen soziale Kompetenz, Mitgefühl, Menschlichkeit, Kommunikationsfähigkeit, Höflichkeit, Taktgefühl usw., sodass es ihnen auch im Alltag gelingt, Konflikte konstruktiv zu lösen und mit ihren Mitmenschen in familiärem
5 und gesellschaftlichem Umfeld gut auszukommen. Infolgedessen sind sie meist sehr beliebt und haben einen großen Freundes- und Bekanntenkreis. Sie kümmern sich zwar sehr um andere, aber sie sorgen auch gut für sich selbst. Sie sind demnach meist sehr zufrieden und ausgeglichen. Infolge ihrer hohen emotionalen und sozialen Kompetenz
10 besetzen sie auch im Beruf immer mehr Führungspositionen. Emotionale Intelligenz ist somit für den Erfolg in Alltag und Beruf sehr wichtig.
Und so fördern Sie Ihre emotionale Intelligenz:
1. Entwickeln Sie ein gesundes Selbstbewusstsein
15 Darunter versteht man den Prozess des Sich-selbst-bewusst-Seins über die eigenen Rollen, Wünsche, Ziele und Ängste. Nur wer sich selbst, seine Bedürfnisse und Gefühle kennt, kann mit den Bedürfnissen und Gefühlen anderer umgehen. Wer seine eigenen Gefühle nicht bewältigen kann, fürchtet sich vor den Gefühlen anderer.

2. Begreifen Sie die Andersartigkeit Ihrer Mitmenschen als Chance 20
Obwohl sie oft mit anderen Ansichten oder Auffassungen konfrontiert werden, empfinden emotional intelligente Menschen diese nicht als bedrohlich, sondern sie begreifen sie als Chance, etwas zu lernen.
3. Arbeiten Sie an Ihren Kommunikationsformen
Sie verfügen über einen guten Wortschatz? Lernen Sie trotzdem immer 25
wieder neue Wörter, bei denen es um Gefühle und Zwischenmenschliches geht. So können Sie eigene Stimmungen und Gefühle besser begreifen und benennen sowie die Gefühle anderer besser verstehen.
4. Überprüfen Sie Ihr Konfliktverhalten
Betrachten Sie Konflikte und Misserfolge ungeachtet der damit verbundenen negativen Gefühle als Chance, dann können Sie diese besser 30
bewältigen. Konfliktmanagement und Kritikfähigkeit sind ganz wesentlich für emotionale Intelligenz. Lernen Sie, konstruktiv Kritik zu üben, aber auch selbst offen mit Kritik umzugehen.
Und der wichtigste Tipp zum Schluss: Selbst wenn Sie wenig Zeit haben, beschäftigen Sie sich mit Ihren Mitmenschen und ihren Lebensge- 35
schichten. Dies stärkt die Beziehungen zu anderen und sich selbst.

Schreiben
Sprechen

b Erstellen Sie zum Thema emotionale Intelligenz eine Mind-Map und präsentieren Sie sie im Kurs.

4 Sprache im Mittelpunkt: Konsekutive und konzessive Konnektoren

Result Clauses   _Concessive Clauses_

Formen und
Strukturen
S. 91, 92

a Schauen Sie sich die konsekutiven (Folge) und die konzessiven (Einwand / Gegengrund) Konnektoren in der Tabelle an und suchen Sie diese im Text von Aufgabe 3.

act as coordinating conjunctions

Mittel zur Textkohärenz	Subjunktoren / Konjunktoren	Verbindungsadverbien	Präpositionen
Konsekutive Konnektoren (Folge)	so … dass, derartig … dass _only followed by adjective_	infolgedessen, somit, also, demzufolge, demnach, somit	infolge + Gen., infolge von + Dat.
Konzessive Konnektoren (Einwand / Gegengrund)	obwohl, obschon, selbst wenn, wenn … auch, zwar … aber	trotzdem, gleichwohl, indessen	ungeachtet + Gen.

b Orden Sie die nachfolgenden Konnektoren in die Tabelle ein. Vier Konnektoren passen nicht. Warum?

mithin	nichtsdestoweniger	als	obgleich	wenngleich	deshalb
dennoch	indem	folglich	im Gegensatz zu + Dat.	trotz+ Gen.	

deshalb / kann auch Kausal sein
kann auch Kausal sein

KONNEKTOREN:
Erinnern Sie sich? Kausale Konnektoren finden Sie in Lektion 1, modale und adversative in Lektion 3, konditionale und zweiteilige in Lektion 5 und finale in Lektion 9.

konsek. / Subj / Verbindungs... / Präp.
mithin, deshalb, folglich
Konz. / obgleich, wenngleich / nichtsdestoweniger, dennoch / trotz

5 IQ oder EQ?

Lesen
Schreiben

Fassen Sie alle Informationen und Argumente, die Sie auf dieser Doppelseite zum Thema „IQ oder EQ" finden (Definitionen, Anzeigen, Zeitungsartikel, Mind-Map, Grafik), zusammen und wägen Sie diese schriftlich in einem Kommentar gegeneinander ab. Gehen Sie auch auf folgende Aspekte ein:

- Definieren Sie emotionale Intelligenz.
- Nennen Sie Beispiele für emotionale Intelligenz.
- Was denken Sie, was ist wichtiger im Leben: IQ oder EQ?
- Begründen Sie Ihre Meinung.
- Achten Sie auf den Textaufbau, benutzen Sie Konnektoren.

Einstellungskriterien für Führungskräfte.
Worauf legen die Entscheider wert?

Diplome/ Abschlüsse	Berufliche Erfahrung/ Praktika	Fremd- sprachen	Auslands- erfahrung	Soziale Kompetenz	Mobilität
36 %	22 %	14 %	12 %	9 %	7 %

1 Eine etwas andere Schule

a Lesen Sie den Artikel. Was ist an dieser Schule anders?

- Im Vergleich zu Ihren Schulerfahrungen?
- Im Vergleich zu vielen anderen Schulen in Deutschland, Österreich und der Schweiz?

http://www.wdr.de/

Zu Besuch in Deutschlands bekanntester Versuchsschule

Es ist 8.30 Uhr, Tom und Katja liegen auf dem Boden und lesen Comics. Gleich nebenan versorgen zwei kleine Jungs die Kaninchen. Nach und nach treffen die Kinder ein, denn die Ankunftszeit in der Bielefelder Laborschule ist gleitend
5 von 8.00–8.45 Uhr. „In dieser Dreiviertelstunde", erklärt die didaktische Leiterin Dr. Annemarie von der Groeben, „sollen die Kinder zur Ruhe kommen." Dann ist Schulbeginn. Doch weder jetzt noch zur Pause schrillt eine laute Schulglocke. Die Kinder selbst wissen, wann es losgeht. Sie setzen sich
10 in einen Kreis und nach der Begrüßung fangen sie mit der Arbeit an. Die rund 600 Schüler gehen dazu nicht in den Klassenraum, sondern sie befinden sich einer riesigen Halle, die nur durch Stellwände abgetrennte, aber offene „Lerninseln" mit vielen Lerngelegenheiten bereithält, gemäß
15 dem Motto der Schule „Lernen durch eigene Erfahrung, nicht durch Belehrung". Der Unterrichtsstoff wird über Projektarbeit vermittelt und autoritäre Strukturen gibt es hier auch nicht. Die Ganztagsschule möchte ein Ort sein, wo Kinder (schon ab 5 Jahren) und Jugendliche gern leben
20 und lernen. „An dieser Schule sollen Kinder und Jugendliche von klein auf lernen, wie man gemeinsame Angelegenheiten vernünftig miteinander regeln kann. Die Schule soll ein Lebens- und Erfahrungsraum sein, eine Gesellschaft im Kleinen, eine Polis, wo Verhaltensweisen, die wir von
25 mündigen Bürgerinnen und Bürgern erwarten, tagtäglich gelebt und gelernt werden." So lautet eines der Ziele, die der Reformpädagoge Hartmut von Hentig, der Gründer der Laborschule, 1974 ins Schulprogramm festschrieb. Aber was unterscheidet die Bielefelder Laborschule noch von
30 traditionellen Schulen?

Wie es im Schulnamen schon anklingt, ist sie eine Labor- bzw.
45 eine Versuchsschule, d.h., sie ist direkt an die Bielefelder Universität angebunden. Angehende Lehrer und Schulpädagogen können wie Ärzte in einem Universitätsklinikum

lernen, forschen und neue Methoden ausprobieren. Dadurch erhält die Schule immer wieder neue pädagogische Impulse.
50

Ein wesentlicher Unterschied liegt aber in ihrem Selbstverständnis: „Wir müssen die Schule den Kindern anpassen und auf jeden Fall weg vom Selektionsdenken",
55 führt die didaktische Leiterin weiter aus. Individualisierung des Unterrichts lautet das Stichwort. So werden Unterschiede im Lerntempo, individuelle Bedürf-
60 nisse und Fähigkeiten jedes einzelnen Kindes mitberücksichtigt. Statt Noten zu verteilen, beurteilen die rund 70 Lehrer jeden einzelnen Schüler mit ausführlichen Leistungsberichten. In der Schule glaubt man nicht, dass eine einzige Ziffer ausdrücken kann, was ein
65 Schüler in einem ganzen Jahr gearbeitet hat oder nicht. Die Schüler seien zu individuell, als dass sie in fünf bzw. sechs Kategorien eingeteilt werden könnten. Außerdem sollen die Schüler sich nicht an der Leistung anderer, sondern an sich selbst messen, heißt es von Lehrerseite. Eine Einschränkung
70 gibt es allerdings: Schüler, die eine Ausbildung machen oder in eine weiterführende Schule wechseln wollen, bekommen ein Zeugnis mit Noten.

Neben dem Verzicht auf Noten bis zur 9. Klasse wird dort
75 ein „radikales" Gesamtschulkonzept ohne Fach- und Leistungsdifferenzierung verfolgt. Die Kinder müssen auch keine Klasse wiederholen, und auch lernbehinderte Kinder werden nicht in Förderschulen „abgeschoben", im Gegenteil: Ihre Andersartigkeit wird akzeptiert.
80

Seit ihrer Gründung steht die Schule dauernd unter Kritik. Leistungsfeindlichkeit lautet der Hauptvorwurf. Dabei haben die Schüler der Laborschule in einem freiwilligen PISA-Nachtest Traumnoten erzielt. Beste Noten gab es auch für
85 das Politikverständnis und das Sozialverhalten der Schüler, die in einer Begleituntersuchung getestet wurden. Kein Wunder also, dass Tom und Katja ihre Schule „einfach super" finden.
90

Und was halten Sie von der Schule? Schreiben Sie uns Ihre Meinung.

b Was glauben Sie? Ist der Autor eher für oder eher gegen diesen Schulversuch? Woran kann man seine Einstellung erkennen? Unterstreichen Sie die entsprechenden Passagen im Text.

c Finden Sie, dass der Autor Recht hat? Diskutieren Sie im Kurs.

- Sollten Noten in der Ausbildung vergeben werden?
- Ist Leistung in der Schule/an der Universität/am Arbeitsplatz überhaupt messbar?
- Wie könnte man gerecht(er) benoten?

2 Einen Leserbrief schreiben

Lesen

Schauen Sie sich die Tabelle an und lesen Sie bitte die Angaben in der Spalte „Information".

ARGUMENTIEREN:

Fehlen noch Redemittel zum Argumentieren? – In Lektion 3 finden Sie welche.

Text	Information
Betreff:	Genaue Angabe, auf welchen Artikel Sie sich beziehen.
Anrede:	
Einleitung:	Warum schreiben Sie? Warum finden Sie das Thema wichtig/interessant? Stellen Sie einen Bezug zum Artikel her.
Hauptteil:	Begründen Sie Ihre Meinung zum Thema: - Welche Argumente gibt es dafür? - Welche Argumente gibt es dagegen?
	Stellen Sie den Sachverhalt in einen anderen/größeren Zusammenhang.
Schlussteil:	Was ist Ihre persönliche Meinung? Fassen Sie Ihre Ausführungen zusammen. Formulieren Sie Ihre Forderungen/Appelle.
Grußformel und Unterschrift:	

3 Ein Leserbrief an die Redaktion

Schreiben

a Entwerfen Sie als Reaktion auf den Artikel von Aufgabe 1 einen Leserbrief. Notieren Sie zunächst Stichworte zu den Punkten in der linken Spalte der Tabelle in Aufgabe 2.

Bitte erwähnen Sie:
- Warum Sie schreiben.
- Wie Sie das Unterrichtskonzept der Laborschule finden.
- Wie Sie Ihre eigene Schule erlebt haben.
- Was Sie von einer guten Schule erwarten.

b Formulieren Sie nun Ihren Brief (ca. 200–250 Wörter) anhand Ihrer Notizen in der Tabelle. Benutzen Sie dabei Konnektoren und folgende Textbausteine.

Anrede: Sehr geehrte Redaktion, ... | Sehr geehrter Herr/geehrte Frau ...

dafür sein: Dafür spricht, dass ... | Es gibt zwei/drei wichtige Argumente für ... | Eine weitere Erklärung könnte sein, dass ...

Beispiele anführen: Dieser Punkt zeigt sich zum Beispiel ... | Lassen Sie mich folgendes Beispiel anführen ...

eigener Standpunkt: Angesichts dieser Informationen vertrete ich den Standpunkt, dass ... | Aus meiner persönlichen Erfahrung kann ich (nur) bestätigen, dass ...

Appell/Forderung: Daher fordere ich ... auf, ... zu ... | Daher appelliere ich an Sie ...

Interesse an Artikel zeigen: Ohne Zweifel stellt ... dar. | Es stimmt sicherlich, dass ... | Es zeigt sich immer wieder, dass ... | ... ist wichtig/aktuell, weil ...

dagegen sein: Auf der anderen Seite ... | Demgegenüber/Allerdings ... | Was dagegen spricht, ist ... | Ein (weiteres) Problem liegt jedoch in ...

zusammenfassen: Zusammenfassend/Abschließend möchte ich sagen, dass ... | Insgesamt zeigt sich ...

Grußformel: Mit freundlichem Gruß | Mit freundlichen Grüßen

1 Die Preisverleihung

Lesen
Sprechen

a Die Kandidaten: Jeden Monat vergibt die „Berndorfer Zeitung" einen Preis (3.000 Euro) für das „Vorbild des Monats". Diesmal müssen Sie entscheiden. Lesen Sie mehr über die Kandidaten.

Schülerin Günel Yilmaz steht jeden Tag eine Stunde früher auf, um im Altersheim mitzuhelfen. Dabei scheut sie auch die unangenehmen Arbeiten nicht.

Unternehmer Franz Handl spendete anonym eine Million Euro für eine Wohlfahrtsorganisation. Und das, obwohl seine Firma rote Zahlen schreibt.

Die Hausfrau und vierfache Mutter Silvana Rocher lässt sich eine Niere entfernen, damit diese ihrer schwerkranken Schwester eingepflanzt werden kann.

b Die Jury: Bilden Sie eine Jury und arbeiten Sie zu dritt. Wählen Sie je einen Kandidaten aus und notieren Sie: Was spricht für „Ihren" Kandidaten? Warum verdienen die anderen Kandidaten den Preis weniger als „Ihr" Kandidat?

c Bereiten Sie nun eine kurze Rede / ein kurzes Plädoyer (2 bis 3 Minuten) vor. Dabei sollten Sie die anderen beiden Jury-Mitglieder davon überzeugen, dass „Ihr" Kandidat den Preis am meisten verdient. Diese Redemittel können Ihnen dabei helfen.

Warum Ihr Kandidat: Sie/Er hat eindrucksvoll gezeigt, dass … | Es ist beeindruckend, wenn … | Besonders gut gefällt mir … | Man kann nur bewundern, wie … | Sie/Er handelt wie ein echtes Vorbild, weil … | Ein Beispiel für seine/ihre herausragende Leistung ist …	**Warum nicht die anderen Kandidaten:** Zwar haben die anderen Kandidaten auch … gezeigt, aber … | Keine Frage! Die anderen Leistungen waren ebenfalls … Trotzdem … | Auch wenn die anderen Kandidaten … sind, so ist Kandidat X …	**Abschluss:** Deshalb hat sie / er den Preis verdient. | Somit gibt es nur einen Gewinner: Kandidat X!

d Präsentieren Sie „Ihren Sieger" im Kurs und begründen Sie Ihre Wahl.

2 Ein besonderer Anlass

Lesen
Sprechen

a Arbeiten Sie zu zweit. Eine Person liest folgenden Text vor, die andere hört zu. Wie „klingt" der Text?

> **1**
> Liebe Tante Anna, liebe Familienmitglieder!
> Wir kommen heute aus einem ganz besonderen Anlass zusammen: Unsere geliebte Tante Anna feiert heute ihren 70. Geburtstag! Zu diesem Ereignis begrüße ich euch ganz herzlich und freue mich, dass ihr hier seid.
> Leider konnten nicht alle kommen. So habe ich hier einen Brief von Astrid, die nicht bei uns sein kann, weil sie, wie ihr wisst, auf Hochzeitsreise ist. Aber sie hat mir hoch und heilig versprochen, heute unter Palmen auf dein Wohl zu trinken, liebe Anna. Auch Nicole, deine Lieblingsnichte, lässt sich entschuldigen, hält aber ein ganz besonderes Geschenk für dich bereit: Sie erwartet in den nächsten Stunden ihr erstes Baby. Darüber werden wir dich während der Feier natürlich auf dem Laufenden halten, liebe Tante.

> **2**
> Heute also wirst du 70 Jahre, und du hast so viel erlebt, dass du darüber ein Buch schreiben könntest – und noch dazu ein dickes. Und dann wirst du auch noch mit jedem Jahr schöner, reifer und vor allem gescheiter. Wusstet ihr eigentlich, dass Tante Anna jetzt ins Fitnessstudio geht? Deshalb bist du so fit wie Opa Kurt, als er noch Marathons lief, und wirst es hoffentlich noch viele Jahre bleiben. Dir, liebe Tante Anna, die du immer und überall für jeden Einzelnen von uns da bist, wollen wir heute als Dankeschön einen ganz besonders schönen Tag bereiten. An dem Programm haben wir seit Wochen gearbeitet und hoffen, dass es dir gefallen wird.
> Lasst uns nun das Glas auf unsere Jubilarin erheben! Mögest du so fit und aktiv bleiben wie heute! Zum Wohl!

b Lesen Sie den Text noch einmal und lassen Sie Ihre Fantasie spielen.

Stellen Sie sich die Situation vor, in der dieser Text gesprochen oder gelesen wird:
- Welche Personen sind anwesend? Wie sieht die Umgebung aus? Wie ist die Stimmung?
- Was passierte vorher, wie wird es weitergehen?

Hören ● 2, 9
Sprechen

c Hören Sie den Text nun von CD. Gibt es Unterschiede, wie Sie den Text vorgetragen haben und wie der Sprecher ihn auf der CD spricht? Welche? Lesen Sie sich nun den Text noch einmal gegenseitig vor.

3 Eine Feier

Sprechen

a Ihre Cousine hat das Abitur bestanden und beginnt nun eine Ausbildung. Zu diesem Anlass planen Sie mit Verwandten und Freunden eine Feier. Überlegen Sie zu zweit, in welchem Lokal Sie feiern wollen.

- Wählen Sie ein Lokal anhand der drei Fotos aus und begründen Sie Ihre Entscheidung.
- Widersprechen Sie Ihrer Gesprächspartnerin / Ihrem Gesprächspartner.
- Finden Sie am Ende des Gesprächs eine gemeinsame Lösung.

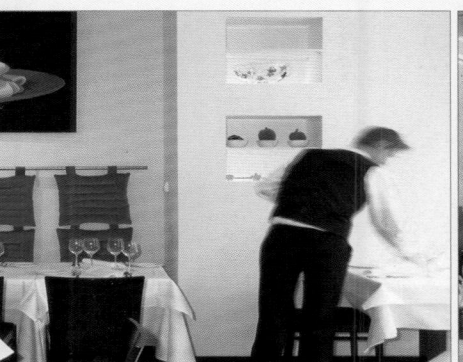  

Schreiben
Sprechen

b Schreiben Sie nun zu diesem Anlass eine Rede. Orientieren Sie sich an folgendem Redekonzept.

Konzept für eine private Rede

Begrüßung: Gratulant / in, Familie, Freunde

Anlass: eine wichtige Prüfung ist erfolgreich bestanden

Thema: Schritt ins Berufsleben

Ziel: Lob, Einstimmung auf berufliche Zukunft

Aspekte: schwere Prüfungszeit ist vorbei; alle sind erleichtert, weil sie mitgelitten haben; Lob des Prüflings für seine gute Leistung; weitere Prüfungen werden folgen; Ausblick auf die Zukunft; Glückwünsche

Publikum: Familie, Verwandte, Freunde

Haltung: ernst, humorvoll

---

c Üben Sie Ihre Rede zu Hause vor dem Spiegel und achten Sie auf folgende Punkte:

- Halten Sie Blickkontakt mit dem Publikum.
- Schreiben Sie die einzelnen Abschnitte Ihres Konzepts in großer Schrift auf mehrere Zettel, damit Sie sie geschickt ablesen können.
- Sprechen Sie langsam und deutlich.
- Machen Sie Pausen. So wird Ihre Rede spannender.
- Variieren Sie die Lautstärke.
- Untermauern Sie Ihre Rede mit sparsamen Gesten.

d Halten Sie die Rede im Kurs. Sprechen Sie anschließend im Kurs über die Wirkung der Rede.

e Schreiben Sie weitere Redekonzepte bzw. eine weitere Rede zu folgenden Anlässen:

- Ihre Schwester / Ihr Bruder feiert die bestandene Führerscheinprüfung.
- Ihre Kollegin / Ihr Kollege wird befördert.
- Ihre beste Freundin / Ihr bester Freund heiratet.

Herbert: „Ich bin immer dann sprachlos, wenn etwas völlig Unvorhersehbares passiert. Das kann aber auch positiv sein, z. B. als ich einmal etwas im Lotto gewonnen habe."

Irene: „Es macht mich rasend, wenn ich mit jemandem rede und das Gefühl habe, er oder sie tut nu ob – besonders bei der Arbeit kann das ein Problem werden. Am Ende redet man über Belangloses

Nadja: „Ich bringe es einfach nicht übers Herz, jemand anderen offen zu kritisieren. Da sage ich lieber gar nichts, anstatt mich auf eine Konfrontation einzulassen."

Alex: „Wenn jemand unfair behandelt wird, kann ich mir einfach nicht helfen. Ich muss dani einfach etwas sagen. In der Schule macht das die Situation oft nur schlimmer."

1 Mir fehlen die Worte

Lesen
Sprechen

Welche der oben beschriebenen Situationen haben Sie so ähnlich schon einmal erlebt?

2 Das ist ja unglaublich!

Hören ● 2, 10
Sprechen

a Hören Sie einen Dialog. Zu welcher Aussage in Aufgabe 1 passt der Dialog?

b Wie wirkt die Reaktion von Paul auf Sie? Welches Gefühl drückt Paul aus? Markieren Sie.

| Verärgerung | Stolz | Angst | Zorn | Neugier | Erstaunen | Bewunderung | Dankbarkeit |
| Verzweiflung | Erleichterung | Enttäuschung | Unterstützung | Freude | Verständnis |

c Welche der folgenden Sätze könnten Ihrer Meinung nach ebenfalls im Dialog auftauchen?

Mir fehlen die Worte. | So eine Frechheit! | Mir bleibt die Spucke weg. | Was soll man da noch sagen? | Ich bin sprachlos. | Wie? | Bist du wahnsinnig? | Ist nicht wahr! | Echt? | Und? | Zum Glück! | Ich kann dir gar nicht sagen, wie dankbar ich dafür bin. | Du machst einen Scherz! | Mir hat es echt die Sprache verschlagen! | Na endlich! | Nie und nimmer! | Du hast vielleicht ein Glück! | Wahnsinn! | Sag's mir einfach. | Gott sei Dank, das wurde auch Zeit. | Keine Ursache, das mache ich doch gern.

3 Da bleibt einem ja die Spucke weg

Hören ● 2, 11–19
Sprechen

a Arbeiten Sie zu zweit.

– Ordnen Sie die Dialogteile zu. (Manchmal gibt es mehrere mögliche Antworten.)
– Welche der Antworten sind eher formell, welche eher informell? Welche Gefühle werden jeweils zum Ausdruck gebracht?
– Am Ende der Reaktion sind Auslassungszeichen (…) angeführt. Was würden Sie weiter sagen?
– Hören Sie die Dialoge und überprüfen Sie Ihre Antworten.
– Merken Sie sich zu zweit einen der Dialoge und versuchen Sie, die Intonation möglichst genau nachzuahmen.

1. Jörg hat mir gestern einen Heiratsantrag gemacht.
2. Meine Tante ist letzte Woche gestorben.
3. Angela bekommt ein Kind.
4. Darf ich Ihnen hiermit den Preis für die Mitarbeiterin des Jahres überreichen?
5. Carsten ist von seiner Freundin verlassen worden.
6. Ich kann heute nicht mehr lernen, lass uns was trinken gehen.
7. Und dann hat er mich auch noch das Taxi bezahlen lassen.
8. Salzburg hat das Entscheidungsspiel am Wochenende verloren.
9. Markus hat mich zu seiner Geburtstagsfeier eingeladen. Hast du Lust, mitzukommen?

A Oje, das muss furchtbar für ihn sein. …
B So eine Frechheit! …
C Oh, danke für die Auszeichnung. …
D Na endlich. …
E Mein Beileid. …
F Nie und nimmer! …
G Ist nicht wahr! …
H Na, das ist ein Wort! …
I Kein Wunder bei der Gurken-Truppe! …

1. _D_   2. ___   3. ___   4. ___   5. ___   6. ___   7. ___   8. ___   9. ___

b Tauschen Sie sich im Kurs aus. In welchen Situationen sind Sie sprachlos? Was machen Sie in einer solchen Situation?

Was Sie in dieser Lektion lernen können:

eigene Gedanken und Gefühle mündlich beschreiben

Informationen und Argumente zusammenfassen und kommentiert wiedergeben

im Radio Informationen aus Nachrichten- und Feature-Sendungen verstehen

sich während eines Gesprächs oder einer Präsentation Notizen machen

einen kurzen Text relativ spontan und frei vortragen

in Texten neue Sachverhalte und detaillierte Informationen verstehen

in längeren und komplexeren Texten rasch wichtige Einzelinformationen finden

zu einem gemeinsamen Vorhaben beitragen und dabei andere einbeziehen

sich schriftlich über ein Problem beschweren und Zugeständnisse fordern

in einem offiziellen Gespräch oder Interview Gedanken ausführen

sich an Gesprächen und Diskussionen beteiligen sowie eigene Ansichten begründen und verteidigen

12 Nichts sagen(d)

Sprechen

1 Smalltalk im Kurs

a Mit wie vielen Leuten haben Sie heute schon gesprochen? Worüber? Welche dieser Gespräche würden Sie als „Smalltalk" bezeichnen? Tauschen Sie sich zu zweit aus.

b Über welche der folgenden Themen sprechen Sie am liebsten? Über welche würden Sie mit einer unbekannten Person sprechen? Worüber sprechen Sie auf keinen Fall, wenn Sie Smalltalk betreiben?

> Wetter   Familienstand und Kinder   Partnerschaftsprobleme   Kritik am Essen
> Krankheit   Haustiere   Beruf   Politik   Einkommen   Urlaub   Religion   Kultur
> Kunst   Ort des Gesprächs (Stadt, Gebäude)   Sport   Freizeit   Witze über Abwesende

c Wie leitet man in Ihrem Heimatland ein Gespräch ein? Ist Smalltalk wichtig? Warum? Tauschen Sie sich im Kurs aus.

Lesen
Schreiben

2 Reden – nur worüber?

a Arbeiten Sie zu zweit. Ein Partner liest die Texte 1 und 2, der / die andere die Texte 3 und 4. Notieren Sie die wesentlichen Informationen, die Sie in Ihren Texte finden.

1. Woher stammen Ihre beiden Texte? Aus:
   a. einem Ratgeber für einsame Herzen   **c.** einem Magazin für Flugreisende
   b. einem Taschenführer zum Thema Smalltalk   **d.** einem Karriereratgeber

2. Was raten die Texte: Worauf sollte man beim Smalltalk grundsätzlich achten?

3. Würden Sie den Texten aufgrund Ihrer Erfahrungen zustimmen oder widersprechen? Was ist Ihre Meinung zu diesem Thema?

1 Kennen Sie das? Krampfhaftes Klammern am Weinglas, verzweifeltes Suchen nach einem Gesprächsthema, dazwischen ein verlegenes „Ähem" nach dem andern. 5 Und ein neidischer Blick auf Ihren Freund Dieter, der mühelos innerhalb einer halben Minute eine Schönheit nach der anderen in ein lockeres Gespräch verwickelt. Ob auf einer Geburtstagsparty, einer Betriebs-10 feier oder einer Vernissage zwischen lauter aufgedonnerten Unbekannten – Sprechhemmungen sind die Folge falscher und zu hoher Anforderungen an sich selbst. Niemand erwartet von Ihnen nämlich tief 15 schürfende Bemerkungen über Wissenschaft, Politik oder Malerei.
Die Könner auf dem Gebiet der leichten Konversation meiden heikle und schwierige Themen. Gesprächsthemen des Small-20 talks sind so beschaffen, dass eine Unterhaltung auch ohne eine Vertrauensbasis, die längere Bekanntschaft voraussetzt, gelingt. Worauf kommt es an?
Zuerst müssen Sie mit dem oder der Un-25 bekannten in Kontakt kommen. Angst,

Fremde anzusprechen? Auf Partys oder ähnlichen Veranstaltungen völlig unnötig. Setzen Sie ein Lächeln auf und fragen Sie, woher Ihr Gegenüber den/die Gastgeber/in kennt. Oder ob er/sie das erste Mal hier 30 ist. Nicht sehr intelligent, aber Sie werden auf jeden Fall eine Antwort bekommen. Jetzt müssen Sie nur noch sagen, wie es bei Ihnen aussieht – also aus welchem Grund Sie da sind. Dann stellen Sie sich 35 vor: „Übrigens, ich bin …".
Wie nun weiter? Worüber redet man mit einer Person, von der man nichts weiß, als ihren Namen – nachdem sie sich vorgestellt hat? 40
Man mag es kaum glauben, aber der Spitzenreiter für einen guten Gesprächseinstieg ist und bleibt das Wetter: Das bedeutet nicht, dass eine halbe Stunde über Wolkenpakete und Sonnenstunden refe-45 riert werden sollte! Eine Bemerkung wie „Schrecklich heiß heute, nicht wahr?" ermöglicht einen sanften Übergang zu einem neuen Thema, nachdem das Eis gebrochen ist. 50

2 Sitzt man im Flugzeug, hat die Unterhaltung per se eine besondere Ausgangssituation: Zum einen, weil Sie Ihrem Gesprächspartner körperlich näher sind, als in einem Café oder
5 an der Supermarktkasse. Zum anderen, weil sie nun für Stunden nebeneinander sitzen werden, ohne die Möglichkeit „zur Flucht". Warum also nicht über das Reisen reden? Ob im geschäftlichen oder privaten Kontext –
10 man kann schnell ins Gespräch kommen und nach einem guten Hotel oder Ausgehtipps fragen. Das bestellte Getränk reichen oder um einen Kugelschreiber bitten, ist ebenfalls ein Schritt zu einer freundlichen Annäherung. Und Courage zahlt sich aus: Das zeigt 15 sich besonders bei sanften Provokationen, die weitaus wirksamer als Komplimente sind. Bemerkungen wie „Tragen Sie immer so interessante Krawatten?" oder „Finden Sie's hier auch so langweilig?" lassen der 20 Schüchternheit wenig Chancen. Wenn Ihnen Ihr Gegenüber dann immer noch die kalte Schulter zeigt, dann lag das sicher nicht an Ihnen.

3 Im Aufzug treffen Sie Ihren Chef – jetzt bloß nicht verbissen schweigen. Auf der Betriebsfeier müssen Sie die Gattin des Chefs unterhalten – was sagen Sie ihr nur? Während der Tagungspause mit dem Referenten
5 nett plaudern – aber worüber? Solche und ähnliche Situationen verunsichern viele Menschen. …
Heißt es heutzutage nicht immer, dass nahezu alles erlaubt ist, was gefällt? Warum sich also beim Smalltalk beschränken? Ganz einfach: Beim Smalltalk sind
10 auch Taktgefühl und Höflichkeit gefragt. Gehen Sie mit Ihrem Gegenüber respektvoll und höflich um und verschonen Sie ihn mit Negativem und Heiklem. Sofern Sie bei der Themenwahl auf Ihren gesunden Menschenverstand hören, treten Sie aller Wahrscheinlich-
15 keit nach in kein Fettnäpfchen. Trotzdem seien hier die absoluten Tabus von Smalltalk erwähnt.
Es geht darum, eine Beziehung aufzubauen – deswegen: Muten Sie Ihrem Gegenüber am Anfang nicht zuviel zu. Das heißt auch: keine Intimität! Für den Smalltalk gibt es noch weitere Tabuthemen. So gilt 20 nach wie vor die Regel, die bereits zur Zeit des Freiherrn von Knigge galt: Über Geld spricht man nicht! Hüten Sie sich zudem vor politischen Diskussionen. Die ufern gerne in Streit aus, sobald unterschiedliche Meinungen aufeinandertreffen. Und in aller Regel ist 25 eher der Abend verdorben als das politische Problem behoben. Sparen Sie sich die Politik für den Stammtisch auf. Oder überlassen Sie diese Debatten dem Bundestag, Parteiversammlungen oder Talkshows. Tabuthemen sind übrigens auch Partnerschafts- und Fa- 30 milienprobleme, Religion, persönliche Schwächen und Krankheiten. Zugegeben, selbst bei den Tabuthemen gibt es Teilbereiche, über die Sie ausnahmsweise beim Smalltalk sprechen könnten.

4 In ihrem Führer zeigt die Kommunikationstrainerin Cornelia Topf, wie man mit wenigen Worten persönliche Kontakte knüpft und wichtige Gesprächspartner für sich gewinnt. Standardeinstiege wie Bemerkungen
5 über das Wetter, das Essen oder die gelungene Inneneinrichtung sind demnach durchaus akzeptabel und in jedem Fall besser als verlegenes Schweigen.
Idealerweise sollte man aber versuchen, einen individuellen Zugang zu seinem Gegenüber zu finden: „Schen-
10 ken Sie Ihrem Gesprächspartner echtes Interesse", betont Topf.
Und sie meint: „Finden Sie heraus, um was für eine Persönlichkeit es sich handelt und versuchen Sie, sich vorzustellen, was sie oder ihn interessieren könnte."
15 Die nette Begrüßung auf dem Gang, der kurze Plausch auf dem Weg in den Konferenzraum – was Außenstehenden wie unverbindliches Wortgeplänkel erscheint, hilft in Wahrheit, gegenseitiges Vertrauen herzustellen.
Um nicht sprachlos zu sein, wenn es darauf ankommt, 20 empfiehlt Topf, anhand unverfänglicher Situationen zu trainieren: „Grüßen Sie regelmäßig Ihre Nachbarn, sprechen Sie mit dem Schaffner im Zug oder beginnen Sie eine Unterhaltung in der Warteschlange des Supermarktes, um Hemmungen zu überwinden." 25
Doch wie reagieren, wenn das Gegenüber ungnädig antwortet oder die eigene Kompetenz infrage stellt? Wie „dockt" man geschickt an bestehende Gruppen an? Im Zweifelsfall hilft Mut zur Wissenslücke. Viele Gesprächspartner sind nämlich geradezu entzückt, über 30 ein Thema erzählen zu können, in dem sie sich auskennen.

Sprechen

b Geben Sie Ihrem Partner nun eine Zusammenfassung Ihrer Texte. Was ist Ihre persönliche Meinung dazu? Wie sind Ihre Erfahrungen mit diesem Thema?

1 Smalltalk: Die Kunst der leichten Konversation – ein Radio-Feature

Hören ● 2, 20–23
Sprechen

a Welcher der folgenden Aussagen über Smalltalk würden Sie am ehesten zustimmen, welcher überhaupt nicht? Begründen Sie und nennen Sie Beispiele.

Smalltalk ist die Kunst der leichten Konversation.

Smalltalk ist langweilig.

Smalltalk hilft Beziehungen aufzubauen.

Ein Psychologe hat gesagt: Smalltalk ist „soziales Lausen".

Smalltalk kann man lernen.

Smalltalk ist nur oberflächliches Gerede.

Smalltalk ist besonders wichtig im Geschäftsleben.

Smalltalk spielt in Deutschland keine große Rolle.

Warum Smalltalk? Könnte man auf Deutsch nicht „plaudern" sagen?

b Hören Sie nun das Radio-Feature einmal ganz und notieren Sie, aus welchen unterschiedlichen Teilen es besteht.

1. Teil: *Einführung ins Thema und Vorstellung der Gäste*
2. Teil: _____
3. Teil: _____
4. Teil: _____

c Hören Sie nun das Feature noch einmal und machen Sie sich Notizen zu den folgenden Fragen. Tauschen Sie sich dann im Kurs aus.

1. Welche Frage soll in dem Radio-Feature geklärt werden?
2. Welche ist jeweils die wichtigste Aussage zum Smalltalk der vier befragten Passanten:
   - junge Frau   • Junge
   - älterer Mann   • Frau
3. Welche positiven Wirkungen kann Smalltalk haben?
4. Wie kann man Smalltalk trainieren?
5. Welche Themen eignen sich für Smalltalk? Welche Themen eignen sich nicht?
6. Was wird zur Rolle des Smalltalks in Lateinamerika gesagt?
7. Welche Tipps werden gegeben, wie man ein Gespräch beginnen kann?

2 Smalltalk in diesen Situationen – aber wie?

Sprechen
Schreiben

a Teilen Sie sich in Vierergruppen auf, um folgende Aufgabe zu bearbeiten:

Sie befinden sich allein neben einer unbekannten Person in den folgenden Situationen:
- im Aufzug auf der Fahrt in den obersten Stock
- in der Warteschlange eines Selbstbedienungsrestaurants
- im Wartezimmer beim Arzt
- im Flugzeug oder im Zug

Würden Sie ein Gespräch beginnen? Wenn ja, worüber? Wenn nein, warum nicht? Schreiben Sie jeweils mindestens zwei Sätze auf Karten, mit denen Sie die fremde Person ansprechen könnten.

Gestalten Sie dann im Kurs ein Lernplakat, auf dem Sie die Karten dem jeweiligen Thema zuordnen.

Hoffentlich kommen wir pünktlich in Leipzig an.

Hm, das Essen sieht aber gut aus.

Heute dauert es wieder ewig.

b Wie kann man ein Gespräch in Gang halten? Wie Interesse am Gespräch zeigen? Ergänzen Sie im Kurs.

> **Gespräch starten / in Gang halten:** Ist es das erste Mal, dass Sie …? | Wie ist das bei Ihnen / dir? | Wie lange wollen Sie bleiben? | Waren Sie schon mal hier? | Wie war …?
>
> **Interesse zeigen:** Echt? | Das ist ja großartig. | Das finde ich sehr interessant. | Das klingt ja spannend, erzählen Sie mal!

c Wählen Sie zu zweit eine der Situationen aus dem Aufgabenteil a aus und überlegen Sie, welche Personen zu dieser Situation passen könnten. Überlegen Sie, wie das Gespräch ablaufen könnte, und üben Sie es.

d Stellen Sie dann Ihren Dialog im Kurs vor. Die anderen Teilnehmer raten, welche Situation und welche Personen dargestellt wurden.

3 Sprache im Mittelpunkt: Das Nachfeld

Formen und Strukturen S. 86

a Suchen Sie im nachfolgenden Text Sätze, die dem Satzmodell in der Tabelle entsprechen. Unterstreichen Sie in diesen Sätzen jeweils das Nachfeld.

Position 1	Position 2	Mittelfeld		Satzende	Nachfeld
Das	ist	leichter		gesagt	als getan.

Leichte Konversation – das ist leichter gesagt als getan: Worüber soll man mit Unbekannten bloß sprechen? Hier ein paar Hinweise darauf, mit welchen Themen man ins Gespräch kommen kann und was man lieber lassen sollte.

Banal, aber trotzdem fast immer passend: das Wetter. „Schrecklich heiß heute, nicht wahr?" kann tatsächlich eher ein Eisbrecher werden als verlegenes Schweigen. Auch über Essen und Trinken, die Zimmereinrichtung oder die Verkehrssituation zu reden, kommt meist besser an als die Frage nach der Gehaltshöhe. Denn manche Themen eignen sich weniger für Smalltalk als andere. Beginnen Sie also auf keinen Fall ein Gespräch mit Bemerkungen über Politik, Religion oder Krankheiten. Sie finden Themen wie Hobbys, Urlaub, Reisen langweiliger als Eheprobleme? Kann schon sein, trotzdem sollten Sie davon die Finger lassen.

Dagegen können sanfte Provokationen oft wirksamer sein als Komplimente: „Finden Sie es auch so langweilig hier?" Und auch klare Vorlieben bei Sport und Kultur zu äußern („Fanden Sie den neuen Film von Tom Tykwer auch so toll?"), regt oft wirkungsvoller zu einer lebhaften Unterhaltung an als eine neutrale Frage („Gehen Sie eigentlich gern ins Kino?").

Probieren Sie's aus und Sie werden sehen: Beim nächsten Stehempfang wird Ihnen die Zeit nicht lang werden. Apropos: „Wie schnell die Zeit vergeht! Jetzt ist der Sommer schon wieder fast vorbei." Auch kein schlechter Einstieg in eine leichtfüßige Konversation.

b Welche der beiden Regeln ist richtig?

> **1.** In Vergleichssätzen kann ein Teil des Vergleichs noch hinter dem Satzende stehen.
> **2.** In Vergleichssätzen muss der Vergleich im Mittelfeld stehen.

c Setzen Sie im folgenden Satz den Vergleich ins Mittelfeld. Was ist der Unterschied? Was gefällt Ihnen stilistisch besser?

> Auch über Essen und Trinken, die Zimmereinrichtung oder die Verkehrssituation zu reden, kommt meist besser an als die Frage nach der Gehaltshöhe.

1 Erfahrungsaustausch im Kurs: wortlose Kommunikation

a Wie reagieren Sie, wenn eine unbekannte Person mit Ihnen häufig (aber lächelnd) Blickkontakt aufnimmt?

b Bereiten Sie in Arbeitsgruppen die folgenden Fragen vor. Tauschen Sie sich dann im Kurs darüber aus.

- Sammeln Sie Gesten. In welchen Situationen werden sie verwendet?
- Welche Gesten sind für Ihre eigene Kultur charakteristisch? Welche werden weltweit verstanden? Betrachten Sie auch die Illustrationen rechts.
- In welchen Berufen sind Gestik und Mimik besonders wichtig? Warum?

2 Macht ohne Worte

a Lesen Sie zunächst nur die zwei Überschriften im Text auf Seite 73. Stellen Sie dann Vermutungen über den Inhalt an. Tauschen Sie sich im Plenum aus.

b Bringen Sie die folgende kurze Einleitung zum Text auf Seite 73 in die richtige Reihenfolge.

A Diese „stille" Sprache und ihre Signale benutzen wir permanent, ob wir wollen oder nicht. _____

B Wie wahr! Wir „hören" instinktiv mehr auf die Sprache des Körpers als wir meinen. _____

C Ein Lächeln sagt mehr als tausend Worte, weiß der Volksmund. _1_

D Auf der ganzen Welt reden die Menschen mit Händen und Füßen, zwinkern sich zu, tragen Blumen im Knopfloch, hüpfen vor Freude und trauern mit hängenden Schultern. _____

c Lesen Sie den Text auf Seite 73 und kreuzen Sie jeweils die richtige Lösung an.

1. Die Funktion von nonverbaler Kommunikation ist es,
   a. sich aufeinander einstellen zu können.
   b. sich sympathischer zu werden.
   c. sich bewusst ausdrücken zu können.

2. Die Körpersprache ist höher angesehen, weil
   a. wir beim Sprechen häufig lügen.
   b. Körpersprache als beherrschbar gilt.
   c. der physische Ausdruck weniger gesteuert ist.

3. Welche Ausdrucksformen des Gesichts werden global als positiv/negativ verstanden?
   a. das Stirnrunzeln und Lächeln
   b. das Übereinanderschlagen der Beine und das Lächeln
   c. das Stirnrunzeln und der emporgereckte Daumen

4. Mit dem Ausdruck „Man lernt, den Körpersprache-Code zu lesen" ist die Fähigkeit gemeint,
   a. Körpersprache zu erlernen.
   b. Bücher über Körpersprache lesen zu können.
   c. die Körpersprache richtig interpretieren zu können.

5. Welcher Ratschlag wird im Text gegeben? Es ist nützlich,
   a. seine Fußsohlen bedeckt zu halten.
   b. Körpersprache richtig anzuwenden.
   c. ein eigenes System von nonverbalen Botschaften zu entwickeln.

Die Macht der wortlosen Sprache

Der Körper ist niemals stumm. Wenn Menschen zusammenkommen, reden sie miteinander – sogar wenn sie nicht sprechen. Die vorgereckte Brust ist eine Botschaft ebenso wie die kleine Veränderung der Sitzhaltung, die
5 geöffnete Handfläche, aber auch die Farbe der Krawatte oder das dezente Parfüm. Mimik, Gestik, Haltung und Bewegung, die räumliche Beziehung, Berührungen und die Kleidung sind wichtige Mittel der nonverbalen Kommunikation. Es ist die älteste Form der zwischen-
10 menschlichen Verständigung. Auf diese Weise klären wir untereinander, ob wir uns sympathisch sind und ob wir uns vertrauen können. Der Körper verrät unsere wirklichen Gefühle, wer wir sind und was wir eigentlich wollen. Die nonverbalen Botschaften sind oft un-
15 bewusst und gerade deshalb so machtvoll. Ohne Körpersprache sind die täglichen sozialen Beziehungen gar nicht denkbar. Wissenschaftler haben herausgefunden, dass 95 Prozent des ersten Eindrucks von einem Menschen von Aussehen, Kleidung, Haltung, Gestik und
20 Mimik, Sprechgeschwindigkeit, Stimmlage, Betonung und Dialekt bestimmt werden und nur drei Prozent von dem, was jemand sagt. Und die Einschätzung der Person geschieht in weniger als einer Sekunde. Weil wir das körperliche Verhalten schwerer kontrollieren und
25 beherrschen können als die verbalen Aussagen, gilt die Körpersprache als wahrer und echter.

Weltsprache oder Geheimcode?

Aber lauern da nicht viele Missverständnisse? Stimmt unser Eindruck? Sind unsere Botschaften eindeutig und werden wir verstanden? Die Wissenschaft geht davon aus, dass bestimmte Basis-Gefühle wie Angst, Furcht, 30 Glück, Trauer, Überraschung und Abscheu bei allen Menschen bestimmte nonverbale Ausdrucksformen hervorrufen. So gilt beispielsweise das Stirnrunzeln in so gut wie allen menschlichen Kulturen als Zeichen von Ärger. Das Lächeln wird ebenfalls weltweit als posi- 35 tives Signal und Sympathiezeichen eingesetzt. Auch die Deutung solcher Signale ist universell, sie werden überall verstanden. Es gibt aber auch viele Körpersignale, die sich kulturell entwickelt haben und so missverständlich sind wie die verschiedenen Wortsprachen. 40 So kann sogar eine Geste – wie etwa der emporgereckte Daumen – in unterschiedlichen Kulturkreisen genau das Gegenteil bedeuten. Oder eine für uns normale Haltung in anderen Teilen der Welt Empörung hervorrufen. Zum Beispiel ist das Übereinanderschlagen der Beine 45 für einen Araber eine Beleidigung, denn die Fußsohle gilt im arabischen Kulturkreis als unrein. Gruppen von Menschen, Gesellschaften und Kulturen entwickeln ein eigenes System von nonverbalen Botschaften, einen eigenen Code. Nur wenn man mit diesem Code aufge- 50 wachsen ist, kann man ihn richtig benutzen. Man lernt, den Körpersprache-Code zu lesen. Es gibt also Körpersignale, die wir alle verstehen und anwenden und solche, die kultur- oder regionalspezifisch sind. Hilfreich ist es in jedem Fall, die Möglichkeiten der Körperspra- 55 che gut zu kennen und zu lernen, sie richtig einzusetzen.

Sprechen

3 Pantomime

Wählen Sie eine der beiden Aufgaben.

1. Pantomimen im Hotel
- Bilden Sie Arbeitsgruppen à vier Personen.
- Sie sind im Hotel in einem Land, dessen Sprache Sie nicht sprechen. Entwerfen Sie mehrere knifflige Situationen an der Hotelrezeption oder wählen Sie aus der Liste im Arbeitsbuch etwas aus.
- Wählen Sie eine oder mehrere Situationen aus und stellen Sie diese pantomimisch – also nur mithilfe von Gestik und Mimik – vor. Die anderen Arbeitsgruppen versuchen zu erraten, um welche Situationen es sich handelt.

2. Ein Stummfilm
- Arbeiten Sie zu viert. Denken Sie sich eine Geschichte aus, die Sie körpersprachlich darstellen wollen.
- Die Geschichte soll mindestens fünf verschiedene Szenen haben.
- Schreiben Sie Texttafeln für Zwischeneinblendungen (um den Fortgang der Handlung zu skizzieren, das macht die Geschichte besser verständlich).
- Spielen Sie den anderen Arbeitsgruppen Ihren „Film" vor.

1 Sich beschweren

a Wie würden Sie in den folgenden Situationen reagieren? Improvisieren Sie zu zweit kleine Dialoge.

1. Sie haben ein wichtiges Treffen am nächsten Morgen in Berlin und wollen deshalb den Nachtzug von Wien nehmen. Aufgrund starken Schneefalls wird der Zug gestrichen und Sie versäumen das Treffen am nächsten Tag.
2. Sie wohnen in einer sehr ruhigen Gegend, in der es kaum Verkehr gibt. Für die Zukunft ist jedoch geplant, eine neue Buslinie einzurichten. Die Haltestelle soll genau vor Ihrem Haus eingerichtet werden.
3. Die Preise für das öffentliche Verkehrssystem wurden generell um 20 % erhöht. Das finden Sie ungerecht.

b Welche Unterschiede gibt es zwischen mündlichen und schriftlichen Beschwerden? Wann beschweren Sie sich lieber schriftlich, wann lieber mündlich? Was ist leichter? Warum? Tauschen Sie sich im Kurs aus.

2 Ein Brief an die Beschwerdestelle für den Öffentlichen Verkehr

a Lesen Sie den Brief. Wie ist er aufgebaut? Nummerieren Sie in der richtigen Reihenfolge.

A erwartete Kompensation, Forderung: _____

B Problem / Ereignis: _____

C Begründung für die Beschwerde: _____

Beschwerde über Busfahrer   14.07.20...

Sehr geehrte Damen und Herren,

vor ein paar Tagen hatte ich ein äußerst ärgerliches Erlebnis in einem Bus, das ich Ihnen im Folgenden kurz schildern möchte.

Am 12. Juli dieses Jahres habe ich wie immer mit dem Kinderwagen und meiner Tochter an der Haltestelle Steinstraße auf den Bus Nr. 36 zum Opernplatz gewartet. Da es an dem Tag stark regnete, war der Bus ziemlich voll. Als ich in den überfüllten Bus einsteigen wollte, verweigerte mir der Busfahrer den Zutritt. Seine Begründung war, dass er den Vorschriften nach keine Personen mehr mitnehmen dürfe. Dabei hätte der Kinderwagen ohne Zweifel noch leicht Platz gehabt! Nach langer Diskussion mit dem Fahrer, in der dieser ausgesprochen unfreundlich reagierte, wurde ich gezwungen auszusteigen. Mir blieb nichts anderes übrig, als mit dem Taxi zum Kindergarten zu fahren (Kosten: 26 Euro).

Ich finde das Verhalten des Busfahrers ☐ **ungeheuerlich** ☐ **unangemessen**.
☐ **Es kann nicht angehen** ☐ **Es kann nicht im Sinne der Verkehrsbetriebe sein**, dass Personen mit Kinderwagen gegenüber anderen Passagieren benachteiligt werden. Ich möchte dabei betonen, dass sich nicht alle Busfahrer an diese starren Vorschriften halten. Allerdings wird der Kunde in den meisten Fällen nicht wie ein König, sondern eher wie ein notwendiges Übel behandelt. Wenn ich darüber hinaus noch an die überzogenen Buspreise (Tageskarte: 7,20 Euro) denke, empfinde ich das Verhalten des Busfahrers umso mehr als Zumutung.

Ich verlange aus diesen Gründen ausdrücklich die Rückerstattung der Ausgaben für das Taxi. Darüber hinaus ☐ **würde ich mir wünschen** ☐ **erwarte ich**, dass die Verkehrsbetriebe ihre Kundenpolitik grundsätzlich überdenken.

Mit freundlichen Grüßen

Christiane Ehrenmann

---

b Welche der oben im Brief fett geschriebenen Ausdrücke besitzen jeweils die stärkere Bedeutung? Kreuzen Sie an.

c Wohin passen die für eine Beschwerde typischen Redemittel? Schreiben Sie die passende Rubrik über jeden Kasten. Kennen Sie noch mehr Ausdrücke?

Ausdruck von Ärger   etwas hervorheben   persönliche Einschätzung   etwas verlangen

---

Es kann (doch) nicht angehen, dass … |
Es kann (doch) nicht wahr sein, dass … |
Es kann (doch) nicht im Sinne von … sein,
dass …

Ich finde es ungeheuerlich, … |
Ich finde es unangemessen, … |
Ich halte es für eine Frechheit, …

Ich würde mir wünschen, dass … |
Ich erwarte, dass … |
Meine Forderung lautet deshalb, dass …

Der Punkt ist für mich, dass … |
Entscheidend ist für mich, dass … |
Ich möchte betonen / unterstreichen, dass …

Schreiben

→TELC

3 Ein Beschwerdebrief

Schreiben Sie einen Brief an die zuständige Beschwerdestelle.

- Wählen Sie eine der in Aufgabe 1a angeführten Situationen oder ein Erlebnis aus Ihrer eigenen Erfahrung.
- Vergessen Sie nicht die formalen Aspekte eines offiziellen Briefes: Empfänger, Absender, Datum, Betreff, Anrede und Gruß.

4 Sprache im Mittelpunkt: Relativsätze

Formen und
Strukturen
S. 94

a Die Beschwerde von Frau Ehrenmann. Lesen Sie und unterstreichen Sie die Relativsätze.

1. Sie durfte mit ihrem Kinderwagen nicht im Bus mitfahren, worüber sie sich in ihrem Brief beschwert.
2. Personen mit Kinderwagen werden durch diese Regelung benachteiligt, was in ihren Augen ein Skandal ist.
3. Sie findet, der Kunde sollte König sein, was bei ihrer Diskussion mit dem Busfahrer wirklich nicht der Fall war.
4. Manches, was er ihr sagte, war sogar äußerst unhöflich.
5. Dabei war doch alles, was sie wollte, bei Regen nicht auf der Straße stehen zu müssen.
6. Das, worüber sie sich besonders beschwert, ist das Verhalten des Busfahrers.
7. Sie musste mit dem Taxi fahren, wofür sie jetzt die Rückerstattung der Kosten verlangt.

b Welche Regel passt zu welchen Sätzen: 1 oder 2?

1. Der Relativsatz bezieht sich nicht auf ein einzelnes Bezugswort, sondern auf die gesamte Aussage des Satzes. → Sätze _1,_

2. Nach „das", „alles", „etwas", „manches", „nichts", „vieles", „das Beste", … steht als Relativpronomen „was" oder „wo-"/„wor-" + Präposition. → Sätze _____

12 Wer wagt, gewinnt

1 Gedanken über Gott und die Welt

a Klären Sie im Kurs die Bedeutung der folgenden Sprichwörter. Gibt es in Ihrer Muttersprache etwas Ähnliches?

1. Was du heute kannst besorgen, das verschiebe nicht auf morgen.
2. Wer zu spät kommt, den bestraft das Leben.
3. Was Hänschen nicht lernt, lernt Hans nimmermehr.
4. Wer im Glashaus sitzt, soll nicht mit Steinen werfen.
5. Wer andern eine Grube gräbt, fällt selbst hinein.
6. Was du besitzest, kannst du verlieren, doch was du lernst, wird stets dich zieren.

b Für eine Sprachprüfung sollen Sie zeigen, dass Sie Gedanken zu einem Thema zusammenhängend auf Deutsch darlegen können.

- Arbeiten Sie zu viert. Wählen Sie ein Sprichwort aus. Sammeln Sie Erläuterungen, Beispiele, Anekdoten etc. dazu. Machen Sie sich Notizen, wenn Sie wollen.
- Spielen Sie eine Prüfungssituation. Eine/r von Ihnen ist der/die Prüfer/in, eine/r der Prüfling: Der Prüfer führt das Interview, der Prüfling legt seine Gedanken dar. Zwei Personen sind Protokollanten.
- Sammeln Sie dann gemeinsam: Welche sprachlichen Mittel haben Sie für Darlegung und Erläuterung verwendet? Wie haben Sie nachgefragt? Machen Sie sich einen Spickzettel.
- Wechseln Sie dann die Rollen und führen Sie das Gespräch noch einmal.

> **MÜNDLICHE LEISTUNGEN BEWERTEN**
> **AUF DIESE KRITERIEN KÖNNEN SIE ACHTEN:**
>
> 1. Bewältigung der gestellten Aufgabe → Verwirklichung der Sprechabsicht? Gesprächsbeteiligung? Flüssigkeit? Verwendung von Diskurs- und Kompensationsstrategien?
> 2. Ausdrucksfähigkeit → Inhalts- und rollenbezogene Ausdrucksweise? Sprachliche Vielfalt?
> 3. formale Richtigkeit → Fehlerhäufigkeit bei Satzbau und Wortbildung?
> 4. Aussprache und Intonation → Wie stark ist die Abweichung von der Standardaussprache?
>
> Folgende Bewertungen können Sie anwenden:
> A die Leistung ist völlig angemessen
> B die Leistung ist im Großen und Ganzen angemessen
> C die Leistung ist an vielen Stellen nicht mehr akzeptabel / ausreichend
> D die Leistung ist durchgehend nicht ausreichend

2 Sprache im Mittelpunkt: Generalisierende Relativsätze

a Analysieren Sie die Sätze in Aufgabe 1a.

1. Wo ist der Hauptsatz, wo ist der Nebensatz? Markieren Sie.
2. Mit welchen Wörtern beginnt der Nebensatz?

b Ergänzen Sie die Regeln mit den Wörtern aus dem Schüttelkasten.

> Hauptsatz   ~~Relativpronomen~~   verallgemeinernde   Demonstrativpronomen

!

1. Die _Relativpronomen_ „wer" und „was" haben _____ Bedeutung und finden sich deshalb besonders häufig in Sprichwörtern und Redensarten.

2. Der Relativsatz mit „wer" oder „was" steht oft vor dem _____, der mit dem Demonstrativpronomen „der" oder „das" beginnt.

3. Das _____ im Hauptsatz kann entfallen, wenn es denselben Kasus wie das Relativpronomen hat. Beispiel: „Wer andern eine Grube gräbt, (der) fällt selbst hinein."

Sprechen

3 Sprachlos in der Fremdsprache?

Diskutieren Sie im Kurs über folgende Behauptung.

> Was man in einer Sprache sagt, kann man in einer anderen Sprache nie gleichwertig sagen.

– Was geht in einer fremden Sprache für Sie verloren? Wo sind die Grenzen der Fremdsprache? Was bleibt für Sie „offen"?
– Was können Sie selbst nur schwer auf Deutsch formulieren? Und was lässt sich Ihrer Meinung nach nur schwer auf Deutsch ausdrücken?
– Was sind Ihre persönlichen Erfahrungen dazu?

 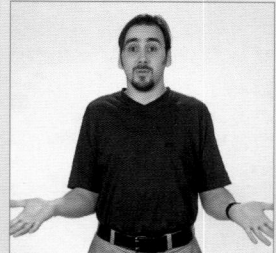  

Schreiben
Sprechen

4 Mein Sprachlernweg: Stationen und Ausblicke

a Reflektieren Sie über Ihren bisherigen und den weiteren Lernprozess. Vielleicht schauen Sie sich auch noch einmal Ihre Eintragungen in den Minichecks im Arbeitsbuch an.

1. Mit welchen Bereichen Ihrer deutschen Sprachkompetenz sind Sie zufrieden? Versuchen Sie zu bestimmen, was genau Sie in jedem Bereich schon gut können; z. B.: Ich verstehe gut, wenn ich einen Vortrag höre. Ich verstehe oft nicht so gut, wenn mehrere Leute sich unterhalten.

   a. Hören: _____

   b. Lesen: _____

   c. an Gesprächen teilnehmen: _____

   d. zusammenhängend sprechen: _____

   e. Schreiben: _____

2. Wie zufrieden sind Sie insgesamt mit Ihren Lernfortschritten? _____

3. In welchen Bereichen möchten Sie sich noch verbessern? _____

4. a. Persönliche Leistungen, mit denen Sie (sehr) zufrieden sind: _____

   b. Welche Lernerfahrungen waren für Sie besonders wichtig oder anregend? _____

   c. Interessante interkulturelle Erfahrungen: _____

   d. Anregungen aus Bereichen wie Kunst, Musik, Literatur etc.: _____

5. Was sind Ihre nächsten Ziele? Wozu und wie wollen Sie weiterlernen?

   a. Ich lerne

     ☐ für das Studium   ☐ für Beruf und Arbeit   ☐ zum Vergnügen ☐ _____

   b. Weiterlernen würde ich gern

     ☐ in einem Sprachkurs   ☐ durch einen Auslandsaufenthalt

     ☐ im Tandemverfahren ☐ _____

b Am besten schreiben Sie Ihre Antworten auf ein großes Blatt Papier oder ein Plakat. Hängen Sie dann alle Papiere oder Plakate im Kurs auf, gehen Sie herum und beantworten Sie sich gegenseitig Fragen zu Ihren Lernwegen.

Lektion 7

Das kann ich nun:	☹	☺	☺
Im ein Problem darlegen, dabei Vermutungen über Ursachen und Folgen anstellen sowie Vor- und Nachteile abwägen			
detaillierte Informationen umfassend und inhaltlich korrekt weitergeben			
ein Interview führen und auf interessante Antworten näher eingehen			
Is Informationen und Sachverhalte schriftlich weitergeben und erklären			
Rm komplexe Informationen über alltägliche und berufsbezogene Themen verstehen			
Informationen in Ansagen und Mitteilungen verstehen			
im Radio Informationen aus Nachrichten- und Feature Sendungen verstehen			
literarischen oder alltäglichen Erzählungen folgen und viele wichtige Details verstehen			
Rs in längeren und komplexeren Texten rasch wichtige Einzelinformationen finden			
in Artikeln und Berichten über aktuelle Themen Haltungen und Standpunkte verstehen			
in längeren Reportagen zwischen Tatsachen, Meinungen, Schlussfolgerungen unterscheiden			
Pm Informationen aus längeren Texten zusammenfassend wiedergeben			
eine Geschichte zusammenhängend erzählen			
über aktuelle und abstrakte Themen sprechen und Gedanken und Meinungen dazu äußern			
Ps sich während eines Gesprächs oder einer Präsentation Notizen machen			
Erfahrungen und Ereignisse detailliert und zusammenhängend schriftlich beschreiben			

Lektion 8

Das kann ich nun:	☹	☺	☺
Im auf Fragen im eigenen Fach- oder Interessenbereich detaillierte Antworten geben			
Is komplexere Sachverhalte für andere schriftlich darstellen und die eigene Meinung dazu äußern			
Rm im Radio Informationen aus Nachrichten- und Feature-Sendungen verstehen			
(im Fernsehen) Informationen in Reportagen, Interviews oder Talkshows verstehen			
die Hauptaussagen von interessanten, klar aufgebauten Vorträgen, Reden und Präsentationen verstehen			
in einer Diskussion der Argumentation folgen und hervorgehobene Punkte im Detail verstehen			
Rs in Texten neue Sachverhalte und detaillierte Informationen verstehen			
in Texten Informationen, Argumente oder Meinungen ziemlich vollständig verstehen			
in Korrespondenz die wesentlichen Aussagen verstehen			
Pm zu verschiedenen Themen ziemlich klare und detaillierte Beschreibungen geben			
eine vorbereitete Präsentation gut verständlich vortragen			
über aktuelle oder abstrakte Themen sprechen und Gedanken und Meinungen dazu äußern			
Ps zu allgemeinen Artikeln oder Beiträgen eine Zusammenfassung schreiben			
sich während eines Gesprächs oder einer Präsentation Notizen machen			

Lektion 9

Das kann ich nun:		☹	😐	☺
Im	verschiedene Gefühle differenziert ausdrücken und auf Gefühlsäußerungen anderer reagieren			
Is	in privater Korrespondenz Gefühle, Erlebnisse und Erfahrungen ausdrücken bzw. kommentieren			
Rm	literarischen oder alltäglichen Erzählungen folgen und viele wichtige Details verstehen			
Rs	in längeren und komplexen Texten rasch wichtige Einzelinformationen finden			
	in Korrespondenz die wesentlichen Aussagen verstehen			
	literarische Texte lesen, dabei die Gesamtaussage und viele Details verstehen			
Pm	einen kurzen Text relativ spontan und frei vortragen			
	Informationen aus längeren Texten zusammenfassend wiedergeben			
	mündlich Vermutungen über Sachverhalte, Gründe und Folgen anstellen			
	eigene Gedanken und Gefühle mündlich beschreiben			
Ps	eigene Gedanken und Gefühle schriftlich beschreiben			
	in Texten Vermutungen über Sachverhalte, Gründe und Folgen anstellen			

Lektion 10

Das kann ich nun:		☹	😐	☺
Im	gezielt Fragen stellen und ergänzende Informationen einholen			
	sich an Einrichtungen oder Organisationen wenden und um Rat oder Hilfe bitten			
	mit Behörden und Dienstleistern umgehen			
	komplexere Situationen telefonisch bewältigen und dabei Bezug auf den Gesprächspartner nehmen			
Is	einen anspruchsvolleren formellen Brief schreiben			
	Schriftwechsel mit Behörden und Dienstleistern selbstständig abwickeln			
	komplexe Formulare oder Fragebögen ausfüllen und dabei freie Angaben formulieren			
Rs	in Texten neue Sachverhalte und detaillierte Informationen verstehen			
	lange komplexe Anleitungen verstehen, wenn schwierige Passagen mehrmals gelesen werden können			
	in Verträgen die Hauptpunkte verstehen, Rechtliches jedoch nur mithilfe des Wörterbuchs			
Ps	sich während eines Gesprächs oder einer Präsentation Notizen machen			

Lektion 11

Das kann ich nun:		😦	😐	😊
Im	den eigenen Standpunkt begründen und Stellung zu Aussagen anderer nehmen			
Is	Informationen und Sachverhalte schriftlich weitergeben und erklären			
Rs	in Texten neue Sachverhalte und detaillierte Informationen verstehen			
	in Artikeln und Berichten über aktuelle Themen Haltungen und Standpunkte verstehen			
	Anzeigen zu Themen eines Fach- oder Interessengebiets verstehen			
Pm	Erfahrungen, Ereignisse und Einstellungen darlegen und die eigene Meinung mit Argumenten stützen			
	einen kurzen Text relativ spontan und frei vortragen			
	eigene Gedanken und Gefühle mündlich beschreiben			
	über aktuelle und abstrakte Themen sprechen und Gedanken und Meinungen dazu äußern			
Ps	über interessante Themen klare und detaillierte Berichte schreiben			
	ein Thema schriftlich darlegen, Punkte hervorheben sowie Beispiele anführen			
	Informationen und Argumente schriftlich zusammenführen und abwägen			

Lektion 12

Das kann ich nun:		😦	😐	😊
Im	sich an Gesprächen und Diskussionen beteiligen sowie eigene Ansichten begründen und verteidigen			
	zu einem gemeinsamen Vorhaben beitragen und dabei andere einbeziehen			
	in einem offiziellen Gespräch oder Interview Gedanken ausführen			
Is	sich schriftlich über ein Problem beschweren und Zugeständnisse fordern			
Rm	im Radio Informationen aus Nachrichten- und Feature-Sendungen verstehen			
Rs	in Texten neue Sachverhalte und detaillierte Informationen verstehen			
	in längeren und komplexeren Texten rasch wichtige Einzelinformationen finden			
Pm	einen kurzen Text relativ spontan und frei vortragen			
	Informationen und Argumente zusammenfassen und kommentiert wiedergeben			
	eigene Gedanken und Gefühle mündlich beschreiben			
Ps	sich während eines Gesprächs oder einer Präsentation Notizen machen			

Abkürzungen

Im: Interaktion mündlich
Is: Interaktion schriftlich
Rm: Rezeption mündlich
Rs: Rezeption schriftlich
Pm: Produktion mündlich
Ps: Produktion schriftlich

Referenzgrammatik

Hinweis

Diese Referenz-Grammatik stellt zusammenfassend diejenigen Phänomene dar, die in den Lektionen behandelt werden. Dabei wird weniger Wert auf linguistische Vollständigkeit als auf Lernerorientierung gelegt.

Die Grammatik beginnt mit den Elementen im Satz und stellt ihre Funktionen dar (Abschnitt 1). Dann wendet sie sich den Positionen dieser Elemente in Hauptsatz und Nebensatz zu (Abschnitt 2). Abschnitt 3 stellt eine Übersicht über die verschiedenen Möglichkeiten dar, Textteile durch Konnektoren miteinander zu verbinden, und zeigt in den Abschnitten 3.4 bis 3.12 die Bedeutung verschiedener Nebensätze sowie alternative Ausdrucksmöglichkeiten.

Die Abschnitte 4 bis 9 beschreiben einzelne Wortarten und ihre semantischen und syntaktischen Besonderheiten. Abschnitt 10 schließt mit der Darstellung einiger Wortbildungsverfahren ab.

Inhalt

Abkürzungen

A/Akk. = Akkusativ	**D/Dat.** = Dativ	**m** = maskulin	**f** = feminin	**HS** = Hauptsatz
N/Nom. = Nominativ	**G/Gen.** = Genitiv	**n** = neutrum	**Pl** = Plural	**NS** = Nebensatz

1 Der Satz und seine Elemente

1.1 Verben und Ergänzungen

Die Elemente des Satzes sind **Subjekt**, **Verb**, **Ergänzungen** (traditionell: Objekte), und **Angaben** (traditionell: adverbiale Bestimmung). Das Verb bestimmt den Kasus der Ergänzungen im Satz. Diese Fähigkeit des Verbes nennt man seine Valenz, vergleichbar mit der Valenz von Atomen in der Chemie.

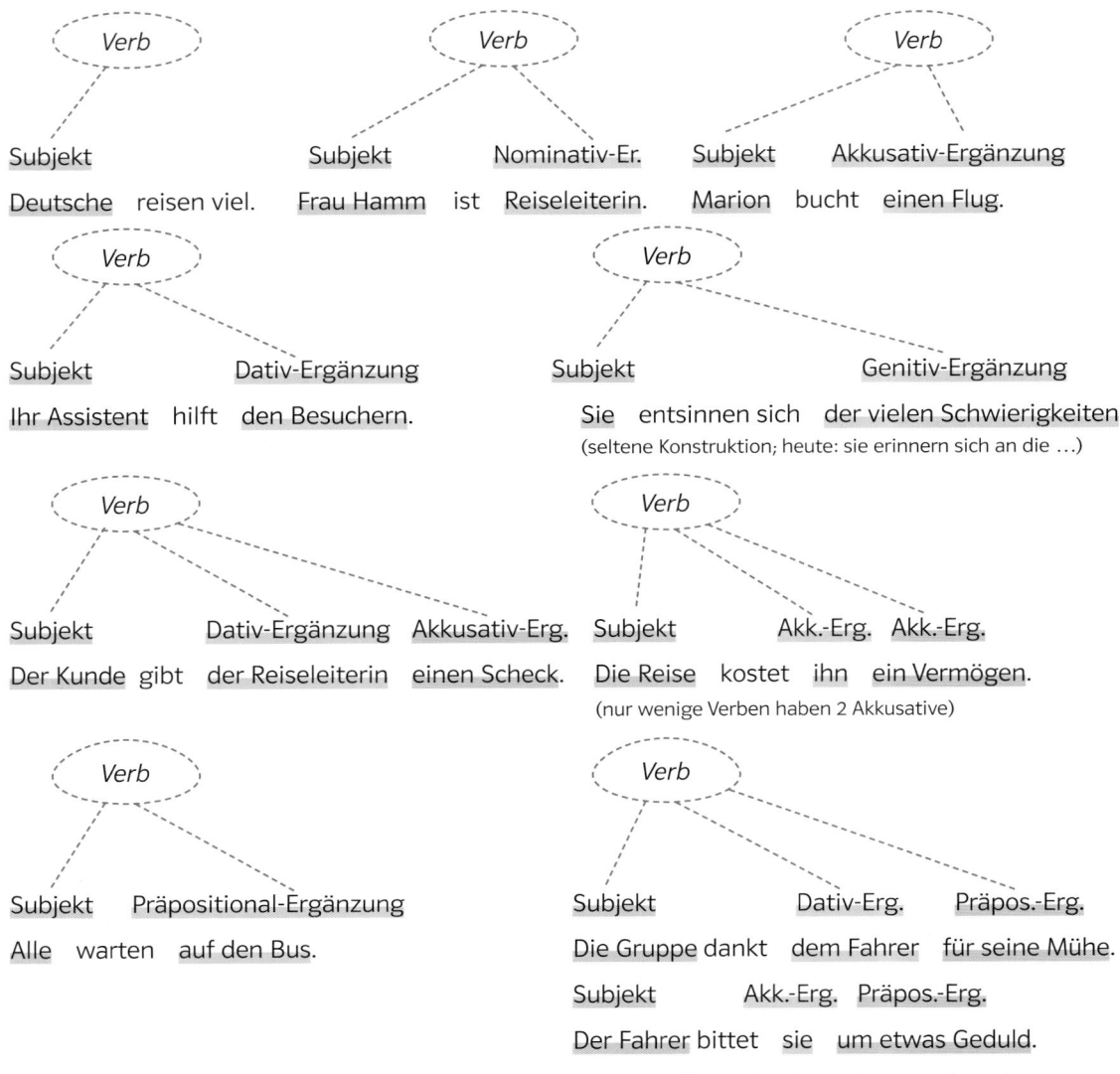

Mehrfache Präpositionen: Sie bedankten sich **bei** den Gastgebern **für** den schönen Abend.
Die Präposition beim Verb hat oft ihre ursprüngliche Bedeutung verloren: warten **auf**, bitten **um**, …

1.2 Nomen-Verb-Verbindungen

Einige Verben (so genannte Funktionsverben) bilden zusammen mit Nomen eine **feste Verbindung**. Die Bedeutung des Verbs ist schwach, die Hauptbedeutung liegt auf dem Nomen. Diese Ausdrücke kommen oft in wissenschaftlichen oder journalistischen Texten vor (Nominalstil).
• Ich möchte diese These hier zur Diskussion stellen. (= Ich möchte diese These hier diskutieren).

bringen: in Erinnerung bringen (= erinnern), zu Ende bringen (= beenden)
kommen: zur Sprache kommen (= besprochen werden), ums Leben kommen (= sterben)
nehmen: einen (guten / schlechten) Verlauf nehmen (= gut / schlecht verlaufen)
stellen: eine Frage stellen (= fragen), in Frage stellen (= bezweifeln)
treffen: Vorbereitungen treffen (= vorbereiten), eine Wahl treffen (= wählen)

Abschnitt 2.6
Besondere Wort-
stellungen im Satz

Abschnitt 3.4 – 3.12
Zur Bedeutung
von Angaben

1.3 Angaben

Während Ergänzungen vom Verb abhängig sind, können Angaben frei in den Satz eingefügt werden. Sie haben die Funktion, die Umstände des Geschehens im Satz anzugeben, z.B.
• Sie mietet jedes Jahr mit ihren Freunden in der Schweiz eine Ferienwohnung.

Auch ohne die Angaben ist der Satz grammatisch vollständig.

2 Positionen im Satz

2.1 Die Satzklammer im Hauptsatz

Die Satzklammer

Position 1 (Subjekt / Angabe / Ergänzung)	Position 2 (finites Verb)	Mittelfeld ((Subjekt +) Ergänzungen + Angaben)	Satzende (infiniter Verbteil)
Nach einer Stunde	haben	**wir** das Hotel mitten in einem Wäldchen	gesehen.
Wir	sind	sofort mit all unserem Gepäck	hingelaufen.
Die Fahrräder	hatten	**wir** am Bahnhof	gelassen.

Auf Position 1 steht meist entweder das Subjekt oder eine Angabe. Wenn eine Ergänzung besonders betont werden soll, kann sie auch auf Position 1 stehen. Wenn das Subjekt nicht auf Position 1 steht, steht es im Mittelfeld links, direkt nach dem Verb.

Bei Nomen-Verb-Verbindungen wird die Satzklammer durch das Verb und das Nomen gebildet:
• Er stellt das Thema zur Diskussion.
• Er stellt das Thema heute Abend zur Diskussion.
• Er stellt das Thema heute Abend auf der Versammlung zur Diskussion.
• Er stellt das Thema heute Abend auf der Versammlung sicherlich zur Diskussion.

2.2 Dativ- und Akkusativ-Ergänzungen im Mittelfeld

Position 1	Position 2	Mittelfeld	Satzende
Die Psychologin	hat	den Hörern Ratschläge	gegeben.
Die Psychologin	hat	ihnen Ratschläge gegen den Wahn	gegeben.
Die Psychologin	hat	sie den Hörern in der Radiosendung	gegeben.
Die Psychologin	hat	sie ihnen kostenlos	gegeben.

Bei zwei Nomen gilt meist: Dativ vor Akkusativ.
Pronomen stehen vor den Nomen: kurz vor lang.
Bei zwei Personalpronomen gilt: Akkusativ vor Dativ.

Die Psychologin	gibt	die Ratschläge allen Hörern.	

Die Dativ-Ergänzung kann **nach** der Akkusativ-Ergänzung stehen, wenn sie betont wird.
Achtung: Das geht nur, wenn die Akkusativ-Ergänzung den bestimmten Artikel hat!

2.3 Angaben im Mittelfeld

Angaben können entweder auf Position 1 oder im Mittelfeld stehen. Die Stellung der Angaben im Satz ist recht frei. Aber es gibt ein paar Tendenzen.

Die **temporale Angabe** *(wann?)* steht meist vor der **lokalen Angabe** *(wo?)*: Zeit vor Ort.
• Frau Glaser hat sich **letztes Jahr im Krankenhaus** untersuchen lassen.

Temporale und lokale Angaben stehen auch oft auf Position 1.
• **Letztes Jahr** hat sich Frau Glaser im Krankenhaus untersuchen lassen.
• **Im Krankenhaus** gab es bessere Möglichkeiten, bestimmte Untersuchungen durchzuführen.

Die **kausalen Angaben** *(warum?)* und modalen Angaben *(wie?)* stehen oft zwischen den temporalen und lokalen Angaben im Mittelfeld.

- Frau Glaser hat sich **letztes Jahr wegen ihrer Schmerzen** gründlich **im Krankenhaus** untersuchen lassen.

Leicht zu merken: Die häufigste Reihenfolge der Angaben im Mittelfeld ist: **te ka mo lo**.

temporal: wann? (Zeit-Angaben)	kausal: warum? (Kausal-Angaben und Konzessiv-Angaben)	modal: wie? mit wem? (Modal- und Instrumental-Angaben)	lokal: wo? wohin? (Orts-Angaben)
heute, morgen, später, danach, jeden Morgen, …	wegen, aufgrund, vor Kälte, aus Angst, … trotz, ungeachtet, …	mit Freude, unter großen Anstrengungen, mit der Hand, gern, leider, wahrscheinlich,…	in München, dort, dorthin, nach Hause, bei uns, …

Wenn eine Angabe besonders betont werden soll, kann sie weiter hinten im Satz stehen:
- Frau Glaser hat sich letztes Jahr **im Krankenhaus** gründlich untersuchen lassen.
- Die Nachuntersuchungen wurden **im selben Krankenhaus einige Monate später** gemacht.

Wenn eine modale Angabe sehr kurz ist, steht sie oft vorn im Mittelfeld: kurz vor lang.
- Seit ihrer Operation geht Frau Glaser **regelmäßig zur Untersuchung ins Krankenhaus**.
- Ihr Mann kann sie leider **aus beruflichen Gründen nicht jedes Mal dorthin** begleiten.

2.4 Negation

Satznegation:

Position 1	Position 2	Mittelfeld	Negation	Satzende	Stellung
Schönheits-operationen	gefallen	mir	nicht.		*am Satzende*
Ich	finde	diesen Schönheits-wahn	gar nicht	gut.	*vor Adjektiv*
Die Probleme	gehen	auch nach einer Schönheitsoperation	nicht	weg.	*vor Präfix*
Die Frau	denkt	fast	nicht mehr	an die hohen Kosten.	*vor Präpositional-ergänzung*
Trotzdem	kommt	ihre Freundin	nicht	hierhin.	*vor Adverb*

„nicht" negiert meist den ganzen Satz. Tendenziell steht „nicht" am Satzende, aber einige Elemente stehen immer nach „nicht".

Negation als Korrektur (partielle Negation):

Position 1	Position 2	Mittelfeld + Satzende	Korrektur
Ich	finde	nicht die Schönheitspflege schlecht,	sondern den Schönheitswahn.
Sonja	lässt sich	nicht heute operieren,	sondern morgen.
Heute	kommt	nicht Sonja zu Besuch,	sondern mein Bruder.

„nicht" negiert hier nur ein Element des Satzes und steht vor diesem Element.

2.5 Das Nachfeld: Vergleiche

Position 1	Position 2	Mittelfeld	Satzende	Nachfeld
Das Haus	hat	nach der Renovierung viel größer	ausgesehen	als vorher.
Skifahren	scheint	nicht so gefährlich	zu sein	wie Snowboarden.

In Vergleichssätzen kann ein Teil des Vergleichs noch nach dem Satzende stehen.

2.6 Besondere Wortstellungen im Satz

Die Wortstellung im deutschen Satz ist nicht strikt syntaktisch gegliedert (z. B. Subjekt – Verb – Ergänzung), sondern semantisch, nach der Bedeutung. Dabei ist die Absicht der Sprecher entscheidend: Was soll besonders betont werden?

Neue Information: Thema – Rhema:

Im Mittelfeld steht das Bekannte (das Thema) vorn, die neue Information (das Rhema) eher weiter hinten. Oft signalisiert ein Indefinit-Artikel oder kein Artikel: Etwas ist neu in diesem Kontext. Das Neue kann eine Akkusativ- oder Dativ-Ergänzung oder auch das Subjekt sein.

Position 0	Position 1	Position 2	Mittelfeld	Satzende
	Die Psychologin	erzählt	den Hörern in ihrer Radiosendung zunächst oft eine Geschichte.	
	Dann	interpretiert	sie diese Geschichte.	
und		gibt	ihren Hörern wertvolle Ratschäge.	
	Nach der Sendung	berichte	ich das Ganze immer einem Freund.	
	In der Kneipe	erwartet	uns am Abend noch meine Freundin.	

Allgemeine Tendenz: bekannt, kurz, unbetont Thema: vorn im Satz — neue Information, lang, betont Rhema: hinten im Satz

Akkusativ oder Dativ auf Position 1:

Position 1	Position 2	Mittelfeld	Satzende
Im Radio	gibt	es jeden Samstag ein Wettspiel.	
Den Gewinner	erfährt	man aber erst am nächsten Montag.	
Das	verstehe	ich gut!	
Dem glücklichen Gewinner	wird	das Ergebnis allerdings schon am Sonntag	mitgeteilt.

Akkusativ oder Dativ auf Position 1: Überraschende Information, Kontrast, Betonung.

2.7 Die Frage

Die Frage mit Fragewort (W-Frage):

Position 0	Position 1	Position 2	Mittelfeld	Satzende
	Was	hat	der Reiseleiter	gesagt?

Das Fragewort steht auf Position 1, das finite Verb wie immer auf Position 2.

Die Ja-/Nein-Frage:

Position 0	Position 1	Position 2	Mittelfeld	Satzende
	Haben	Sie	die neue Ausstellung schon	gesehen?
Und	möchten	Sie	noch einen Tag in dem Hotel	bleiben?

Das finite Verb steht auf Position 1, direkt danach steht auf Position 2 das Subjekt.

2.8 Der Imperativ

Position 0	Position 1	Position 2	Mittelfeld	Satzende
	Zahlen	Sie	doch bitte gleich heute!	
Jetzt	bleib		doch endlich mal	stehen!
	Zeigt		mir doch mal das neue Stadion!	

Abschnitt 9
Modalpartikeln
Abschnitt 4.10
Konjunktiv II

Die Imperativ-Form des Verbs steht auf Position 1.
Der Imperativ allein klingt sehr direkt, die Partikeln „mal" und „doch" machen die Form höflicher.
Eine andere Möglichkeit, eine Aufforderung höflicher auszudrücken ist der Konjunktiv II:
• Würden Sie bitte mal stehen bleiben?

3 Satzkombinationen

3.1 Mittel der Textverbindung: Die Konnektoren

Konnektoren sind Wörter oder Ausdrücke, die Teile eines Textes logisch miteinander verbinden. Sie können aus verschiedenen Wortarten bestehen. Die häufigsten Konnektoren sind Konjunktionen, Subjunktionen und Verbindungsadverbien.

Wie Hochrechnungen der Justizbehörde zeigen, werden Hamburger immer streitsüchtiger. Danach klagen immer mehr Bürger vor dem Amtsgericht und vor den Sozialgerichten. Alle Menschen streiten – wortreich, schweigend, strategisch, impulsiv, polternd, hinterhältig. Aber wir schließen meist einen Kompromiss, um einen Disput – zumindest vorerst – auf Eis zu legen. Es gibt jedoch auch Situationen, die trotz des besten Bemühens aller Beteiligten für Zündstoff sorgen. So können besondere Ereignisse wie Geburtstage, Jubiläen, Beerdigungen uns entweder besonders friedlich oder feindlich stimmen. Ein Fest wie Weihnachten zum Beispiel ist hervorragend als Rahmen für einen heftigen Wortwechsel geeignet, denn zu Weihnachten erhofft man sich viel voneinander, es soll so richtig schön, harmonisch und rund sein. Wenn diese überzogenen Vorstellungen nicht erfüllt werden, kracht es schneller als gedacht.

Abschnitt 3.2
Hauptsatz – Hauptsatz

Konjunktionen verbinden Hauptsätze miteinander. Sie stehen auf Position 0 im zweiten der beiden Sätze. Konjunktionen können auch Satzteile miteinander verbinden.

Abschnitt 3.3–3.12
Nebensätze

Subjunktionen leiten Nebensätze ein und stellen die logische Verbindung zum Hauptsatz her. Zum Beispiel gibt „weil" im Nebensatz den Grund an für einen Sachverhalt im Hauptsatz. Das konjugierte Verb im Nebensatz steht am Satzende.

Abschnitt 3.3–3.12
Nebensätze und
Alternativen

Verbindungsadverbien (oft auch Konjunktionaladverbien) können sowohl Hauptsätze als auch Satzteile logisch miteinander verbinden. Als Adverbien stehen sie auf Position 1 oder im Mittelfeld.

3.2 Hauptsatz – Hauptsatz

Konjunktionen: die „aduso"-Wörter:

Hauptsatz 1	Hauptsatz 2				
	Position 0	Position 1	Position 2	Mittelfeld	Satzende
Andrea geht gern wandern,	aber	sie	kann	das nur selten	tun.

Konjunktion	Bedeutung	Besonderheit / Beispiel
aber	*Gegensatz*	• Ihre Eltern kommen erst morgen, aber sie rufen heute noch an. *„aber" kann auch im Mittelfeld stehen:* • Ihre Eltern kommen erst morgen, sie rufen aber heute noch an.
denn	*Grund*	Andrea hat nicht viel Freizeit, denn ihr Baby braucht sie ständig.
und	*Verbindung, Aufzählung*	*„und" kann Sätze, Satzteile, Wörter oder sogar Teile von Wörtern miteinander verknüpfen:* • Früher kam Andrea oft nach Hause und ging dann gleich wieder aus. • … die Vor- und Nachteile von Gruppenreisen …
sondern	*Korrektur*	*„sondern" steht immer nach einem Satz mit Negation:* • Heute geht sie nicht aus, sondern (sie) bleibt daheim.
oder	*Alternative*	• Am Abend sieht sie dann oft fern oder Freunde kommen zu Besuch. • Würden Sie eher Andrea oder Daniel Recht geben?

Die „aduso"-Wörter stehen immer im zweiten von zwei Hauptsätzen. Wenn Subjekt und Verb in Satz 1 und Satz 2 gleich sind, kann man das Subjekt und das Verb in Satz 2 weglassen.

Abschnitt 3.12
Adversative
Nebensätze

Andere Konjunktionen:

jedoch *(Gegensatz)*	„jedoch" kann Konjunktion (auf Position 0) oder Adverb (auf Position 1 oder im Mittelfeld) sein: • Eva sucht schon seit Monaten eine Arbeit, jedoch sie hat noch keine gefunden. • Eva sucht schon seit Monaten eine Arbeit, jedoch hat sie noch keine gefunden. • Eva sucht schon seit Monaten eine Arbeit, sie hat jedoch noch keine gefunden.

3.3 Hauptsatz – Nebensatz

Der Nebensatz nach dem Hauptsatz:

Die Nebensatzklammer

Hauptsatz	Subjunktion	Mittelfeld	Satzende
Der Redner betonte,	dass	wir heute über andere Reisemöglichkeiten	verfügen.
Ein Zuhörer fragt,	ob	dadurch die Toleranz anderen Kulturen gegenüber größer	geworden sei.
Holger hat es gern,	wenn	seine Freundin auf seine Geschäftsreisen	mitkommt.
Er versteht nicht,	warum	sie dieses Mal nicht	hat mitkommen wollen.

Nebensätze sind vom Hauptsatz abhängig. Eine Subjunktion leitet einen Nebensatz ein.
Das konjugierte Verb steht ganz am Ende, Partizip oder Infinitiv stehen direkt davor.
Bei trennbaren Verben bleibt das Präfix am Verb.
Bei Modalverben im Perfekt steht das konjugierte Verb vor den anderen Verbteilen.
Die Wortstellung im Mittelfeld ist wie beim Hauptsatz.

Der Nebensatz vor dem Hauptsatz:

Nebensatz (Position 1)			Hauptsatz		
Subjunktion	Mittelfeld	Satzende	Position 2	Mittelfeld	Satzende
Wenn	seine Freundin	mitkommt,	macht	Holger das Reisen noch mehr Spaß.	

Der Nebensatz steht – wenn er vor dem Hauptsatz steht – in der Position 1 des gesamten Satzes.
Deshalb steht direkt nach dem Komma das Verb (auf Position 2 des gesamten Satzes).

3.4 Kausale Nebensätze (weil, da) und kausale Angaben (deshalb, darum, ...)

Kausale Nebensätze geben den Grund für das Geschehen an: **Warum?**

Hauptsatz	Subjunktion	Mittelfeld	Satzende
Die Wohnung ist sehr laut,	weil / da	sie direkt an einer Hauptstraße	liegt.

Besonders die Nebensätze mit „da" stehen oft vor dem Hauptsatz:
• Da ich selber Hunde hatte, störte mich das Hundegebell nicht.

In der mündlichen Umgangssprache wird heute „weil" auch mit Hauptsatz-Konstruktion gebraucht:
• Ich konnte nicht früher kommen, weil mein Fahrrad ist kaputt gegangen.

Alternative Möglichkeiten, Kausal-Angaben auszudrücken:

Nebensatz / Hauptsatz	Verbindungsadverb	Präposition + Nomen
• Wir fliegen dieses Mal in Urlaub, weil es ein gutes Angebot gibt. • Wir fliegen, denn es gibt ein gutes Angebot.	• Es gibt ein gutes Angebot, deshalb fliegen wir dieses Mal. • Wir fliegen dieses Jahr, wir haben nämlich ein gutes Angebot gefunden.	• Wegen des günstigen Angebots fliegen wir dieses Mal in Urlaub. • Aus Angst vor dem Fliegen ist Ben aber nicht mitgekommen.
weil, da, insofern als, denn = *Hauptsatzkonjunktion!*	deshalb, deswegen, darum, daher, nämlich *(nur im Mittelfeld)*	wegen + G, dank + G, aufgrund + G, (aufgrund von + D), aus + D, aus diesem Grund, vor + D

3.5 Temporale Nebensätze (wenn, als, ...) und temporale Angaben (dann, ...)

Temporale Nebensätze geben die Zeit des Geschehens an: **Wann? Seit wann? Bis wann?**

• Wenn er das Visum hat, fahren wir los.	*einmalige Handlung* ▸ *Gegenwart / Zukunft*
• Als er endlich das Visum bekam, fuhren wir sofort los.	*einmalige Handlung ▸ Vergangenheit*
• (Immer) wenn er nach Italien fährt, kauft er sich Schuhe. • Sooft / Wenn er nach Italien fuhr, kaufte er sich Schuhe.	*wiederholte Handlung ▸* *Gegenwart / Zukunft / Vergangenheit*
• Während er in der Schlange am Zoll stand, las er den Roman. • Solange wir unterwegs sind, teilen wir alle Kosten.	*zwei Handlungen gleichzeitig*
• Wir spielten Karten, bis alle im Hotel angekommen waren.	*Dauer von jetzt bis zu einem Zeitpunkt*
• Seit / seitdem sie in München wohnt, meldet sie sich nicht mehr / hat sie sich nicht mehr gemeldet. • Seit / seitdem er umgezogen ist, meldet er sich nicht mehr.	*Zeitdauer bis jetzt* *Zeitpunkt bis jetzt*

A passiert zuerst:	**B passiert danach:**	
Er rief noch von zu Hause an,	bevor er kam.	*Tempus in HS und NS ist gleich.*
Sie mussten noch warten,	ehe sie einchecken konnten.	
Nachdem sie eingecheckt hatten,	gingen sie auf ihre Zimmer / sind sie ... gegangen.	*nachdem-Satz: Plusquamperfekt* *HS: Präteritum / Perfekt*
Nachdem du eingecheckt hast,	kannst du hoch aufs Zimmer gehen.	*nachdem-Satz: Perfekt* *HS: Präsens*
Sobald der Reiseleiter kommt,	steigen wir in den Bus.	*Tempus in HS und NS ist gleich.*
Sobald wir das Museum gefunden haben,	rufe ich dich auf dem Handy an.	*sobald-Satz: Perfekt* *HS: Präsens*

Temporale Nebensätze stehen meist vor dem Hauptsatz.

Alternative Möglichkeiten, Zeit-Angaben auszudrücken:

Nebensatz	**Verbindungsadverb**	**Präposition + Nomen**
• Bevor sie wieder ins Hotel zurückgingen, wechselten sie noch etwas Geld. • Als sie im Hotel ankamen, gab ihnen der Portier einen Brief.	• Sie gingen wieder ins Hotel. Vorher wechselten sie aber noch etwas Geld. • Sie kamen wieder im Hotel an. Gleich darauf gab ihnen der Portier einen Brief.	• Vor ihrer Rückkehr ins Hotel wechselten sie noch etwas Geld. • Bei ihrer Ankunft im Hotel gab ihnen der Portier einen Brief.
als, bevor, sobald, solange, sooft, während, wenn, immer wenn, seit, seitdem, nachdem	dann, danach, anschließend, gleichzeitig, nachher, bisher, bis dahin, seither, seitdem, daraufhin, währenddessen	vor + D, nach + D, bei + D, während + G, bis zu + D

3.6 Finale Nebensätze (damit, um zu) und finale Angaben (dafür, um ... willen, ...)

Finale Nebensätze geben ein Ziel oder einen Zweck an: **Mit welcher Absicht? Wozu? Wofür?**
• Er übt jeden Tag intensiv Klavier, damit er am Konservatorium studieren kann.

Wenn Hauptsatz und Nebensatz dasselbe Subjekt haben, kann man statt „damit" auch „um ... zu" + Infinitiv benutzen.
• Er übt Klavier, um am Konservatorium studieren zu können.
• Um sein Ziel zu erreichen, übt er jetzt 6 Stunden täglich.

Mündlich kann auch der finale Nebensatz allein stehen:
• Warum gehst du in die Stadt? – Um einzukaufen.
• Warum muss ich schon ins Bett? – Damit du morgen ausgeschlafen bist.

Alternative Möglichkeiten, finale Angaben auszudrücken:

Nebensatz	Verbindungsadverb	Präposition + Nomen
• Ich lese die Zeitung, um immer gut informiert zu sein.	• Ich möchte gern immer gut informiert sein, dafür lese ich jeden Tag die Zeitung.	• Ich lese die Zeitung um der besseren Information willen. • Er setzt sein Wissen zum Lösen der Aufgabe ein.
damit, um … zu	dafür, dazu	zwecks, um … willen + G, zu diesem Zweck, für + A, zu + D

3.7 Konditionale Nebensätze (wenn, falls, …) und konditionale Angaben (sonst, …)

Abschnitt 4.10
Konjunktiv II

Konditionale Nebensätze geben die Bedingung an, unter der ein Geschehen stattfindet: **Unter welcher Bedingung?**
• Wenn die Vorstellungen von einer guten Ehe nicht übereinstimmen, kommt es leicht zu Konflikten.
• Falls / sofern einer der Partner immer Recht haben will, können keine konstruktiven Gespräche geführt werden.

Abschnitt 3.5
„wenn" als temporale Subjunktion

Wenn-Sätze werden vor allem schriftlich auch oft ohne die Subjunktion benutzt, das Verb steht in Position 1:
• Beharrt einer der Partner ständig auf seinem Recht, gibt es keine Einigung.
  (= Wenn einer der Partner ständig auf seinem Recht beharrt, gibt es keine Einigung)
• Sollte einer der Partner weiterhin auf seinem Recht beharren, müssen Sie einen Berater hinzuziehen.

Irreale Konditionalsätze stehen im Konjunktiv II:
• Wenn wir beide pünktlicher wären, hätten wir mehr Zeit füreinander. *(Gegenwart)*
• Wenn wir gestern pünktlicher gewesen wären, hätten wir mehr Zeit gehabt. *(Vergangenheit)*

Alternative Möglichkeiten, konditionale Angaben auszudrücken:

Nebensatz	Verbindungsadverb	Präposition + Nomen
• Wenn es regnet, findet das Konzert im Saal statt. • Sollte es regnen, findet das Konzert im Saal statt.	• Das Konzert findet bei gutem Wetter im Freien statt, andernfalls im Saal.	• Bei Regen findet das Konzert im Saal statt.
wenn; falls; sofern; gesetzt den Fall, dass; angenommen, dass; es sei denn, dass; im Falle, dass; für den Fall, dass; unter der Bedingung, dass	sonst, ansonsten, andernfalls	bei + D, ohne + A, im Falle von + D, im Falle von + G
als Hauptsatz-Einleitung (Position 0)		
• Gesetzt den Fall, er kommt nicht mehr, gehen wir allein.		
gesetzt den Fall, angenommen, vorausgesetzt, es sei denn		

Abschnitt 3.17
Zweiteilige Konnektoren

Auch die zweiteilige Konjunktion „je … desto" hat konditionale Bedeutung:
• Je mehr Fortbildungen ein Mediator macht, desto besser kann er mit Konflikten umgehen.

3.8 Konzessive Nebensätze (obwohl, …) und konzessive Angaben (trotzdem, …)

Konzessive Nebensätze geben einen „Gegengrund" an: **Trotz welcher Umstände?**
• Obwohl es in den Großstädten Kanadas genauso turbulent zugeht wie in europäischen Großstädten, lebt man dort sehr viel freier und unkomplizierter.

Alternative Möglichkeiten, konzessive Angaben auszudrücken:

Nebensatz / Hauptsatz	Verbindungsadverb	Präposition + Nomen
• Ich gehe spazieren, obwohl es regnet. • Auch wenn es regnet, gehe ich spazieren. • Zwar regnet es, aber ich gehe spazieren.	• Es regnet. Trotzdem gehe ich spazieren. (Ich gehe trotzdem spazieren.)	• Trotz des Regens gehe ich spazieren.
obwohl, obgleich, obschon (veraltet), selbst wenn, wenn… auch, auch wenn, wenngleich (veraltet), zwar – aber	trotzdem, dennoch, gleichwohl, indessen	trotz + G, ungeachtet + G (gehobene Sprache)

3.9 Konsekutive Nebensätze (so dass, …) und konsekutive Angaben (also, …)

Konsekutive Nebensätze geben eine Folge an: **Was ist die Folge?**

„so" + Adjektiv oder Adverb im Hauptsatz, dass im Nebensatz:
• Kerstin verdient in den USA so gut, dass sie nicht wieder nach Europa zurückgehen will.
• Sie hatte dort derartig gute Chancen / solch gute Chancen, dass sie am liebsten für immer da geblieben wäre.

„so dass" kann auch zusammen am Anfang des Nebensatzes stehen:
• Kerstin hat in den USA die Karrieremöglichkeiten genutzt, sodass sie jetzt das Fünffache verdient.

Alternative Möglichkeiten, konsekutive Angaben auszudrücken:

Nebensatz	Verbindungsadverb	Präposition + Nomen
• Er verdiente so viel, dass er sich ein Haus kaufen konnte.	• Er verdiente sehr viel. Infolgedessen konnte er sich endlich ein Haus kaufen.	• Infolge seines guten Verdienstes konnte er sich endlich ein Haus kaufen.
sodass; solch …, dass; derartig …, dass	folglich, infolgedessen, somit, also, demzufolge, demnach, somit	infolge + G, infolge von + D

3.10 Modale Nebensätze (indem, ohne dass, …) und modale Angaben (so, durch, …)

Modale Nebensätze geben die Art und Weise eines Geschehens an. Hierzu kann man auch die instrumentalen Angaben rechnen: **Wie geschieht etwas?**
• Die Einbrecher drangen ins Haus ein, indem sie das Türschloss aufbrachen.
• Sie verließen das Haus, ohne dass die Nachbarn sie sahen.
• Ohne dass ich mich besonders angestrengt hätte, begann ich plötzlich abzunehmen. (Konjunktiv II: entgegen der Erwartung)
• Ohne das Geld zu beachten, nahmen sie die Dokumente mit.
• Elke lernt neue Wörter dadurch, dass sie ein konkretes Bild mit dem Wort verbindet.
• Dadurch, dass Elke ein konkretes Bild mit einem Wort verbindet, lernt sie es.

Alternative Möglichkeiten, modale Angaben auszudrücken:

Nebensatz	Verbindungsadverb	Präposition + Nomen
• Der Interviewer macht sich dadurch, dass er den Bewerbern auch persönliche Fragen stellt, ein besseres Bild. • Wie sie ganz richtig bemerkt hatte, waren die Fragen sehr persönlicher Natur.	• Wir sprechen neben den üblichen Fragen auch persönliche Themenbereiche an; so können wir Sie besser kennen lernen.	• Durch persönliche Fragen möchte der Interviewer die Bewerber besser kennen lernen. • Der Vertrag kann von beiden Seiten schriftlich zum Monatsende gekündigt werden. • Sie füllt die Bewerbung mit dem Computer aus.
indem; dadurch, dass; ohne dass; ohne zu; wie; insofern als	so, solchermaßen, dadurch, damit, auf diese Weise	durch + A, mit + D, von + D, ohne + A

3.11 Alternative Nebensätze (statt dass) und alternative Angaben (stattdessen)

Alternative Nebensätze drücken andere Möglichkeiten des Handelns aus: **Wenn nicht das eine, was dann?**

• Nach dem Abitur machte Ruth eine Weltreise, statt dass sie gleich mit dem Studium anfing.

Abschnitt 3.17
Zweiteilige
Konnektoren

Andere Möglichkeiten, alternative Angaben auszudrücken:

Nebensatz	Verbindungsadverb	Präposition + Nomen
• Statt gleich mit dem Studium anzufangen, machte Ruth nach dem Abitur eine Weltreise.	• Sie wollte nach dem Abitur nicht gleich mit dem Studium anfangen. Stattdessen machte sie erst mal eine Weltreise.	• Statt einer Weltreise wollte ihr Bruder sich ein schnelles Auto kaufen.
statt dass, statt zu	stattdessen	statt + G
	Zweiteilige Konnektoren	
	• Ruth hatte vor, entweder eine Weltreise zu machen oder ein Jahr im Ausland zu arbeiten.	
	entweder – oder	

3.12 Adversative Nebensätze (während) und adversative Angaben (jedoch, …)

Adversative Nebensätze drücken einen Gegensatz aus: **Wie war es früher, wie ist es heute? Wie macht es x, wie macht es y?**

• Während Julian am Anfang immer übersetzen musste, ist das heute nicht mehr nötig.

Alternative Möglichkeiten, adversative Angaben auszudrücken:

Nebensatz	Verbindungsadverb	Präposition + Nomen
• Während Julian am Anfang …	• Julian musste am Anfang immer alles übersetzen, jedoch ist das heute nicht mehr nötig. • Julian musste am Anfang immer alles übersetzen, das ist jedoch heute nicht mehr nötig. • Eva spricht viel, ihre Freundin ist dagegen eher still. • Eva spricht viel, ihre Freundin dagegen ist eher still.	• Entgegen den Empfehlungen seiner Freunde versucht Julian weiterhin alles zu übersetzen.
während	jedoch, dagegen, hingegen, allerdings: *auf Position 1 oder im Mittelfeld* *Bei Kontrastierung auch **zusammen mit dem Subjekt** auf Position 1 (nach dem Subjekt)!*	entgegen + D, im Gegensatz zu + D
	Konjunktion (Position 0)	
	• Julian kann jetzt schon gut Deutsch, jedoch er übersetzt weiterhin alles, was er hört. • Er spricht nicht spontan, sondern er denkt über jeden Satz nach. • Er hat (zwar) erst spät Deutsch gelernt, aber er spricht schon sehr gut. • Er hat (zwar) erst spät Deutsch gelernt, er spricht aber schon sehr gut. • Zwar hat er erst spät Deutsch gelernt, aber er spricht schon sehr gut.	
	doch / jedoch, sondern: *auf Position 0* (zwar) – aber: *auf Position 0 oder im Mittelfeld*	

3.13 Vergleichssätze (so ... wie, als ob, ...)

Mit diesen Nebensätzen drückt man Vergleiche aus: **Ist es genauso oder anders?**

Reale Vergleiche:
• Das Fest war so schön, wie ich es mir vorgestellt hatte. *(„so" + Adjektiv im HS, „wie" im NS)*
• Es gibt keine romantischere Vorstellung, als mit einem Menschen alles zu teilen. *(Komparativ im HS, „als" im NS)*

Irreale Vergleiche:
• Sie tat, als ob sie nichts gesehen hätte / habe. *(„als ob" + Konjunktiv II / manchmal auch Konjunktiv I, konjugiertes Verb am Satzende)*
• Sie tat, als hätte / habe sie nichts gesehen. *(„als" + Konjunktiv II / manchmal auch Konjunktiv I, konjugiertes Verb auf Pos. 2)*

Abschnitt 3.17
Zweitlg. Konnektoren

Abschnitt 4.9 / 4.10
Konjunktiv I /
Konjunktiv II

• Je länger du das Problem hinausschiebst, desto schwieriger wird es. *(„je" + Komparativ im NS, „desto" + Komparativ im HS)*

Alternative Möglichkeit, Vergleiche auszudrücken:

Nebensatz	Partizip
• Wenn diese überzogenen Vorstellungen nicht erfüllt werden, kracht es schneller, als man gedacht hat.	• Wenn diese überzogenen Vorstellungen nicht erfüllt werden, kracht es schneller als gedacht.
so ... wie, *Komparativ* + als, je ... desto, je ... umso; *irreal*: als, als ob, als wenn	

3.14 Indirekte Fragesätze (ob; wo, wohin, wie, worüber, ...)

Nach Verben des Sagens, Fragens oder Wissens können indirekte Fragesätze stehen. Sie stehen meistens **nach** dem Hauptsatz.

Abschnitt 7.4
Präpositional-
pronomen

	Ja- / Nein-Frage:
• Ich weiß nicht, ob schöne Menschen im Allgemeinen beliebter bei ihren Mitmenschen sind.	• Sind schöne Menschen im Allgemeinen beliebter bei ihren Mitmenschen?
• Er weiß genau, was er vom Leben erwarten kann. • Ina überlegt, wodurch sie attraktiver wirken könnte. • Ich frage mich, mit wem ich auf eine Wellness-Farm gehen könnte.	**Frage mit Fragewort:** • Was kann er vom Leben erwarten? • Wodurch könnte sie attraktiver wirken? • Mit wem könnte ich auf eine Wellness-Farm gehen?

In der Umgangssprache findet man oft verkürzte indirekte Fragen:
• Erich geht zur Party. Egal, ob er Lust hat oder nicht.

Oder so genannte Echo-Fragen:
• Mit wem gehst du zur Party? – Mit wem ich zur Party **gehe**? Ich weiß noch nicht.

3.15 Relativsätze (der, die, das, dem, ...; was, wo, worauf, ...)

Relativsätze charakterisieren ein Nomen, ein Pronomen, oder auch den ganzen Hauptsatz. Relativsätze beginnen mit einem Relativpronomen: „der", „das", „die" (oder seltener: „welcher", „welches", „welche"). Genus und Numerus des Relativpronomens richten sich nach dem Nomen im Hauptsatz, auf das es sich bezieht:
• Das ist **der Lehrer**, der (welcher) so gut Gedichte rezitieren kann.

Der Kasus des Relativpronomens richtet sich nach der Funktion, den es im Nebensatz hat:
• Sind das **die Leute**, denen du die Bilder gezeigt hast? (Du hast die Bilder **den Leuten** gezeigt.)
• Da vorn ist **die Schule**, an der ich Abitur gemacht habe. (Ich habe **an der Schule** Abitur gemacht.)

Das Relativpronomen im Genitiv ersetzt den Possessiv-Artikel:
• Das ist **der Mann**, dessen Tochter gestern hier war. (**Seine** Tochter war gestern hier.)

Bei Ortsangaben kann man auch allgemein „wo" benutzen:

- Da vorn ist **die Schule**, wo ich Abitur gemacht habe.

Wenn sich das Relativpronomen auf Indefinitpronomen, das Demonstrativpronomen „das",
Superlative oder ganze Sätze bezieht, steht „was" oder „wo(r)" + Präposition:
- Das ist **alles**, was ich sagen wollte. (*ebenso nach: „nichts", „etwas", „einiges", „vieles"*)
- Das ist genau **das**, was ich meine.
- Ich verkaufe **manches**, worauf ich verzichten kann. (Ich kann **auf** manches verzichten.)
- Das ist **das Beste**, was mir passieren konnte.
- **Er ist sehr früh gekommen**, was mich sehr gefreut hat. (Die Tatsache, dass er früh gekommen ist,
  hat mich gefreut.)

Wenn sich das Relativpronomen auf eine unbestimmte Person bezieht, steht „wer", „wen", „wem":
- Wer heute noch den neuen MP3-Spieler bestellt, erhält einen Rabatt von 10%.

Der Relativsatz kann auch den Hauptsatz teilen:
- Der Vortrag, den er heute gehalten hat, war sehr lang.

Die Formen des Relativpronomens:

	m	n	f	Pl
Nom.	der	das	die	die
Akk.	den	das	die	die
Dat.	dem	dem	der	denen
Gen.	dessen	dessen	derer / deren	derer / deren

3.16 Verbindungsadverbien der Aufzählung und Ergänzung (außerdem, ...)

Außer den Verbindungsadverbien in den Abschnitten 3.4 bis 3.12 gibt es auch noch folgende, die
eine **Aufzählung** oder **Ergänzung** ausdrücken: „außerdem", „zudem", „überdies", „ferner", „darüber
hinaus", „weiterhin", ...
- Menschen mit hohem EQ können anderen gut zuhören, außerdem können sie ihre Umgebung
  motivieren.

3.17 Zweiteilige Konnektoren (zwar – aber, entweder – oder, ...)

Die zweiteiligen Konnektoren können Hauptsätze, Nebensätze oder Satzteile miteinander verbinden.

Verbindung von zwei Hauptsätzen:

Konnektoren	Bedeutung	Satzstellung
zwar – aber	*A stimmt, aber B ist auch richtig*	*„zwar" kann im Mittelfeld oder auf Position 1 stehen:* • Er ist zwar noch jung, aber (er ist) schon sehr erfolgreich. • Zwar ist er noch jung, aber er ist schon sehr erfolgreich.
entweder – oder *(kann auch Satzteile verbinden)*	*Auswahl zwischen A und B*	*„entweder" kann im Mittelfeld oder auf Position 1 stehen:* • Entweder können uns besondere Ereignisse wie Geburtstage besonders freundlich stimmen oder sie machen uns nervös. • Besondere Ereignisse wie Geburtstage können uns entweder besonders freundlich stimmen oder sie machen uns nervös.
nicht nur – sondern auch	*A ist richtig, aber B auch (entgegen der Erwartung)*	*„nicht nur" steht im ersten Satz im Mittelfeld:* • Streitigkeiten helfen nicht nur im Privatleben, Konflikte zu erkennen, sondern (sie helfen) auch im Berufsleben.

Verbindung von einem Nebensatz und einem Hauptsatz:

Konnektoren	Bedeutung	Satzstellung
je – desto/ umso	*Situation B hängt von Situation A ab, beides mit Komparativ.*	• Je sorgfältiger man die Entscheidungen überdenkt, desto (umso) positiver ist das Resultat.

Verbindung von Satzteilen:

Konnektoren	Bedeutung	Satzstellung
sowohl – als auch / wie	*Beides ist richtig.*	• Sowohl der Mann als auch die Frau zeigten sich in der Diskussion sehr durchsetzungsfähig.
weder – noch	*Keines von beiden ist richtig.*	• Weder Lautstärke noch Ironie sind gute Mittel, um eine gemeinsame Lösung zu finden. *„weder – noch" kann auch zwei Hauptsätze verbinden:* • Er hat weder ständig seinen Standpunkt durchgesetzt, noch ist er in der Diskussion laut geworden.

3.18 Der Infinitivsatz nach Nomen, Verben und Adjektiven

Abschnitt 7.4
Präpositional-
pronomen

Nach einigen Nomen, Verben und Adjektiven steht zur näheren Erklärung eine „zu" + Infinitiv-Konstruktion.

• Ich habe keine Lust, immer mit der neuesten Mode zu gehen. • Er versucht, stets gepflegt auszusehen. • Es ist wichtig, Accessoires anwenden zu können. • Ich habe Angst, dich verletzt zu haben. • Er fürchtet immer, kritisiert zu werden.	*Trennbare Verben: Präfix + zu + Infinitiv* *Das Modalverb steht ganz am Ende.* *Infinitiv im Perfekt* *Infinitiv im Passiv*
• Es ist nicht immer leicht(,) seinen eigenen Stil zu finden. • Persönlich halte ich absolut nichts davon, sich unters Messer zu legen.	*Ein Komma wird gesetzt, wenn das für das Verständnis hilfreich ist.* *Nach einem Präpositionalpronomen muss ein Komma stehen.*
• In der heutigen Zeit einen eigenen Stil zu entwickeln, ist für junge Frauen oft schwer.	*Die Infinitiv-Konstruktion kann auch vor dem Hauptsatz stehen. Das Pronomen „es" fällt in diesem Fall weg.*
• Versuchspersonen wurden in einem Experiment gebeten, die Attraktivität verschiedener Frauen in einer Fernsehserie spontan zu beurteilen.	*Die Infinitiv-Konstruktion kann durch Ergänzungen und Angaben erweitert werden. Die Satzstellung ist wie im Mittelfeld.*

Abschnitt 4.3
Verben mit ein-
fachem Infinitiv

Diese Nomen, Verben und Adjektive haben oft eine Infinitiv-Konstruktion:

Zeit haben, Angst haben, es macht Spaß, die Möglichkeit, das Problem, der Ratschlag	anfangen, beginnen, aufhören, sich freuen, hoffen, meinen, versprechen, bitten, vorschlagen, empfehlen, pflegen, raten, (darauf) achten	es ist gut, … möglich, … wichtig, … angenehm, … anstrengend, … falsch / richtig, … schwierig, es fällt (mir) leicht / schwer, es ist verboten / erlaubt

4 Das Verb

4.1 Modalverben – objektiver Gebrauch

Struktur von Sätzen mit Modalverben:

Position 1	Position 2	Mittelfeld	Satzende	
Heute	will	er für das Klavierkonzert	üben.	*Präsens*
Er	hat	immer schon Musiker	werden wollen.	*Perfekt*
(Er sagte,) er	wolle	am liebsten Musik	studieren.	*Konjunktiv I*
Ich	könnte	mir das gut	vorstellen.	*Konjunktiv II der Gegenwart*
Ich selbst	hätte	allerdings nie Musiker	werden können.	*Konjunktiv II der Vergangenheit*

Hauptsatz: Das konjugierte Modalverb steht an Position 2, der Infinitiv am Satzende.
Perfekt: „haben" + Infinitiv + Infinitiv des Modalverbs:
• Er hat Musiker werden wollen. *(nicht: „gewollt")*

Nebensatz: Das Modalverb steht am Satzende, nach dem Infinitiv:
• Frag ihn doch bitte, ob er das wirklich tun will.

Objektiver Gebrauch der Modalverben:

Modalverben modifizieren eine Aussage; das kann zum Beispiel ein Wunsch, eine Notwendigkeit oder eine Fähigkeit sein.

	Infinitiv	Bedeutung
• Studenten, die Musiklehrer werden wollen, üben täglich mehrere Stunden lang.	wollen	*Wunsch, Absicht*
• Jeder Student muss auch theoretische Kurse belegen. • Als Fachmann muss man ständig lernen, damit der Fortschritt einen nicht überrollt. • Er müsste heute noch mal zur Bibliothek, aber er hat keine Zeit.	müssen	*Autorität* *Notwendigkeit* *Konj. II: abgeschwächt*
• Anne-Sophie Mutter kann wunderbar Violine spielen. • „Können" kann vieles bedeuten. • Du kannst jetzt die Bücher wieder zurückbringen, ich bin fertig.	können	*Fähigkeit* *Möglichkeit* *Erlaubnis*
• Nur wenn Kinder auch falsche Vorstellungen äußern dürfen, lernen sie wirklich. • In der Vorlesung darf man nicht rauchen.	dürfen	*Erlaubnis (stärker als „können")* *Verbot*
• Kathrin soll / sollte mehr Klavier üben. (Das sagt der Lehrer.) • Soll ich dir helfen?	sollen	*Aufforderung / Rat / Wunsch von anderen*
• Die Studentin möchte ihren Text im Kurs vorlesen.	möcht-	*vorsichtiger Wunsch*

Oft kann ein Modalverb allein stehen, ohne Infinitiv:
• Er kann gut Italienisch (sprechen).
• Ich möchte ein Eis (haben).

• Sie mag klassische Musik, er bevorzugt Jazz. • Sie mag ihn aber trotzdem sehr.	mögen + Nomen	*= gern haben*

Besonderheiten der Negation von Modalverben:

• Ich muss den Bericht heute noch abgeben.
  (= es ist notwendig)

• Man darf hier auf dem Balkon rauchen.
  (= es ist erlaubt)
• Wir sollen jeden Tag joggen.
  (= Empfehlung von jemandem)

• Ich muss den Bericht heute nicht abgeben.
• Ich brauche den Bericht heute nicht abzugeben.
  (= es ist nicht notwendig)

• Man darf in den Räumen nicht rauchen.
  (= es ist verboten)
• Wir sollen nicht so viel Fett essen.
  (= negative Empfehlung)

Mit Modalverben klingen **Bitten und Wünsche** freundlicher. Der Konjunktiv II ist noch höflicher:
• Darf ich / Dürfte ich Sie um einen Rat bitten?
• Können / Könnten Sie mir bitte helfen?
• Ich möchte heute gern mit dir ins Kino gehen. *(unhöflich: Ich will heute mit dir ins Kino gehen.)*

Abschnitt 4.4
Präsens und
Konjugation der
Modalverben

Alternative Formen, um Möglichkeiten, Wünsche und Notwendigkeiten auszudrücken:

Ich will dieses Jahr die Wände streichen.	Ich habe vor / beabsichtige, dieses Jahr die Wände zu streichen.
Er muss die Arbeit heute abgeben.	Es ist (unbedingt) notwendig / erforderlich, die Arbeit heute abzugeben. Er ist verpflichtet, das Manuskript bis zum 1.10. abzugeben.
Hans kann die Waschmaschine reparieren.	Hans ist fähig / in der Lage, die Waschmaschine zu reparieren.

Man darf den Rasen nicht betreten.	Es ist verboten / untersagt / nicht erlaubt, den Rasen zu betreten.
Du solltest mehr Sport treiben.	Ich rate dir, mehr Sport zu treiben. Es wäre ratsam, mehr Sport zu treiben. Es wäre gut, wenn du mehr Sport treiben würdest.

4.2 Modalverben: subjektiver Gebrauch

Modalverben können auch subjektiv gebraucht werden, d.h., der Sprecher oder die Sprecherin drücken damit ihre persönliche Vermutung, Meinung oder Einschätzung eines Sachverhaltes aus. Beim subjektiven Gebrauch der Modalverben findet man oft ein zweites Modalverb:
* Robert will das bis nächsten Montag beenden können.
  (= Sprecher/in sagt, dass Robert behauptet, dass er das kann.)

Das Perfekt der Modalverben im subjektiven Gebrauch wird anders gebildet als im objektiven Gebrauch, nämlich mit einem Infinitiv Perfekt:
* Herbert muss es gewusst haben.
  (= Sprecher/in ist sehr sicher, dass das so war.)
  (Vergleiche: Perfekt bei objektivem Gebrauch: Er hat es wissen müssen. = Es war notwendig, dass er es wusste.)

mögen
* Er mag ja Recht haben, aber ich kann es mir nicht vorstellen.
  (= Sprecher/in hält es für möglich, hat aber eine andere Meinung.)

* Dieses Auto mag so um die hunderttausend Euro kosten.
  (= Sprecher/in schätzt einen Preis.)

dürfen *(im Konjunktiv II)*
Er erzählt gern skurrile Geschichten. Aber in diesem Fall dürfte das schon so gewesen sein.
(= Sprecher/in hält es für wahrscheinlich.)

müssen
* Sein Schreibtisch ist leer. Er muss schon weggegangen sein.
  (= Sprecher/in nimmt es stark an.)

können
* Sie hat ja damals noch gar nicht in Köln gewohnt. Also kann sie davon gar nichts gewusst haben.
  (= Sprecher/in ist davon überzeugt, dass das nicht möglich ist.)

wollen
* Er war dabei, als sie die Bäume abgesägt haben. Aber nun will er es nicht gesehen haben.
  (= Jemand behauptet etwas, aber Sprecher/in glaubt es nicht.)

sollen
* Er soll sehr viel Geld in der Schweiz haben. Er soll sein Geld mit Kupferminen verdient haben.
  (= Sprecher/in hat ein Gerücht gehört und gibt es weiter.)

werden + Infinitiv mit modaler Bedeutung
* Wenn du das sagst, wird es wohl so sein / gewesen sein.
  (= Sprecher/in vermutet oder schlussfolgert, dass es so ist/war.)

„werden" + Infinitiv kann, genau wie die Modalverben, mit subjektiver Bedeutung benutzt werden. Modaladverbien wie „wohl", „vielleicht", „wahrscheinlich", ... verstärken diese Bedeutung.

Statt mit Modalverben kann man subjektive Einschätzungen auch folgendermaßen ausdrücken:

Er mag fachlich gut sein, aber sonst ist er schwierig.	Es stimmt vielleicht, dass er fachlich gut ist, aber sonst ist er schwierig.
Sie kann davon gewusst haben.	Unter Umständen / Eventuell / Vielleicht hat sie davon gewusst. / Es besteht die Möglichkeit, dass sie davon gewusst hat.
Wenn alles gut geht, könnte er morgen kommen.	Wenn alles gut geht, kommt er möglicherweise / vielleicht schon morgen.

Das dürfte schon so gewesen sein.	Wahrscheinlich / vermutlich ist es so gewesen. / Ich nehme an, dass es so gewesen ist. / Das wird wohl so gewesen sein.
Sie kann das gar nicht gewusst haben.	Ganz sicher / bestimmt / zweifellos hat sie das gar nicht gewusst. *(nur in der Negation)*
Er müsste schon weggegangen sein.	Bestimmt / Sehr wahrscheinlich ist er schon weggegangen. / Es ist so gut wie sicher, dass er schon weggegangen ist.
Er muss schon weggegangen sein.	Ganz bestimmt / Zweifellos ist er schon weggegangen. / Ich bin mir sicher, dass er schon weggegangen ist.
Davon will er nichts gewusst haben.	Er behauptet, dass er davon nichts gewusst hat.
Er soll Geld in der Schweiz haben.	Man sagt / Es heißt / Ich habe gehört, dass er Geld in der Schweiz hat. / Angeblich hat er Geld in der Schweiz.

4.3 Verben mit einfachem Infinitiv (Ich höre sie singen.)

Einige Verben können (genauso wie Modalverben) einen einfachen Infinitiv ohne „zu" nach sich haben. Das Perfekt hat dann einen doppelten Infinitiv (wie bei den Modalverben).

Verben der sinnlichen Wahrnehmung:
• Ich höre meine Schwester singen. (= Ich höre: Meine Schwester singt.)
• Ich sehe ihn schon von weitem kommen. (= Ich sehe: Er kommt.)
• *Perfekt:* Ich habe ihn von weitem kommen sehen. (= Ich habe gesehen: Er kommt.)

lassen:
• Er lässt samstags immer sein Auto waschen. (= Er gibt den Auftrag: Wasch das Auto.)
• *Perfekt:* Er hat jeden Tag sein Auto waschen lassen. (= Er hat den Auftrag gegeben: Wasch das Auto.)

Folgende Verben können auch einen einfachen Infinitiv bei sich haben (Perfekt mit „ge-"):
• Er geht / fährt schwimmen. (= Er geht / fährt zum Schwimmen.)
• Bleibt doch bitte mal kurz stehen! (= Haltet doch mal an!)
• Clara lernte Geige spielen. (= Clara lernte, wie man Geige spielt.)
• *Perfekt:* Er ist immer schon gern schwimmen gegangen.

4.4 Präsens

Das Präsens wird zur Darstellung von Ereignissen und Sachverhalten in der Gegenwart benutzt. Auch Zukünftiges kann mit dem Präsens ausgedrückt werden, wenn eine Zeitangabe dabei steht:
• Morgen putze ich das Auto, das verspreche ich dir!

Konjugation im Präsens:

	kommen	arbeiten	lesen	fahren	sein	haben	Imperativ
ich	komm-e	arbeit-e	lese	fahre	bin	habe	
du	komm-st	arbeit-est	liest	fährst	bist	hast	Komm! Arbeite! Lies! Fahr! Sei still! Hab keine Angst!
er/es/sie	komm-t	arbeit-et	liest	fährt	ist	hat	
wir	komm-en	arbeit-en	lesen	fahren	sind	haben	
ihr	komm-t	arbeit-et	lest	fahrt	seid	habt	Kommt! Arbeitet! Seid! Habt!
sie/Sie	komm-en	arbeit-en	lesen	fahren	sind	haben	Seien Sie! Haben Sie!
	regelmäßig	*Verbstamm endet auf -d/-t*	*Vokalwechsel: e>ie/i; a>ä/au>äu*				

Das Deutsche hat keine Verlaufsform, aber umgangssprachlich hört man oft:
• Ich bin am / beim Arbeiten. (= Ich arbeite gerade.)

Konjugation der Modalverben und „wissen":

	wollen	müssen	können	dürfen	sollen	mögen	wissen	
ich	will	muss	kann	darf	soll	mag	weiß	*keine Endung!*
du	willst	musst	kannst	darfst	sollst	magst	weißt	
er/es/sie	will	muss	kann	darf	soll	mag	weiß	*keine Endung!*
wir	wollen	müssen	können	dürfen	sollen	mögen	wissen	
ihr	wollt	müsst	könnt	dürft	sollt	mögt	wisst	
sie/Sie	wollen	müssen	können	dürfen	sollen	mögen	wissen	

Verben mit trennbarem / nicht-trennbarem Präfix:

Position 1	Position 2	Mittelfeld	Satzende	
Heute	packe	ich alles	ein.	*Verb mit trennbarem Präfix*
Morgen	bekommt	er das Paket per Post.		*Verb mit nicht-trennbarem Präfix*

Trennbare Präfixe:	Nicht-trennbare Präfixe:
ab-, an-, auf-, aus-, ein-, her-, hin-, los-, mit-, raus-, rein-, vor-, weg-, zu-, zurück-	be-, emp-, ent-, er-, miss-, ver-, zer-

Es gibt auch andere Verben mit zwei Teilen:
• Das Konzert findet im Freien statt. *(stattfinden)*
• Er hat sie auf einer Kunstausstellung kennen gelernt. *(kennen lernen)*

4.5 Perfekt

Gebrauch:

Das Perfekt wird vor allem **mündlich** für Ereignisse in der Vergangenheit benutzt:
• Stell dir vor, gestern habe ich an der Uni Hans getroffen. Wir sind dann zusammen einen Kaffee trinken gegangen.

Das Perfekt wird auch in Zeitungsartikeln, Diskussionen und Analysen, sowie persönlichen Texten, wie z. B. Briefen oder E-Mails benutzt.

Formen:

Das Perfekt wird mit einer konjugierten Form von „haben" oder „sein" und dem Partizip II gebildet.

Regelmäßige Verben: • Sie haben das gut gemacht.	*ge + Verbstamm (= V) + t* *bei -d / -t*	machen – gemacht arbeiten – gearbeitet
Unregelmäßige Verben: • Er hat mir gestern geholfen.	*ge + Verbstamm + en* *oft mit Vokalwechsel*	helfen – geholfen gehen – gegangen
Verben mit trennbarem Präfix: • Sie hat am Vormittag eingekauft. • Er hat das Bild hingeworfen.	*Präfix + ge + V + t* *Präfix + ge+ V + en*	einkaufen hinwerfen
Verben mit nicht-trennbarem Präfix: • Er hat eine Geschichte erzählt. • Ich habe das Paket bekommen.	*Präfix + V + t (kein ge-)* *Präfix + V + en (kein ge-)*	erzählen bekommen
Perfektbildung mit sein: • Wir sind rechtzeitig nach Hause gekommen. • Nach dem Studium ist er Lehrer geworden. • Zum Glück ist dem Kind nichts geschehen. • Wo ist er denn die ganze Zeit gewesen? • Ihr seid aber nicht lange geblieben.	*Verben:* – *der Ortsveränderung* – *der Zustandsveränderung* – *des Geschehens* – *„sein"* – *„bleiben"*	gehen, laufen aufwachen passieren

Perfekt der Modalverben:		
• Ich habe es ihm lange nicht sagen wollen. • Er hat ihn nicht kommen hören.	*Modalverb mit Infinitiv:* *doppelter Infinitiv*	wollen, können, müssen, mögen, dürfen, sollen, lassen
• Das habe ich nicht gewollt.	*Modalverb ohne Infinitiv:* *Perfekt mit „ge-"*	*ebenso:* hören, sehen

Einige Verben haben eine Mischform im Partizip II: denken – gedacht, kennen – gekannt, wissen – gewusst, bringen – gebracht, nennen – genannt

4.6 Präteritum

Gebrauch:

Das Präteritum wird vor allem in **schriftlichen** Erzählungen, Romanen, Märchen, Berichten usw. zur Darstellung von Ereignissen in der Vergangenheit benutzt.
• Es war einmal ein Esel, der war eines Tages zu alt zum Säckeschleppen. Da beschloss er, von seinem Bauernhof wegzugehen und …

Wenn in einer Erzählung / einem Bericht ein Ereignis besonders aktuell und relevant für den Berichtenden ist, wird auch oft das **narrative Präsens** benutzt:
• Clara Schumann: Schon als 5-Jährige erhielt sie Klavierunterricht. 1828 gab die neunjährige Clara Schumann in ihrer Geburtsstadt Leipzig ihr Debüt, mit 13 Jahren unternahm sie ihre erste Konzertreise und gilt schon bald als eine der bedeutendsten Pianistinnen ihrer Zeit.

Formen:

Regelmäßige Verben: • Sie machten das gut. • Er arbeitete sehr viel. *Verben mit trennbarem Präfix:* • Sie kaufte am Vormittag ein. *Verben mit nicht-trennbarem Präfix:* • Er erzählte eine Geschichte.	*Verbstamm + Endungen* *-te, -test, -te, -ten, -tet, -ten* *nach -d, -t, -tm, -chn:* *ete, etest, …* *Präfix am Satzende* *Präfix bleibt am Verb*	machen – machte haben – hatte arbeiten – arbeitete atmen – atmete rechnen – rechnete einkaufen – kaufte ein erzählen – erzählte
Unregelmäßige Verben: • Er half mir gestern. • Wir halfen seinen Eltern gern. *Verben mit trennbarem Präfix:* • Er warf das Bild hin. *Verben mit nicht-trennbarem Präfix:* • Ich bekam das Paket.	*Verbstamm + Vokalwechsel* *Keine Endung in der 1. und 3.* *Person Singular* *Präfix am Satzende* *Präfix bleibt am Verb.*	helfen – half, gehen –ging, nehmen – nahm sein – war hinwerfen – warf hin bekommen – bekam
Modalverben: • Ich wollte es ihm nicht sagen. • Sie konnte es nicht ertragen.	*Verbstamm + Endungen* *-te, -test, -te, -ten, -tet, -ten* *Der Umlaut fällt weg.*	wollte, konnte, musste, durfte, sollte mögen – mochte möchte (kein Präteritum) *aber:* lassen – ließ

Die folgenden Verben werden auch mündlich im Präteritum benutzt (statt des Perfekts):
ich war, ich hatte, ich wurde *und die Modalverben* ich wollte, konnte, musste, durfte, sollte. *Einige frequente unregelmäßige Verben wie* ich kam, ich ließ, ich dachte, ich wusste, es gab, …

4.7 Plusquamperfekt

Gebrauch:

Das Plusquamperfekt wird benutzt, wenn ein Ereignis **vor** einem anderen Ereignis in der Vergangenheit stattfindet.

Form:

Das Plusquamperfekt wird mit dem Präteritum von „haben"/„sein" und dem Partizip II gebildet:

Präteritum	Plusquamperfekt *(= das ist vorher passiert)*
• Sonja zog 2003 nach Berlin. • Sie öffnete eine Sprachenschule. • Sonja war sehr glücklich.	• Vorher hatte sie in Süddeutschland gelebt. • Bis dahin war sie immer nur angestellt gewesen. • Eine eigene Schule – das hatte sie immer schon gewollt.

Das Plusquamperfekt steht oft im Hauptsatz, wenn der Nebensatz ein „als"-Satz im Präteritum ist:
• Er hatte jahrelang als Angesteller gearbeitet, als er eines Tages eine neue Chance sah.

4.8 Passiv und Ersatzformen

Gebrauch:

Das Passiv beschreibt einen Vorgang, bei dem es nicht wichtig ist, „wer" etwas macht. Der Vorgang selbst steht im Vordergrund. Das Subjekt des Satzes führt nicht die Handlung aus, sondern ist das Ziel der Handlung.

Aktiv: Die Firma baute das Hochhaus.

Passiv: Das Hochhaus wurde gebaut. *(egal von wem)*

Form:

Das Passiv wird mit einer konjugierten Form von „werden" und dem Partizip II gebildet.
• *Präsens / Präteritum:* Genfood wird / wurde in unserer Gesellschaft immer mehr abgelehnt.
• *Perfekt:* Genfood ist nicht immer von allen abgelehnt worden. *(nicht: „geworden")*
• *Plusquamperfekt:* Bevor Genfood in die Geschäfte kam, war es mehrfach getestet worden.
• *Präsens mit Modalverb:* Die Nahrungsmittelproduktion muss verdoppelt werden.
• *Perfekt mit Modalverb:* Die Pflanze hat zuerst getestet werden müssen. *(doppelter Infinitiv)*
• *Passiv im Nebensatz:* Ich hoffe, dass das Institut noch dieses Jahr eröffnet werden kann.
• *Passiv mit Verb mit Dativ:* **Ihr** wurde bei dem Experiment geholfen. *(Der Dativ bleibt erhalten.)*

Die handelnden Personen können durch von + Dativ ausgedrückt werden, hinten im Mittelfeld:
• Das Museum wurde 2002 nach vielen Diskussionen von einem chinesischen Architekten erbaut.

Bei anonymen Institutionen und Umständen auch durch + Akkusativ:
• Wir sind auf unserer Reise durch Südmexiko immer wieder durch den Regen aufgehalten worden.

Zustandspassiv oder sein-Passiv:

Das Passiv mit „werden" beschreibt einen Prozess, das Passiv mit „sein" das Ergebnis einer Handlung:
• Pünktlich zum Jahresbeginn wurde das Museum geöffnet. Jetzt ist es schon drei Monate lang geöffnet.

Passiv ohne Subjekt oder „unpersönliches Passiv":

• In Halle 8 werden die Teile zusammengesetzt. *(Allgemeine Aussage, Arbeitsvorgänge)*
• Hier darf nicht geraucht werden. *(Regeln)*
• **Es** wurde lange darüber diskutiert. *(„Es" als Element auf Position 1: „Platzhalter" für das Subjekt)*

Ersatzformen:

Mündlich verwendet man oft Ersatzformen, um Passiv-Konstruktionen zu vermeiden:

• Hunger kann man durch Gentechnik lindern. (*statt:* Hunger kann durch Gentechnik gelindert werden.)	*„man"* = *jede Person, alle Leute. Die konkrete Person ist nicht wichtig.*
• Sind Genvitamine vom Körper absorbierbar? (*statt:* Können Genvitamine absorbiert werden?) • Die Meinung des Wissenschaftlers war aus seinem Artikel leicht ersichtlich. (*statt:* Die Meinung konnte leicht ersehen werden.)	*Verbstamm + „-bar" oder „-lich"* = *kann gemacht werden*
• Das ist nur mit Gentechnik zu machen. (*statt:* Das kann nur mit Gentechnik gemacht werden.)	*„ist" + „zu" + Infinitiv* = *muss / kann gemacht werden*
• Das lässt sich nicht beweisen. (*statt:* Das kann nicht bewiesen werden.)	*„lässt sich" + Infinitiv* = *kann (nicht) gemacht werden*

4.9 Konjunktiv I: Indirekte Rede

Gebrauch:

Der Konjunktiv I wird in der indirekten Rede, vor allem in Zeitungstexten gebraucht. Die indirekte Rede gibt das wieder, was ein anderer Sprecher gesagt hat. Der Konjunktiv signalisiert: Das ist die Meinung eines anderen.
- Wissenschaftler: Ich weiß mehr über die Sache als die Beteiligten. (*Gegenwart*)
  In der Zeitung: Der Wissenschaftler sagte, er wisse mehr über die Sache als die Beteiligten.
- Wissenschaftler: Aber ich wusste das voriges Jahr noch nicht. (*Vergangenheit*)
  In der Zeitung: Der Wissenschaftler sagte, er habe das voriges Jahr noch nicht gewusst.

• Sie behauptete, das wisse sie auch nicht. • Sie sagten, das wüssten sie auch nicht. (*nicht: „wissen"*)	*Wenn die Konjunktiv-Form gleich ist wie die Präsens-Form, benutzt man Konjunktiv II.*
• Er sagte, er habe das nicht so gemeint. • Er sagte, dass er das nicht so gemeint habe.	*Die indirekte Rede kann die Form eines Hauptsatzes oder eines Nebensatzes haben.*

Formen:

	kommen	lesen	fahren	nehmen	müssen	wissen	haben	sein
ich	komme	lese	fahre	nehme	müsse	wisse	habe	sei
er/es/sie	komme	lese	fahre	nehme	müsse	wisse	habe	sei
sie/Sie	kommen	lesen	fahren	nehmen	müssen	wissen	haben	seien
	keine Vokaländerung							

Folgende **Konjunktiv I-Formen** werden in schriftlichen Texten benutzt, meist in der 3. Person:

Modalverben:	Sie sagte,	sie wolle, müsse, könne, dürfe, solle
Hilfsverben:	Er meinte,	er habe, sei, werde
Einige frequente unregelmäßige Verben:	Sie erzählte,	sie gehe, fahre, nehme, sehe, wisse, lasse, …

Bei den anderen Verben benutzt man Konjunktiv II:
- Der Pressesprecher informierte die Reporter, dass der Kanzler bald käme.

Bei regelmäßigen Verben und in der mündlichen Rede benutzt man meist „würde" + Infinitiv:
- Ein Reporter behauptete, er würde jeden Tag vier Stunden lang in der Bibliothek recherchieren.

Der Konjunktiv I wird auch manchmal in Wunschsätzen benutzt:
- Es lebe die Demokratie!
- Man möge mir das verzeihen.

oder in Rezepten:
- Man nehme 1 Pfd. Mehl, ein halbes Pfd. Zucker und zwei Eier …

4.10 Konjunktiv II: Bitten, Ratschläge, Vermutungen und Wünsche

Abschnitt 3.7
Konditionale
Nebensätze

Abschnitt 3.13
Vergleichssätze

Gebrauch:

Der Konjunktiv II wird benutzt, wenn etwas Irreales ausgedrückt werden soll, wie z. B. in konditionalen Nebensätzen oder irrealen Vergleichssätzen. Aber man kann diese Form auch benutzen, wenn man Bitten, Ratschläge und Wünsche vorsichtiger oder höflicher ausdrücken möchte.

Höfliche Bitten:
• Guten Tag, ich hätte gern zehn Brötchen und ein Vollkornbrot. (*Konjunktiv II: „hätte")*
• Entschuldigung, hätten Sie vielleicht einen Moment Zeit?
• Wärst du so nett, mir dein Auto zu leihen? (*Konjunktiv II: „wäre")*
• Entschuldigen Sie, könnten Sie mir bitte hier mal kurz helfen? (*Konjunktiv II der Modalverben)*
• Dürfte ich Sie um einen Gefallen bitten?
• Würdest du mir bitte mal das Salz geben? (*„würde" + Infinitiv)*

Ratschläge:
• An deiner Stelle würde ich mich bei dieser Firma bewerben.
• Wenn ich du wäre, würde ich mir einen neuen Job suchen.
• Du solltest dich wirklich mehr bewegen!
• Wie wäre es damit, mehr Sport zu treiben?

Vermutungen:
• Es könnte sein, dass Richard sich bald eine Stelle im Ausland sucht.
• Was könnte mit diesem Ausdruck gemeint sein?
• Das dürfte nicht so schwer sein.

Abschnitt 9
Modalpartikeln

Wunschsätze:
• Ich würde so gern / am liebsten noch hier bleiben.
• Wenn doch schon Sonntag wäre!
• Wenn er nur endlich käme!
• Wenn wir doch gestern mitgefahren wären!

Wunschsätze ohne Subjunktion:
• Könnte ich noch hier bleiben.
• Wäre doch schon Sonntag!
• Käme er doch endlich!
• Wären wir bloß gestern mitgefahren!

Die Modalpartikeln „doch", „nur", „bloß" machen den Wunsch intensiver und unterscheiden Wunschsätze von Konditionalsätzen.

Formen:

Die regelmäßigen Verben und viele unregelmäßige Verben benutzen für den Konjunktiv II meistens „würde" + Infinitiv:
• Wenn ich mehr Zeit hätte, würde ich das Buch heute noch kaufen.

Die Modalverben und einige frequente unregelmäßige Verben benutzen die Konjunktiv II – Form (Präteritum (+ Umlaut) + Konjunktivendungen):

	Präteritum	**Konjunktiv II**	*ebenso:*	wurde – würde
ich	kam	käm-e	nahm – nähme	musste – müsste
du	kamst	käm-est	ging – ginge	konnte – könnte
er/es/sie	kam	käm-e	wusste – wüsste	durfte – dürfte
wir	kamen	käm-en	ließ – ließe	wollte – wollte *(kein Umlaut)*
ihr	kamt	käm-et	hatte – hätte	sollte – sollte *(kein Umlaut)*
sie/Sie	kamen	käm-en	war – wäre	mochte – möchte *(Präsensbedeutung)*

Den Konjunktiv II der Vergangenheit benutzt man, wenn etwas, was in der Vergangenheit möglich war, nicht realisiert wurde:
• Wenn es nicht so spät gewesen wäre, wäre ich noch hineingegangen. (*„hätte"/„wäre" + Partizip Perfekt)*
• Wäre es nicht so spät gewesen, wäre ich noch hineingegangen. (*Konditionalsatz ohne „wenn")*
• *Passiv:* Ich wäre gern in den Klub aufgenommen worden. (*„wäre" + Partizip + „worden")*
• *Mit Modalverb:* Das hätte nicht so kommen müssen. (*doppelter Infinitiv)*
• *Passiv und Modalverb:* Das hätte nicht so schnell gemacht werden dürfen. (*„hätte" + Partizip + Infintiv von „werden" + Infinitiv des Modalverbs)*
• *Nebensatz:* Er sagte, dass er das nicht hätte tun sollen. (*„hätte" vor den zwei Infinitiven)*

5 Das Adjektiv

5.1 Deklination

Wenn das Adjektiv vor dem Nomen steht, erhält es eine Endung.

Regel 1:
Wenn die **Signal-Endung (r, s, e, n, m)** beim Artikelwort ist, hat das Adjektiv die Endung -e oder -en.

	m	n	f	Pl
Nom.	der gute Wein	das rote Hemd	die neue Flasche	die neuen Flaschen
Akk.	den guten Wein	das rote Hemd	die neue Flasche	
Dat.	dem guten Wein	dem roten Hemd	der neuen Flasche	den neuen Flaschen
Gen.	des guten Weins	des roten Hemdes	der neuen Flasche	der neuen Flaschen

Ebenso nach den Artikelwörtern: „dieser", „jener", „jeder", „mancher", „welcher", „alle".

Regel 2:
Wenn es kein Artikelwort gibt oder das Artikelwort keine Endung hat, hat das **Adjektiv die Signal-Endungen**.

	m	n	f	Pl
Nom.	guter Geschmack	gutes Wetter	große Freude	nette Leute
Akk.	guten Geschmack	gutes Wetter	große Freude	nette Leute
Dat.	(mit) gutem Geschmack	(bei) gutem Wetter	(mit) großer Freude	(mit) netten Leuten*
Gen.	guten* Geschmacks	guten* Wetters	großer Freude	netter Leute
	*das Nomen hat die Signal-Endung		*ebenso nach Zahlen: mit drei netten Leuten	

	m	n	f	Pl
Nom.	mein neuer Job	mein altes Büro	meine neue Stelle	meine alten Büros
Akk.	meinen neuen Job	mein altes Büro	meine neue Stelle	meine alten Büros
Dat.	meinem neuen Job	meinem alten Büro	meiner neuen Stelle	meinen alten Büros
Gen.	meines neuen Jobs	meines alten Büros	meiner neuen Stelle	meiner alten Büros

Ebenso: nach „ein", „kein" und nach allen Possessivartikeln. „ein" hat keinen Plural.
Adjektive, die von Ortsnamen abgeleitet sind, werden groß geschrieben und nicht dekliniert:
„der Kölner Dom", „den Kölner Dom", „dem Kölner Dom", „des Kölner Doms".

Einige Farbadjektive haben keine Deklination: „rosa", „lila", „beige", „orange".
Aber **umgangssprachlich**: „ein lilaner Rock", „ein orangenes Hemd".

5.2 Partizipien als Adjektive

Partizipien als Adjektive:

Abschnitt 5.1
Adjektiv-Deklination

Wenn die Partizipien **vor** dem Nomen stehen, werden sie wie Adjektive dekliniert:
- Für viele ist Neuseeland ein beliebtes und spannendes Urlaubsziel. (*Partizip I*)
- Sie verließen Deutschland wegen der festgefahrenen Karriereaussichten. (*Partizip II*)

Erweiterte Partizipien vor dem Nomen:

Abschnitt 4.5
Partizip Perfekt

Die Partizipien als Adjektive können, besonders in offiziellen oder wissenschaftlichen Texten, durch weitere Informationen ergänzt werden. Man versucht damit, möglichst knapp zu schreiben und Nebensätze zu vermeiden. Das Partizip mit seinen Erweiterungen steht zwischen dem **Artikel** und dem **Nomen**, auf das es sich bezieht. Auch hier wird das Partizip wie ein Adjektiv dekliniert.
- Sie finden in der Anlage **den Mietvertrag**, der von mir ausgefüllt worden ist. (*Passiv, Vergangenheit*)

    Sie finden in der Anlage **den** von mir ausgefüllt**en Mietvertrag**. (*Partizip II*)

- **Die Vorschriften**, die im Wohnheim gelten, sind einzuhalten. (*Aktiv, gleichzeitig*)

    Die im Wohnheim geltend**en Vorschriften** sind einzuhalten. (*Partizip I*)

6 Das Adverb

6.1 Adverbien beim Verb

Adverbien beim Verb beschreiben, **wie** eine Aktivität gemacht wird. Sehr oft liegt ihnen ein Adjektiv zugrunde. Adverbien haben im Deutschen keine Endung:
• Er schläft gut und arbeitet regelmäßig.

Ebenso: „gut", „schlecht", „genau", „gründlich", „zuverlässig", „hektisch", „ordentlich", „freundlich", „so", „anders",…

Abschnitt 2.3
Angaben im
Mittelfeld

Stellung im Satz: Meist im Mittelfeld:
• Er hat die Arbeit höchst zuverlässig erledigt.

6.2 Adverbien beim Satz

Viele Adverbien modifizieren einen ganzen Satz:

• Normalerweise geht sie nicht allein ins Kino.

> **Modale Adverbien**: normalerweise, gern, lieber, am liebsten, glücklicherweise, leider, gleichwohl, womöglich, wahrscheinlich, vermutlich, hoffentlich, …

• Drinnen war es gemütlich warm, aber draußen spürte man schon den Herbst.

> **Lokaladverbien**: links – rechts, vorn – hinten, oben – unten; hier – da – dort, drinnen – draußen, irgendwo – nirgendwo; überall, …; *Kombinationen*: hier oben, dort unten, rechts unten, …

• Sie können schon rein (hinein) gehen, Herr Müller wartet bereits auf Sie.

> **Direktionaladverbien**: her – hin, hinauf – hinunter (rauf – runter), hinein – hinaus (rein – raus), vorwärts – rückwärts, nach rechts – nach links, dorthin, geradeaus, …

• Heute gehe ich nicht mehr zur Arbeit, es ist schon zu spät.

> **Temporaladverbien**: heute – morgen – übermorgen – gestern – vorgestern, damals, meistens, oft, manchmal, selten, nie, täglich, montags, dienstags, …

• Es ist Sommerschlussverkauf bei Karstadt. Deshalb stehen die Leute seit 8.00 Uhr Schlange.

Abschnitt 3.1, 3.4–3.12
Konnektoren

> **Verbindungsadverbien zwischen Sätzen**: deswegen, darum, daher, nämlich, also, trotzdem, sonst, stattdessen, vorher, …

Stellung der Adverbien im Satz: Position 1 oder im Mittelfeld:
• Hier kann man sehr gut skifahren. / Man kann hier sehr gut skifahren.
• Trotzdem würde ich lieber nach Davos fahren. / Ich würde trotzdem lieber nach Davos fahren.

Lokal-Adverbien können auch direkt **nach** dem Nomen stehen:
• Der **Vogel** dort oben füttert seine Jungen.

6.3 Adverbien der Verstärkung und Fokussierung

Diese Adverbien können Adjektive verstärken oder abschwächen:
• Gestern habe ich einen sehr / höchst interessanten Film gesehen!
• Das war ein besonders gelungenes Konzert. Aber es war recht kurz. (= ziemlich kurz)
• Ich möchte Ihnen recht herzlich danken. (= sehr herzlich)
• Die Ferien waren aber dieses Mal nur sehr kurz!

Umgangssprachlich:
• Das war einfach toll! (= sehr sehr gut)
• Das Kleid ist super schön!
• Ich bin total beeindruckt!

> **Adverbien der Verstärkung / Abschwächung**: ganz, ziemlich, einigermaßen, etwas, nur, relativ, absolut, wirklich, einfach, super, total, …

Diese Adverbien können auf Nomen fokussieren:
- Der Film war sehr gut – nur der Hauptdarsteller war nicht sehr überzeugend.
- Und auch die Musik fand ich nicht so gut. Das hat sogar Bernhard gesagt.

Adverbien der Fokussierung: nur, auch, sogar

7 Artikelwörter und Pronomen

7.1 Artikelwörter (der, das, die ...; ein, kein, mein, ...)

Artikelwörter stehen **vor** dem Nomen: der Hund, ein grünes Haus, dieser Fußball, deine CD, ...

Indefinit-Artikel benutzt man, wenn eine Person oder eine Sache in einem Text neu eingeführt werden:
- Es war einmal ein kleines Mädchen, ...

Definit-Artikel benutzt man, wenn man sich auf eine Person oder Sache bezieht, die vorher schon erwähnt wurde:
- Es war einmal ein kleines Mädchen. Dieses Mädchen trug oft eine rote Kappe ...

Den Definit-Artikel benutzt man auch **generalisierend**:
- Der Dinosaurier ist ausgestorben.

Deklination Definit-Artikel					Deklination Indefinit-Artikel			
	m	n	f	Pl	m	n	f	Pl
Nom.	der	das	die	die	ein	ein	eine	(keine)
Akk.	den	das	die	die	einen	ein	eine	(keine)
Dat.	dem	dem	der	den	einem	einem	einer	(keinen)
Gen.	des	des	der	der	eines	eines	einer	(keiner)

Ebenso: dieser, jener *(Demonstrativartikel)*, jeder, mancher, alle *(Plural)*, welcher? *(Frage)*

▸ *immer mit Signal-Endung*

Ebenso: kein *(negativer Artikel)*, mein, dein, ... *(Possessivartikel)*, irgendein, irgendwelche *(Plural)*, was für ein? *(Frage)*

▸ *nicht immer mit Signal-Endung*

7.2 Artikelwörter als Pronomen (das ist meins, deins, ...)

Wenn Artikelwörter als **Pronomen** benutzt werden, haben sie **immer die Signal-Endungen.**
- Ist das dein Kuli? – Nein, das ist nicht meiner, der muss jemand anderem gehören.
- Ich habe keine Kulis, hast du welche? – Nein, ich habe auch keine. / Ja, ich habe welche.
- In der Gruppe wollte jeder etwas anderes machen. Aber man kann es nicht jedem recht machen.
- Ach so, das meinst du!
- Ich glaube, er wollte denen mal richtig die Meinung sagen.

einer, keiner, meiner, jeder, mancher, ... alle					Definit-Artikel als Pronomen (wie Relativpronomen)			
	m	n	f	Pl	m	n	f	Pl
Nom.	einer	eins	eine	welche	der	das	die	die
Akk.	einen	eins	eine	welche	den	das	die	die
Dat.	einem	einem	einer	welchen	dem	dem	der	denen
Gen.	–	–	–	–	dessen	dessen	derer / deren	derer / deren

7.3 Indefinitpronomen (man, jemand, irgendjemand, ...)

Indefinitpronomen werden benutzt, wenn eine Person oder eine Sache nicht spezifiziert werden können. „irgend-" verstärkt die Unbestimmtheit:
- Wie sagt man das auf Deutsch? *(allgemein, alle Leute)*
- Hat jemand / irgendjemand meine schwarze Tasche gesehen? *(unbestimmte Person)*
- Ich muss noch etwas / irgendetwas für seinen Geburtstag finden. *(unbestimmte Sache)*
- Diese Melodie habe ich irgendwo schon mal gehört. *(ich weiß nicht mehr, wo)*
- Gehst du eigentlich irgendwann auch mal aus? *(unbestimmter Zeitpunkt)*
- Das Projekt muss irgendwie bis Samstag fertig werden. *(egal, wie)*

Negation der Indefinitpronomen:

	negativ		**negativ**
(irgend)jemand, irgendwer, irgendein-	niemand, kein-	irgendwie	gar nicht, in keiner Weise
etwas / irgendwas / irgendetwas	nichts	irgendwann	nie
irgendwohin / irgendwoher	nirgendwohin / nirgendwoher	irgendwo	nirgends

Deklination von „jemand" / „niemand" und „man":

	m	**Abk.**	**m**		**m**	
Nom.	jemand	jd.	niemand		man	Das kann man sich ja denken!
Akk.	jemand(en)	jdn.	niemand(en)		einen	Wenn man neu ist, stellen Sie einen erstmal vor.
Dat.	jemand(em)	jdm.	niemand(em)		einem	Man weiß ja nie, was einem passieren kann!
Gen.	(jemandes)	jds.	(niemandes)		–	
	Die Endung ist nicht obligatorisch.				einen, einem *vor allem umgangssprachlich*	

Abschnitt 1.1
Verben und
Ergänzungen

7.4 Präpositionalpronomen (darauf, dazu, ...; worauf, wozu, ...)

„da(r)" + Präposition als Ersatz für Präposition + Nomen:

Präpositionalpronomen ersetzen ein Nomen mit Präposition, wenn es sich um eine Sache oder eine Aussage handelt. Die Präposition hängt vom Verb ab.

Bei **Sachen**:

• Er wartet auf das Essen.
  ▸ Er wartet darauf. *(„da(r)" + Präposition = Präpositionalpronomen)*
  ▸ Worauf wartet er? *(Frage: „wo(r)" + Präposition)*

Präpositionalpronomen können auch für ganze **Aussagen** stehen:
• Ilse geht heute zur Buchmesse. ▸ Darauf hat sie sich schon lange gefreut. *(sich freuen auf)*

Wenn die Präposition mit einem Vokal beginnt: „darauf", „darüber", ... sonst: „damit", „dazu", „dafür", ...

Aber bei **Personen**, **Lebewesen** und **Institutionen**:
• Er wartet auf seinen Bruder. ▸ Er wartet auf ihn. *(Präposition + Pronomen (warten auf + A))*
• Auf wen wartet er? *(Frage: Präposition + Fragewort)*

Abschnitt 8.3
Feste Präpositionen
bei Adjektiven,
Nomen und Verben

„da(r)" + Präposition als Hinweis auf einen Nebensatz:

Ein Präpositionalpronomen kann auch ein Hinweis auf einen Nebensatz sein:
• Er wartet auf die Ankunft seines Bruders. *(„warten auf" + Nomen)*
• Er wartet darauf, **dass** sein Bruder ankommt. *(„warten darauf, dass" + Nebensatz)*
• Alles hängt davon ab, **ob** wir rechtzeitig informiert werden. *(„abhängen von" + indirekter Fragesatz)*

Meistens ist es einfacher, den Sachverhalt mit einem Nebensatz auszudrücken:
• Ich lerne durch die Verbindung eines Wortes mit einem konkreten Bild. ▸ Ich lerne dadurch, **dass** ich ein konkretes Bild mit dem Wort verbinde.

Wenn Hauptsatz und Nebensatz dasselbe Subjekt haben, kann **Infinitiv + zu** benutzt werden:
• Hast du daran gedacht, alle Türen **abzuschließen**? *(denken an)*

Bei einigen Verben ist das Präpositionalpronomen als Hinweis nicht obligatorisch:
• Ich freue mich (darüber), dass du kommst. *(sich freuen auf)*

Auch Nomen und Adjektive mit Präposition können Konstruktionen mit „da(r)" + Präposition bilden:
• Er zeigte sein Entsetzen über die geringe Wahlbeteiligung. ▸ Er zeigte sein Entsetzen darüber, **dass** die Wahlbeteiligung so gering war.
• Sie hatte große Angst davor, nicht ernst genommen **zu** werden.
• Sie war froh darüber, **dass** sie mit ihrem Chef über das Problem sprechen konnte.

„wo(r)" + Präposition in Fragen und Relativsätzen:

Fragen:
- Worauf könntest du am ehesten verzichten? ▸ Auf das Fernsehen. *(verzichten auf)*
- Worüber ärgerst du dich am meisten? ▸ Über seine Unvernunft. *(sich ärgern über)*
  ▸ Darüber, dass er so unvernünftig handelt.

Abschnitt 3.15
Relativsätze

Relativsätze nach Indefinitpronomen (alles, etwas, …) und nach ganzen Sätzen:
- Er verkaufte **alles**, worauf er leicht verzichten konnte.
- **Ralf schaffte die Fahrprüfung nicht**, worüber er sich sehr ärgerte.

Abschnitt 3.1
Mittel der Text–
verbindung: Die
Konnektoren

„da(r)" + Präposition als Adverb:

Präpositionalpronomen können auch als Adverbien benutzt werden. Sie verbinden dann logisch zwei Sätze miteinander und sind unabhängig vom Verb.
- Er schwamm erst zwei Runden im Schwimmbad, darauf ging er in die Cafeteria. *(= temporales Verbindungsadverb).*

Statt „da(r)" + Präposition gibt es auch die (seltenere) Form „hier" + Präposition:
- Hiermit *(= mit dieser Handlung, mit diesem Brief)* möchte ich die Waschmaschine Bonlavar bestellen.
- Hiermit eröffne ich die diesjährige Ausstellung.

8 Präpositionen

Präpositionen kann man nach syntaktischen Gesichtspunkten (**Welchen Kasus erfordern sie?**) oder nach semantischen Gesichtspunkten (**Was bedeuten sie?**) betrachten.

8.1 Syntaktisch

Präpositionen mit Akkusativ	Präpositionen mit Dativ	Präpositionen mit Genitiv
• Er fährt heute nur bis Köln und morgen weiter nach Hamburg. • Gehen Sie immer den Fluss entlang. • Er war für höhere Löhne, aber gegen einen Streik. • Wir kamen gegen 21 Uhr an.	• Ab dem nächsten Monat wollte sie regelmäßig zum Sport gehen. • Was haben Sie gestern außer dem Apfelsaft noch getrunken? • Klaus wohnt mit 27 Jahren immer noch bei seinen Eltern.	• Aufgrund eines dummen Missverständnisses reden sie jetzt nicht mehr miteinander. • Das Rauchen ist nur außer-halb des Krankenhauses gestattet. • Entlang des Flusses zog sich ein schmaler Weg.
bis, durch, für, gegen, ohne, um; entlang *(nach dem Nomen)*	ab, aus, außer, bei, entgegen, gegenüber, infolge von, mit, nach, seit, von, wegen, zu	aufgrund, außerhalb, infolge, innerhalb, (an)statt, trotz, ungeachtet, während, wegen, dank; entlang *(vor dem Nomen)*

„bis" wird meist mit einer zweiten Präposition gebraucht:
- Er bringt sie bis zur Haustür.

„wegen" kann mit Dativ oder Genitiv gebraucht werden:
- Sie musste wegen dem Job / wegen des Jobs schon oft umziehen.

Eine weitere Gruppe von lokalen Präpositionen, die sogenannten Wechselpräpositionen, können **je nach Kontext den Dativ oder den Akkusativ** bei sich haben.

> an, auf, hinter, in, neben, über, unter, vor, zwischen

Wohin?→ Akkusativ	Wo? ⊙ Dativ
• Pinnen Sie bitte die Karten an die Wand! • Sibylle hat einen Spiegel über den Kamin gehängt. • Er stellte sich schnell zwischen die beiden Mädchen.	• Die Karten hängen geordnet an der Wand. • Der Spiegel über dem Kamin gefällt mir. • Es gab kaum Platz zwischen ihnen.

8.2 Semantisch

Lokale Präpositionen	an, auf, außerhalb, bei, hinter, in, innerhalb, nach, neben, über, unter, vor, zwischen	• Sie musste lange an der Haltestelle warten.
Temporale Präpositionen	ab, an, bei, bis, in, nach, seit, um, vor, während, zwischen	• am Montag • um 16 Uhr • bei Sonnenaufgang
Kausale Präpositionen	aufgrund, aus, dank, durch, vor, wegen	• Vor lauter Angst schrie sie laut auf.
Finale Präpositionen	für, zu	• Alles Gute für das neue Lebensjahr! • Herzliche Glückwünsche zum Geburtstag!
Konditionale Präpositionen	bei, ohne	• Bei guten Witterungsverhältnissen kann man die Alpen sehen.
Konzessive Präpositionen	trotz, ungeachtet (*gehobene Sprache*)	• Ungeachtet der Warnung des UNO-Sicherheitsrats wurde die Atombombe getestet.
Konsekutive Präpositionen	infolge, infolge von	• Infolge von Kriegsverletzungen können Neurosen entstehen.
Modale Präpositionen	auf, außer, durch, in, mit, nach (*vor oder nach dem Nomen*), ohne, statt	• Meiner Meinung nach sollten wir jetzt zurückgehen. • Vergleichen Sie nach Möglichkeit alle Alternativen.
Adversative Präpositionen	entgegen	• Entgegen meinen Erwartungen ist er pünktlich gekommen.

8.3 Feste Präpositionen bei Adjektiven, Nomen und Verben

Ebenso wie Verben können Adjektive und Nomen feste Präpositionen haben. Solche festen Präpositionen haben meist ihre ursprüngliche Bedeutung verloren.
• Der Ausgang der Wahl ist abhängig vom Wetter.
• Sie war zuerst sehr wütend auf ihn, aber dann verstand sie sein Verhalten.

abhängig von + D	abhängen von + D	die Abhängigkeit von + D
befreundet mit + D	sich befreunden mit + D	die Freundschaft mit + D
reich an + D		der Reichtum an + D
beliebt bei + D		die Beliebtheit bei + D
froh über + A	sich freuen über + A	die Freude über + A
ärgerlich über + A	sich ärgern über + A	der Ärger über + A
wütend auf + A		die Wut auf + A
	sich ängstigen vor + D	die Angst vor + D
	sich sehnen nach + D	die Sehnsucht nach + D

Manchmal haben Adjektiv, Verb und Nomen unterschiedliche Präpositionen:

interessiert an + D	sich interessieren für + A	das Interesse an + D
begeistert von + D	sich begeistern für + A	die Begeisterung für + A

Bei einigen Adjektiven kann statt der Präposition auch ein Genitiv oder Dativ stehen:

voll von + D: voll von tiefstem Mitleid
voll + G: voll tiefsten Mitleids
voll + D: voll tiefstem Mitleid

9 Modalpartikeln

Modalpartikeln sind kurze Wörter, die dem Satz eine besondere, oft emotionale Färbung geben. Die Aussage wird verstärkt, abgeschwächt oder in Frage gestellt.

ja	• Hey, Paul, du bist ja schon da!	*Überraschung*
	• Peter sieht sehr glücklich aus. – Ja, ich weiß. Er hat ja gerade geheiratet.	*Bekanntes: Beide wissen, dass Peter gerade geheiratet hat.*
	• Ich komme ja schon!	*Ungeduld, Verärgerung: Du siehst, dass ich schon komme.*
denn (in Fragen)	• Wie geht es dir denn heute?	*Interesse, Freundlichkeit*
	• Sie reisen viel? Was sind Sie denn von Beruf?	*Genauere Nachfrage*
	• Schon wieder zu spät. Hast du denn keine Uhr?	*verneinte Frage: Vorwurf, ungläubig*
doch	• Schlaf noch ein bisschen, heute ist doch Sonntag!	*Sprecher erinnert Hörer an eine Tatsache / an Bekanntes.*
	• Erklären Sie das doch bitte noch einmal!	*Höflicher Ratschlag / Bitte*
	• Jetzt komm doch endlich!	*Insistierend, mit Ungeduld: das habe ich schon einmal gesagt*
eigentlich	• Du könntest eigentlich ein bisschen höflicher sein.	*macht eine Aufforderung vorsichtiger*
	• Ich kenne Harry kaum. Was ist er eigentlich von Beruf?	*genauere Frage, oft Themawechsel*
	• Eigentlich muss ich schon gehen, aber einen Kaffee nehme ich noch.	*= im Grunde (In dieser Bedeutung auch auf Position 1 möglich.)*
halt / eben	• Das ist halt so! • Teenager sind eben so!	*Da kann man nichts machen.*
mal	• Komm mal bitte her!	*macht die Aufforderung freundlicher; abgeschwächt*
wohl	• Es ist 10.00 Uhr, er ist wohl schon unterwegs.	*Vermutung: Ich nehme es an.*

Oft werden Modalpartikeln auch kombiniert:
• Das ist aber doch mal was anderes!

Modalpartikeln stehen immer im Mittelfeld, meist direkt nach dem Verb. Sie sind immer unbetont.

10 Wortbildung

10.1 Nomen

Komposita:

Nomen können mit anderen Nomen oder anderen Wortarten Komposita bilden. Der letzte Teil ist immer ein Nomen und bestimmt den Artikel des Gesamtwortes.

Nomen + Nomen: **das** Kinder**zimmer** *(ein Zimmer für Kinder (wofür?))*
Verb + Nomen: **die** Bohr**maschine** *(eine Maschine, mit der man bohren kann (wozu?))*
Adjektiv + Nomen: **die** Schnell**straße** *(eine Straße, auf der man schnell fahren kann (wie?))*
Präposition + Nomen: **der** Um**weg** *(ein Weg, der um etwas herumgeht (wohin?))*

Manche Komposita haben aus phonetischen Gründen einen **Verbindungsbuchstaben:**
das Arbeit-**s**-zimmer, der Schwein-**e**-braten, die Sonne-**n**-brille.

Nomen mit Suffixen:

Nomen können aus Adjektiven, Verben oder anderen Nomen gebildet werden, indem man eine Silbe anhängt (das Suffix). Das Suffix bestimmt den Artikel des Nomens.

Feminine Suffixe:

Adjektiv	+ -heit			Adjektiv	+ -keit		
schön	+ -heit	▸ die Schönheit		eitel	+ -keit	▸ die Eitelkeit	
klug	+ -heit	▸ die Klugheit		großzügig	+ -keit	▸ die Großzügigkeit	

Verb	+ -ung			Verb	+ -e			Verb	+ -t	
wohnen	+ -ung	▸ die Wohnung		lieben	+ -e	▸ die Liebe		fahren	+ -t	die Fahrt
hoffen	+ -ung	▸ die Hoffnung		sprechen	+ -e	▸ die Sprache		sehen	+ -t	die Sicht

Nomen	+ -schaft	
der Freund	+ -schaft	▸ die Freundschaft
der Vater	+ -schaft	▸ die Vaterschaft

Maskuline Suffixe:

Verb	+ -er			Nomen	+ -ler		
lehren	+ -er	▸ der Lehrer		Kunst	+ -ler	▸ der Künstler	
fahren	+ -er	▸ der Fahrer		Sport	+ -ler	▸ der Sportler	

Neutrale Suffixe:

Nomen	+ -chen			Nomen	+ -lein		
das Kind	+ -chen	▸ das Kindchen		der Vogel	+ -lein	▸ das Vöglein	
das Haus	+ -chen	▸ das Häuschen		das Buch	+ -lein	▸ das Büchlein	

10.2 Adjektive

Komposita:

Adjektive können wie die Nomen ebenfalls Komposita bilden. Die häufigsten Typen sind:

Farben: dunkel**grün** / hell**grün**, tiefschwarz, zartrosa, knallrot, …
Vergleiche: blitz**schnell** (= *schnell wie ein Blitz*), bildschön, glasklar, steinhart, …
Ergänzungen: fett**arm** (= *arm an Fett*), baum**reich** (= *reich an Bäumen*), liebe**voll** (= *voller Liebe*), … blei**frei** (= *frei von Blei*), schmerz**los** (= *ohne Schmerzen*), umwelt**schonend** (= *schont die Umwelt*), …

Adjektive mit Suffixen (-ig, -isch, -lich, -bar):

Viele Adjektive werden aus einem Grundwort (Nomen, Verb, Adverb) und einem Suffix gebildet.

Nomen	+ -ig	Adjektiv	Verb	+ -ig	▸ Adjektiv	Adverb	+ -ig	▸ Adjektiv
die Ruhe	+ -ig	▸ ruhig	abhängen	+ -ig	▸ abhängig	dort	+ -ig	▸ dortig
der Geist	+ -ig	▸ geistig	auffallen	+ -ig	▸ auffällig	heute	+ -ig	▸ heutig

Nomen	+ -isch	▸ Adjektiv	Verb	+ -isch	▸ Adjektiv
Europa	+ -isch	▸ europäisch	regnen	+ -isch	▸ regnerisch
das Kind	+ -isch	▸ kindisch	wählen	+ -isch	▸ wählerisch

Nomen	+ -lich	▸ Adjektiv	Verb	+ -lich	▸ Adjektiv
die Sprache	+ -lich	▸ sprachlich	verstehen	+ -lich	▸ verständlich
das Jahr	+ -lich	▸ jährlich	ertragen	+ -lich	▸ erträglich

kindisch / kindlich:
• Er hat sich den ganzen Abend über kindisch (= *albern, dumm*) verhalten. (*negativ*)
• Die kindliche Entwicklung durchläuft vorherbestimmbare Phasen. (*neutral*)

Verb	+ -bar	
machen	+ -bar	▸ machbar (= *man kann es machen*)
erkennen	+ -bar	▸ erkennbar (= *man kann es erkennen*)

Adjektive mit Präfix (un-, miss-):

Die Präfixe „un-" und „miss-" machen ein Adjektiv negativ:
• freundlich ≠ unfreundlich (= *nicht freundlich*)
• möglich ≠ unmöglich (= *nicht möglich*)
• lösbar ≠ unlösbar (= *nicht lösbar*)
• verständlich ≠ missverständlich (= *nicht gut verständlich*)

Arbeitsbuchteil

Inhalt – Arbeitsbuchteil

Natur

Wortschatz

1 Die Jahreszeiten

a Ordnen Sie die folgenden Wörter den entsprechenden Oberbegriffen zu. Ergänzen Sie auch die Artikel und Pluralformen.

> ~~gefrieren~~ mild Spinne kahl Hitze erfrieren Ast grün Reh Frost schmelzen Kräuter Schmetterling blühen trocken verblüht Blätter vertrocknen Tau Blume Igel feucht Sonne Wolke Frosch Wurzel saftig Vogel Blüte Gras Regen Mücke wachsen Sturm welken schattig Schnee Biene tauen Unkraut Pilz frisch Käfer Laub

Wetter	Pflanzen	Tiere	Vorgänge	Eigenschaften
			gefrieren,	

b Ordnen Sie jeder Jahreszeit typische Begriffe aus den Gedichten im Lehrbuch, S. 6/7, zu.

Frühling Sommer Herbst Winter

Das Blühen,

c Ergänzen Sie die Tabelle in Übungsteil a mit je drei Wörtern. Nehmen Sie ggf. ein Wörterbuch zu Hilfe.

Lesen
Schreiben

d Beantworten Sie folgende Fragen zu den Gedichten im Lehrbuch, S. 6/7, und belegen Sie Ihre Antworten mit Textstellen.

1. Wo spricht der Autor über sich selbst?
2. Wo wird die Natur personifiziert?
3. Wo gibt es viel Bewegung? Wo gibt es wenig Bewegung?
4. Wo gibt es Veränderung?
5. Wo werden Farben genannt?
6. Wo wird ein Tier genannt?
7. Welche Texte beschreiben etwas Vergangenes, welche etwas Gegenwärtiges?
8. Wo würden Sie sich am wohlsten fühlen? Warum?
9. Wo wären Sie nicht so gern? Warum?

1. *W. Hildesheimer: das Grün vor meinen Fenstern; Karl Krolow:*

2 Naturgedichte

Lesen
Schreiben

a Lesen Sie folgende kurze Gedichte.

> sonnig
> ein Käfer
> spannt seine Flügel
> ich kann nicht mit
> Heimweh

> kahl
> der Ast
> fällt vom Baum
> so endet sein Leben
> Winter

b Schreiben Sie ein Naturgedicht aus 11 Wörtern wie in Übungsteil a und benutzen Sie dazu auch die Wörter aus Übung 1.

Formen und Strukturen S. 89–94

3 Die Geschichte von der Schneeflocke

Verbinden Sie die Sätze mithilfe der angegebenen Konnektoren. Manchmal gibt es mehrere Lösungen.

1. Die Zeit ging eines Morgens im winterlichen Wald spazieren. Die Zeit hörte plötzlich ein Weinen. (als)

2. Die Zeit kam näher heran und sah: Es war die kleine Schneeflocke. Sie weinte herzzerreißend. (da *temporal*) – dass – die)

3. Warum war die Schneeflocke so verzweifelt? Das verstand die Zeit natürlich. (*indir. Fragesatz*)

4. Es war der Abschied des Winters. Eine Schneeflocke liebt nichts mehr als den Winter. (denn – und)

5. Die kleine Schneeflocke saß da und weinte. Gleichzeitig verwandelten sich immer mehr Schneeflocken in Wasser. (während)

6. Die kleine Schneeflocke weinte mehr, der Schnee um sie herum taute mehr, der erstarrte Boden wurde weicher. (je … desto – und)

7. Die Zeit versuchte, die Schneeflocke zu trösten. Die Schneeflocke hob den Kopf und sah auf. (als)

8. Die Schneeflocke bemerkte die Veränderungen. Die Veränderungen waren um die Schneeflocke herum geschehen. (da *temporal*) – die)

9. Plötzlich verstand die Schneeflocke: Mit dem Ende des Winter war nicht alles zu Ende. Es würde auch für die Schneeflocke Sommer werden. (dass – sondern dass)

10. Das Gesicht der Schneeflocke begann zu leuchten. Der Schneeflocke wurde es immer wärmer ums Herz. (deshalb – und)

11. Die Schneeflocke warf ihr Winterkleid mit einem lauten Jubelschrei von sich. Hoch zur Sonne schwebte die Schneeflocke. (schließlich – und)

12. Die Schneeflocke verschwand. Die Zeit hörte den Jubel der Schneeflocke in dem kleinen Bach. Der kleine Bach plätscherte hinter dem Hügel fröhlich vor sich hin. (nachdem – der)

> 1. *Eines Morgens ging die Zeit im winterlichen Wald spazieren, als sie plötzlich ein Weinen hörte. /*
> *Als die Zeit eines Morgens im winterlichen Wald spazieren ging, hörte sie plötzlich ein Weinen.*

4 Eine Textsammlung zum Thema Natur

Schreiben

a Schreiben Sie nun selbst eine Geschichte zum Thema Natur.

- Sammeln Sie zuerst Stichworte.
- Erstellen Sie dann ein Gerüst von der Handlung.
- Formulieren Sie nun die Geschichte aus und achten Sie besonders auf die Temporalangaben und sonstige Satzverbindungen.
- Korrigieren Sie Ihre Texte gegenseitig und geben Sie sie bei Unsicherheiten Ihrer Lehrerin / Ihrem Lehrer zur Korrektur.

b Stellen Sie die im Kurs entstandenen Geschichten und Gedichte zum Thema Natur in einer kleinen Textsammlung zusammen.

- Sortieren Sie die Texte.
- Erstellen Sie ein Inhaltsverzeichnis.
- Schreiben Sie ein Vorwort.
- Finden Sie einen Titel für das Buch und gestalten Sie den Umschlag.

Von der Natur lernen

Wortschatz

1 Natur und Technik

a Ordnen Sie die Begriffe den sechs Bildern im Lehrbuch, S. 8, zu.

> ~~Dornen~~ Ente Federn Flecken Krebs beißen Schnabel Netz Samen Schale
> Schlange Löwenzahn Spinne spitz stechen weben sich winden Zangen schweben

_____ _____ _____ _Dornen,_ _____ _____

b Ergänzen Sie Wörter aus Übungsteil a. Ergänzen Sie ggf. auch die Endungen.

1. Gibt es Rosen ohne _Dornen_ ?
2. Mit seinen _____ kann der _____ Schnecken und Muscheln ganz leicht öffnen.
3. Natürlich kann auch eine _____ fliegen.
4. Können eigentlich alle Tiere mit _____ fliegen?
5. Sowohl _____ als auch _____ können ihre Gegner mit ihrem Gift töten.
6. Wie lange braucht eine Spinne, um ein Netz zu _____?
7. Wenn der Wind weht, schweben die _____ des _____ wie kleine Fallschirme durch die Luft.

2 Was ist Bionik?

Lesen

a Bringen Sie den Text in die richtige Reihenfolge.

☐ das zwischen Gräsern aufgehängte Netz der Zitterspinnen. Aber Bionik muss nicht immer kompliziert sein. Auch in einfachen Dingen steckt die Genialität der Natur, wie zum Beispiel in einer Pinzette. Und wer nicht wie Enten und Gänse Schwimmflossen zwischen den Zehen hat, zieht sich einfach welche an.

☐ die das Vorbild Natur für Wissenschaftler und Techniker interessanter denn je machen. Das Paradebeispiel für Bionik ist der Traum vom Fliegen! Der Vogel gilt als Vorbild für den Flugzeugbau: Der Mensch hat bis heute große Fortschritte in der Flugtechnik gemacht.

☐ Doch die Perfektion des Vogelfluges bleibt unerreicht. Eines der bekanntesten Beispiele für die technische Umsetzung eines Vorbildes aus der Natur ist das 1972 erbaute Dach des Münchener Olympiastadions. Die leicht und luftig wirkende Glas- und Stahlkonstruktion des Daches ist frei an Masten aufgehängt. Sie erinnert an

☐ diese Prinzipien in die Technik zu übertragen. Der Begriff Bionik wurde 1958 vom amerikanischen Luftwaffenmajor J.E.Steele geprägt. Er sollte das „Lernen aus der Natur für die Technik" verdeutlichen. Oder, wie der deutsche Vorreiter der Bionik, Werner Nachtigall, es formulierte: Lernen von der Natur für

☐ ein eigenständiges technisches Gestalten. Die Konstruktionen der Natur sind vor allem eins: effektiv bei maximaler Energie- und Materialausnutzung. Im Zeitalter schwindender Ressourcen und drohender Klimaveränderung sind es vor allem diese Eigenschaften,

1 Die Natur scheint ein geradezu unerschöpfliches Reservoir an oft genial einfachen Lösungen parat zu haben. Die Bionik, eine Wissenschaft an der Grenze zwischen Technik und Biologie, nimmt sich diese zum Vorbild. Sie forscht nach den Prinzipien, die hinter den Konstruktionen der Natur stehen und versucht,

b Lesen Sie den Text noch einmal und entscheiden Sie, ob die Aussagen richtig (r) oder falsch (f) sind.

		r	f
1.	Bionik ist eine interdisziplinäre Wissenschaft.	☒	f
2.	Der Begriff Bionik wurde von einem amerikanischen Soldaten geprägt.	r	f
3.	Die Konstruktionen der Natur nutzen das Material stark ab.	r	f
4.	Der moderne Flugzeugbau hat sein Vorbild, den Vogel, längst eingeholt.	r	f
5.	Ein Spinnennetz hat den Architekt des Münchener Olympiastadiums inspiriert.	r	f
6.	Bionik schützt vor drohender Klimaveränderung.	r	f

3 Der Lotuseffekt

a Setzen Sie die Nomen zu Komposita zusammen und ergänzen Sie die Artikel.

1. *die* Fassaden-	A	-kristalle	1.	G	
2. _____ Elektronen-	B	-blume	2.	☐	
3. _____ Wachs-	C	-mikroskop	3.	☐	
4. _____ Blatt-	D	-gefäße	4.	☐	
5. _____ Schmutz-	E	-wachs	5.	☐	
6. _____ Keramik-	F	-tropfen	6.	☐	
7. _____ Silkon-	G	-farbe	7.	☐	
8. _____ Lotus-	H	-partikel	8.	☐	
9. _____ Wasser-	I	-oberfläche	9.	☐	

b Lesen Sie den Text, klären Sie den Wortschatz und korrigieren Sie ggf. Übungsteil a. Schreiben Sie dann die passende Überschrift zu den einzelnen Abschnitten.

> Zukünftige Anwendung des Lotuseffekts   Eine bahnbrechende Entdeckung
> Das Lotusblatt unterm Elektronenmikroskop   Lotuseffekt im Alltag

1. _____

Professor Wilhelm Barthlott von der Universität Bonn machte in den 70er Jahren eine bahnbrechende Entdeckung: Die Blätter der in Asien beheimateten Lotusblume sind immer sauber. Sie haben die faszinierende Fähigkeit, sich selbst zu reinigen. In jahrzehntelanger Arbeit wurde dieser so genannte Lotuseffekt erforscht. Nun ist er patentiert und im praktischen Einsatz.

2. _____

Das Lotusblatt enthüllt erst unter dem Elektronenmikroskop sein Geheimnis: Auf der Blattoberfläche sitzen winzige Wachskristalle, die dem Blatt eine raue, genoppte Struktur verleihen. Die unzähligen mikroskopisch kleinen Noppen bewirken, dass Schmutzpartikel und Wassertropfen nur wenige Kontaktstellen mit dem Blatt haben und daher nicht anhaften können. Wassertropfen perlen kugelförmig ab und nehmen dabei Schmutz- und Staubpartikel mit. Es ist gelungen, diese raue Mikrostruktur auf künstlichen Oberflächen nachzubilden.

3. _____

Der Lotuseffekt hat heute in diversen Anwendungen Einzug in den Alltag gehalten. Es gibt Keramikgefäße, die nicht verschmutzen können. Es gibt Fassadenfarbe, die Wasser und Schmutz von Hauswänden einfach abperlen lässt. Es gibt ein Silikonwachs, das auf verschiedene Materialien aufgesprüht werden kann, zum Beispiel auf Markisen, Dachziegel oder schnell verschmutzende Gegenstände wie Gepäckablagen in Zügen.

4. _____

Wissenschaftler sind dabei, weitere Anwendungsgebiete für den Lotuseffekt zu erschließen. Denkbar sind beispielsweise selbstreinigende Autolacke und Fensterscheiben. Geforscht wird auch daran, Flugzeuge mit einer Lotuseffekt-Oberfläche zu versiegeln. Dann könnten sich Wassertropfen und Eiskristalle nicht mehr auf Tragflächen und Flugzeugrumpf halten. Das lästige Enteisen im Winter würde wegfallen.

4 Informationen weitergeben

Sie bereiten eine internationale Tagung zum Thema „Jugend und Wissenschaft" vor. Sie sollen per Mail nun einige Informationen an das gesamte Organisationsteam schicken. Benutzen Sie die Informationen aus den Notizzetteln für Ihre Mail.

erledigt:
- *Unterkunft: 2- und 3-Bettzimmer Jugendherberge, inkl. Frühstück u. Abendessen*
- *Mittagessen bestellt: Mensa Uni*
- *Getränke und Pausensnacks bereit*
- *Seminarräume: Computer, Tafel, Stifte*
- *Touristeninformation: Stadtführung zugesagt*

zu erledigen:
- *Presse informieren*
- *Geld für Stadtführung überweisen*
- *Bus für Ausflug bestellen*
- *Empfang der Gäste am Bahnhof?*
- *Transfer zur Jugendherberge?*
- *Stadtpläne für alle kopieren*

Liebes Team,
unsere Vorbereitungen laufen ganz gut. Ich fasse zusammen, was seit unserem letzten Treffen erledigt wurde:

Naturkatastrophen

Hören ● 1–5

→TELC

1 Ansagen

Sie hören fünf kurze Ansagetexte. Entscheiden Sie beim Hören, ob die Aussagen richtig (r) oder falsch (f) sind. Sie hören die Texte nur einmal.

1. Die Grüne Woche ist eine Veranstaltung für deutsche und ausländische Politiker.   r   f
2. Reisende sollten sich heute nur auf den Weg machen, wenn es unbedingt nötig ist.   r   f
3. Die Pollen fliegen in diesem Jahr früher, weil es nicht so kalt war.   r   f
4. Unter der Servicehotline kann man eine Übernachtung buchen.   r   f
5. Gesunde Bürger von 16 bis 80 Jahren können Blut spenden.   r   f

Lesen

2 Meinungen und Kommentare. Wer sagt was?

a Lesen Sie die Texte im Lehrbuch, S. 10 / 11, noch einmal und ergänzen Sie die Namen der Verfasser. Eine Aussage passt zu keinem der Kommentatoren.

1. _____Axel König_____ behauptet, wer von natürlicher Entwicklung des Klimas spreche, habe keinen Verstand.

2. _____ ist der Überzeugung, dass heute besonders viele Menschen Angst vor den Folgen der Erderwärmung hätten.

3. _____ sagt, die Natur habe schon immer Veränderungen zustande gebracht.

4. _____ ist der Meinung, ein Klimawandel werde auch ohne Zutun der Menschen stattfinden.

5. _____ meint, die verharmlosenden Aussagen von Journalisten seien wissenschaftlich nicht haltbar und hätten politisch die falschen Auswirkungen.

6. _____ sagt, die Menschen hätten durch ihr Verhalten schon mehrere Umweltkatastrophen verursacht.

7. _____ schreibt, wenn wir unser Verhalten nicht vollkommen verändern würden, gebe es nicht mehr lange Menschen auf Erden.

8. _____ meint, das Klima sei noch nie gleichbleibend gewesen.

9. _____ ist der Ansicht, die Natur sei widerstandsfähiger als wir denken würden.

Formen und
Strukturen
S. 103

b Unterstreichen Sie in Übungsteil a alle Verbformen, die indirekte Rede signalisieren, und tragen Sie sie in die Tabelle ein.

	Konjunktiv I	Konjunktiv II
Präsens	spreche	
Vergangenheit		
Futur		

3 Indirekte Rede

Formen und
Strukturen
S. 103

a Entscheiden Sie, ob die folgenden Aussagen richtig (r) oder falsch (f) sind.

1. In der indirekten Rede gibt es nur eine Form für alle drei Vergangenheitszeiten der direkten Rede.   ☒ f
2. Statt des Kommas steht bei der indirekten Rede ein Doppelpunkt.   r   f
3. In der informellen / gesprochenen Sprache können in der indirekten Rede auch die gleichen Verbformen wie in der direkten Rede stehen.   r   f
4. Der Konjunktiv I wird in der indirekten Rede nicht in Zeitungstexten gebraucht.   r   f
5. Die indirekte Rede gibt das wieder, was der Sprecher selbst gesagt hat.   r   f
6. In der indirekten Rede darf man nur den Konjunktiv I benutzen.   r   f

b Konjunktiv I: Ergänzen Sie die Formen in der Tabelle.

	geben	nehmen	sein	werden	haben	wissen	können	sprechen
er / sie / es								

c Wie werden die Formen des Konjunktiv I gebildet? Notieren Sie die Regel.

> **!** Man bildet den Konjunktiv I, indem: _____
>
> Ausnahme ist: _____

d Welche Form benutzt man in der Regel bei allen anderen Personalpronomen?

_____

Formen und
Strukturen
S. 103

4 Katastrophenmeldungen

Geben Sie die Meldungen aus den Medien weiter. Benutzen Sie dabei die
indirekte Rede.

1. Ein Unwetter mit Sturm und Orkanböen fegte in der Nacht zum Sonntag
   über weite Teile Deutschlands hinweg.
2. Nach den ungewöhnlich heftigen Monsun-Regenfällen im Norden
   Thailands steht das Wasser auf manchen Straßen bis zu zwei Meter hoch.
3. Bei einem Erdbeben der Stärke 6,2 wurden im Westen Japans mindestens
   acht Menschen verletzt. Warnungen vor einem Tsunami wurden nicht
   ausgegeben.
4. Neuseeland stöhnt unter einem der trockensten Sommer in den
   vergangenen 100 Jahren. Für die neuseeländischen Landwirte ist die Lage
   ernst. Ihre Produktion ist ernsthaft in Gefahr.
5. Das Flammen-Inferno in den Wäldern Portugals nimmt immer dramatischere Ausmaße an.
   Mehrere Menschen wurden verletzt, zahlreiche mussten ihre Dörfer verlassen.
6. An diesem Wochenende wurden in Polen mindestens 27 Kältetote gemeldet. Im Osten des
   Landes fiel das Quecksilber nachts zum Teil auf Minus 32 Grad.
7. Der indonesische Vulkan Merapi spuckte am Wochenende unvermindert heiße Gaswolken und
   Lava aus. Die Behörden riefen daher die Menschen auf, in ihren Notquartieren zu bleiben.

> 1. *Die Nachrichtenagenturen melden, dass ein Unwetter mit Sturm und Orkanböen in der Nacht
>   zum Sonntag über weite Teile Deutschlands hinweggefegt sei. / ein Unwetter mit Sturm und
>   Orkanböen sei in der Nacht zum Sonntag über weite Teile Deutschlands hinweggefegt.*

Formen und
Strukturen
S. 103

5 Fragen besorgter Bürger

Geben Sie die Fragen in indirekter Rede wieder.

1. Wie wahrscheinlich ist eine Klimakatastrophe?
2. Haben die starken Stürme etwas mit der Klimaveränderung zu tun?
3. Was passiert, wenn die Temperatur steigt?
4. Was passiert, wenn die Eisberge schmelzen?
5. Ist der Meeresspiegel schon angestiegen?
6. Hat sich das Klima wirklich schon immer verändert?
7. Wie lange wird es auf der Erde noch menschliches Leben geben?
8. Warum ergreifen die Politiker keine strengeren Maßnahmen?
9. Wieso einigen sich nicht alle Industrienationen auf eine gemeinsame Klimapolitik?

> 1. *Jemand fragt, wie wahrscheinlich eine Klimakatastrophe sei.*

Klonen

1 Chancen und Gefahren

a Ordnen Sie die Adjektive in die Tabelle ein.

> ~~abenteuerlich~~ ~~günstig~~ aussichtsreich beunruhigend hoffnungsvoll bedenklich
> bedrohlich erfolgversprechend ernst riskant vielversprechend unheimlich

Chancen	Gefahren
günstig,	*abenteuerlich,*

b Ergänzen Sie die Adjektive aus Übungsteil a. Manchmal gibt es mehrere Lösungen.

Pia und Pit wollten schon immer Kinder. Ihre Ausgangslage war [1] *günstig*. Pia war beruflich erfolgreich und auf Pit wartete eine [2] _____ Führungsposition. Aber ihr Kinderwunsch ging nicht in Erfüllung. Dafür begann für die beiden eine [3] _____ Reise von Klinik zu Klinik. Sie empfanden es als [4] _____, dass niemand eine Ursache für ihre Kinderlosigkeit fand. Dann begannen sie mit der ersten künstlichen Befruchtung. Diese Methode erschien ihnen weder [5] _____ noch [6] _____. [7] _____ wartete das Paar jedes Mal auf das Ergebnis. Doch als auch der zwölfte Versuch scheiterte, wirkte Pia, die sonst recht heiter ist, sehr [8] _____. Im Ausland möchte Pia sich nun die Eizellen einer Spenderin einsetzen lassen. Dieses Verfahren ist in Deutschland bisher nicht erlaubt. Es kostet Pia und Pit sehr viel Geld, aber diese Methode ist [9] _____. Der Leiter der Klinik hat dem Paar aus Deutschland eine [10] _____ Statistik seiner Arbeit geschickt. Da hat Pia wieder Hoffnung geschöpft. Doch manchmal in einem stillen Moment denkt sie an die Frau, die ihr die Eizellen spendet und findet die neuen medizinischen Methoden auch [11] _____.

2 Informationen aus zweiter Hand

a Was bedeutet der Satz? Kreuzen Sie die richtige Variante an.

1. Der Wissenschaftler will die Daten nicht gefälscht haben.
   a. Der Wissenschaftler behauptet, er habe die Daten nicht gefälscht.
   b. Man sagt, dass er die Daten nicht gefälscht habe.
2. Schon vor zehn Jahren sollen Mediziner Experimente durchgeführt haben.
   a. Angeblich wurden schon vor zehn Jahren Experimente durchgeführt.
   b. Mediziner versichern, dass sie schon vor zehn Jahren Experimente durchgeführt hätten.
3. Wissenschaftler wollen nichts von den Gefahren gewusst haben.
   a. Es gibt Gerüchte, dass die Wissenschaftler nichts von den Gefahren gewusst hätten.
   b. Die Wissenschaftler behaupten, nichts von den Gefahren gewusst zu haben.
4. In Zukunft soll es Kontrollen durch Fachleute geben.
   a. Die Fachleute versichern, dass sie in Zukunft Kontrollen durchführen werden.
   b. Man verspricht, dass es in Zukunft Kontrollen durch Fachleute geben wird.

b Wählen Sie den passenden Ausdruck aus der Klammer und formulieren Sie die Sätze um.

1. (sagt von sich / scheinbar) Der neue Mitarbeiter, Max Mauler, will mehrere Sprachen perfekt beherrschen.
2. (es heißt / er erzählt) Er soll an einer englischen Universität studiert haben.
3. (angeblich / er versichert) Er will noch Praktika in fünf anderen Ländern absolviert haben.
4. (man sagt / er behauptet) Seine Eltern sollen sehr erfolgreiche Geschäftsleute sein.
5. (Gerüchten zufolge / er erklärt) Die neue Stelle soll hervorragend bezahlt sein.

> 1. *Max Mauler sagt von sich, dass er mehrere Sprachen perfekt beherrsche.*

3 Subjektiver Gebrauch der Modalverben

a Setzen Sie „sollen" oder „wollen" in die Sätze ein. Die Aussagen in der Klammer helfen Ihnen.

1. Das weltweite Klima ___soll___ sich in den nächsten Jahren verändern. (Forscher behaupten das.)
2. Die Forscher _____ Untersuchungen durchgeführt haben, die das beweisen. (Forscher behaupten das.)
3. Manche Industrielle _____ davon nichts gewusst haben. (Politiker behaupten das.)
4. Die Politiker _____ schon lange strengere Gesetze geplant haben. (Politiker behaupten das.)
5. Diese Gesetze _____ eine Klimakatastrophe verhindern können. (Wissenschaftler behaupten das.)
6. Stürme und Überschwemmungen _____ wieder abnehmen. (Wissenschaftler behaupten das.)
7. Meteorologen _____ lange schon vor den Folgen der Industrialisierung gewarnt haben. (Meteorologen behaupten das.)
8. Nur wenn man sofort handelt, _____ an der Entwicklung noch etwas zu ändern sein. (Meteorologen behaupten das.)

b Verkürzen Sie die Sätze, indem Sie die Modalverben „sollen" oder „wollen" verwenden.

1. In den Medien wurde berichtet, dass die Klonforschung finanziell stark unterstützt wird.
2. Einige Forscher behaupten, sie hätten schon große Erfolge erzielt.
3. Im Internet fand sich die Nachricht, dass die Experimente nicht korrekt durchgeführt wurden.
4. Die Forscher behaupten jedoch, Beweise für die Korrektheit vorlegen zu können.
5. Schon in den nächsten Monaten veröffentlichen sie ihre Ergebnisse selbst im Internet, versprechen die Forscher.
6. Man sagt, dass diese Ergebnisse die Politiker zu Entscheidungen zwingen werden.
7. Die Politiker behaupten, dass sie sich schon entschieden hätten.
8. Wie die Zeitung schreibt, wird schon nächste Woche über ein neues Klongesetz abgestimmt.

> 1. *Die Klonforschung soll finanziell stärker unterstützt werden.*

Ernährung – natürlich

1 Genfood – Segen oder Fluch?

Lesen Sie den Text im Lehrbuch, S. 14 / 15, noch einmal und entscheiden Sie, ob die Aussagen richtig (r) oder falsch (f) sind. Notieren Sie die entsprechende Textstelle.

			Zeile/n
1. Die meisten Verbraucher sind gegenüber Genfood kritisch eingestellt.	r̶	f	Z. 7
2. Die neue Lebensmitteltechnologie ist in ganz Europa verbreitet.	r	(f)	15–17
3. Die Befürworter der Gentechnik machen tolle Versprechungen.	(r)	f	18–19
4. Die Gegner der Gentechnik befürchten Risiken für die Menschen und ihre Umwelt.	(r)	f	26–29
5. Viele Forscher meinen, dass man mit Gentechnik die Hungersnot in der Welt lindern kann.	(r)	f	33–36
6. Die „grüne" Gentechnik ist nach Ansicht der Grünen-Politiker ein absolutes Muss.	r	(f)	59–61
7. Ohne Gentechnik darf die Nahrungsmittelproduktion nicht erhöht werden.	r	(f)	57–58
8. Statt Gentechnik solle man die Ursachen der Hungerkatastrophe bekämpfen, fordern Politiker der Grünen.	(r)	f	65–68

7 Natur

2 Guten Appetit!

Welche Definitionen passen zu welchen Begriffen? Ordnen Sie zu.

1.	Functional Food	A	Essen für den raschen Verzehr	1.	F
2.	Schonkost	B	(kompletter) Nahrungsverzicht	2.	J
3.	Veganismus	C	eingefrorene, industriell hergestellte Lebensmittel	3.	G
4.	Gourmetgastronomie	D	bewusst langsamer Genuss von gesunden, regionalen Lebensmitteln und Getränken	4.	N
5.	Rohkost	E	gesunde Lebensmittel, bei denen auf ökologische Herstellungsbedingungen geachtet wird	5.	I
6.	Slow Food	F	Lebensmittel angereichert mit zusätzlichen, angeblich gesundheitsfördernden, Inhaltsstoffen	6.	D
7.	Feinkost	G	kompletter Verzicht auf tierische Lebensmittel	7.	M
8.	Tiefkühlkost	H	Berücksichtigung von biochemischen und physikalisch-chemischen Erkenntnissen bei Zubereitung und Verzehr von Speisen und Getränken	8.	C
9.	Vegetarismus	I	ungekochte und unerhitzte, meist pflanzliche, Produkte	9.	L
10.	Trennkost	J	besonders bekömmliche und ausgewogene Ernährung im Rahmen einer Diät	10.	K
11.	Vollwerternährung	K	eiweiß- und kohlenhydrathaltige Lebensmittel werden nicht kombiniert	11.	E
12.	Fasten	L	Verzicht auf Fleisch und Fisch	12.	B
13.	Molekulargastronomie	M	ausgewählte, nicht alltägliche Lebensmittel	13.	H
14.	Fast Food	N	Küche für Genießer raffinierter Speisen	14.	A

3 Einsatz von Gentechnik

Bilden Sie Sätze mit Passiversatzkonstruktionen. Benutzen Sie die Angaben in der Klammer.

1. Der Einsatz von Gentechnik *in der Lebensmittelindustrie ist in Europa nur schwer durchsetzbar.* (in der Lebensmittelindustrie / in Europa / nur schwer / durchsetzbar / sein)
2. Kritisiert wird, dass _____.
   (die Entwicklung von Genpflanzen / kaum / kontrollieren / sich / lassen)
3. Außerdem _____.
   (mögliche langfristige Risiken für die Gesundheit / noch nicht / abschätzbar / sein)
4. Bei der Einführung _____.
   (von gentechnisch veränderten Lebensmitteln / Prüfverfahren / zwar / durchzuführen / sein)
5. Und _____.
   (die Unbedenklichkeit der Lebensmittel / sicherzustellen / sein)
6. Aber Naturschutzorganisationen klagen, dass _____.
   (bei Genlebensmitteln / die Gefahren für Allergiker / nicht / kalkulieren / sich / lassen)

4 Küchendienst

Wandeln Sie die Passiversatzformen in Passivsätze um.

1. Bananen lassen sich leicht schälen, aber Granatäpfel lassen sich nur schwer schälen.
2. Äpfel sind vor dem Verzehr zu waschen.
3. Forelle lässt sich braten oder grillen.
4. Bei Ökoprodukten ist eine lange Lagerung zu vermeiden.
5. Das Haltbarkeitsdatum ist nicht lesbar.
6. Für scharfe Gerichte ist Chili zu verwenden.
7. Die Milch ist nicht mehr trinkbar.

1. *Bananen können leicht geschält werden, aber Granatäpfel nur schwer.*

5 Das lässt sich so oder so sagen.

Formen und Strukturen S. 102

Wandeln Sie die Passivsätze in Sätze mit den angegebenen Passiversatzformen um.

1. Gemüse kann gut im Gewächshaus angebaut werden. (-bar)
2. Dabei muss die Temperatur genau geregelt werden. (sein)
3. Die Pflanzen müssen auch regelmäßig gegossen werden. (sein)
4. Viele Arbeiten können von Maschinen ausgeführt werden. (-bar)
5. Bei der Weiterverarbeitung müssen Hygienestandards eingehalten werden. (sein)
6. Beim Transport können umweltschonende Verkehrsmittel eingesetzt werden. (lassen sich)
7. Im Geschäft können die unterschiedlichsten Produkte erworben werden. (lassen sich)
8. Es muss entschieden werden, ob Preis oder Qualität die größte Rolle spielen soll. (sein)

1. *Gemüse ist gut im Gewächshaus anbaubar.*

6 So sagt man oft.

Formen und Strukturen S. 102

Schreiben Sie die Aussagen in Sätze mit „man" und – wenn möglich – in Passivsätze um.

1. Das lässt sich so nicht sagen. *Das kann man so nicht sagen. / Das kann so nicht gesagt werden.*
2. Da ist nichts zu machen. _____
3. Das lässt sich schnell ändern. _____
4. Das ist machbar. _____
5. Das ist kaum zu glauben. _____
6. Da ist noch viel zu tun. _____
7. Das ist schon vorstellbar. _____
8. Darüber lässt sich reden. _____

7 Auslautverhärtung

Hören 6 Aussprache

a Welche Konsonanten hören Sie? Markieren Sie die Wörter, in denen Sie ein „b" hören.

halbieren – halb | schreiben – schrieb | Dieb – Diebe | Raubtier – rauben | Laube – Laub

Hören 7 Aussprache

b Markieren Sie die Wörter, in denen Sie ein „d" hören.

Kind – Kinder | Badetuch – Bad | Gründe – Grund | Hemd – Hemden | Herde – Herd

Hören 8 Aussprache

c Markieren Sie die Wörter, in denen Sie ein „g" hören.

schweigen – schwieg | fliegen – Flugzeug | arg – Ärger | Gebirge – Berg | Tag – Tage

Hören 9 Aussprache

d Hören Sie und sprechen Sie.

1. Es ist gleich halb drei.
2. Sie schrieb ein Kochbuch.
3. Der Dieb brach ins Labor ein.
4. Pia spielt im Sandkasten.
5. Es gab einen richtigen Grund.
6. Männer an den Herd!
7. Der Klonforscher schwieg.
8. Das Flugzeug fliegt mit Rapsöl.
9. Man soll den Tag nicht vor dem Abend loben.

8 Die Konsonnanten v und s

Hören 10–11 Aussprache

a Hören Sie die unterschiedliche Aussprache von „v" und „s" im Wortinneren und am Wortende und sprechen Sie nach.

1. brave – brav | Detektiv – Detektive | instinktive – instinktiv | Effektivität – effektiv
2. Lose – Los | Mäuse – Maus | Kurs – Kurse | Preise – Preis | kreisen – Kreis

Hören 12 Aussprache

b Hören Sie und sprechen Sie.

1. Das brave Pferd ritt den Parcour mit Bravour.
2. Der effektive Detektiv fing den Dieb.
3. Instinkte helfen instinktiv das Richtige zu tun.
4. Das Los der Menschen ist unvorhersehbar.
5. Die Maus geht nicht aus ihrem Haus.
6. Der Aktienkurs sinkt und die Preise purzeln.

Mit Pflanzen heilen

1 Pflanzenheilkunde

Wortschatz
Lesen

a Korrigieren Sie die Begriffe. Versuchen Sie die Wörter zu finden, die in den Kontext passen, ohne im Lehrbuch nachzusehen.

1. Krankheiten werden seit Urzeiten mit ~~Giftpflanzen~~ _Heilpflanzen_ kuriert.
2. Paracelsus erfasste ~~exotische~~ _____ Pflanzen systematisch.
3. Viele ~~wissenschaftlich~~ _____ hergestellte Arzneimittel stammen aus der Phytotherapie.
4. Stark ~~schmerzende~~ _____ Substanzen, wie Opiate, werden aus Schlafmohn gewonnen.
5. Pflanzliche Medikamente haben weniger ~~Heilungserfolge~~ _____ als synthetische.
6. Chemische und pflanzliche ~~Rezepte~~ _____ müssen die gleichen gesetzlichen Bestimmungen erfüllen.
7. Pflanzliche Arzneien sind in mancher Hinsicht den synthetischen Medikamenten ~~überdacht~~ _____.
8. Phytopharmaka werden oft gegen Magenprobleme, Erkältungen und Befindlichkeitsstörungen ~~eingetragen~~ _____.
9. Die ~~Korrektur~~ _____ verschiedener Heilkräuter kann negative Folgen haben.

b Vergleichen Sie Ihr Ergebnis nun mit dem Text im Lehrbuch, S. 16, und notieren Sie ggf. die Varianten aus dem Text.

2 Naturheilkunde im Gespräch

Hören ○ LB 1, 13
Schreiben

Hören Sie den 1. Teil des Interviews im Lehrbuch, S. 17, noch einmal und beantworten Sie folgende Fragen in Stichpunkten.

1. Warum wendet man sich heute der Naturmedizin zu?
2. Was versteht man unter „Phytotherapie"?
3. Was gaben die Menschen früher in die Gräber der Verstorbenen?
4. Wer gilt als der Begründer der Phytotherapie?
5. Wer kümmerte sich im Mittelalter hauptsächlich um die Pflanzenheilkunde?
6. Welche Entwicklung erfuhr die Pflanzenheilkunde im 19. Jahrhundert?

1. _Forschung mit Gen- oder Biotechnologie erfüllen die Hoffnungen nicht; man ist enttäuscht_

3 Interview

Wortschatz

Welche Redemittel passen zu welchen Teilen eines Interviews? Ordnen Sie zu.

~~Ich bin nicht sicher, ob ich Sie richtig verstanden habe.~~ | Ich würde Sie gern zum Thema … interviewen. | Dürfte ich den Gedanken noch einmal aufgreifen? | Ich würde jetzt gern zum nächsten Punkt kommen. | Vielen Dank für dieses informative Gespräch. | Darf ich noch einmal auf diesen Punkt eingehen? | Entschuldigen Sie bitte, hätten Sie kurz etwas Zeit? | Ich danke Ihnen für Ihre Gesprächsbereitschaft. | Würden Sie das bitte etwas näher erläutern? | Da würde ich gern kurz einhaken. | Das war sehr interessant, vielen Dank. | Kommen wir noch einmal zurück zum Thema …

Beginn des Interviews	während des Interviews	nachfragen	Ende des Interviews
		Ich bin mir nicht sicher, ob ich Sie richtig verstanden habe.	

Grammatik: Das Wichtigste auf einen Blick

1 Konjunktiv I: Indirekte Rede

Formen und
Strukturen
S. 103

Der Konjunktiv I wird in der indirekten Rede, vor allem in Zeitungstexten gebraucht. Die indirekte Rede gibt das wieder, was ein anderer Sprecher gesagt hat. Der Konjunktiv signalisiert: Das ist die Meinung eines anderen.
- Wissenschaftler: Ich weiß mehr über die Sache als die Beteiligten. *(Gegenwart)*
  In der Zeitung: Der Wissenschaftler sagte, er wisse mehr über die Sache als die Beteiligten.
- Wissenschaftler: Aber ich wusste das voriges Jahr noch nicht. *(Vergangenheit)*
  In der Zeitung: Der Wissenschaftler sagte, er habe das voriges Jahr noch nicht gewusst.

Formen:

	kommen	lesen	fahren	nehmen	müssen	wissen	haben	sein
ich	komm-e	lese	fahre	nehme	müsse	wisse	habe	sei
er/es/sie	komm-e	lese	fahre	nehme	müsse	wisse	habe	sei
sie/Sie	komm-en	lesen	fahren	nehmen	müssen	wissen	haben	seien
				keine Vokaländerung				

Bei regelmäßigen Verben und in der mündlichen Rede benutzt man meist „würde" + Infinitiv:
- Ein Reporter behauptete, er würde jeden Tag vier Stunden in der Bibliothek recherchieren.

Bei den anderen Verben benutzt man Konjunktiv II:
- Der Pressesprecher informierte die Reporter, dass der Kanzler bald käme.

2 Informationen aus zweiter Hand: subjektiver Gebrauch der Modalverben „sollen" und „wollen"

Formen und
Strukturen
S. 98

Modalverben können auch subjektiv gebraucht werden, d. h., der Sprecher oder die Sprecherin drücken damit ihre persönliche Vermutung Meinung oder Einschätzung eines Sachverhaltes aus.
- Robert will das bis nächsten Montag beenden können.
  (= Sprecher/in sagt, dass Robert behauptet, dass er das kann.)

Das Perfekt der Modalverben im subjektiven Gebrauch wird anders gebildet als im objektiven Gebrauch, nämlich mit einem Infinitiv Perfekt:
- Herbert muss es gewusst haben. *(= Sprecher/in ist sehr sicher, dass das so war.)*

wollen
- Er war dabei, als sie die Bäume abgesägt haben. Aber nun will er es nicht gesehen haben.
  (= Jemand behauptet etwas, aber Sprecher/in glaubt es nicht.)

sollen
- Er soll sehr viel Geld in der Schweiz haben. Er soll sein Geld mit Kupferminen verdient haben.
  (= Sprecher/in hat ein Gerücht gehört und gibt es weiter.)

3 Passiversatzformen

Formen und
Strukturen
S. 102, 112

Mündlich verwendet man oft Ersatzformen, um Passiv-Konstruktionen zu vermeiden:

- Hunger kann man durch Gentechnik lindern. (*statt:* Hunger kann durch Gentechnik gelindert werden.)	*„man" = jede Person, alle Leute. Die konkrete Person ist nicht wichtig.*
- Sind Genvitamine vom Körper absorbierbar? (*statt:* Können Genvitamine absorbiert werden?)	*Verbstamm + „-bar" oder „-lich" = kann gemacht werden*
- Das ist nur mit Gentechnik zu machen. (*statt:* Das kann nur mit Gentechnik gemacht werden.)	*„ist" + „zu" + Infinitiv = muss / kann gemacht werden*
- Das lässt sich nicht beweisen. (*statt:* Das kann bewiesen werden.)	*„lässt sich" + Infinitiv = kann (nicht) gemacht werden*

8 Wissen und Können

Wissen und Können

Wortschatz

1 Wirre Traumlandschaft

Im Traum sehen Sie eigenartige Wörter an Ihnen vorbeiziehen. Nehmen Sie die Wörter auseinander und fügen Sie sie neu zusammen, sodass sich sinnvolle Wörter ergeben. Schauen Sie ggf. auch auf der Karte im Lehrbuch, S. 18, nach.

~~Fähigbildung~~	~~Ausziehung~~	Erkeit	Irrknüpfungen	Motivastand
Wissention	Erschaft	Bildungssie	Zwischenfinden	Empziele
Fantadecken	entfort	Verbildung	Kenntnis	Tumfehler

Ausbildung, _____

Wortschatz

2 Wissen, können oder kennen?

Ergänzen Sie jeweils eins der drei Verben in der passenden Zeitform.

1. Armin Hary ___*konnte*___ die hundert Meter in zehn Sekunden zurücklegen.
2. Heute _____ viele Läufer so schnell laufen.
3. Jeder Deutsche _____, dass die Berliner Mauer im November 1989 gefallen ist.
4. Wer klassische Musik liebt, _____ Bach.
5. Jedes Kind _____, dass ein Stein ein Gegenstand ist.
6. Viele Fremdsprachen zu _____, ist sehr nützlich.
7. _____ Sie das Bild „Guernica" von Picasso?
8. Mozart _____ schon als Kind wunderbar Klavier spielen.

Wortschatz

3 Erfinderische Frauen und Männer

kennen – wissen – können: Ergänzen Sie das passende Verb in der richtigen Form.

Im Taschenbuch „Deutsche Stars – 50 Innovationen, die jeder [1] ___*kennen*___ sollte", werden Erfindungen aus Deutschland vorgestellt, die zu Weltruhm gelangten.

Wer [2] _____ zum Beispiel schon, dass die Idee für einen Kaffeefilter im Jahre 1908 entstand, als Melitta Bentz die Löschblätter aus den Schulheften ihrer Kinder zum Filtern von Kaffee verwendete. Nach einigen Verfeinerungen [3] _____ der Familienbetrieb von 1912 an Filterpapier und ab 1937 Filtertüten herstellen.

Oder [4] _____ Sie etwa, dass Herta Heuwer die Frau war, die 1949 die Currywurst erfunden hat. Uwe Timm, ein zeitgenössischer Schriftsteller, [5] _____ Frau Heuwers Geschichte und verarbeitete sie in seiner Novelle „Die Entdeckung der Currywurst" (1993).

Jeder [6] _____ den Namen Levi Strauss (1829–1902), aber [7] _____ Sie, dass der gebürtige Franke die Jeans erfunden hat, um den Goldgräbern eine stabile Beinkleidung zu geben?

Über alltägliche Dinge [8] _____ man oft nicht so genau Bescheid. Wer hätte sagen [9] _____, was sich hinter Haribo versteckt und wer die Gummibärchen erfunden hat. Wenn man es [10] _____, dann ist es leicht: Hans Riegel aus seinem Wohnort Bonn versteckt sich hinter dem Firmennamen. Den [11] _____ heute fast jeder.

Was ist Wissen?

Wortschatz

1 Definitionen von Wissen

Ordnen Sie die Nomen in die Tabelle ein. Wie heißen die passenden Verben bzw. verbalen Ausdrücke? Ergänzen Sie auch jeweils die Pluralform der Nomen, falls es eine gibt. Benutzen Sie ggf. ein einsprachiges Wörterbuch.

> ~~Kenntnis~~   ~~Fähigkeit~~   Erfahrung   Erkenntnis   Verstand   Netz   Experiment
> Argumentation   Glaube   Definition   Begriff   Form   Gewissheit   Empfinden

der	das	die	Verb
		Kenntnis, –se	*kennen*
		Fähigkeit, –en	*fähig sein*

2 Wissenswerte Wörter

Wortschatz

Welches Wort passt?

1. Frau May ist eine exzellente Fernsehmoderatorin, die sich durch ihr __*fundiertes*__ Wissen auszeichnet.
   a. fundiertes   **b.** kluges   **c.** ausreichendes

2. Sie hat ihr _____ Wissen zu fast allen medizinischen Bereichen natürlich nicht nur im Studium erworben.
   a. allgemeines   **b.** umfangreiches   **c.** spezielles

3. Vielmehr bemüht sie sich, ihr Wissen kontinuierlich durch Fachlektüre und Kongressbesuche zu _____.
   a. erweitern   **b.** speichern   **c.** sammeln

4. Auf diese Weise hat sie sich schon viel Wissen _____.
   a. geholt   **b.** erlangt   **c.** angeeignet

5. _____ besseres Wissens hat sie neulich einen Politiker eingeladen, der wegen seiner zynischen Art gefürchtet ist.
   a. Entgegen   **b.** Wider   **c.** Gegenüber

6. _____ hat sie dadurch dem Sender zu einem großen Erfolg verholfen, weil Millionen von Menschen „das Schauspiel" sehen wollten.
   a. Unwissend   **b.** Bewusstlos   **c.** Unwissentlich

3 Manche tun nichts selber

Formen und Strukturen
S. 99

Beantworten Sie die folgenden Fragen.

1. Hast du das Radio selbst repariert? – Natürlich nicht ! Ich habe es __*reparieren lassen*__.
2. Hast du dir die Haare selbst geschnitten? – Das kann ich doch nicht, ich _____.
3. Haben Sie das Kleid selbst genäht? – Zu schwierig! Ich _____.
4. Haben Sie das Haus selbst gebaut? – Nein, wir _____ es von einer Baufirma _____.

> **!** Die Verben „lassen", „sehen", „hören" und „helfen" stehen im Infinitiv, wenn sie mit einem anderen Verb zusammen gebraucht werden.
> Kurzregel fürs Perfekt: Hilfsverb „haben" + 2. Verb im Infinitiv + „lassen", „sehen", „hören" „helfen"* im Infinitiv. (*Bei „helfen" wird heute oft das Partizip II „geholfen" benutzt.)

Formen und
Strukturen
S. 99

4 Das habe ich kommen sehen!

Ergänzen Sie die folgenden Dialogteile mit „hören", „sehen" „helfen".

1. ▶ Ricardo hat die Prüfung nicht bestanden.
   ▷ Das habe ich kommen _sehen_. Er hat viel zu wenig gelernt.

2. ▶ Du übst ja immer noch Geige! Maria ist doch schon da!
   ▷ Na so was! Ich habe sie überhaupt nicht kommen _____.

3. ▶ Oh je! So schwere Bücher!
   ▷ Macht nichts! Mein Nachbar hat mir tragen _____.

4. ▶ Weißt du, wo Rolf ist?
   ▷ Nein. Aber ich habe ihn schon vor fünf Minuten am Haus vorbeigehen _____.

5. ▶ Hoffentlich ist die Hausarbeit nicht zu kurz.
   ▷ Ich habe sagen _____, dass sie mindestens 30 Seiten haben muss.

Wortschatz

5 Gesprächsstrategien

Welcher Ausdruck passt? Markieren Sie.

1. etwas erfragen: [X] Was verstehen Sie genau unter …? ☐ Das sehe ich etwas anders.
2. Äußerungen verdeutlichen: ☐ Ich meine damit … ☐ Da bin ich skeptisch!
3. sich korrigieren: ☐ Wie kamst du eigentlich dazu? ☐ Besser gesagt, …
4. etwas kommentieren: ☐ Das ist aber interessant. ☐ Ich habe nicht ganz verstanden …

Vom Wissen zum Können

Lesen
Wortschatz

1 Eine Präsentation: Der weite Weg vom Wissen zum Können

Zu welcher der Phasen A bis F der Präsentation gehören die folgenden Sätze? Notieren Sie den richtigen Buchstaben hinter jedem Satz.

A Begrüßung   C Überleitung   E Zusammenfassung, Ausblick
B Einleitung   D Nachfrage   F Dank, Verabschiedung

1. Haben Sie Fragen zu dem, was ich bis jetzt präsentiert habe? _D_
2. Guten Tag, meine sehr verehrten Damen und Herren! _A_
3. Wenn wir also ein Fazit ziehen wollen: … _E_
4. Wenn wir auf die Abbildung 3 schauen, … _C_
5. Ich möchte Ihnen heute vorstellen, wie … _B_
6. Betrachten wir nun die Folie 2, so stellen wir Folgendes fest: … _C_
7. In drei Sätzen zusammengefasst, … _E_
8. In meinem Vortrag geht es vor allem darum, … _B_
9. Gibt es Fragen zu bestimmten Punkten? _D_
10. Vielen Dank für Ihre Aufmerksamkeit und einen schönen Abend! _F_
11. Das möchte ich anhand von einigen Folien verdeutlichen. _____
12. Wenn wir die Grafik Nr. 3 anschauen, … _C_
13. Das heißt also: … _____
14. Was können wir nun dagegen / dafür tun? _D_
15. Wie ist also letztendlich die Gesamtsituation zu bewerten? _E_
16. Haben Sie Fragen zu dem bisher Vorgestellten? _D_
17. Herzlichen Dank und gute Heimreise. _F_
18. Lassen Sie uns beginnen. _B_
19. Nach der Präsentation haben wir 30 Minuten Zeit für Fragen und Diskussion. _B_
20. Ich bedanke mich für Ihre Geduld und stehe Ihnen für Fragen gern zur Verfügung. _F_

2 Ausbildung als Weg zum Können – aber wie steht es mit der Lehrstelle?

a Worum geht es in dieser Grafik? Formulieren Sie einen Satz mit jedem der Ausdrücke 1 bis 5.

Die Lehrstellen-Bilanz
Ausbildungsplätze in Deutschland in 1 000

1992 '93 '94 95 96 '97 '98 99 00 '01 '02 03 '04 '05 2006
722   *Schätzung*

Angebot
656
622
617 613
608 613
588 587 598 609
Nachfrage
635 648 660 647 639
636 654 645 635
596 593 618
590 591 593
572 586
563 564

Quelle: Berufsbildungsbericht 2006

© Globus 0645

In der Grafik geht es um … | Die Grafik zeigt, wie / dass … | In der Grafik ist dargestellt, wie / dass … | In der Grafik sieht man … | Die Grafik veranschaulicht … | Anhand der Grafik kann man sehen, dass …

1. Lehrstellenbilanz: *In der Grafik geht es um die Lehrstellen-Bilanz in Deutschland.*

2. Entwicklung von Angebot und Nachfrage: _____

3. 1992–1995 Angebot an Lehrstellen höher als Nachfrage: _____

4. seit 2002 Nachfrage kontinuierlich höher als Angebot: _____

5. in den Jahren 2000 und 2001: _____

b Hören Sie nun den folgenden Nachrichtentext und setzen Sie die Wörter im Kasten an die richtige Stelle im Text.

> nahm … zu   verringerte sich   ~~abgenommen~~
> fehlten   Rückgang   um   sank   um   auf

Das Lehrstellenangebot in Deutschland hat im vergangenen Jahr wieder [1] *abgenommen* – von 586.000 im Jahr 2004 auf 563.000 im Jahr 2005. Zwar [2] _____ gleichzeitig auch die Nachfrage nach Lehrstellen [3] _____ 591.000. Aber insgesamt [4] _____ somit im vergangenen Jahr rein rechnerisch immer noch rund 28.000 Lehrstellen. In Westdeutschland waren es 18.000 und in Ostdeutschland 10.000. Vom [5] _____ bei den neu abgeschlossenen Ausbildungsverträgen waren bis auf die Seeschifffahrt alle Ausbildungsbereiche betroffen. Im Bereich Industrie und Handel [6] _____ die Zahl der Neuabschlüsse [7] _____ 6.600 (-2,0 Prozent). Bei der Seeschifffahrt hingegen [8a] _____ die Zahl der neu abgeschlossenen Lehrverträge [8b] _____ und zwar [9] _____ rund 100, das entspricht 52 Prozent.

c Markieren Sie in Übungsteil a und b alle Ausdrücke, die eine Entwicklung zeigen, und ordnen Sie diese sowie die folgenden Ausdrücke den unten stehenden Kategorien zu.

> ~~Die Zahl … hat sich verdoppelt / verdreifacht / vervierfacht.~~ | Im Vergleich zu 1999 … |
> Die Zahl ist von … auf … gestiegen. | Die Zahl ist von … auf … gefallen / gesunken /
> zurückgegangen. | verglichen mit 2002 … | Die Anzahl der Ausbildungsplätze hat sich
> um … verringert. | gegenüber 2004 … | Die Kurven verlaufen parallel. | im Gegensatz
> zu … | In den Jahren … ist die Zahl … gleich geblieben. | im Unterschied zu … | Die
> Zahl … stagniert auf Vorjahrsniveau.

	Entwicklung		Vergleich	Gegensatz
↑	↓	→	≈	≠
Die Zahl … hat sich ver- doppelt / …				

Formen und
Strukturen
S. 94

3 Negative Lehrstellenbilanz – Wer klärt welche Fragen?

Ergänzen Sie die indirekten Fragen.

1. Wie hat sich die Zahl der Lehrstellen in den letzten Jahren entwickelt?
Wir müssen feststellen, *wie sich die Zahl der Lehrstellen in den letzten Jahren entwickelt hat*

2. In welchem Jahr war die Nachfrage so hoch wie die Zahl der Angebote?
Die Arbeitsagentur überprüft, _____.

3. Warum ist die Anzahl der Lehrstellen so stark gesunken?
Die Politiker klären, _____.

4. Was könnte man zukünftig tun, um die Zahl der Lehrstellen zu erhöhen?
Eine Arbeitsgruppe überlegt, _____.

5 Ist es sinnvoll, die Unternehmen zu zwingen, Lehrstellen einzurichten?
Die Politik muss untersuchen, _____.

Lesen
Schreiben

4 Eine Präsentation: Lernen mit Kopf, Herz und Hand

a Lesen Sie den Auszug aus einem Präsentationstext. Finden Sie heraus, welcher der folgenden Sätze an welche Stelle des Textes gehört. Achten Sie dabei auch auf die möglichen Mittel der Textverbindung und markieren Sie sie.

A Es interessiert Sie,

B Zur Verdeutlichung dieses Prozesses habe ich auf Folie 1 den Weg des Lernstoffs bis ins Langzeitgedächtnis dargestellt.

C Erlauben Sie, dass ich mich kurz vorstelle:

D In diesem Kontext möchte ich Ihnen heute einige Tipps zum besseren Behalten von Wortschatz vorstellen.

E Wer hat sich die Zahlen gemerkt, wer möchte sie wiederholen?

F Machen wir nun eine Gegenprobe:

G Zur Überprüfung wollen wir einen kleinen Test machen.

H Haben Sie noch Fragen dazu?

I Nein, dann verrate ich Ihnen den Trick:

J Wenn wir nun daraus das Fazit ziehen wollen:

K Dann bedanke ich mich für Ihre Aufmerksamkeit.

L Gibt es weitere Fragen?

Guten Abend! Meine Damen und Herren! [1] *Erlauben Sie, dass ich mich kurz vorstelle:*
Mein Name ist Ilse Berker. Ich beschäftige mich mit Lernforschung, besonders in Bezug auf das Erlernen von Fremdsprachen. [2] _____ Sie wissen sicherlich alle, in groben Zügen, wie das Speichern von Informationen im Gehirn funktioniert. [3] _____ Sie sehen hier, wie neue Wörter, die wir hören oder lesen, zuerst in das Kurzzeitgedächtnis gehen. Wichtig ist, dass die Kapazität dieses Gedächtnisses sich auf ca. sieben Objekte beläuft, plus oder minus zwei, je nach Individuum. Die Informationen werden in sogenannten „Chunks" (Bündeln) gespeichert. [4] _____ Schauen Sie hierzu jetzt bitte auf Folie 2. Da stehen sieben Zahlen, die Sie sich merken sollen. Sie können sie aber nur einmal lesen, denn ich decke sie sofort wieder zu. So! [5] _____ Ja, die Dame mit dem roten Pullover. Wunderbar, und war das schwer? Natürlich nicht, denn es waren ja nur sieben.
[6] _____ Versuchen Sie sich nach einmal Durchlesen zu merken, was auf dieser Folie steht: Sieben genauso ist leicht lernen mit zwanzig sinnvollen einen Wörtern wie Satz Einzelwörter es zu. Haben Sie's? [7] _____ „Es ist genauso leicht einen sinnvollen Satz mit zwanzig Wörtern zu lernen wie sieben Einzelwörter." [8] _____
Lernen Sie also Wörter immer im Sinnzusammenhang, möglichst in sinnvollen Sätzen.
[9] _____ Der Herr hier vorne: [10] _____ wie man die neuen Wörter zum Beispiel für eine Prüfung am besten ins Langzeitgedächtnis bringt? Am besten teilt man den Wortschatz in kleine Portionen auf und wiederholt ihn mehrfach. Und da man wirklich im Schlaf lernt, also im Schlaf verarbeitet, sollte man den Wortschatz das letzte Mal am Abend vor der Prüfung wiederholen. [11] _____ Keine Fragen mehr?
[12] _____ Auf Wiedersehen und eine gute Heimreise.

b Hören Sie jetzt einen weiteren Auszug aus der Präsentation in Übungsteil a und entscheiden Sie, ob die Aussagen richtig (r) oder falsch (f) sind.

1. Viele lernen nicht, weil sie überfordert oder faul sind.   X   f
2. Je mehr wir von einer Sache wissen, desto leichter fällt das Lernen.   r   f
3. Beim Lernen muss unbedingt äußere Ruhe herrschen.   r   f
4. Materielle Sorgen behindern das Lernen.   r   f
5. Persönliche Probleme führen dazu, dass man überhaupt nicht lernen kann.   r   f
6. Die wichtigsten Wörter im Zusammenhang mit Lernen sind: Interesse, Sinn, Ziel.   r   f
7. Man sollte sich beim Lernen immer wieder selbst fragen, warum man es tut.   r   f

5 Lernen macht glücklich – Drei Leserbriefe

Welcher Ausdruck wird jeweils synonym zum unterstrichenen gebraucht? Markieren Sie.

1. Der Mensch braucht ☐ nützt ☒ benötigt eben immer Anregungen, sonst verkümmert er ☐ geht er ein ☐ nimmt er ab.
2. Das belegen ☐ präsentieren ☐ beweisen auch die neuesten Untersuchungen der Hirnforschung.
3. … schon eine cooler Artikel, aber voll einseitig ☐ parteiisch ☐ engstirnig!
4. Bei mir war es genau das Gegenteil ☐ der Gegensatz ☐ andersherum.
5. In Ihrem sehr guten Artikel über das Lernen vermisse ich ☐ fehlen mir ☐ suche ich zwei m. E. essentielle ☐ existentielle ☐ grundlegende Punkte:
6. Erstens den Bezug ☐ die Beziehung ☐ die Bezugnahme auf die unterschiedlichen Lerntypen.
7. Zweitens den wichtigen Faktor „Motivation". Gerade diese scheint zumindest unseren Schülern weitgehend ☐ vollkommen ☐ ziemlich zu fehlen.
8. Würde sich da nicht ein Artikel lohnen ☐ empfehlen ☐ auszahlen?

6 Allgemeinbildung heute

Lesen Sie die folgenden Leserbriefe und markieren Sie auf S. 134, welches jeweils die Hauptaussage ist. Vergleichen Sie dann im Kurs.

1 Bravo zu Ihrem tollen Artikel! Die ewigen Quizsendungen hängen mir schon zum Halse raus! Allgemeinbildung ist eben mehr, als Quizfragen richtig beantworten zu können. Bildung ist mehr als Wissen. Bildung heißt, Wissen auch einzuordnen, also in Beziehung zu setzen, es anzuwenden und ganz besonders, es verantwortungsvoll zu nutzen. Dies alles haben Sie in Ihrem Artikel wunderbar herausgearbeitet. Danke! (Monika Streiter, Siegen)

2 Sie schreiben in Ihrem Artikel, dass Allgemeinbildung in der Vergangenheit zu geisteswissenschaftlich definiert wurde. Man müsse den Naturwissenschaften, der Technik, der Wirtschaft mehr Raum einräumen, um die moderne Welt zu verstehen. Dem stimme ich zu. Dass man aber dafür heute z. B. kein Latein oder Altgriechisch mehr lernen solle, finde ich ganz falsch. Durch die intensive Beschäftigung mit den zum Teil 3.000 Jahre alten Texten können Schüler wie auf einer Zeitreise erfahren, wie der Mensch der Neuzeit entstanden ist, aber auch, dass vieles konstant geblieben ist. Die Gefühle waren schon damals dieselben, wie z. B. Trauer, Liebe, Hass, Neugier. Humanistische Bildung gibt geistige Sicherheit, ein Grundverständnis für wesentliche Entwicklungen und Werte. Dieses Verständnis kann man nicht einfach aus dem Internet runterladen! (Dr. Hans Würker, Gießen)

3 Sie schreiben in Ihrem Artikel, dass Allgemeinbildung, die nur auf Faktenwissen basiert, besonders heutzutage, eigentlich gar keine Bildung ist. Das ist eigentlich nichts Neues. Schon Pestalozzi (1746–1827) verlangte eine Bildung von „Kopf, Herz und Hand", und Allgemeinbildung ist natürlich an Zeit und Kulturräume gebunden. Aber ganz ohne Faktenwissen geht es ja wohl auch nicht. Wer meint, er müsse nur wissen, wie man etwas findet, und dann könne er die Probleme lösen, denkt völlig falsch. Man muss schon etwas wissen – auch Fakten kennen, um das Richtige zu finden und was noch wichtiger ist, es auch bewerten können! (Maria Steiger, Marburg)

1. **a.** Bildung ist nicht nur Faktenwissen.
   b. Der Artikel ist sehr gut.
   c. Bildung ist verarbeitetes und anwendbares Wissen.

2. **a.** Kenntnisse in Naturwissenschaften und Technik gehören zur Bildung.
   b. Man sollte auch Latein und Altgriechisch lernen, weil das ein Verständnis für Entwicklungen fördert.
   c. Durch das Internet kann man sich nicht bilden.

3. **a.** Reines Faktenwissen ist keine Bildung.
   b. Heutzutage reicht es, wenn man weiß, wo man etwas findet.
   c. Ohne Faktenwissen kann man keine Probleme lösen.

Klug, klüger, am klügsten

1 Macht Musik klüger?

Lesen
Wortschatz

a Lesen Sie den Text „Macht Musik klüger?" im Lehrbuch, S. 24, noch einmal und markieren Sie, was die folgenden Ausdrücke bedeuten: a oder b?

1. lösen nahezu identische Muster aus (Z. 3/4)
   a. lösen dieselben Muster aus
   b. lösen fast dieselben Muster aus ☒

2. das belegen Studien (Z. 5)
   a. das beweisen Studien
   b. das beschreiben Studien

3. auf Klänge geht jede menschliche Kommunikation zurück (Z. 7/8)
   a. menschliche Kommunikation basiert auf Klängen
   b. menschliche Kommunikation hat ihren Ursprung in Klängen

4. mit ähnlichem Bildungsstand (Z. 21)
   a. mit ähnlicher Ausbildung
   b. mit ähnlichem Bildungsniveau

5. Zudem zeigten (Z. 25)
   a. Außerdem zeigten
   b. Hinzu zeigten

6. Hinweise darauf (Z. 26/27)
   a. Beweise dafür
   b. Anhaltspunkte dafür

7. die Befunde decken sich mit (Z. 33)
   a. die Befunde sind identisch mit
   b. die Befunde sind ähnlich

8. Der Grund sei wohl (Z. 38/39)
   a. Der Grund ist bestimmt
   b. Der Grund ist wahrscheinlich

9. das Gehirn beansprucht (Z. 46/47)
   a. das Gehirn formt
   b. das Gehirn zum Arbeiten bringt

10. Handlungsabläufe (Z. 60)
    a. Prozesse
    b. Folgen von Handlungen

11. hat sich Musik bewährt (Z. 63)
    a. ist Musik erprobt worden
    b. hat sich die positive Wirkung von Musik zuverlässig gezeigt

12. sprachentwicklungsgestört (Z. 73)
    a. Sprachentwicklung entspricht nicht dem Alter
    b. sie können nicht sprechen

b Lesen Sie nun den Text im Lehrbuch ganz und unterstreichen Sie die Teile, in denen beschrieben wird, welche Vorteile Musizieren hat. Schreiben Sie Stichworte dazu in eine Tabelle und ergänzen Sie ein passendes Beispiel, falls vorhanden.

Stichworte	Beispiel
Z. 14/15: steigert Kompetenz im Umgang mit der Muttersprache	Z. 23/24: stärkere Hirnreaktion auf Syntaxverletzung

2 Mein Lieblingsfilm – Eine Filmkritik

a Unterstreichen Sie im folgenden Text die Redemittel, die die verschiedenen Teile der Filmkritik einleiten, und tragen Sie sie in die Tabelle unten ein.

Ich möchte heute meinen Lieblingsfilm vorstellen: „A Beautiful Mind."
Bei dem Film - Regisseur ist Ron Howard – handelt es sich um eine Art Biografie des Mathematikgenies John Forbes Nash Jr. Der gut aussehende, sehr exzentrische Mann, gespielt von Russell Crowe, macht schon in jungen Jahren eine außerordentliche wissenschaftliche Entdeckung und erhält dafür später den Nobelpreis.
Zunächst wird dargestellt, wie er in der amerikanischen Elite-Universität Princeton Karriere macht, wo er von allen als exzentrisches Genie bewundert, aber auch beneidet wird. Dann wird gezeigt, wie er unaufhaltsam von Schizophrenie bedroht wird, bis er sich schließlich in einer Scheinwelt verliert. Das verdeutlicht der Regisseur in zahlreichen sehr eindringlichen, wenn auch manchmal etwas plakativen  Szenen, beispielsweise bei der visuell brillant gemachten Darstellung von Nashs Gabe, für andere nicht verständliche Codes intuitiv zu erkennen.
Besonders bemerkenswert ist es, dass es dem Regisseur gelingt, auch den Zuschauer in diese Scheinwelt mitzunehmen, sodass lange nicht klar ist, was Schein und was Wirklichkeit ist.
In dem Film geht es allerdings hauptsächlich darum, Nashs Kampf gegen die Krankheit zu zeigen und zu verdeutlichen, dass Liebe, in diesem Fall die seiner Frau, helfen kann, die Krankheit zu überwinden.
Ich bewerte den Film wie folgt: Ich halte den Film insgesamt für sehr sehenswert, obwohl es eine Reihe von Szenen gibt, die dem Kitsch sehr nahe kommen. Dies wird aber durch die außergewöhnliche schauspielerische Leistung von Russel Crowe kompensiert. Bemerkenswert finde ich, wie es ihm gelingt, in die Rolle eines exzentrischen, introvertierten und linkischen Mathematikers zu schlüpfen, besonders wenn man ihn eher aus Rollen wie „Gladiator" kennt. Nicht weniger großartig spielt Jennifer Connelly Nashs mutige Frau Alicia, die das lange Leiden und Mitleiden äußerst glaubwürdig darstellt. Dieses brillante Spiel und Howards Regie machen es dem Zuschauer in den intensivsten Szenen möglich, das Gefühl von Schizophrenie zu erleben und nachzuvollziehen und über eher unglaubwürdige oder kitschige Momente hinwegzusehen.

Film vorstellen	wesentliche Informationen vorstellen	Beispiele anführen	Film bewerten
Ich möchte heute ... vorstellen.			

b Ordnen Sie die folgenden Redemittel in die Tabelle in Übungsteil a ein und ergänzen Sie sie um weitere Redemittel.

Bei dem Film handelt es sich um ... | Die Hauptaussage des Filmes ist folgende: ... | Diese Aussage wird durch (einige/viele/zahlreiche) Beispiele belegt. | Der Autor/Regisseur betont/hebt hervor/bezieht sich auf ... | beispielsweise ... | In dem Film geht es um ... | Es wird außerdem/darüber hinaus/zudem beschrieben/dargestellt, wie/dass ... | Besonders bemerkenswert/interessant/spannend/neu ist für mich/finde ich ... | Dies möchte ich durch folgendes Beispiel verdeutlichen: ... | Ich finde diesen Film ..., weil ... | Der Autor verdeutlicht dies mit Beispielen aus ...

c Wählen Sie einen Film aus, den Sie besonders mögen, und schreiben Sie eine kleine Filmkritik. Im Kurs können Sie eine „Filmzeitschrift" aus allen Filmkritiken zusammenstellen.

Lernen und Gedächtnis

Hören ● LB 1, 22–23

→GI

1 Vergessen

Hören Sie das Gespräch mit Prof. Markowitsch im Lehrbuch, S. 26 / 27, noch einmal. Welche Aussage entspricht jeweils dem Inhalt des Gesprächs: a, b oder c? Markieren Sie.

1. Der Termin für das Interview:
   - a. Professor M. hat den Termin beinahe vergessen.
   - b. Der Professor ist immer unpünktlich.
   - ~~c.~~ Der Professor dachte, die Journalistin hätte den Termin vergessen.

2. Prof. Markowitsch
   - a. ist auf der ganzen Welt in der Gedächtnisforschung tätig.
   - b. ist ein international hoch angesehener Fachmann.
   - c. hat international Trophäen gesammelt.

3. Wenn man ein Wort vergisst,
   - a. könnte das der Beginn einer Alzheimer-Erkrankung sein.
   - b. ist das ein sicheres Zeichen für eine Alzheimer-Erkrankung.
   - c. ist das ein Anzeichen für Konzentrations-schwäche.

4. Schlechte Erfahrungen als Kind
   - a. können zu totalem Gedächtnisverlust bei Erwachsenen führen.
   - b. können zu Gedächtnisstörungen in Bezug auf die eigene Biografie führen.
   - c. können die Lese- und Schreibfähigkeit behindern.

5. Das episodische Gedächtnis
   - a. gibt es auch bei Tieren.
   - b. hat den höchsten Grad an Komplexität.
   - c. ist am unempfindlichsten.

6. Der Professor tut etwas zum Ausgleich gegen den Stress:
   - a. Er joggt und arbeitet zu Hause.
   - b. Er entscheidet, wann er arbeitet und reist, und er macht Sport.
   - c. Er joggt, schwimmt und geht wandern.

2 Eine umständliche Unterhaltung

Formen und Strukturen S. 96

Ersetzen Sie die unterstrichenen Teile durch Modalverben und formulieren Sie die Sätze um.

1. ▶ Professor Markowitsch, <u>erlauben Sie</u>, dass ich Ihnen eine kurze Frage stelle?
2. ▷ <u>Sie haben die Erlaubnis</u> zu fragen, was Sie wollen.
3. ▶ <u>Sind Sie</u> noch <u>verpflichtet</u>, Vorlesungen zu halten?
4. ▷ Ja, <u>es besteht die Pflicht</u>, acht Stunden Vorlesung pro Woche zu halten. Darüber hinaus <u>habe ich die Möglichkeit</u>, mich auf meine Forschung zu konzentrieren.
5. ▶ Dann <u>haben Sie</u> sicher <u>Kraft genug</u>, viel zu publizieren.
6. ▷ Ja schon. Aber leider <u>bin ich gezwungen</u>, viel zu reisen. Das kostet mich eine Menge Zeit.

   1.   Professor Markowitsch, darf / kann ich Ihnen eine kurze Frage stellen?

3 Man kann es auch anders sagen

Formen und Strukturen S. 96

Umschreiben Sie folgende Ausdrücke. Häufig gibt es mehrere Möglichkeiten.

> es ist (nicht) möglich | es besteht die Möglichkeit | jemand ist (nicht) in der Lage |
> jemand ist unfähig / fähig zu | jemand erlaubt einem etwas

1. Leider kann ich heute nicht zu unserer Arbeitsgruppe kommen.
2. Könnten wir den Termin auf morgen verschieben?
3. Meine Freundin kann 30 Vokabeln am Tag lernen.
4. Ich kann mir nur acht Wörter auf einmal merken.
5. Könnte ich Sie begleiten, wenn Sie auch gerade dorthin gehen?

   1.   Es ist mir leider nicht möglich, heute zu unserer Arbeitsgruppe zu kommen.

Lebenslanges Lernen

Formen und
Strukturen
S. 90

1 Wozu das alles?

a Wozu Fortbildung? Schauen Sie sich die Grafik im Lehrbuch, S. 28, an und formulieren Sie Sätze.

1. zur Aktualisierung des beruflichen Wissens
2. zur Förderung der beruflichen Karriere
3. zum Erwerb eines Berufsabschlusses
4. zur Sicherung ihres Arbeitsplatzes
5. zum Nachholen eines Schulabschlusses
6. …

> 1. *30 % der Arbeitnehmer besuchen Fortbildungsveranstaltungen, um ihr berufliches Wissen zu aktualisieren.*

b Antworten Sie mit „um … zu" oder „damit".

1. Welches Ziel hat die Hamburger Schule mit ihrer Unterrichtsreform verfolgt? (die Kinder schon früh experimentieren können)
2. Wozu sollen auch falsche Vorstellungen der Kinder zugelassen werden? (die Kinder diese artikulieren und selbst korrigieren lernen)
3. Wozu müssen Kinder experimentieren? (über den Weg des Irrtums zu neuen Erkenntnissen gelangen)
4. Wofür müssen die Schulen die passenden Lerngelegenheiten schaffen? (die Kinder besser lernen)
5. Wozu kleben die Zettel auf den Holzlatten? (klar sein, was die Kinder gelernt haben und als nächstes lernen müssen)
6. Warum müssen die Kinder in der Gruppe leise sprechen? (die anderen nicht stören)

> 1. *Die Hamburger Schule hat den Unterricht reformiert, damit die Kinder schon früh experimentieren können.*

c Ergänzen Sie die fehlenden Subjunktionen.

1. Frau Grün sagt, __dass__ wir ganz anders lernen sollten, __als__ es normalerweise üblich ist.
2. Kinder lernen am besten, __wenn__ sie Fehler selbst korrigieren.
3. __Als__ Herr Vorberg in die Schule ging, war der Unterricht noch sehr konventionell.
4. Anna und Metin gehen gern in die Reformschule, __weil__ sie dort den Unterricht mitgestalten.
5. Die Schüler brauchen keine Angst zu haben, __wenn__ sie etwas nicht verstehen.
6. Herr Gerner ist der Meinung, __dass__ Kontrolle nötig ist, __um__ richtig zu lernen.
7. __Damit__ die Schüler ihren Arbeitsplatz wechseln können, arbeiten sie mit Rollcontainern.

2 Abzählreime

Hören ○ 15–16
Aussprache

a Hören Sie. Welche Buchstaben werden verschluckt? Unterstreichen Sie!

> Norden, Süden, Osten, Westen,
> bei der Mama schmeckt's am besten!
> Geh nach Haus und du bist raus!

> Auf dem grünen Rasen saßen sechs Sachsen und lasen,
> als die Bücher ausgelesen, sind sie ganz schnell weg gewesen.

b Lesen Sie die folgenden Wörter und achten Sie darauf, das richtige „e" zu „verschlucken".

verletzten | Quotienten *[Kwotsienten]* | erfinden | beeinflussten | Instrumenten
heißen | Ziele setzen | Skizzen | genießen | vernetzen

Hören ● 17
Aussprache

3 Höflichkeit ist eine Zier . . .

a Hören Sie den Dialog und achten Sie dabei besonders auf die unterstrichenen Wörter. Hören Sie eher „m" oder eher „n"?

b Sprechen Sie den Dialog mit verteilten Rollen nach. Achten Sie besonders auf die Aussprache von „-ben" und „-pen".

1. ▶ <u>Haben</u> Sie heute Abend Zeit?
   ▷ Leider nicht, da <u>haben</u> wir schon was vor.
2. ▶ Und morgen Abend?
   ▷ Ich glaube, das ginge? Und wohin soll's gehen?
3. ▶ Wir wär's mit dem „<u>Lumpen</u>"?
   ▷ Lieber nicht. Da gibt es bessere <u>Kneipen</u>.

4. ▶ O.k., <u>haben</u> Sie einen Vorschlag?
   ▷ Was halten Sie vom „<u>Suppenkasper</u>"?
5. ▶ Na ja. Das ist aber keine Kneipe.
   ▷ Aber <u>glauben</u> Sie mir, das Bier dort schmeckt prima.

Hören ● 18
Aussprache

4 Sprichwörter

a Hören Sie die Sprichwörter. In welchen Wörtern hören Sie einen ähnlichen Laut wie in „eng" oder englisch „angry"? Unterstreichen Sie?

1. Was du heute kannst besorgen, das verschiebe nicht auf morgen!
2. Man muss das Glück beim Schopfe packen.
3. Die Augen sind der Spiegel der Seele.

Hören ● 19
Aussprache

b Lesen Sie den Reim und achten Sie auf die Aussprache von „-cken". Hören Sie den Reim anschließend auf CD und sprechen Sie ihn noch einmal nach.

> Mein Hut, der hat drei Ecken, drei Ecken hat mein Hut.
> Und hätt' er nicht drei Ecken, so wär' er nicht mein Hut.

5 Nachfragen: Kannst du mir das sagen?

Hören ● 20
Aussprache

a Hören Sie die folgenden Sätze und markieren Sie, ob der unterstrichene Konsonant stimmlos wie in „es" (sl) oder stimmhaft wie in „so" (sh) ist.

1. <u>D</u>u, sag mal! [sh] ☐ Kannst <u>d</u>u mir das <u>s</u>agen? ☐ ☐
2. Könntest <u>d</u>u mir das noch mal erklären? ☐
3. Ganz allein <u>g</u>emacht? ☐ Aber wie hast <u>d</u>u das <u>g</u>emacht? ☐ ☐
4. Wie kamst <u>d</u>u denn <u>d</u>azu? ☐ ☐

Hören ● 21
Aussprache

b Hören Sie den folgenden Volksreim und sprechen Sie ihn nach!

> Lass das,
> meine Mutter hasst das.
> Mein Vater liebt das.
> Bei dir piept was!

Aussprache:

Häufig beeinflusst ein Laut den folgenden Laut, z. B.:
1. d + en; t + en; s, z, ß + en → ohne „e" [n̩] wie in Norden (Nordn), Westen (Westn), grüßen (grüßn)
2. b + en; p + en → bm/pm [bm̩]/[pm̩] wie in haben (habm), Lampen (lampm)
3. g + en; k + en → nasal [ŋg]/[ŋk] wie in „eng", „angry", wie in morgen (morgn), drücken (drückn)
4. stimmloser + stimmhafter Konsonant → stimmhafter wird stimmloser oder weniger stimmhafter Konsonant wie in hast du (hastu), das Buch (daspuch)

Grammatik: Das Wichtigste auf einen Blick

Formen und
Strukturen
S. 96, 100

1 Modalverben: objektiver Gebrauch

Struktur von Sätzen mit Modalverben:

Pos. 1	Pos. 2	Mittelfeld	Satzende	
Heute	will	er für das Klavierkonzert	üben.	*Präsens*
Er	hat	immer schon Musiker	werden wollen.	*Perfekt*
(Er sagte,) er	wolle	am liebsten Musik	studieren.	*Konjunktiv I*
Ich	könnte	mir das gut	vorstellen.	*Konjunktiv II*
Ich selbst	hätte	allerdings nie Musiker	werden können.	*Konj. II d. Vergangenheit*

Hauptsatz: Das konjugierte Modalverb steht an Position 2, der Infinitiv am Satzende.
Perfekt: „haben" + Infinitiv + Infinitiv des Modalverbs:
• Er hat Musiker werden wollen. *(nicht: „gewollt")*

Nebensatz: Das Modalverb steht am Satzende, nach dem Infinitiv:
• Frag ihn doch bitte, ob er das wirklich tun will.

Objektiver Gebrauch der Modalverben:
Modalverben modifizieren eine Aussage; das kann z. B. ein Wunsch, eine Notwendigkeit oder Fähigkeit sein.

	Infinitiv	Bedeutung
• Studenten, die Musiklehrer werden wollen, üben täglich mehrere Stunden lang.	wollen	*Wunsch, Absicht*
• Jeder Student muss auch theoretische Kurse belegen. • Als Fachmann muss man ständig lernen..	müssen	*Autorität* *Notwendigkeit*
• Anne-Sophie Mutter kann wunderbar Violine spielen. • „Können" kann vieles bedeuten. • Du kannst jetzt die Bücher wieder zurückbringen, ich bin fertig.	können	*Fähigkeit* *Möglichkeit* *Erlaubnis*
• Nur wenn Kinder Fehler machen dürfen, lernen sie wirklich. • In der Vorlesung darf man nicht rauchen.	dürfen	*Erlaubnis* *Verbot*
• Kathrin soll / sollte mehr Klavier üben. (Das sagt der Klavierlehrer.)	sollen	*Aufforderung /* *Rat durch andere*
• Die Studentin möchte ihren Text im Kurs vorlesen.	möcht-	*vorsichtiger Wunsch*

Oft kann ein Modalverb allein stehen, ohne Infinitiv:
• Er kann gut Italienisch (sprechen). / Ich möchte ein Eis (haben).

2 Wie man Ziel und Zweck ausdrücken kann: finale Nebensätze und Angaben

Formen und
Strukturen
S. 90

Finale Nebensätze geben ein Ziel oder einen Zweck an: **Mit welcher Absicht? Wozu? Wofür?**
• Er übt jeden Tag intensiv Klavier, damit er am Konservatorium studieren kann.

Wenn Hauptsatz und Nebensatz dasselbe Subjekt haben, kann man statt „damit" auch „um … zu" + Infinitiv benutzen.
• Er übt Klavier, um am Konservatorium studieren zu können.
• Um sein Ziel zu erreichen, übt er jetzt 6 Stunden täglich.

Alternative Möglichkeiten, finale Angaben auszudrücken:

Nebensatz	Adverb	Präposition + Nomen
• Ich lese die Zeitung, um gut informiert zu sein.	• Ich will gut informiert sein, dafür lese ich die Zeitung.	• Ich lese die Zeitung um der besseren Information willen.
damit, um … zu	dafür, dazu	zwecks, um … willen + G, zu diesem Zweck, für + A, zu + D

9 Gefühle

Gefühle

Wortschatz

1 Fühlen und Denken

a Finden Sie zu jedem Nomen das passende Adjektiv.

Angst	Berechnung	Eifersucht	Einsicht	Wut	Liebe
Stolz	Vernunft	Vorsicht	Einsamkeit	Verständnis	
Neid	Vertrauen	Mitleid	Leichtsinn	Misstrauen	

wütend   vertrauensvoll   neidisch
berechnend   eifersüchtig   einsichtig
ängstlich   vorsichtig   vernünftig
mitleidig / mitleidvoll   einsam
misstrauisch   verständnisvoll
lieb / liebevoll   leichtsinnig   stolz

Angst – ängstlich,

b Geben Sie Beispiele für Situationen, in denen man so fühlt, denkt oder handelt.

Ängstlich bin ich, wenn ich nachts allein bin / wenn ich im Flugzeug sitze / wenn ...

Sprechen

2 Gefühle beschreiben

Arbeiten Sie zu zweit: Eine Person wählt eine der folgenden Situationen und beschreibt ihre Gefühle, Körperreaktionen, Handlungen, die andere muss herausfinden, um welche Situation es sich handelt.

> *Ich bin nervös und habe Angst. Meine Hände sind feucht. Ich habe Bauchschmerzen.*

- vor einer längeren Reise in ein unbekanntes Land
- vor dem Start des Flugzeugs
- an einem Sommertag am Strand
- auf einem gefährlichen Bergweg
- vor einer Prüfung
- beim Konzert Ihrer Lieblingsband

- beim Besuch eines schwerkranken Freundes im Krankenhaus
- nachdem Sie aus Versehen die teure Vase Ihrer Gastgeber kaputt gemacht haben
- wenn Sie eine einfache Prüfung nicht geschafft haben
- auf einer formellen Party
- ...

Lesen

→ GI

3 Erich Fried

Leider ist der rechte Rand beim folgenden Text zum Teil unleserlich. Rekonstruieren Sie den Text, indem Sie jeweils das fehlende Wort an den Rand schreiben. Geben Sie nur eine Lösung an.

Wer kennt es nicht das Gedicht „Was es ist". Aber wer kennt den Autor Erich Fried? Viele halten ihn heute für einen romantischen Lyriker, der sich ausschließlich mit ___der___	**Bsp.**
eigenen Gefühlswelt beschäftigt. Im Gegenteil: Der mehrfache Vater stand mitten _im_	**1**
Leben und am Puls der Zeit. Er war ein Mensch voller politischem Bewusstsein. Denn _für_	**2**
ihn waren Politik und Schriftstellerei eng miteinander verwoben. Gerade dies machte _ihn_	**3**
zu einem der umstrittensten Autoren im deutschsprachigen Raum. Fried setzte sich _nicht_	**4**
nur in seinen Gedichten mit den politischen Themen seiner Zeit auseinander. Er trat auch öffentlich für seine politische Meinung ein, indem er an Demonstrationen teilnahm _und_	**5**
Vorträge hielt. So gilt er bis heute als einer der Hauptvertreter der politischen Lyrik _in_	**6**
Nachkriegsdeutschland. 1921 in Wien geboren, floh der Sohn aus jüdischer Familie 1938 vor den Nazis nach London. Dort war er bereits direkt nach dem Zweiten Weltkrieg _als_	**7**
Mitarbeiter bei verschiedenen Zeitschriften tätig. 1952–1968 arbeitete er als politischer Kommentator für den britischen Sender BBC. Als Schriftsteller machte er sich _mit_	**8**
zahlreichen Gedichtbänden, einem Roman (Der Soldat und ein Mädchen, 1960), und Übersetzungen (z. B. fast die gesamten Werke Shakespeares) einen Namen. 1944 erschien sein erster Lyrik-Band im Exil-Verlag des österreichischen PEN-Clubs. _Er_	**9**
wurde 1963 Mitglied der Gruppe 47 und 1974 in den PEN-Club aufgenommen. _Nach_	**10**
langem Krebsleiden starb Fried 1988 in Baden-Baden, wurde aber in London beigesetzt.	

Sprechen

→GI

4 Was es ist

In einem Gedichtband mit Liebeslyrik soll das Gedicht von Erich Fried zusammen mit einem Foto veröffentlicht werden. Sie sollen zusammen mit einem/r Kollegen/in eines der drei Fotos auswählen.

– Wählen Sie ein Foto aus und begründen Sie Ihren Vorschlag.
– Widersprechen Sie dem Vorschlag Ihres/r Gesprächspartners/in.
– Finden Sie am Ende des Gesprächs eine gemeinsame Lösung.
– Die Redmittel unten können Ihnen helfen.

Was es ist

Es ist Unsinn
sagt die Vernunft
Es ist was es ist
sagt die Liebe

Es ist Unglück
sagt die Berechnung
Es ist nichts als Schmerz
sagt die Angst
Es ist aussichtslos
sagt die Einsicht
Es ist was es ist
sagt die Liebe

Es ist lächerlich
sagt der Stolz
Es ist leichtsinnig
sagt die Vorsicht
Es ist unmöglich
sagt die Erfahrung
Es ist was es ist
sagt die Liebe

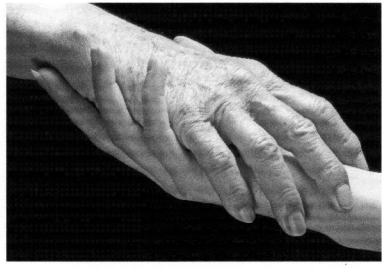

Vorschläge machen und eine Entscheidung treffen: Weitere Redemittel finden Sie in Lektion 12 im Arbeitsbuch.

Einen Vorschlag machen und begründen:
Ich würde vorschlagen, wir nehmen … | Ich würde Foto … wählen, weil … | Ich finde, Foto … passt am besten, denn… | Ich halte das Foto mit … für gut, da … | Wenn ich allein entscheiden könnte, würde ich … | Ginge es nach mir, würde ich … | Wenn Sie mich fragen / wenn du mich fragst, würde ich …

Einem/r Gesprächspartner/in widersprechen:
Meiner Meinung nach passt Foto … besser, weil … | Findest du nicht, dass …? | Das finde ich nun gar nicht, denn … | Ich teile Ihre / deine Ansicht nicht, da … | Deine Argumente überzeugen mich nicht (im Geringsten), weil … | Da stimme ich dir / Ihnen nicht zu, schließlich … | Das sehe ich (ganz) anders, denn …

Zu einer Entscheidung kommen:
Also: Wir müssen uns entscheiden. | Deine Argumente haben mich überzeugt, wir nehmen also … | Ich sehe, du bist nicht dagegen, dass …, also können wir … | Bei dem Foto … waren wir uns am ehesten einig, also nehmen wir das. | Also: Wir können uns einfach nicht einigen. Mein Vorschlag ist: Diesmal entscheidest du, das nächste Mal ich.

Emotionen

1 Auswirkungen der Gefühle

Lesen Sie den Text im Lehrbuch, S. 32/33, noch einmal und entscheiden Sie, ob die Aussagen richtig (r) oder falsch (f) sind. Notieren Sie die entsprechende Textstelle.

Zeile/n

1. Gefühle haben Einfluss auf unser Denken und auf unser Handeln.　　r̸　f　_Z. 3/4_
2. Alles, was wir sehen, hören, riechen, schmecken oder fühlen, wird bewertet.　　r　f　_____
3. Negative Gefühle bewirken, dass uns in kritischen Situationen viele Handlungsalternativen zur Verfügung stehen.　　r　f　_____
4. Positive Gefühle haben eine größere Auswirkung auf den Körper als auf den Geist.　　r　f　_____
5. Die Psychologin B. Frederickson hat die positiven Auswirkungen positiver Gefühle nachgewiesen　　r　f　_____
6. Für die Menschen wäre ein Maximum an Glück erstrebenswert.　　r　f　_____

2 Eine besondere Liebe

a Sortieren Sie die Präpositionen. Nehmen Sie ggf. ein einsprachiges Wörterbuch zu Hilfe.

> ~~während~~ bis ab dank aus durch gegenüber ungeachtet aufgrund ohne innerhalb um von entlang außer bei entgegen infolge von mit nach seit zu außerhalb gegen trotz wegen (an)statt vor für

Akkusativ	Dativ	Genitiv
	während,	während,

b Ergänzen Sie die passenden Präpositionen aus Übungsteil a.

Die beiden Schwestern Lisa (15) und Lili (12) unterscheiden sich sehr [1] _von_ anderen Geschwistern ihres Alters, denn sie führen eine außergewöhnliche Beziehung: Lili kam [2] _____ einer Behinderung auf die Welt. Das hat das Familienleben komplett verändert. [3] _____ Lilis Geburt musste Lisa damit leben lernen, dass ihre Schwester dauernd im Mittelpunkt stand. [4] _____ der Familie und des Freundeskreises wurde Lilis Behinderung akzeptiert. Aber in ihrem Heimatdorf wurde die Familie oft [5] _____ Lilis Behinderung von vielen Aktivitäten ausgeschlossen. Auch die Nachbarn waren oft sehr unsicher, wie sie sich [6] _____ Lili verhalten sollten. Lisa hat viel für ihre Schwester gekämpft und sich [7] _____ die vielen Beschimpfungen gewehrt. Das war eine schwere Zeit. Dann ist Lili genau wie ihre Schwester in den örtlichen Kindergarten gegangen. [8] _____ die Förderung dort haben die anderen Kinder die Scheu [9] _____ Lilis Behinderung verloren und luden sie [10] _____ ihrer Schwierigkeiten im Alltag zu sich nach Hause ein. Viele Freundschaften, die [11] _____ heute andauern, sind in dieser Zeit entstanden. „Eines ist sicher", sagt Lisa heute, „ein Leben [12] _____ Lili könnten wir uns gar nicht vorstellen, denn sie zeigt uns eine andere Sicht auf die Welt."

3 Wohin mit den Gefühlen?

Wechselpräpositionen: Dativ (Wo?) oder Akkusativ (Wohin?). Markieren Sie.

Er steht an ☒ dem ☐ das Fenster, hinter ☐ der ☐ die Gardine. Weltvergessen beobachtet er die Menschen, die über ☐ der ☐ die Straße gehen. Kaum bemerkt er den Hund, der an ☐ dem ☐ den Baum pinkelt. Neben ☐ dem ☐ den Baum parkt ein Auto. In ☐ dem ☐ das Auto sitzt eine alte Frau und liest mit verweintem Gesicht einen Brief. Der Regen prasselt laut auf ☐ dem ☐ das Dach des alten Wagens. Endlich steigt die Frau aus ihrem Auto. Nun steht sie vor ☐ dem ☐ das Haus und starrt zu ihm herauf. Sie zerreißt den Brief, wirft die Schnipsel durch die Luft und schreit: „Ja es ist aus!" Er, der seine Gefühle zwischen ☐ den ☐ die Zeilen und hinter ☐ den ☐ die Gardinen versteckt, hatte es nicht gewagt, es ihr nach all den Jahren ins Gesicht zu sagen.

4 Gefühlsverstrickungen

Ergänzen Sie die fehlenden Präpositionen.

1. Melitta ist _bei_ allen Kollegen beliebt.
2. Aron ist verliebt _in_ Melitta.
3. Aber Melitta ist _von_ Nico begeistert.
4. Daher ist Aron wütend _auf_ Nico.
5. Nico ist jedoch _mit_ Bea verheiratet.
6. Bea ist stolz _auf_ Nico.
7. Trotzdem ist Nico froh _über_ Melittas Gefühle.
8. Melitta ist eifersüchtig _auf_ Bea.
9. Bea ist deshalb verärgert _über_ Melitta.
10. Nico ist nicht zufrieden _mit_ dieser Situation.
11. Aron ist enttäuscht _von_ Melitta.
12. Melitta ist erstaunt _über_ Aron.
13. Alle sind müde _von_ diesem Chaos und wären dankbar _für_ ein gutes Ende.

5 Kein Glück

Üben Sie Adjektive und Verben mit Präpositionen. Welche Präpositionen fehlen?

Lieber Jan,

hoffentlich geht es dir besser als mir. Ich muss mir heute den Frust von der Seele schreiben. Hier habe ich niemanden, [1] _mit_ dem ich reden könnte. Ich vermisse dich sehr.
Stell dir vor, was mir passiert ist. Du weißt doch noch, wie dankbar ich [2] _für_ deinen Tipp war, mich [3] _bei_ der Firma Sonntheimer zu bewerben. Beim Bewerbungsgespräch schien der Chef [4] _von_ mir begeistert zu sein. Ich habe mich dann riesig [5] _von_ die schnelle Einstellung gefreut, und meine Arbeit hat mir sehr gefallen. Alles war in Ordnung, bis – ja bis ich mich [6] _in_ Bianka, meine Arbeitskollegin, verliebte. Ich wusste ja nicht, dass der Chef sich auch [7] _für_ sie interessierte. Was dann kam, kannst du dir sicher vorstellen: Er war wütend und eifersüchtig [8] _auf_ mich, er war nicht mehr zufrieden [9] _mit_ meiner Arbeit und immer verärgert [10] _über_ mich. Bei jeder Gelegenheit zeigte er mir seine Abneigung und seinen Hass. Bleibt nur noch zu sagen, dass Bianka sich natürlich [11] _für_ ihn entschieden hat. Ich bin wirklich enttäuscht [12] _von_ ihr. Ich habe diese Situation nicht mehr lange durchgehalten. Also habe ich gekündigt und bin wieder arbeitslos. Es kann nur besser werden!
Ich grüße dich herzlich
Lukas

6 Verben und Ergänzungen

a Schauen Sie sich die Verben in der Mail in Übung 5 noch einmal an und finden Sie für jedes der im Spickzettel rechts stehenden Modelle mindestens ein Verb. Tragen Sie Ihre Ergebnisse in die Tabelle ein.

Verben und ihre Ergänzungen:

Verben können unterschiedliche Ergänzungen haben. Hier die häufigsten:
– Verb + Akkusativ (Er liebt eine Frau.)
– Verb + Dativ und Akkusativ (Er schenkt ihr einen Ring.)
– Verb + Dativ (Der Ring gefällt ihr nicht.)
– Verb ohne Ergänzung (Er denkt nach.)
– Verb mit Präpositionalergänzung (Er leidet unter ihrer Gefühlskälte.)
– Verb mit Reflexivpronomen und Präpositionalergänzung (Er wundert sich über ihr Verhalten.)

Verb +	Akkusativ	Dativ	ohne Ergänzung	Präposition	Reflexivpr. + Präp.
Es geht		x			

b Ordnen Sie nun auch folgende Verben in die Tabelle ein und formulieren Sie für jedes Verbmodell mindestens einen Satz. Bei manchen Verben gibt es mehrere Lösungen.

ärgern	fürchten	bewundern	drohen	sehnen	bitten	empfehlen
empfinden	träumen	verstehen	vertrauen	warnen	glauben	suchen
beantworten	lächeln	helfen	auffallen	verabreden	lieben	zittern
misstrauen	beleidigen	sorgen	schützen	verstehen	hassen	schaden
nachdenken	erinnern	versprechen	leiden	jubeln	danken	

9 Gefühle

Stark durch Gefühle

Formen und
Strukturen

→TELC

1 Filmbesprechung

Lesen Sie die Inhaltsangabe des Films und entscheiden Sie, welche Wörter aus dem Kasten unten in die Lücken 1 bis 10 passen. Sie können jedes Wort nur einmal verwenden.

Der Film Equilibrium – Killer of Emotions von Kurt Wimmer zeigt die Zukunft in einem totalitären System mit Bürgern [1] _ohne_ Emotionen. Der Herrscher, ein Mann der sich „Vater" nennt, hat menschliche Gefühle zur Ursache für alle Kriege erklärt. Daher muss jeder Bürger [2] _____ Unterdrückung sämtlicher Gefühle täglich seine Dosis Prozium einnehmen. Bücher, Kunst, Kultur – also alle Erinnerungen [3] _____ frühere, gefühlsgeprägte Zeiten sind verboten.

Der Protagonist John Preston lebt in der sauberen, funktionierenden, festungsartig bewachten Stadt Libria, [4] _____ von den Ruinen zerstörter Gebäude umgeben ist. Jeder Bürger der Stadt nimmt mehrmals täglich das Mittel „Prozium II" ein, um die Intensität jeglicher Gefühle auf ein Minimum zu reduzieren. Doch es gibt Widerständler, die [5] _____ ihres Bedürfnisses zu fühlen in die Illegalität gedrängt wurden. Um diese „Verbrecher" zu bekämpfen, wurde eine neue Elitepolizei-einheit geschaffen: Die „Grammaton-Kleriker". Diese haben die Aufgabe, Widerständler zu finden, zu eliminieren und auch alles, [6] _____ Gefühle auslöst, wie Kunst, Literatur, Haustiere, Tonträger, Computerspiele, Dekoration zu vernichten.

Preston ist einer der ranghöchsten Grammaton-Kleriker Librias. Eines Tages vergisst er [7] _____, sich seine Prozium-Dosis zu injizieren; er lernt Gefühle kennen und lieben. Dieser Umstand lässt ihn im Verlauf der Handlung mit der Führung des Widerstandes zusammenkommen und ein Komplott ausarbeiten. Die Widerstandsführer lassen sich [8] _____ Preston verhaften, um ihm eine Audienz beim „Vater", dem Führer des totalitären Regimes Libria, zu ermöglichen. Mit seinem Tod, so erhoffen sich die Rebellen, wird auch das System fallen und Gefühle werden wieder in die Gesellschaft Einzug halten.

Doch der Plan schlägt fehl. Preston [9] _____ gefangen genommen, kurz bevor er dem Vater begegnet. Es gelingt ihm jedoch, sich gewaltsam zu befreien, und den Weg zum Führer bahnen. Er muss aber feststellen, [10] _____ dieser schon lange tot ist. Nach einem spektakulären Kampf schafft Preston es, die Führung des Regimes auszuschalten und die Kommunikations-systeme Librias zu deaktivieren, um so den Rebellen den endgültigen Schlag – einen Angriff auf die Prozium-Werke – zu ermöglichen.

| an | jedoch | bei | weil | die | für | hat | zwar | ~~ohne~~ | aufgrund | von | was | wird | dass | zur |

2 Kino, Kino

Wortschatz
Sprechen

a Klären Sie die Bedeutung der Begriffe und streichen Sie dann die Wörter, die nicht zum Thema Film passen.

> Dokumentarfilm Drehbuch DVD Filmfestival Handlung Hauptdarsteller
> Kamera Kino Komödie Schutzfilm Krimi Oscar Regisseur Vorspann
> Schauspieler Seite SMS Spielfilm Studio Szene Tastatur Thema
> Verfilmung Video Zeichentrickfilm Zeile Abspann Drehbank Schausteller

b Erzählen Sie von einem Film, den Sie gesehen haben.

> Der Film, den ich gesehen habe / über den ich sprechen möchte, heißt … | In dem Film
> geht es um … | Der Film handelt von einer … | Das war einer der besten / schlechtesten
> Filme, die ich je gesehen habe. | Was mir am besten / wenigsten gefallen hat, war … | Die
> Handlung war spannend / langweilig. | Ich kann den Film empfehlen, denn … | Ich kann
> nur abraten, den Film zu sehen, weil …

3 Pleiten, Pech und Pannen

Formen und Strukturen S. 108

a Ergänzen Sie die fehlenden Präpositionalpronomen.

1. Ich habe Tom vor einem Monat auf einer Party kennen gelernt. Ich freue mich _darüber_.
2. Dann haben wir uns für einen Film verabredet. Ich freue mich _____.
3. Aber Tom kommt nicht und ich warte. Ich ärgere mich _____.
4. Er kommt eine Stunde zu spät. Er entschuldigt sich _____.
5. Er hatte noch im Büro zutun. Ich zeige _____ Verständnis.
6. Im Kino sind unsere Plätze besetzt. Wir beschweren uns _____.
7. Wir sitzen nun in der ersten Reihe. Wir sind _____ zufrieden.
8. Wir essen zu viel Popcorn. Wir bekommen _____ Bauchschmerzen.
9. Nach dem Kino gehen wir in ein Restaurant, sprechen über den Abend und lachen _____.

b Stellen Sie Fragen zu den Sätzen in Übungsteil a.

Worüber freut sie sich? – Sie freut sich darüber, dass sie Tom kennen gelernt hat.

4 Gefühlsausbrüche

Wortschatz

Was sagt man in welcher Situation?

Enttäuschung Lust Ekel Freude Sehnsucht Ärger Überraschung

1. Das darf doch nicht wahr sein! _Überraschung_
2. Du bist ein Schatz! _____
3. Mmh, lecker! Vanilleeis. _____
4. Das ist ja phantastisch! _____
5. Igitt, igiit! Das ist ja widerlich! _____
6. Oh je! _____
7. Mist! _____
8. Ach, das wäre wirklich wunderbar! _____

5 Gefühlsbetonte Redewendungen

Wortschatz

Welche Erklärung passt zu welcher Redewendung?

1. Das ist mir runter gegangen wie Öl.	A Das berührt mich sehr.	1. [J]
2. Ich war von den Socken.	B Ich hatte sehr große Angst.	2. ☐
3. Ich war im 7. Himmel.	C Ich musste meine Gefühle unter Kontrolle haben.	3. ☐
4. Ich war am Boden zerstört.	D Ich war erleichtert.	4. ☐
5. Ich bin aus allen Wolken gefallen.	E Ich zitterte vor Entsetzen.	5. ☐
6. Das geht mir unter die Haut.	F Ich habe mich sehr geschämt.	6. ☐
7. Ich hatte Schmetterlinge im Bauch.	G Ich war enttäuscht.	7. ☐
8. Ich bekam eine Gänsehaut.	H Ich war total überrascht.	8. ☐
9. Ich musste kaltes Blut bewahren.	I Ich bekam plötzlich große Angst.	9. ☐
10. Ich habe Blut und Wasser geschwitzt.	J Das hat mir gut getan.	10. ☐
11. Ich machte ein langes Gesicht.	K Ich war erstaunt.	11. ☐
12. Ein Stein ist mir vom Herzen gefallen.	L Ich war todunglücklich.	12. ☐
13. Das Herz ist mir in die Hose gefallen.	M Ich war überglücklich.	13. ☐
14. Ich wäre am liebsten im Erdboden versunken.	N Ich war verliebt.	14. ☐

6 Reaktionen

Wortschatz

Welches Wort fehlt? Ergänzen Sie.

geärgert tolles kalt ~~leid~~ glücklich übertrieben

1. Das tut mir _leid_.
2. Das muss ein _____ Gefühl sein.
3. Du warst bestimmt total _____.
4. Das hätte mich auch _____.
5. Wie kannst du nur so _____ sein?
6. Das finde ich _____.

9 Gefühle

Gefühle verstehen

Formen und
Strukturen
S. 98

1 San Salvador

Welches der Modalverben passt Ihrer Meinung nach am besten? Begründen Sie die Aussagen mit Informationen aus dem Text im Lehrbuch, S. 36 / 37.

1. Die Hauptperson ☐ muss ☐ könnte ☐ mag Paul heißen.
2. Er ☐ mag ☐ muss ☐ könnte ein Schriftsteller sein.
3. Er ☐ muss ☐ dürfte ☐ könnte mit Hildegard zusammen leben.
4. Er ☐ könnte ☐ dürfte ☐ muss sich zu Hause unwohl fühlen.
5. Er ☐ kann ☐ dürfte ☐ muss für den Abend nichts vorhaben.
6. Der „Löwe" ☐ sollte ☐ dürfte ☐ kann ein Restaurant sein.
7. Es ☐ könnte ☐ muss ☐ dürfte Mittwoch sein.
8. Er ☐ mag ☐ könnte ☐ muss Südamerika kennen.

Formen und
Strukturen
S. 98

2 Wie sicher ist das?

a Wie sicher ist das? Ordnen Sie die Modalverben den Prozentangaben zu.

kann müsste mag
dürfte könnte muss

40%	50%	60%	75%	85%	95%
mag	kann	könnte	dürfte	müsste	muss

b Welches Modalverb passt in welche Lücke?

dürfte   dürfte   ~~mag~~   mag   kann   kann nicht   muss   könnten

1. ▶ Iris ist sicher, dass Marta heute kommt.
   ▷ Sie _mag_ sicher sein, aber ich glaube es nicht.
2. ▶ Was _____ so ein Hochzeitskleid wohl kosten?
   ▷ Das _____ schon so 2.000 kosten. Da bin ich ziemlich sicher.
3. Du hast viel gelernt. Es _____ daher für dich kein Problem sein, sie zu bestehen.
4. Er ist gerade ins Büro gegangen. Er _____ dort sein. Es gibt gar keine andere Möglichkeit.
5. Das ist unmöglich. Sie _____ tot sein. Ich habe gerade mit ihr telefoniert.
6. Ich hol dich ganz bestimmt ab. Es _____ aber sein, dass es einen Stau gibt und ich dann ein bisschen später komme.
7. Wenn wir konzentriert arbeiten, _____ wir bis morgen fertig werden.

Formen und
Strukturen
S. 98

3 Weinen und Lachen

Schreiben Sie den Text neu und ersetzen Sie die unterstrichenen Modalangaben durch Modalverben.

Tränen und Lachen sind menschliche Ausdrucksmöglichkeiten, die wahrscheinlich nicht leicht zu deuten sind. Denn Tränen können Ausdruck für mehrere unterschiedliche Gefühlszustände sein: Es ist nicht sicher, dass sie Kummer bedeuten. Es ist gut möglich, dass jemand auch vor Wut weint. Auch Sie haben mit großer Wahrscheinlichkeit schon vor Freude Tränen in die Augen bekommen. Andererseits ist Lachen bestimmt nicht nur ein Zeichen für Freude. Der eine lacht vielleicht aus Verachtung, möglicherweise ist er aber auch ängstlich. In Situationen, in denen wir etwas sehr Unangenehmes erleben, lachen wir wahrscheinlich auch. Es gibt vermutlich zahlreiche Menschen, die in bedrohlichen Situationen aus Unsicherheit lächeln.

Tränen und Lachen sind menschliche Ausdrucksmöglichkeiten, die nicht leicht zu deuten sein dürften.

4 Die Bedeutung von „werden"

Lesen Sie die Sätze und markieren Sie welche Bedeutung „werden" darin hat.

subjektiver Gebrauch

		als Vollverb	als Futur	wie ein Modalverb
1.	Er wird langsam müde.	x		
2.	Sie werden kaum über sich geredet haben.			X
3.	Sie wird ins Kino gegangen sein.			X
4.	Sie werden sich heute Abend noch sehen.		X	
5.	Er ist alt geworden.	X		
6.	Sie wird sich um die Kinder kümmern.		X	

Fingerspitzengefühl

1 Militärschnitt

Bringen Sie die Sätze der Zusammenfassung in die richtige Reihenfolge.

- [ ] „frag doch deine Susana. Die wird es dir bestätigen können."
- [ ] Als der junge Mann dann noch wörtlich sagt:
- [ ] Der Kunde wünscht einen Militärschnitt,
- [1] Ein neuer Kunde betritt den Friseursalon und Susana,
- [ ] Er weiß, dass er Susanas Mann damit doppelt provoziert:
- [ ] Er wird von Susanas Mann bedient, der sehr eifersüchtig ist.
- [ ] hat der Friseur sich nicht mehr unter Kontrolle.
- [ ] die Frau des Friseurs, scheint ihn zu kennen.
- [ ] und zum anderen, weil er bei den Frauen auch an Susana denkt.
- [ ] weil die Frauen das angeblich mögen.
- [ ] Zum einen, weil dieser Militärs nicht ausstehen kann,

2 Wer war's?

Welche Aussagen passen zu wem? Ordnen Sie zu.

Der Kunde	könnte erst seit kurzer Zeit in dem Ort leben.
Die Frau	muss ihren Mann belogen haben.
Der Friseur	könnte von der Untreue seiner Frau gewusst haben.
	dürfte den Kunden gebeten haben, nicht zu kommen.
	dürfte die Absicht gehabt haben, den Friseur zu provozieren.
	muss zum ersten Mal im Laden gewesen sein.
	muss beim Eintritt des Kunden in den Friseurladen einen Schreck bekommen haben.
	dürfte den Kunden getötet haben.
	mag den Kunden aus Versehen getötet haben, was aber unwahrscheinlich ist.

3 Katinka, Manuel und die anderen

Mit welchen Vermutungen zur Mail im Lehrbuch, S. 39, sind Sie einverstanden? Markieren Sie.

		Ja	Nein
1.	Katinka dürfte Manuel nicht geliebt haben.	☐	☐
2.	Sie könnte Manuels neue Freundin kennen gelernt haben.	☐	☐
3.	Manuel dürfte Selma nicht gekannt haben.	☐	☐
4.	Manuel muss Katinka sehr geliebt haben.	☐	☐
5.	Sie mag ihm immer wieder Hoffnung gemacht haben.	☐	☐

Formen und
Strukturen
S. 98

4 Muss, müsste, dürfte, könnte, kann oder mag so gewesen sein

Sagen Sie das Gleiche mit Modalverben. Manchmal gibt es mehrere Lösungen.

1. Er war <u>sicher</u> zu Hause.
2. Er hat die Klingel <u>bestimmt</u> gehört.
3. Er hat <u>wahrscheinlich</u> keine Lust gehabt, mit uns zu sprechen.
4. <u>Es ist gut möglich, dass</u> er verärgert war.
5. <u>Vielleicht</u> schämte er sich aber auch wegen seiner chaotischen Wohnung.
6. <u>Möglicherweise</u> hatte er wieder zu viel getrunken.
7. <u>Unter Umständen</u> war seine Geliebte bei ihm.
8. <u>Sicher</u> war es ihm peinlich zu öffnen.
9. <u>Es stimmt vielleicht, dass</u> es ihm peinlich war, aber ich kann es mir nicht vorstellen.

> 1. *Er muss zu Hause gewesen sein.*

Formen und
Strukturen

→TELC

5 Selmas Antwort

Lesen Sie Selmas Antwort auf Katinkas Mail im Lehrbuch, S. 39, und entscheiden Sie, welches Wort (a, b oder c) jeweils in die Lücken passt.

Liebe Katinka,

ich überlege die ganze Zeit, wie es sein kann, dass du jetzt wegen Manuel eifersüchtig bist. Wo du doch seine Gefühle nie [1] *erwidern* konntest. Ich habe sogar nachgelesen, was Psychologen so über Eifersucht schreiben. Ganz interessant. Ich schicke dir mal einen Auszug, vielleicht hilft dir das [2] _____. „Eifersucht verstehen wir als ein Gefühl, das äußere Ereignisse und andere Menschen in uns auslösen können. [3] _____ der andere bestimmte Dinge tut, müssen wir mit Eifersucht reagieren. Fakt ist aber, dass wir unsere Eifersucht selbst in uns auslösen. Eifersucht in ein Zeichen von großen Selbstzweifeln. Es zeugt von der Einstellung, unbedingt die Liebe und Aufmerksamkeit des Partners zu brauchen. Betroffene haben kein ausreichendes Selbstbewusstsein und leben in der ständigen Sorge [4] _____, nicht gut genug zu sein.

Menschen, die sich ihrer Stärken und Schwächen bewusst sind und sich so akzeptieren können, wie sie sind, scheinen weniger häufig eifersüchtig zu sein. Sie definieren sich selbst nicht danach, wie beliebt sie [5] _____ anderen sind. Sie haben gelernt, selbst für ihre Bedürfnisse zu sorgen. Stark eifersüchtige Menschen hingegen brauchen die permanente Bestätigung durch andere und können mit sich selbst oft wenig [6] _____.“ Eifersucht ist eher die Angst vor dem Verlust der Liebe als ein Ausdruck von Liebe. Das dürfte stimmen. Oder? Was meinst du? Meiner Meinung nach solltest du dich zusammennehmen, all die wild gewordenen Emotionen und auch das Selbstmitleid vergessen, [7] _____ sich jetzt in deinem Herzen breit gemacht hat. Bei dir muss erst mal Ruhe einkehren. Aber: [8] _____ dich bald an den Computer und beantworte die E-Mail deines lieben Freundes. Bitte mach keine Andeutungen von all dem Chaos in deinen [9] _____. Ich weiß, dass du in ein paar Tagen von den Folgen des Eifersucht-Überfalls geheilt sein wirst. Du besitzt nämlich innere Stärke. Also schreib die Antwort auf die Mail, in der stehen [10] _____: „Ich freue mich für Dich." Nur Mut, meine Liebe! Ich denke an dich und umarme dich herzlich,

Selma

1.	3.	5.	7.	9.
a. erwidern ✗	a. Dass	a. in	a. dessen	a. Gefühlen
b. antworten	b. Weil	b. mit	b. das	b. Gefühl
c. reagieren	c. Als	c. bei	c. von dem	c. Gefühle

2.	4.	6.	8.	10.
a. doch	a. davor	a. anfangen	a. Sitze	a. mag
b. eigentlich	b. damit	b. angefangen	b. Setzt	b. möchte
c. ja	c. dabei	c. anzufangen	c. Setz	c. sollte

6 Modalpartikeln

a An welche Stelle passen die Modalpartikeln? Fügen Sie sie zunächst selbst ein, hören Sie danach die Sätze 1 bis 15 und korrigieren Sie ggf. Ihre Eintragung.

Partikel	Beispielsatz
eigentlich	1. Hast _____ du _eigentlich_ Geschwister _____?
	2. Du _____ könntest _____ mir _____ helfen _____.
	3. Ich _____ habe _____ keine _____ Zeit _____.
ja	4. Das _____ habe _____ ich _____ dir _____ schon _____ gesagt _____.
	5. Du _____ wirst _____ ganz _____ rot _____!
	6. Er _____ wollte _____ nicht _____ auf _____ mich _____ hören _____!
doch	7. Räum _____ endlich _____ mal _____ dein Zimmer _____ auf _____!
	8. Du _____ fährst _____ sicher _____ mit dem Auto _____?
	9. Du _____ hast _____ Medizin _____ studiert _____?
denn	10. Kannst _____ du _____ mich _____ nicht _____ verstehen _____?
	11. Wo _____ wohnst _____ du _____?
	12. Wie _____ spät _____ ist _____ es _____?
bloß	13. Wenn _____ er _____ schon _____ heute _____ kommen _____ würde _____!
	14. Was _____ mach _____ ich _____?
	15. Sag _____ ihm _____ nichts _____ von unserem Gespräch _____!

b Hören Sie nun die Sätze 1 bis 15 noch einmal und sprechen Sie sie nach. Achten Sie darauf, dass die Modalpartikeln bei der Aussprache nicht besonders betont werden.

Formen und
Strukturen
S. 111

c Welche Bedeutung haben die Modalpartikeln in den Sätzen aus Übungsteil a? Tragen Sie ein.

eigentlich	macht eine Aufforderung vorsichtiger **Satz** _____	genaueres Nachfragen **Satz** _1_	„im Grunde …, aber" **Satz** _____
ja	Überraschung **Satz** _____	das ist schon bekannt **Satz** _____	Verärgerung **Satz** _____
doch	höfliche Bitte / Ratschlag **Satz** _____	Erinnerung an Bekanntes / Bestätigung **Satz** _____	Ungeduld / insistieren **Satz** _____
denn	Vorwurf / ungläubig **Satz** _____	Interesse / Höflichkeit **Satz** _____	Nachfrage **Satz** _____
bloß	Warnung / Drohung **Satz** _____	Ratlosigkeit **Satz** _____	Wunschsatz **Satz** _____

7 Bloß kein Stress

Formen und
Strukturen
S. 111

Ergänzen Sie die fehlenden Modalpartikeln. Manchmal gibt es mehrere Lösungen.

bloß   bloß   ~~denn~~   doch   eigentlich   einfach   einfach   ja   ja   ja   wohl

Ralf: Wie geht's dir ___denn___?

Pit: Ach, ich bin _____ müde. Seit Januar habe ich _____ einen neuen Job. Die Arbeit gefällt mir _____ ganz gut, aber es ist viel, _____ zu viel für mich.

Ralf: Pass _____ auf! Du weißt _____, dass Peter einen Herzinfarkt hatte.

Pit: Na, der hat doch _____ nicht zu viel gearbeitet!

Ralf: Na ja, im Grunde schon! Der hatte _____ auch immer Stress und keine Freizeit. Und dann hat er _____ auch viel getrunken und viel geraucht. Wie du!

Pit: Jetzt hör _____ auf, mir Angst zu machen!

9 Gefühle

Gemischte Gefühle

1 Bücher

Lesen

Lesen Sie die Klappentexte im Lehrbuch, S. 40/41, noch einmal und entscheiden Sie, ob folgende Aussagen den Inhalt des jeweiligen Textes richtig wiedergeben.

A Wenn man die Reflexe und Instinkte von Katzen genau kennt, kennt man auch ihre Gefühlswelt.
☐ steht im Klappentext   ☒ steht nicht im Klappentext

B Birgit Winter hat bewiesen, dass Pflanzen intelligente Gefühlswesen sind.
☐ steht im Klappentext   ☐ steht nicht im Klappentext

C Der Umgang mit Gefühlen kann mit Hilfe dieses Buches erlernt werden.
☐ steht im Klappentext   ☐ steht nicht im Klappentext

D Das Buch richtet sich an Menschen, die sich von allen Gefühlen befreien wollen.
☐ steht im Klappentext   ☐ steht nicht im Klappentext

E Patricia Sleet zeigt in diesem Buch, wie emotionale Erpressung funktioniert.
☐ steht im Klappentext   ☐ steht nicht im Klappentext

F Es handelt sich um ein Lehrbuch für Personen, die Gefühle anderer verstehen müssen.
☐ steht im Klappentext   ☐ steht nicht im Klappentext

G Das Buch gibt Antwort auf die Frage, warum Musik Gefühle auslöst.
☐ steht im Klappentext   ☐ steht nicht im Klappentext

H In diesem Kinderbuch geht es um die Überwindung von Angst.
☐ steht im Klappentext   ☐ steht nicht im Klappentext

2 Stimmt das?

Lesen

Was passt zusammen? Ordnen Sie den Satzanfängen jeweils das richtige Ende zu.

1. „Der kleine Hase" dürfte	A die Gefühlswelt der Hörer stark beeinflussen.	1. C
2. A. Stein könnte	B viele Beispiele aus ihrer eigenen Praxis benutzt haben.	2. ☐
3. B. Winter muss	C für ängstliche Kinder sehr hilfreich sein.	3. ☐
4. Im Buch von M. Hösch muss es	D Psychologe sein.	4. ☐
5. Musik dürfte	E sich gut in der Pflanzenforschung auskennen.	5. ☐
6. P. Sleet dürfte für ihr Buch	F einige Fallbeispiele geben.	6. ☐

3 Im Buchladen

Wortschatz

a Wer liest was? Vier Begriffe bleiben übrig.

> Krimi   Reiseliteratur   Fachliteratur   Sachbuch   Kochbuch   Hörbucher   Bastelbuch
> ~~Fantasy-Romane~~   Comics   Ratgeberliteratur   Historienromane   Kinderbuch   Wörterbuch

1. Petra flüchtet sich in ferne Welten der Zukunft. Sie liest nur _Fantasy-Romane_.
2. Bernd ist Psychologe und macht gerade eine Zusatzausbildung. Er kauft sich _____.
3. Claudia kann sich nur bei Spannung entspannen. Sie sucht den neuesten _____.
4. Klaus kocht sehr gerne. Heute soll es ein _____ über dänische Vorspeisen sein.
5. Axel ist oft lange mit dem Auto unterwegs. Deshalb liebt er _____.
6. Maria möchte in die Karibik fliegen. Dafür sucht sie die entsprechende _____.
7. Tim mag keine Bücher, dennoch liest er in jeder freien Minute _____.
8. Als Geschenk für ihre neunjährige Nichte sucht Hanne ein _____.
9. Tobi lernt gerade Chinesisch. Er braucht deshalb ein gutes _____.

b Sie möchten ein Buch bestellen. Welche Begriffe passen nicht zum Thema?

> ISBN-Nummer   vergriffene Auflage   Personalausweis   Belletristik   Adresse   Buche
> Gebundene Ausgabe   Taschenbuch   Klappentext   CD-Rom   Titel   Zusammenfassung
> Autor   Verlag   Neue Auflage   Buchhaltung   Kapitel   Abschnitt   Cover   Tagebuch

Grammatik: Das Wichtigste auf einen Blick

Formen und
Strukturen
S. 110

1 Nomen, Verben und Adjektive mit festen Präpositionen

Ebenso wie die Verben können Adjektive und Nomen feste Präpositionen haben.
* Der Ausgang der Wahl ist abhängig vom Wetter.
* Sie war zuerst sehr wütend auf ihn, aber dann verstand sie sein Verhalten.

abhängig von + D	abhängen von + D	die Abhängigkeit von + D
ärgerlich über + A	sich ärgern über + A	der Ärger über + A

Formen und
Strukturen
S. 108

2 Präpositionalpronomen

da(r) + Präposition als Ersatz für Präposition + Nomen
Präpositionalpronomen ersetzen ein Nomen mit Präposition, wenn es sich um eine Sache oder eine Aussage handelt. Die Präposition hängt vom Verb ab.

Bei Sachen:
* Er wartet auf das Essen. ▶ Er wartet darauf. *(„da(r)" + Präposition = Präpositionalpronomen)*
  ▶ Worauf wartet er? *(Frage: „wo(r)" + Präposition)*

Präpositionalpronomen können auch für ganze **Aussagen** stehen:
* Ilse geht heute zur Buchmesse. ▶ Darauf hat sie sich schon lange gefreut. *(sich freuen auf)*

Wenn die Präposition mit einem Vokal beginnt: „darauf", „darüber", … sonst: „damit", „dazu", „dafür"…

da(r) + Präposition als Hinweis auf einen Nebensatz:
* Er wartet auf die Ankunft seines Bruders *(„warten auf" + Nomen)*
* Er wartet darauf, dass sein Bruder kommt *(„warten darauf, dass" + Nebensatz)*

Formen und
Strukturen
S. 98

3 Wie man Vermutungen formulieren kann: subjektiver Gebrauch der Modalverben

Modalverben können auch subjektiv gebraucht werden, d. h., der Sprecher oder die Sprecherin drücken damit ihre persönliche Vermutung oder Meinung aus. Statt mit Modalverben kann man subjektive Einschätzungen auch folgendermaßen ausdrücken, z. B:

Er mag fachlich gut sein, aber sonst ist er schwierig.	Es stimmt vielleicht, dass er fachlich gut ist, aber sonst ist er schwierig.
Sie kann / könnte davon gewusst haben.	Unter Umständen / Eventuell / Vielleicht / Möglicherweise hat sie davon gewusst.
Das dürfte schon so gewesen sein.	Wahrscheinlich / vermutlich ist es so gewesen. / Ich nehme an, dass es so gewesen ist. / Das wird wohl so gewesen sein.
Er müsste schon weggegangen sein.	Bestimmt / Sehr wahrscheinlich ist er schon weggegangen. / Es ist so gut wie sicher, dass er schon weggegangen ist.
Er muss schon weggegangen sein.	Ganz bestimmt / zweifellos ist er schon weggegangen. / Ich bin mir sicher, dass er schon weggegangen ist.

Formen und
Strukturen
S. 111

4 Modalpartikeln

Modalpartikeln sind kurze Wörter, die dem Satz eine besondere, oft emotionale Färbung geben. Die Aussage wird verstärkt, abgeschwächt oder in Frage gestellt. Modalpartikeln stehen immer im Mittelfeld, meist direkt nach dem Verb. Sie sind immer unbetont.
* Hey, Paul, du bist ja schon da!

• ja *(Überraschung Bekanntes, Ungeduld)* • doch *(Bekanntes Höflicher Rat, Ungeduld)* • halt / eben *(Da kann man nichts machen.)*	• eigentlich *(vorsichtige Aufforderung, genauere Frage, im Grunde)* • mal *(macht die Aufforderung freundlicher)*

Arbeiten international

Wortschatz

1 Internationales Wortnetz

Was fällt Ihnen zu „Arbeiten im Ausland" ein? Ergänzen Sie das Wortnetz.

neue Kultur — Risiko — Abenteuer

Auslandstätigkeit — Arbeiten im Ausland — Fremdsprache

Karriere — Kulturschock

Wortschatz
Schreiben

2 Persönliche Erfahrungen im Ausland

Schreiben Sie mithilfe der Wörter im Schüttelkasten Sätze, die die unterstrichenen Ausdrücke erklären.

> abzahlen   annehmen   aufmachen   ~~auswandern~~   immer noch   sich entschließen
> festgefahren   innerhalb   multikulturell   sich über Wasser halten   unbeschadet
> verfügen über   von vorne anfangen   zurechtkommen mit   das Dreifache von   auslösen

1. Karin Schneider und ihr Mann <u>verließen</u> vor vier Jahren Deutschland in Richtung Australien.
2. Unflexibilität und <u>stagnierende</u> Karriereaussichten hatten starke Unzufriedenheit <u>verursacht</u>.
3. Sie <u>entschieden sich dafür</u>, nach Australien zu gehen.
4. Sie haben in Australien <u>ganz neu begonnen</u>.
5. <u>Im Zeitraum</u> von vier Jahren haben sie sich hoch gearbeitet und verdienen <u>3x soviel wie</u> früher.
6. Oskar Wiesner <u>hatte</u> genügend Kapital, um eine Schreinerei <u>aufzubauen</u>.
7. Er hat die Aufbauphase aber nicht <u>ohne Schaden</u> überstanden.
8. Er verstand die Mentalität seiner Kunden nicht und <u>konnte nicht damit umgehen</u>.
9. Er <u>bezahlt</u> seine Schulden <u>nach und nach</u>.
10. Jutta Schultinger hat Arbeiten <u>akzeptiert</u>, die weit unter ihrer Ausbildung lagen.
11. Sie wollte auf diese Weise <u>das Nötigste für ihren Lebensunterhalt verdienen</u>.
12. Sie fand schnell einen Freundeskreis <u>mit Menschen aus unterschiedlichen Kulturen</u>.

> *1. Karin Schneider und ihr Mann wanderten vor vier Jahren nach Australien aus.*

Formen und Strukturen S. 107

3 Jeder, der ins Ausland geht ...

Wählen Sie aus, welches von den folgenden Artikelwörtern oder Pronomen passt. Manchmal gibt es zwei Lösungen. Achten Sie auch auf die Endungen.

> diejenigen   irgendein   ~~jeder~~   keiner   manche   sämtliche   mehrere   niemand

1. _____Jeder_____, der ins Ausland geht, sollte die Landessprache können, denn natürlich kann _Keiner/niemand_ ohne Sprachkenntnisse in einem fremden Land zurechtkommen.
2. _Manchen_ fällt es leicht, allein zu lernen, aber die meisten brauchen doch Unterricht.
3. Man sollte allerdings nicht _irgendeinen_ Kurs machen, sondern sich vorher möglichst genau über die Qualität informieren.
4. _Manche_ Spracheninstitute werben natürlich mit ihrer besonderen Qualität, aber leider ist meist nur ein Teil von ihnen wirklich gut.
5. Man sollte bei _mehreren_ anfragen, Referenzen oder Zertifizierung überprüfen, dann findet man sicherlich _diejenigen_ heraus, die in Frage kommen.

4 Heimkehr in die Fremde – ein Artikel für die Zeitschrift „Rückkehrer"

a Eine Freundin kritisiert den Entwurf zu dem Artikel für die Zeitschrift „Rückkehrer". Wie finden Sie die Stellungnahme der Freundin? Kreuzen Sie an.

☐ höflich   ☐ unhöflich   ☐ zu direkt   ☐ unklar   ☐ klar   ☐ überkritisch

Liebe Clara,

Du hattest mich gebeten, mich zu deinem Entwurf für den Artikel in der Zeitschrift „Rückkehrer" zu äußern. Ich habe ihn also sehr gründlich gelesen. Allerdings sind ein paar Änderungen nötig:

1. Grundsätzlich muss die Stilebene geändert werden. Es klingt alles sehr „gehoben". Du solltest mehr umgangssprachliche Elemente oder Zitate einbauen, damit das Ganze lebhafter und persönlicher wirkt. Es geht ja um persönliche Erfahrungsberichte von Leuten, die nach dem Auslandseinsatz nach Deutschland zurückkommen und über ihre Schwierigkeiten am Anfang berichten. So wie du es beschreibst, klingt es ziemlich langweilig.

2. Auch der Aufbau muss geändert werden. Du beginnst mit theoretischen Erklärungen zur Situation der Rückkehrerinnen und Rückkehrer. Dann kommen praktische Beispiele. Umgekehrt wäre das erheblich besser: Zuerst die persönlichen Aussagen der Rückkehrer, dann die Erläuterung, warum das ganz typisch in dieser Situation ist, und später noch mal praktische Beispiele.

3. Du benutzt zu viele Abkürzungen (BMZ, GTZ etc.). Die kennen nur die Leute aus der Szene.

Das war alles. Falls etwas unklar ist, kannst du mailen oder anrufen. Ich kann auch konkretere Änderungsvorschläge machen.

Sei herzlich gegrüßt und frohes Schaffen – Iris

b Bitte formulieren Sie die Stellungnahme der Freundin höflicher, indem Sie die folgenden Sätze in den Text einbauen bzw. Textstellen ersetzen.

Briefanfang: vielen Dank für den Entwurf für den Artikel … | …, wenn Du einverstanden bist. | Allerdings würde ich einige Änderungen vorschlagen … | … und er gefällt mir vom Ansatz her sehr gut.

Punkt 1: … , also ein bisschen steif. | Grundsätzlich würde ich die Stilebene insgesamt ein wenig verändern. | Das könnte ruhig ein wenig farbiger dargestellt werden. | Vielleicht könntest du ab und zu einige umgangssprachliche Elemente einbauen oder auch Zitate, …

Punkt 2: Dadurch würde das Ganze lebhafter, s. Punkt 1. | Auch am Aufbau würde ich etwas ändern. | Ich würde vorschlagen, dass du genau umgekehrt vorgehst: …

Punkt 3: … zwar …, aber vielleicht sind ja auch andere an dem Artikel interessiert. | Noch eine Kleinigkeit: Vielleicht solltest du die typischen Abkürzungen vermeiden.

Briefschluss: Ich hoffe, du findest mich nicht zu kritisch! | … natürlich jederzeit gern … | …, wenn du das möchtest. | So das wäre es, was mir an deinem Entwurf aufgefallen ist.

Wege ins Ausland

1 Eurodesk

Kombinieren Sie die Wörter im Kasten zu zusammengesetzten Nomen, die im Zusammenhang mit Eurodesk stehen. Achten Sie darauf, dass manchmal ein Fugen-s steht.

| Agentur | Aufenthalt | Aufenthalt | Ausland | Beratung | Beratung |
| Camp | Dienst | Dienst | National | ~~Netz~~ | Service | Stelle | ~~Werk~~ |

1. Eurodesk ist ein europäisches Information*snetzwerk* _____.
2. Es hat _____ in 29 Staaten und über 600 regionale _____.
3. Es unterstützt _____aufenthalte aller Art.
4. Es vermittelt Sprach_____, Work_____, Freiwilligen_____,
   Schul_____ oder Tätigkeiten im Zivil_____.
5. Es bietet Telefon_____ und _____tage zur genaueren Information an.

10 Arbeiten international

Lesen
Wortschatz

2 Ein Beratungsgespräch – aber geht es nicht höflicher?

Verändern Sie das folgende Telefongespräch mithilfe der Ausdrücke im Kasten, sodass es höflicher wird.

Guten Tag, hier Martina Jung. | ~~Was kann ich für Sie tun?~~ | Und vielen Dank! | Hätten Sie gerade einen Moment Zeit, oder passt es jetzt nicht? | Gern geschehen. | Könnten Sie mir vielleicht etwas anderes empfehlen? | Was möchten Sie denn wissen? | Entschuldigen Sie, wenn ich Sie unterbreche. | Entschuldigen Sie, wenn ich kurz dazwischenfrage. | Das kann ich verstehen, es gibt wirklich viele. | Verzeihung, wie meinen Sie das? | Hm. Entschuldigen Sie, wenn ich noch mal unterbreche.

▶ Hier Hahn-Rehmer, Eurodesk. _Was kann ich für Sie tun?_ _____

▷ _____ Ich brauche eine Beratung.
_____

▶ Doch, doch. Es passt schon. Dafür sind wir ja da. _____

▷ Ich möchte ein Praktikum im Ausland machen und …

▶ _____ Haben Sie schon auf unsere Homepage geschaut?

▷ Ja schon, aber ich bin ganz verwirrt wegen der vielen Möglichkeiten.

▶ _____ Worum geht es Ihnen denn
hauptsächlich bei Ihrem Auslandsaufenthalt?

▷ Ich möchte Erfahrung sammeln: fachlich, sprachlich, interkulturell.

▶ Aha! Ich würde Ihnen aber von einem Praktikum abraten, weil …

▷ _____. Warum denn kein Praktikum?

▶ Als Studienanfänger fehlt es Ihnen eigentlich noch an fachlicher Kompetenz.

▷ Stimmt, das verstehe ich. _____

▶ Sie könnten mit einem Freiwilligendienst ins Ausland gehen, da …

▷ _____ Was gibt es denn da für Möglichkeiten?

▶ Eine ganze Reihe. Ich würde Ihnen empfehlen, sich noch einmal im Internet schlau zu machen. Dann können Sie gern noch mal auf mich zukommen.

▷ _____

▶ Ich meinte, Sie können mich dann gern noch mal anrufen.

▷ Alles klar. Auf Wiederhören. _____

▶ _____ Wiederhören!

Lesen
Schreiben

3 Kann Frau Unduraga sich bewerben oder nicht? – Anrufe beim „ijgd"

a Lesen Sie den Text und ergänzen Sie die Sätze unten.

Der „ijgd" – Verein "Internationale Jugendgemeinschaftsdienste Bundesverein e.V." – Gesellschaft für internationale und politische Bildung – verfolgt mit seinen Programmen folgende Ziele:
– Förderung des Verständnisses zwischen Angehörigen verschiedener Nationen, sozialer Schichten, Religionen und Weltanschauungen

– Abbau von Vorurteilen
– Mitwirkung von Jugendlichen als Freiwillige an sozialen; kulturellen und ökologischen Projekten in Deutschland (ca. 40 Jugendliche pro Jahr aus dem europäischen Ausland)

1. Der Verein will das Verständnis zwischen Angehörigen verschiedener Nationen _____.

2. Er will bewirken, dass Vorurteile _____.

3. Jugendliche aus dem europäischen Ausland können an Projekten _____.

b Wie geht der Dialog auf S. 155 weiter (Variante A und B)? Folgende Sätze helfen Ihnen.

Könnten Sie mir freundlicherweise die Adresse geben? | Schade! Trotzdem vielen Dank! | O.k. Darf ich noch mal anrufen, falls ich etwas nicht verstehe? | ~~Leider nicht. Zurzeit können sich leider nur Jugendliche aus dem europäischen Ausland bewerben.~~ | Gut, das geht gerade noch. | Auf unserer Homepage finden Sie alles: www.ijgd.de. | 24. | Nichts zu danken. Auf Wiederhören! | Ja. Darf ich fragen, wie alt Sie sind? | Und was empfehlen Sie, wie soll ich mich bewerben? | Gern, dafür sind wir ja da. | Auf Wiederhören. | Am besten wenden Sie sich an unsere Partnerorganisation in Spanien. | Vielen Dank noch mal und auf Wiederhören. | Wiederhören

▶ Hier Reinhardt, „ijdg" – Büro Bonn. Was kann ich für Sie tun?

▷ Guten Tag, hier Silvia Unduraga. Ich hätte ein paar Fragen zu Ihrem Freiwilligenprogramm. Passt es jetzt, oder soll ich später noch mal anrufen?

▶ Nein, nein – das passt schon!

A ▷ Also, ich komme aus Chile, kann ich mich bei Ihnen bewerben?

▶ _Leider nicht. Zurzeit ..._

▷ _____

B ▷ Also, ich komme aus Spanien, kann ich mich bei Ihnen bewerben?

▶ _____

▷ _____

Vorbereitungen

Schreiben

1 Kannst du mal drübergucken?

Ein Freund möchte ein Freiwilligenjahr in Deutschland verbringen und bittet schriftlich um Informationen. Er hat Sie gebeten, über seinen Brief zu schauen, weil Sie besser Deutsch können als er. Korrigieren Sie den Brief wie folgt.

– Schreiben Sie die richtige Form an den Rand (Beispiel 1).
– Wenn die Wortstellung falsch ist, schreiben Sie das falsch platzierte Wort an den Rand zusammen mit dem Wort, mit dem es vorkommen soll (Beispiel 2).

Mainz, den 25. November		
Sehr geehrten Damen und Herren,	1	_geehrte_
im kommenden Jahr ich möchte ein Jahr in Deutschland	2	_möchte ich_
verbringen, und zwar – als möglich – im Europäischen	3	_____
Freiwilligendienst (EVS). Eine Freundin hat mir auf Ihre	4	_____
Angebote aufmerksam gemachen.	5	_____
Daher möchte ich gern wissen, welchen Voraussetzungen man	6	_____
erfüllen muss, um über Ihre Organisation vermittelt zu sein.	7	_____
Wie Sie sehen können, ich kann schon gut Deutsch, auch wenn	8	_____
ich muss noch viel lernen.	9	_____
Am liebsten würde ich bei einem sozial Projekt mitarbeiten.	10	_____
Über eine balde Antwort würde ich mich sehr freuen.	11	_____
Mit freundlicher Grüßen	12	_____

2 Zu viel Stress

Lesen
Schreiben

Bringen Sie die Sätze in die richtige Reihenfolge. Denken Sie auch an die formale Gestaltung des Briefes.

Elisa hat so viel mit den Vorbereitungen für ihren Aufenthalt in Deutschland zu tun, dass sie momentan sehr gestresst ist. Sie hat einen Brief an das Wohnheim entworfen, der ziemlich durcheinander ist.

Sehr geehrter Herr Gruber, | Ich habe mich jetzt für einen Platz in einem der renovierten Doppelzimmer entschieden. | Könnten Sie mir bitte eine kurze Bestätigung zukommen lassen? | In der Anlage finden Sie den von mir ausgefüllten und unterschriebenen Mietvertrag. | vielen Dank für Ihr Schreiben vom ... mit den Zusatzinformationen. | Mit freundlichen Grüßen | Vielen Dank im Voraus.

3 Anfrage und Angebot – ein Briefpuzzle

Lesen
Schreiben

Der Computer ist abgestürzt und ein Hotelangestellter hat die ausgedruckten Briefe aus Versehen zerrissen. Ordnen Sie die Briefteile so, dass zwei aufeinander abgestimmte Briefe entstehen: eine Anfrage und ein Angebot.

ab 1.10. dieses Jahres werde ich als Leiter der Auslandsabteilung der Firma Riemer nach Lyon versetzt.

Könnten Sie mir auch mitteilen, ab wann es Sonderpreise für längere Aufenthalte gibt?

Angebot Hotel

Da Sie sechs Nächte bleiben, gewähren wir Ihnen einen Sonderrabatt von 10%.

Damit Sie mich schnell informieren können, wäre ich Ihnen dankbar, wenn Sie mir per E-Mail antworten könnten.

Das angenehmste liegt im 3. Stock, geht nach hinten raus und liegt Richtung Westen.

Es sollte sehr ruhig sein und nicht direkt neben dem Aufzug oder zur Straße hin liegen.

Es ist sehr geräumig, hat einen Balkon, ein eigenes Bad und WC und ist mit Minibar, TV und Internetanschluss ausgestattet. Sie haben von dort einen wunderschönen Blick über die ganze Stadt.

Friedhelm Schokolinski
Riemer-AG
Fürth

Deshalb wende ich mich heute mit einer Anfrage an Sie:

Hier meine Adresse: schokolinski@riemer.de

Hotel de l'Opéra
Michel Delpech

Bei meiner Suche nach einem preisgünstigen Zimmer in einem ruhig gelegenen Hotel bin ich im Internet auf Ihre Adresse gestoßen.

Über eine baldige Antwort würde ich mich sehr freuen.

und verbleiben mit freundlichen Grüßen

Aufgrund dessen plane ich, nächste Woche ein paar Tage in Ihre Stadt zu kommen, um mich nach einer Wohnung umzusehen.

Natürlich bräuchten wir Ihre genauen Ankunfts- und Abfahrtstermine, damit wir die Belegung überprüfen können.

Sehr geehrte Damen und Herren,

Sehr geehrter Herr Schokolinski,

Bitte schicken Sie mir ein verbindliches Angebot für ein Einzelzimmer mit Bad und WC für fünf oder sechs Übernachtungen.

Es kostet 73 € pro Nacht, inklusive Frühstück.

Sollten Sie noch Fragen haben, setzen Sie sich bitte mit uns in Verbindung.

Mit freundlichen Grüßen

wir bedanken uns für Ihr Interesse an unserem Etablissement und freuen uns, Ihnen folgendes Angebot unterbreiten zu können:

Anfrage

Wir würden uns freuen, Sie bald in unserem Hause begrüßen zu dürfen

Wir haben mehrere Einzelzimmer in verschiedenen Preisklassen, je nach Lage und Ausstattung.

Anfrage

Sehr geehrte Damen und Herren,
ab 1.10. dieses Jahres werde ich als Leiter der Auslandsabteilung der Firma Riemer nach Lyon versetzt.

Angebot Hotel

Sehr geehrter Herr Schokolinski,

4 Unterschiedliche Briefstile – oder „gehobenes" Deutsch

Welche Wendungen entsprechen sinngemäß denjenigen im Brief an Elisa, Lehrbuch, S. 47? Tragen Sie die entsprechenden Ausdrücke in die Tabelle ein.

> Hochverehrte Frau von der Grün,
>
> für Ihre Anfrage unseren allerbesten Dank.
>
> Es bereitet uns große Freude, dass Sie im Rahmen des Europäischen Freiwilligendienstes nach Deutschland kommen.
> Wir sehen uns allerdings gezwungen, unser großes Bedauern darüber auszudrücken, dass derzeit kein freies Einzelzimmer mehr zur Verfügung steht. Wir verfügen aber noch über einige frisch renovierte Doppelzimmer. Als Anlage erhalten Sie – Ihrem Wunsch entsprechend – eine Informationsbroschüre, aus der Sie Größe und Ausstattung der noch zur Disposition stehenden Zimmer sowie die Höhe der Miete ersehen können.
>
> Falls Sie Interesse an einem Platz in einem der Doppelzimmer haben sollten, möchten wir die Bitte äußern, dass Sie die Rücksendung des ausgefüllten und unterschriebenen Mietvertrages (ebenfalls beiliegend) möglichst bald veranlassen. Erst wenn Sie diese Voraussetzung erfüllt haben, können wir die Reservierung vornehmen. Bei Rückfragen wenden Sie sich bitte direkt an das Verwaltungssekretariat. Wir freuen uns, Ihnen umgehend Auskunft zu geben
>
> und verbleiben mit vorzüglicher Hochachtung
>
>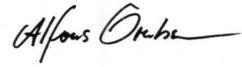

Brief an Frau von der Grün	Brief an Elisa
Hochverehrte	Sehr geehrte
unseren allerbesten Dank	vielen Dank

5 Vor der Ausreise die Versicherungsfrage klären

Schreiben Sie einen Brief an eine Versicherungsgesellschaft, in dem Sie sich nach den Konditionen für den Abschluss einer Auslandskrankenversicherung erkundigen. Benutzen Sie auch die Ausdrücke unten.

> Anfrage | Ich bitte Sie, mir Ihre Konditionen für … zu nennen. | Ich bitte Sie, mir ein Angebot für eine … zu unterbreiten. | Für eine baldige / schnelle Antwort / Nachricht / Information wäre ich Ihnen sehr dankbar. | Mit freundlichen Grüßen | Ich danke Ihnen im Voraus für Ihre Bemühungen.

6 Planung vor der Ausreise

a Unterstreichen Sie in den folgenden Sätzen die Wörter mit den Lautkombinationen „ng" und „nk".

1. Ich muss mir wirklich über Vieles Gedanken machen.
2. Was sind die Voraussetzungen?
3. Welche Bedingungen muss ich erfüllen?
4. Welche Vorbereitungen muss ich treffen?
5. Wird es mir gelingen, einen guten Nachmieter zu finden?
6. Woran muss ich noch denken?
7. Gastgeschenke kaufen.
8. Für den Anfang leichte Kleidung mit langen Ärmeln wegen der Moskitos besorgen.
9. Anke anrufen und nach ihren Erfahrungen mit der internationalen Schule fragen.

> Aussprache von „ng" und „nk":
>
> Diese Kombinationen werden nasal, also durch die Nase (als ob Sie Schnupfen hätten) gesprochen und im Wörterbuch mit den Zeichen [ŋg] bzw. [ŋk] dargestellt.

b Hören Sie jetzt die Sätze, und achten Sie dabei besonders auf die Aussprache der von Ihnen unterstrichenen Wörter. Sprechen Sie nun die Sätze nach.

Hören ● 28
Aussprache

7 Ein bisschen Auffrischung

Wie heißen die Formen dieser unregelmäßigen Verben? Ergänzen Sie und sprechen Sie dann die drei Formen schnell hintereinander. Vergleichen Sie sie anschließend mit der Aufnahme auf der CD und sprechen Sie noch einmal.

hängen	fangen	singen	sinken	springen	trinken	klingen	gelingen
hing gehangen							

Hören ● 29
Aussprache

8 Konkrete und Unsinnspoesie

a Hören Sie die zwei Gedichte und achten Sie auf die Aussprache.

> ping pong
> 　　ping pong ping
> 　　pong ping pong
> 　　　　ping pong

> In der Nacht die Sterne funkeln.
> Und der Rundfunk funkelt auch.
> Funkeln tun auch die Karfunkeln,
> und ein funkelnagelneuer Anzug auch.
> (Karfunkel = roter Granat)

b Lesen Sie die Gedichte nun laut. Vielleicht können Sie sich auch selbst dabei aufnehmen und Ihre Interpretation dann noch einmal anhören.

Paragrafendeutsch

1 Der Mietvertrag

Lesen
Wortschatz

a Lesen Sie nun den Vertrag im Lehrbuch, S. 48, noch einmal. Entscheiden Sie, ob die Aussagen richtig (r) oder falsch (f) sind.

1. Die Warmmiete beträgt 320 Euro.   ~~r~~   f
2. Der Vertrag kann eventuell verlängert werden.   r   f
3. Der Mieter muss alle Paragraphen der Hausordnung kennen.   r   f
4. Der Mieter muss das Zimmer renovieren, wenn er auszieht.   r   f
5. Der Mieter ist für das Verhalten seiner Besucher verantwortlich.   r   f
6. Der Mieter muss eine Kündigungsfrist von 30 Tagen einhalten.   r   f
7. Der Hausmeister kann dem Mieter die Renovierung abnehmen.   r   f

b Welche Wörter passen wo? Ergänzen Sie ggf. auch die Endungen.

> Abschluss   Ausstattung   inbegriffen   ~~Kaltmiete~~   Kaution   Komfort   kündigen
> Monatsmieten   Nebenkosten   renovieren   teilmöbliert   unmöbliert   zusätzlich

1. Die Warmmiete setzt sich aus _Kaltmiete_ und _____ zusammen.
2. Die Telefonkosten sind natürlich nicht _____, die zahlt man gesondert.
3. Meistens muss man bei _____ des Mietvertrages eine _____ von zwei oder drei _____ zahlen.
4. Es gibt drei Möglichkeiten: ein möbliertes, ein _____ oder ein _____ Zimmer.
5. Ein Appartement mit allem _____ ist natürlich teurer als eins mit einfacher _____.
6. Oft muss man das Treppenhaus selbst putzen oder _____ bezahlen.
7. Wenn man ausziehen will, muss man vorher _____ und die Wohnung _____.

2 Nachweise International – Teilnahme, Engagement und Kompetenz von Jugendlichen

a Lesen Sie den folgenden Text, markieren Sie dabei die Partizipien I und II und beschriften Sie sie jeweils mit PI und PII.

International geförderte *(PII)* Jugendarbeit eröffnet interkulturell spannende Erfahrungsfelder. Sie bietet mit ihren vielen verschieden aufgebauten Programmen einen Rahmen, in dem sich Jugendliche selbstverantwortlich und explorierend mit sich selbst, mit Menschen aus anderen Kulturen und mit den unterschiedlichsten Themen auseinandersetzen können.
Die dabei entwickelten bzw. zur Verfügung stehenden Kompetenzen sind erforderlich, um den wachsenden Anforderungen in einer globalisierten Welt gerecht zu werden.

b Der zweite Teil des Textes ist sehr umständlich geschrieben. Verkürzen Sie ihn, indem Sie die Relativsätze auflösen und Partizip I oder II als Adjektiv verwenden. Streichen Sie die Wörter, die wegfallen, und schreiben Sie dann den Satz neu.

Die „Nachweise international" dokumentieren auf attraktive Weise die Kompetenzen, ~~die~~ von Jugendlichen gezeigt ~~werden~~, ihre Teilnahme und ihr Engagement. Eine Steuerungsgruppe, ~~die~~ vom „Bundesministerium für Familie, Senioren, Frauen und Jugend" unterstützt und durch den IJAB koordiniert wird, hat ein dreigliedriges Nachweissystem für Teilnehmende und Teamer/innen in der internationalen Jugendarbeit entwickelt: „Teilnahmenachweis international", „Engagementnachweis international", „Kompetenznachweis international".
Ziel dieses Nachweissystems ist es, Jugendarbeit in Deutschland, die international gefördert wird, – auch für die Jugendlichen selbst – sichtbarer zu machen.
Jede Organisation kann dabei eigenverantwortlich entscheiden, ob sie die Nachweise, die angeboten werden, einsetzen möchte und welche der drei Varianten jeweils die ist, die passt.

Die „Nachweise international" dokumentieren auf attraktive Weise die von Jugendlichen gezeigten Kompetenzen, ihre Teilnahme und ihr Engagement.
Eine vom …

Ziel dieses Nachweissystems ist es, …

Jede Organisation kann dabei eigenverantwortlich entscheiden, ob …

c Ergänzen Sie die Endungen der Partizipien als Adjektive oder Nomen.

Partizipien als Adjektive oder Nomen:
Sie erhalten die gleichen Endungen wie Adjektive.

Teilnahmenachweis international
Dieser für die Jugendlichen ausgestellte Nachweis steht allen zu, die an einer internationalen Maßnahme teilgenommen haben. Er enthält vor allem trägerbezogene Informationen und beschreibt die festgelegten Bildungsziele der Maßnahme, ohne auf die personenbezogenen Aspekte der Teilnehmenden im Einzelnen einzugehen.

Engagementnachweis international
Dieser für Teilnehmende und Teamer/innen eines internationalen Projekts gedachte Nachweis enthält alle Informationen des „Teilnahmenachweises". Zusätzlich werden hier individuell gezeigtes Engagement sowie während des Treffens geleistete Beiträge der Jugendlichen beschrieben.

Kompetenznachweis international
Dieser Teil der Nachweise International bescheinigt in detaillierter Form individuell gezeigte Kompetenzen von Jugendlichen in internationalen Projekten. Er ist gedacht für Teilnehmende und für Teamer/-innen der internationalen Jugendarbeit. Die Nachweise werden von Fachkräften ausgestellt. Diese lernen in einer speziellen Ausbildung einen sachlich fundierten und wertschätzenden Umgang mit Jugendlichen zu zeigen, zu dokumentieren und den Jugendlichen die entsprechende Rückmeldung zu geben.

(Die Texte in Übung 2a, b und c wurden nach Informationen aus der Homepage vom Internationalen Jugendaustausch- und Besucherdienst der Bundesrepublik Deutschland (IJAB) e.V. erstellt.)

Formen und
Strukturen
S. 94, 105

3 Die Teilnehmenden – das Gelernte

a Was sind das für Leute? Was sind das für Sachen? Definieren Sie!

1. die an dem Seminar Teilnehmenden   → _die Leute, die an dem Seminar teilnehmen_
2. das in der Schule Gelernte   → _das, was in der Schule gelernt wird_
3. ein bei der Hausverwaltung Angestellter   → _____
4. die Lernenden   → _____
5. die Vortragende   → _____
6. das von den Jugendlichen Geleistete   → _____
7. einer der in dem Projekt Engagierten   → _____
8. das neulich Besprochene   → _____
9. die durch die Stiftung Geförderten   → _____

b Vereinfachen Sie den Text, indem Sie statt den Relativsätzen Partizipien als Nomen verwenden.

1. Die Leute, die zu der Tagung eingeladen waren, äußerten sich begeistert zur Qualität der Leute, die vortrugen.
2. Allerdings gab es viele Verspätungen und diejenigen, die vor dem Saal warteten, wurden langsam ungeduldig.
3. Diejenigen, die teilnahmen, äußerten sich dann aber sehr zufrieden über den Diskussionsverlauf.
4. Das, was in der Diskussion beschlossen wurde, wurde protokolliert und gilt nun für alle.
5. Am letzten Tag gab es leider einige Leute, die verletzt wurden, als ein Leuchter von der Decke fiel.

> 1. _Die zu der Tagung Eingeladenen äußerten sich begeistert zur Qualität der Vortragenden._

Weg – aber wohin?

Wortschatz
Schreiben

1 Was sind die Voraussetzungen?

Ersetzen Sie die unterstrichenen Wörter und Ausdrücke durch passende Synonyme aus dem Kasten und formulieren Sie die Sätze entsprechend um. Lesen Sie – falls notwendig – den Text im Lehrbuch, S. 50, noch einmal.

> beschließen   träumen von   Einwanderung   engagiert   entsenden
> frei zugänglich sein   hinsichtlich   liegen an   seit langem   einnehmen
> umsetzen   ~~Vereinigte Staaten~~   verfügen über   sich wenden an

1. Die <u>USA</u> sind für viele das Land ihrer Träume. <u>Der Grund dafür</u> sind u. a. die unternehmerischen Freiheiten.
2. Geschäftsideen können leichter <u>realisiert</u> werden als in Europa.
3. Es gibt weniger Beschränkungen <u>in Bezug auf</u> erforderliche Ausbildungswege.
4. Viele, die in die USA auswandern, <u>haben den Traum</u>, eine große Karriere zu machen.
5. Für viele ist Neuseeland <u>seit langer Zeit</u> ein beliebtes Urlaubsziel.
6. Neuseeland gibt nur Personen mit guter Ausbildung die Möglichkeit der <u>Immigration</u>.
7. Wer nach Neuseeland will, muss sehr gute berufliche Qualifikationen <u>haben</u>.
8. In China arbeiten meistens Deutsche, die von ihrer Firma dorthin <u>geschickt</u> werden.
9. Am besten fragt man bei Firmen, die in China <u>aktiv</u> sind.
10. Die Liste der bei der Deutschen Handelskammer registrierten Firmen <u>kann sich jeder ansehen</u>.
11. Griechenland <u>besetzt</u> bei den Lebenshaltungskosten einen Spitzenplatz.
12. Wer sich <u>entscheidet</u>, in Griechenland zu arbeiten, braucht viel Idealismus.
13. Wenn Sie in Griechenland einen Job suchen, sollten Sie einen Euroberater <u>kontaktieren</u>.

> 1. _Die Vereinigten Staaten sind für viele das Land ihrer Träume. Das ..._

2 Auslandstätigkeit, was ist hierbei sozial- und arbeitsrechtlich zu beachten?

Lesen Sie den Text und entscheiden Sie, ob die Aussagen richtig (r) oder falsch (f) sind.

Da Deutschland eine stark exportorientierte Volkswirtschaft hat, sind immer mehr deutsche Arbeitnehmer im Ausland beschäftigt. Der Regelfall ist die Entsendung aus einem bereits bestehenden Arbeitsverhältnis in Deutschland. Dabei ist Folgendes zu beachten: Der Begriff der Entsendung entstammt dem Sozialrecht, setzt eine zeitlich begrenzte Beschäftigung voraus und hat dabei zur Folge, dass der Sozialversicherungsschutz im Ausland nicht verloren geht. Die Entsendung beinhaltet, dass das Arbeitsverhältnis zum inländischen Arbeitgeber fortbesteht und dass es bei Beendigung des von vornherein per Vertrag zeitlich begrenzten Auslandsaufenthalts wieder auflebt. Wichtig ist, dass eine Rückkehr vereinbart worden ist. Die Vertragsgestaltung für die Auslandstätigkeit kann sowohl durch die Modifikation eines bestehenden Anstellungsvertrages als auch durch den Abschluss eines neuen befristeten Vertrages erfolgen.

Bei einer Entsendungsvereinbarung ist insgesamt zwischen zwei wichtigen Bereichen zu unterscheiden, die stets zu regeln sind: Einmal die Vorbereitung (Stichworte: crosskulturelles Training, Sprache, politisches Umfeld), die Tätigkeit sowie die Aufenthaltsumstände im Beschäftigungsland (Aufgabe, Berichtspflicht, Steuern, Sozialversicherung, Unterkunft, Umzug, Lebenshaltungskosten, Heimreisen) und andererseits die Rückkehr- und Weiterbeschäftigungsmodalitäten des Mitarbeiters nach Beendigung des Auslandsaufenthalts (derselbe Arbeitsplatz, gleichwertige Tätigkeit).

1. Die Zahl der Deutschen, die im Ausland arbeiten, steigt.   ☒   f
2. Arbeitgeber der im Ausland Tätigen ist die Firma vor Ort.   r   f
3. Entsendung bedeutet, dass der Mitarbeiter nur für eine bestimmte Zeit im Ausland tätig ist.   r   f
4. Nach der Rückkehr muss ein neuer Vertrag geschlossen werden.   r   f
5. Für die Tätigkeit im Ausland braucht kein neuer Vertrag geschlossen zu werden.   r   f
6. In der Entsendungsvereinbarung müssen Vorbereitung, Tätigkeit und Weiterbeschäftigung nach der Rückkehr geregelt sein.   r   f
7. Zur Vorbereitung gehören interkulturelles Training, Sprachunterricht und Landeskunde.   r   f
8. Der Mitarbeiter muss nach der Rückkehr jede Aufgabe in der Firma annehmen, die ihm angeboten wird.   r   f

3 Ohne Visum keine Einreise

Formen und
Strukturen
S. 92

Die Merksätze im Ausländeramt sind kurz und prägnant. Aber was bedeuten sie eigentlich? Formulieren Sie die Sätze aus. Benutzen Sie „ohne … zu" oder „ohne dass". Achten Sie auch auf die Zeit der Verben.

1. Ohne Visum keine Einreise!
   Sie dürfen nicht einreisen, ohne ein Visum zu haben.

2. Ohne Vorliegen eines Arbeitsvertrags kein Visum!
   Sie erhalten keinen Arbeitsvertrag, ohne dass ein Visum vorliegt.

3. Ohne vorherige Unterschrift unter dem Arbeitsvertrag keine Arbeitsaufnahme!
   Sie dürfen die Arbeit nicht aufnehmen, ohne …

4. Ohne finanzielle Absicherung kein Aufenthalt im Gastland!
   Man darf sich nicht im Gastland aufhalten, ohne …

5. Ohne Prüfung der Unterlagen durch die Bundesagentur für Arbeit keine Arbeitsgenehmigung!
   Man erhält keine Arbeitsgenehmigung, ohne …

6. Ohne Aufenthaltsgenehmigung keine Erwerbstätigkeit!
   Man darf keine Erwerbstätigkeit ausüben, ohne …

Kulturschocks

1 Mein größter Kulturschock

Lesen
Wortschatz

Lesen Sie den Text im Lehrbuch, S. 52, noch einmal und unterstreichen Sie dort die Ausdrücke und Wörter, die den folgenden Definitionen entsprechen.

Abschnitt 1
1. kurz nachdem ich in Berlin angekommen war
   → *kurz nach meiner Ankunft in Berlin*
2. beschädigte Fassaden
3. eigenartig

Abschnitt 2
4. im Schatten von großen Bäumen
5. Das war nur fast richtig.
6. Ich fing an zu schwitzen.
7. Die deutsche Normalität stimmte mit der von Edgar Allan Poe überein.

Abschnitt 3
8. Buddhisten glauben an Wiedergeburt.

9. die ruhelosen Seelen
10. Die Seelen suchen nach Vergeltung und Gerechtigkeit.
11. Sie versuchen, Macht über andere Seelen zu bekommen.
12. die einsamsten Hügel

Abschnitt 4
13. Aus Liebe hält man Vieles aus.
14. Ich machte mir vor, dass …

Abschnitt 5
15. ein unverzichtbarer Teil
16. Er bekehrt mich nicht zur Gemeinsamkeit.
17. wenn ich ihn nicht betreten muss

2 Ohne genaue Vorstellung

Formen und
Strukturen
S. 92

Die Brasilianerin Adriana erzählt, dass sie nach Deutschland gekommen ist, ohne eine genaue Vorstellung davon zu haben, wie das Leben in diesem Land ist. Formulieren Sie die Sätze um, indem Sie „ohne … zu" oder „ohne dass" benutzen. Achten Sie auch auf die richtige Zeit der Verben.

1. Ich bin nach Deutschland gekommen und hatte nicht viel Ahnung von dem Land.
2. Meine Deutschlehrerin hatte mir Vieles erzählt, aber sie ging nicht auf Einzelheiten ein.
3. Sie hat mir auch einiges erklärt, aber ich habe sie nicht richtig verstanden.
4. Leider habe ich nur zugehört und nicht nachgefragt.
5. Ich habe viel Zeit mit „Vorbereitungen" verbracht, aber sie haben mir nicht viel genützt.
6. Deshalb bin ich in unangenehme Situationen gekommen und wusste keinen Ausweg.
7. Niemand sollte ins Ausland gehen und sich vorher nicht gut vorbereiten.
8. Jetzt lebe ich gern in Deutschland, aber ich habe meine Heimat natürlich nicht vergessen.

1. *Ich bin nach Deutschland gekommen, ohne viel Ahnung von dem Land zu haben.*

2. *Meine Deutschlehrerin hatte mir Vieles erzählt, …*

3 Endlich draußen, aber verstehen wir uns eigentlich?

Sprechen

Besprechen Sie in Ihrer Arbeitsgruppe, was auf den beiden Zeichnungen passiert. Stellen Sie Vermutungen an, notieren Sie sie und tauschen Sie sich dann im Kurs aus.

Grammatik: Das Wichtigste auf einen Blick

Formen und
Strukturen
S. 105

1 Partizip I und Partizip II als Attribut

Wenn die Partizipien **vor** dem Nomen stehen, werden sie wie Adjektive dekliniert:
- Für viele ist Neuseeland ein beliebtes und spannend**es** Urlaubsziel. *(Partizip I)*
- Sie verließen Deutschland wegen der festgefahren**en** Karriereaussichten. *(Partizip II)*

Erweiterte Partizipien vor dem Nomen
Die Partizipien als Adjektive können, besonders in offiziellen oder wissenschaftlichen Texten, durch weitere Informationen ergänzt werden. Man versucht damit, möglichst knapp zu schreiben und Nebensätze zu vermeiden. Das Partizip mit seinen Erweiterungen steht zwischen dem **Artikel** und dem **Nomen**, auf das es sich bezieht. Auch hier wird das Partizip wie ein Adjektiv dekliniert.
- Sie finden in der Anlage **den Mietvertrag**, der von mir ausgefüllt worden ist. *(Passiv, Vergangenheit)*

Sie finden in der Anlage **den** von mir ausgefüllt**en Mietvertrag**. *(Partizip II)*

- **Die Vorschriften**, die im Wohnheim gelten, sind einzuhalten. *(Aktiv, gleichzeitig)*

Die im Wohnheim geltend**en Vorschriften** sind einzuhalten. *(Partizip I)*

Formen und
Strukturen
S. 92

2 Modale Nebensätze und Angaben

Modale Nebensätze geben die Art und Weise eines Geschehens an. Hierzu kann man auch die instrumentalen Angaben rechnen: **Wie geschieht etwas?**
- Sie verließen das Haus, ohne dass die Nachbarn sie sahen.
- Ohne dass ich mich besonders angestrengt hätte, begann ich plötzlich abzunehmen. *(Konjunktiv II: entgegen der Erwartung)*
- Ohne das Geld zu beachten, nahmen sie die Dokumente mit.
- Sie kauften das Haus, ohne einen Kredit aufzunehmen.

11 Leistungen

Leistungen

Formen und
Strukturen
S. 112

1 Adjektive und ihr Gegenteil

Wortbildung Adjektive I:
Das Gegenteil von Adjektiven wird durch verschiedene Präfixe (a–, des–, il–, in–, non–, un–) oder Suffixe (–arm, –los, –scheu) ausgedrückt.

a Welche Präfixe passen zu welchen Adjektiven?
Ordnen Sie zu. Manchmal gibt es mehrere Lösungen.

eitel typisch konformistisch eigensinnig normal harmonisch offiziell
interessiert entschlossen sozial talentiert organisiert ausgeglichen
kompetent moralisch informiert formell verbal

Wortbildung Adjektive II:
Wenn Sie die Wortbildung bei Adjektiven wiederholen möchten, schauen Sie noch einmal in Lektion 3 nach.

a-	des-	in-	non-	un-
				uneitel

b Wie heißen die Adjektive richtig?

1. zielreich _zielstrebig_
2. risikovoll _____
3. machtreich _____
4. konfliktstrebig _____
5. variantenfreudig _____

6. ideenfreudig _____
7. hoffnungsreich _____
8. chancenvoll _____
9. humorreich _____
10. kontaktvoll _____

c Wie heißt das Gegenteil der Adjektive aus Übungsteil b? Ergänzen Sie die Tabelle. Manchmal gibt es mehrere Lösungen.

-arm	-los	-scheu
	ziellos,	

2 Frau Schmitz von nebenan

Formen und
Strukturen
S. 112

Ergänzen Sie die Adjektive mit den Präfixen aus Übung 1 und den Suffixen „-arm", „-reich", „-haltig", „-voll", „-los", „-frei", „scheu" und ggf. die entsprechenden Endungen.

1. Als moderne Frau ernährt sie sich natürlich fett_arm_____ und vitamin_____.
   Zucker_____ Nahrungsmittel und alkohol_____ Getränke meidet sie.
2. Selbstverständlich fährt sie ein schadstoff_____ Auto und tankt blei_____, denn sie hat
   ja ein Bewusstsein für ihre Umwelt.
3. Es versteht sich von selbst, dass sie sich immer geschmack_____ kleidet. Dabei ist sie
   völlig _____eitel und ein kleinwenig _____konformistisch.
4. Ihr Chef schätzt sie als ideen_____ und fantasie_____ Mitarbeiterin. Ihren oft
   _____entschlossenen Kunden gegenüber ist sie verantwortungs_____ und verkauft nur
   risiko_____ Wertpapiere.
5. Ihren Kindern ist sie eine liebe_____ Mutter und ihrem Mann eine temperament_____
   Ehefrau, denn sie erträgt kein _____harmonisches Familienleben.
6. Anderen Menschen begegnet sie stets vorurteils_____, aber nicht konflikt_____.
7. Sie wohnt in einer reiz_____ Gegend, ihr modernes Reihenhaus ist nun endlich
   schulden_____ und sehr stil_____ eingerichtet.
8. Ihr Mann war noch nie arbeits_____ und ihre Kinder sind sehr humor_____ und gar
   nicht gefühl_____.
9. Alles in allem leben sie ein sorgen_____ Leben und sind wunsch_____ glücklich.
10. Kann man das überhaupt neid_____ anerkennen?

3 Was meinen Sie?

a Ergänzen Sie die Sätze mit den Wörtern aus dem Schüttelkasten.

> die   der   meines   dafür   ~~nach~~   aus   für   auf   zu   zu   dass

1. Meiner Meinung / Ansicht _nach_ lassen sich sportliche und kreative Leistungen nicht vergleichen.
2. Ich halte den Vergleich von sportlichen und kreativen Leistungen _für_ unzulässig.
3. _Meines_ Erachtens ist der Vergleich von sportlichen und kreativen Leistungen nicht möglich.
4. _Aus_ meiner Sicht lassen sich sportliche und kreative Leistungen nicht vergleichen.
5. Ich stehe _auf_ dem Standpunkt, dass ein Vergleich von sportlichen und kreativen Leistungen nicht möglich ist.
6. Ich sehe _die_ Sache so: Ein Vergleich von sportlichen und kreativen Leistungen kann kein akzeptables Ergebnis bringen.
7. Ich bin dagegen, sportliche und kreative Leistungen _zu_ vergleichen.
8. Ich bin _dafür_, sportliche und kreative Leistungen getrennt zu betrachten.
9. Ich bin _zu_ der Überzeugung gekommen, dass ein Vergleich von sportlichen und kreativen Leistungen nicht gerecht sein kann.
10. Ich habe den Eindruck / das Gefühl, _dass_ der Vergleich von sportlichen und kreativen Leistungen nicht fair ist.
11. Ich bin _der_ Meinung / Überzeugung / Ansicht, dass man sportliche und kreative Leistungen nicht vergleichen kann.

b Notieren Sie die Redemittel zur Meinungsäußerung und ergänzen Sie diese ggf.

4 Da regt sich Widerspruch

a Lesen Sie die Redemittel zum Widerspruch und ordnen Sie sie in die Tabelle ein.

> ~~Ich habe da andere Erfahrungen gemacht.~~ | ~~Das kann ich nicht bestätigen.~~ | ~~Das stimmt so nicht.~~ | Mir scheint das fraglich. | Das kann doch nicht Ihr Ernst sein. | Ich sehe das etwas anders. | So kann man das meiner Meinung nach nicht sagen. | Da bin ich aber ganz anderer Meinung. | Das ist mir neu. | Sind Sie da sicher? | Da haben Sie etwas falsch verstanden. | Ganz im Gegenteil. | Ihre Argumente überzeugen mich nicht ganz. | Ich bin da nicht so sicher. | Dem kann ich nicht zustimmen. | Ich glaube, Sie haben da etwas übersehen. | Da habe ich Bedenken. | Da muss ich Ihnen leider widersprechen.

Vorsichtiger Widerspruch	Klarer Widerspruch	Massiver Widerspruch
Ich habe da andere Erfahrungen gemacht.	Das kann ich nicht bestätigen.	Das stimmt so nicht.

b Begründen Sie Ihre Zuordnung.

5 Was man alles leisten kann ...

a Setzen Sie die Nomen aus dem Schüttelkasten in die passende Lücke.

> Hilfe   ~~Beitrag~~   Folge   Widerstand   Gesellschaft   Zahlungen

Es war einmal ein Spitzensportler, der leistete mit seinen Erfolgen einen großen [1] _Beitrag_ für seine Sportart. Er wurde so bekannt, dass immer viele Menschen ihm [2] _____ leisten wollten. Als er sich bei einem Wettkampf verletzte, leistete ein Arzt sofort [3] _____. Kurze Zeit später wurde er wegen der Verwendung von Dopingmitteln verhaftet. Er leistete der Polizei keinen [4] _____ . Der Sportverband leistete nach dem Skandal keine weiteren [5] _____ mehr und der Sportler war bald finanziell am Ende. Obwohl er versprach, in Zukunft allen Vorschriften [6] _____ zu leisten, durfte er nicht mehr professionell Sport treiben.

b Finden Sie Synonyme für die Nomen-Verb-Verbindungen mit „leisten" in Übungsteil a und formulieren Sie die Sätze neu.

Es war einmal ein Spitzensportler, der hatte viel für seine Sportart getan.

6 Hilfe für Gedächtnismeister

Lesen
Sprechen

a Hier sind einige populäre Eselsbrücken aus Deutschland und ihre Verweise. Ordnen Sie zu.

1. Acht, Null, Null – Karl stieg auf den Stuhl.
2. Nie ohne Seife waschen.
3. Wer brauchen nicht mit zu gebraucht, braucht brauchen überhaupt nicht zu gebrauchen.
4. Drei, sieben, fünf – die Völker machen sich auf die Strümpf.
5. Fensterputz bei Sonnenschein bringt dir nur Enttäuschung ein.
6. Wer nämlich mit h schreibt ist dämlich.
7. Mein Vater erklärt mir jeden Sonntag unseren Nachthimmel.

A Reihenfolge der Himmelsrichtungen   **1.** ☑ *C*
B Orthographieregel   **2.** ☐
C Kaiserkrönung Karls d. Großen in Rom   **3.** ☐
D Reihenfolge der Planeten im Sonnensystem (Merkur, Venus, …)   **4.** ☐
E Grammatikregel für Modalverb   **5.** ☐
F Beginn der Völkerwanderung   **6.** ☐
G Haushaltstipp   **7.** ☐

b Kennen Sie weitere Eselsbrücken auf Deutsch oder welche in Ihrer Muttersprache?

Schneller, höher, weiter

1 Die Zeiten ändern sich

Formen und
Strukturen
S. 99 – 102

a Lesen Sie den folgenden Text und markieren Sie alle konjugierten Verben.

Die gelernte Physiotherapeutin, Frau B., **war** unzufrieden mit der „Massenabfertigung" ihrer Patienten in der Praxis, in der sie arbeitete. Nachdem sie sich immer häufiger mit Kollegen gestritten hatte, suchte sie Rat bei einem Coach. Doch erst nach sieben Sitzungen gewann Frau B. Klarheit über ihre berufliche Zukunft, kündigte und eröffnete eine eigene Praxis, die sich auf motorische Probleme von Kleinkindern spezialisiert hat und auch Seminare für Eltern anbietet. Der Coach hat sie im gesamten Prozess erfolgreich unterstützt. „Ohne ein gutes Coaching hätte ich diese Herausforderung nie gepackt", meint Frau B., die heute selbst Chefin von sieben Angestellten ist.

b Notieren Sie die Verben und die verwendete Zeit. Ergänzen Sie die Verbformen.

1. *war – Präteritum (sein – sie ist – sie war – sie ist gewesen)*
2. _____
3. _____
4. _____
5. _____
6. _____
7. _____
8. _____
9. _____
10. _____
11. _____
12. _____
13. _____

c Arbeiten Sie zu dritt. Einer ist der Quizmaster und liest die Aussagen vor. Die anderen entscheiden, ob die Aussagen richtig (r) oder falsch (f) sind. Für jede korrekte Antwort gibt es einen Punkt.

1. Bei trennbaren Verben steht im Präsens das Präfix am Satzende.   r   f
2. Bei den regelmäßigen Verben kann es bei der 2. und 3. Person Präsens einen Vokalwechsel geben.   r   f
3. Das Perfekt wird mit einer konjugierten Form von „haben" oder „sein" und dem Partizip II gebildet.   r   f
4. Das Perfekt wird vor allem schriftlich für Ereignisse in der Vergangenheit genutzt.   r   f
5. Die Verben der Bewegung und Zustandsveränderung bilden das Perfekt mit „sein".   r   f
6. Die Modalverben haben keine Perfektform.   r   f
7. Bei allen Verben wird das Präteritum mit -t- gebildet.   r   f
8. In Märchen verwendet man kein Präteritum.   r   f
9. Einige Verben (z. B. haben und sein) werden in der Vergangenheit kaum im Perfekt, sondern überwiegend im Präteritum verwendet.   r   f
10. Das Plusquamperfekt wird benutzt, wenn ein Ereignis vor einem anderen Ereignis in der Vergangenheit stattfindet.   r   f
11. Das Plusquamperfekt wird mit dem Präteritum von „haben" und „sein" und dem Partizip II gebildet.   r   f

d Arbeiten Sie zu dritt. Korrigieren Sie alle falschen Aussagen. Sie können auch die Referenzgrammatik (Kapitel 4.4 – 4.7) zu Hilfe nehmen.

2 Was passiert zuerst, was danach?

Formen und Strukturen
S. 90, 99 – 102

a Verbinden Sie die Sätze mit „nachdem" und setzen Sie die Verben in die passende Zeitform.

1. Sie eröffnete ein eigenes Geschäft. Sie kündigte bei ihrer Firma.
   Sie eröffnete ein eigenes Geschäft, nachdem sie bei ihrer Firma gekündigt hatte. /
   Nachdem sie bei ihrer Firma gekündigt hatte, eröffnete sie ein eigenes Geschäft.

2. Das Geschäft lief sehr gut. Sie engagierte eine Werbeagentur.

3. Sie wurde sehr bekannt. Sie gewann einen wichtigen Preis.

4. Sie übergab ihre Firma an ihre Kinder. Sie hat Millionen verdient.

5. Sie will nun das Leben genießen. Sie hat sehr viel gearbeitet.

b Verbinden Sie die Sätze mit „als" und setzen Sie die Verben in die passende Zeitform.

1. Er erbte eine Million. Er arbeitete schon lange als Tellerwäscher.
   Als er eine Million erbte, hatte er schon lange als Tellerwäscher gearbeitet.

2. Er traf seine Traumfrau. Er bekam gerade das Geld.

3. Sie kannten sich einen Monat. Er machte ihr einen Heiratsantrag.

4. Sie heirateten einen Monat später. Er schenkte ihr ein Haus.

5. Er verlor ein Jahr später sein Vermögen an der Börse. Seine Frau gewann eine Million im Lotto.

c Setzen Sie die angegebenen Verben in der passenden Zeitform ein.

Claus Hipp – Deutscher Gründerpreis 2005

Claus Hipp [1] ___*wurde*___ (werden) am 22. Oktober 1938 in München als Sohn des Babykost-Herstellers Georg Hipp geboren. Seit 1968 [2] _____ (leiten) er das Unternehmen, Deutschlands Nummer eins bei Babynahrung. Schon sein Vater, der Firmengründer Georg Hipp, [3a] _____ (beginnen) 1956 mit der Nutzung von ökologischem Landbau [3b] _____, als noch niemand sonst von Bio-Produkten [4] _____ (sprechen). Doch erst Claus Hipp [5a] _____ (ausbauen) die Firma zu einem ökologisch orientierten Unternehmen [5b] _____. 2005 [6] _____ (erhalten) er für sein Lebenswerk den deutschen Gründerpreis.

Der „Vater aller Gläschen" [7a] _____ (bewähren) sich aber nicht nur als Geschäftsführer [7b] _____, sondern [8a] _____ (machen) sich auch als freischaffender Künstler einen Namen [8b] _____. So [9] _____ (malen) er und [10a] _____ (ausstellen) seine Bilder von Moskau bis New York unter dem Künstlernamen „Nikolaus Hipp" [10b] _____. Sein Leben [11] _____ (sehen) der Vater von fünf Kindern als eine Verflechtung von mehreren ihm lieb gewordenen Beschäftigungen, die einander im Gleichgewicht [12] _____ (halten).

3 **Beschreibung einer Grafik**

Wortschatz

a Ordnen Sie die Wörter in die Tabelle ein.

~~abnehmen~~   konstant bleiben   zunehmen   gleich bleiben   zurückgehen   steigen den Höhepunkt erreichen   senken   sich stabilisieren   die Talsohle erreichen   wachsen sich verschlechtern   den Spitzenwert erreichen   erhöhen   sinken   fallen   stagnieren den Tiefstand erreichen   den Höchstwert erreichen   sich verbessern

↗	↘	↑	↓	→
	abnehmen			

b Lesen Sie den Text und tragen Sie die Angaben in die Grafik ein.

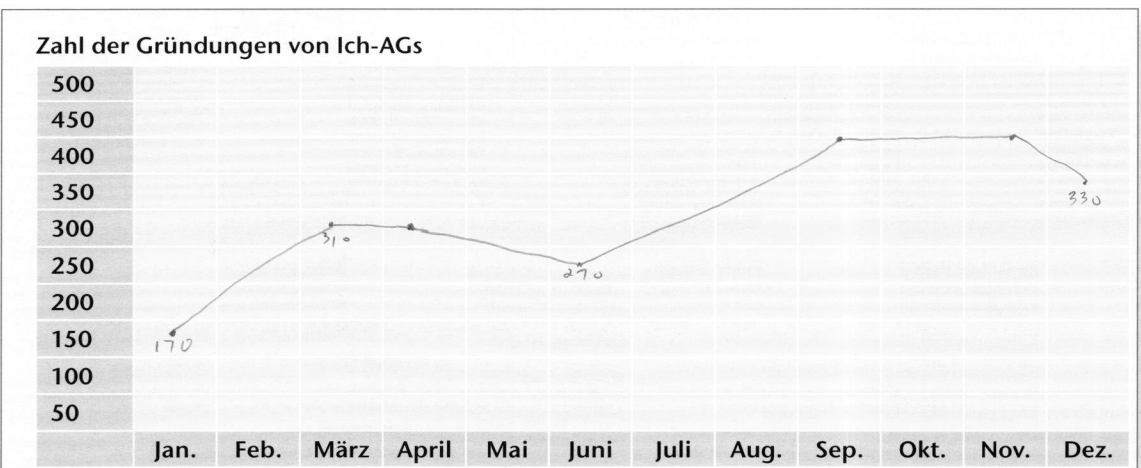

Zahl der Gründungen von Ich-AGs

An der Stadt H. wird exemplarisch die Zahl der Gründungen von „Ich-AGs" (Einzelunternehmen, das von einem Arbeitslosen gegründet und vom Staat finanziell unterstützt wird) im Jahr 2006 gezeigt. Nach einem Tiefstand Ende 2005 wurden im Januar des Jahres 2006 170 Neugründungen angemeldet. Bis März wuchsen die Zahlen und im März wurde mit 310 Ich-AGs der Höhepunkt des ersten Halbjahres 2006 erreicht. Die Zahlen blieben im April konstant, im Mai und Juni nahmen die Zahlen wieder leicht ab auf 270 Gründungen. Von Juli bis September stiegen die Zahlen wiederum stetig an, bis sie im September einen Spitzenwert von über 400 Neugründungen erreichten. Die hohen Zahlen blieben bis Mitte November gleich, dann jedoch fielen sie bis zum Jahresende stetig und lagen Ende Dezember bei knapp 330.

Wir müssen nur wollen

1 CD-Empfehlungen

Lesen
Schreiben

a Lesen Sie die vier CD-Empfehlungen.

Rosenstolz – Das große Leben

Große Gefühle besingen die 12 Lieder des 13. Albums „Das große Leben". Faszinierend mit wie vielen Spielarten der Liebe sich die beiden Bandmitglieder auseinandersetzen.

Das Duo überrascht nach einigen Mainstream-Songs wieder mit schrägen Klängen wie in „Ich geh in Flammen auf" oder dem rockigen Stück „Bester Feind".

Ihre Geschichte vom großen Leben erzählen Rosenstolz mit Piano, Wurlitzer-Orgel, Bläsern und Streichern. Damit ist ihnen ganz sicher ein ganz großer Wurf in der deutschen Popmusik gelungen.

Herbert Grönemeyer – 12

Mit seinem Album „12" hat Herbert Grönemeyer wieder ein ebenso tiefgründiges wie unkonventionelles Album herausgebracht.

Die Single „Stück vom Himmel" setzt sich mit dem Thema Religion auseinander. Das Stück hat das Zeug zum Ohrwurm. „Kopf hoch, tanzen" hingegen bildet thematisch wie musikalisch einen Gegensatz. In dem Titel geht es darum, nicht permanent alles zu analysieren, sondern auch zu leben. In der Ballade „Du bist die", die der Sänger seiner Freundin gewidmet hat, beschreibt er mit seiner ausdrucksvollen poetischen Sprache die Liebe zwischen zwei unabhängigen Menschen.

Element of Crime – Romantik

Die deutsche Rockband „Element of Crime" ist auch auf diesem Album alles andere als experimentierfreudig. Mit ihrem zeitlosen Rock bleiben sie sich und ihren Fans treu. Allerdings erinnert uns die Band mit diesem Album immer wieder daran, dass Romantik auch mit Witz und Ironie verbunden sein kann. Genial einfach sind die Texte der Band, die von Alltagskomik („Alle vier Minuten"), Herbstphantasien („Fallende Blätter") oder von heiteren Liebeserklärungen wie in „Seit der Himmel" erzählen. Die Liebeslieder aber sind die Spezialität der Rockpoeten: Sie sind gnadenlos romantisch ohne Kitsch und Klischees.

Diese CD muss man einfach haben!

Sportfreunde Stiller – You have to win Zweikampf

Mit der CD „You Have To Win Zweikampf" hat sich die Münchner Band „Sportfreunde Stiller" ihrem Lieblingsthema Fußball gewidmet.

Der musikalische Fußballfan darf sich über elf Songs über das runde Leder mit ganz unterschiedlichen Melodien freuen.

Das Spiel wird eröffnet mit dem Song „Unser Freund ist aus Leder" und mit der Single „,54, ,74, ,90, 2006" ist die Stimmung bei dem Fans auf dem absoluten Höhepunkt. Dazwischen gibt es eingängige Melodien, die schnell zu Ohrwürmern werden, und lustige Texte, die ohne Sprachkunst und Tiefgang auskommen und den Schlachtenbummlern in den Stadien zur Hymne werden können.

b Markieren Sie die wichtigsten Informationen zu den CDs.

c Eine Freundin hat Sie nach deutscher Musik gefragt. Schreiben Sie eine Mail und empfehlen Sie ihr eine der CDs. Benutzen Sie die Ergebnisse aus Übungsteil b.

Liebe Anna,
in deiner letzten Mail hast du mich nach deutscher Musik gefragt. Also, meine Empfehlungen für dich sind …

Viele Grüße und schreib bald wieder!

Wortschatz

2 Echte Fans

Ergänzen Sie den Text mit den Wörtern aus dem Schüttelkasten.

> Zugaben   ~~CDs~~   Internet   DVD   Sound   Cassetten   Tickets   Konzert   Lyrics
> Audiodatei   Fanartikel   MP3-Player   Hintergrundinfos   Webseite   Videoclips

Als Musikfan besitzt man nicht nur Unmengen von [1] _CDs_ oder [2] _____,
sondern sieht sich die neuesten [3] _____ im Fernsehen an oder lädt sich die aktuellen
Top Ten als [4] _____ für den [5] _____ herunter. Wenn einem eine Band gut
gefällt, surft man auf ihre [6] _____ und sucht nach [7] _____. Dort findet
man die Texte, auch [8] „_____" genannt, und vielleicht sogar die nächsten Tourdaten.
Ein [9] _____ seiner Lieblingsgruppe kann ein ganz besonderes Ereignis werden –
wenn [10] _____ und Lichtshow stimmen und das Publikum die Band für weitere
[11] _____ auf die Bühne holt. Man sollte sich rechtzeitig [12] _____
besorgen – entweder an der Vorverkaufskasse oder gleich im [13] _____. Nach dem
Konzert kann man sich noch die schönsten [14] _____ kaufen. Zu Hause sieht man sich
das Konzert noch einmal auf [15] _____ an.

3 Der Sprechrhythmus

Hören 🔘 30
Aussprache

a Im Deutschen wechseln betonte und unbetonte Silben in unterschiedlicher Reihenfolge. Hören
Sie und sprechen Sie nach: betont – unbetont [● ○].

1. Sonntag | Montag | Heute Mittag | Morgen Abend
2. Hallo! | Bis dann! | Komm doch! | Setz dich!

Hören 🔘 31
Aussprache

b Hören Sie und sprechen Sie nach: unbetont – betont [○ ●].

1. das Wort | der Satz | der Text | das Buch
2. Paß auf! | Geh weg! | Sieh her! | Hör zu!

Hören 🔘 32
Aussprache

c Hören Sie und sprechen Sie nach: betont – unbetont – unbetont [● ○ ○].

1. Danke schön! | Bitte schön! | Augenblick! | Sicherlich!
2. Schreib mir doch! | Halt das mal! | Geh schon mal! | Wart doch noch!

Hören 🔘 33
Aussprache

d Hören Sie und sprechen Sie nach: unbetont – betont – unbetont [○ ● ○].

1. das Lernen | die Schule | der Alltag | der Urlaub
2. Versteh doch! | Da war nichts! | Das stimmt nicht! | Ich weiß es.

Hören 🔘 34
Aussprache

e Hören Sie und sprechen Sie nach: unbetont – unbetont – betont – unbetont [○ ○ ● ○].

1. Guten Morgen! | Guten Abend! | Gute Reise! | Alles Gute!
2. Ohne Sorgen | heute Morgen | bringt das Leben | uns zum schweben.

Hören 🔘 35
Aussprache

f Hören Sie und notieren Sie den Silbenrhythmus.

1. Gute Nacht ○ ○ ●   4. Hörst du? _____   7. Komm her! _____
2. Grüß Gott! _____   5. Schöne Grüße! _____   8. Alles klar! _____
3. Mach weiter! _____   6. Gib mir das! _____   9. Vergiss es! _____

Hören 🔘 36–37
Aussprache

g Hören Sie die Kinderverse und sprechen Sie nach.

> **Es regnet, es regnet, es regnet seinen Lauf
> und wenn's genug geregnet hat,
> dann hört es wieder auf.**

> Heile, heile Segen,
> sieben Tage Regen,
> sieben Tage Sonnenschein,
> wird alles wieder heile sein.

Ein kluger Kopf

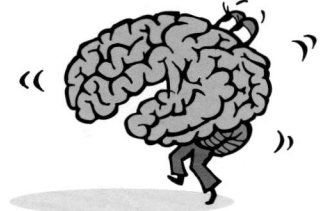

1 Welcher Typ sind Sie?

Lesen
Sprechen

a Auswertung des EQ-Selbsttests im Lehrbuch, S. 60. Wie oft haben Sie „ja", „nein" oder „ich weiß nicht" angekreuzt? Lesen Sie die Antworten.

Typ A. Der / die Empathische

Sie haben mehr als sechs Aussagen mit „ja" beantwortet.

Sie fühlen sich nur in Gesellschaft richtig wohl und gehen bei jeder Gelegenheit auf Ihre Mitmenschen zu. Kein Wunder also, dass man gern mit Ihnen im Team arbeitet und Ihnen auch Dinge anvertraut, die anderen verborgen bleiben. Ihre Hilfsbereitschaft in Ehren, aber passen Sie auf, dass man Sie nicht ausnutzt. Achten Sie darauf, dass auch Ihre eigenen Interessen nicht zu kurz kommen.

Typ B. Der / die Individualist/in

Sie haben mehr als sechs Aussagen mit „nein" beantwortet.

Sie verlassen sich am liebsten auf sich selbst. Ob im Job oder in der Freizeit – Sie brauchen Ihre Freiheit und möchten allein entscheiden, wo es lang geht. In Ihren Beziehungen erwarten Sie, dass man emotional allein klar kommt, denn diese Erwartungen haben Sie ja auch an sich selbst. Sie mögen es, wenn man auf Sie zugeht, aber Sie selbst bleiben erst einmal distanziert. Fürchten Sie sich etwa vor Enttäuschungen?

Typ C. Der / die Selbstunsichere

Sie haben mehr als sechs Aussagen mit „ich weiß nicht" beantwortet.

Sie haben sich offenbar über Ihre Beziehungen zu Ihren Mitmenschen bisher nur wenig Gedanken gemacht. Vielleicht liegt das daran, dass Sie sich selbst erst einmal gut kennen lernen sollten. Schreiben Sie die Geschichte Ihres Lebens mit all seinen Beziehungen auf. Finden Sie in einem Prozess des autobiografischen, kreativen Schreibens heraus, wer Sie sind und was Sie (von anderen) wollen.

Typ D. Der/ die Egoist/in

Sie haben jeweils weniger als sechs Aussagen mit „ja/nein/ich weiß nicht" beantwortet.

Sie mögen Gesellschaft, aber Sie selbst sind sich am wichtigsten. Sie freuen sich über die Hilfe Ihrer Nachbarn. Wenn aber jemand Ihre Hilfe braucht, dann haben Sie keine Zeit. Sie wollen über Ihre Sorgen reden, aber für die Probleme anderer haben Sie kein offenes Ohr. Werden Sie sensibler für die Bedürfnisse anderer. Versuchen Sie auf Ihre Mitmenschen einzugehen, frei nach dem Motto: eine gute Tat pro Tag.

b Überlegen Sie, ob die Ergebnisse treffend sind und warum bzw. warum nicht.

2 Emotionale Intelligenz

Lesen

Lesen Sie den Text im Lehrbuch, S. 61, noch einmal und entscheiden Sie, ob die Aussagen richtig (r) oder falsch (f) sind..

1. Im Alltag haben es Menschen mit emotionaler Intelligenz oft schwer.   r **X**
2. Menschen mit emotionaler Intelligenz haben wenig Probleme, mit ihrer Familie gut auszukommen.   r f
3. Für emotional intelligente Menschen spielen sowohl die Mitmenschen als auch sie selbst eine wichtige Rolle.   r f
4. Emotionale Intelligenz erhöht die Chancen im Berufsleben.   r f
5. Die emotionale Intelligenz kann man fördern, indem man die Ängste der Mitmenschen besser kennen lernt.   r f
6. Emotional intelligente Menschen sehen in der Auseinandersetzung mit anderen eine Chance.   r f
7. Auch ohne großen Wortschatz fällt es einem leicht, Gefühle gut zu beschreiben.   r f
8. Der richtige Umgang mit Kritik ist ein Zeichen für emotionale Intelligenz.   r f
9. Beschäftigen sie sich mit Ihrer Lebensgeschichte, das hilft beim Kontakt zu anderen.   r f

3 Konsekutive und konzessive Konnektoren

Formen und Strukturen
S. 91, 92

a Was passt? Verbinden Sie die Satzteile bzw. Sätze.

1. Menschen mit hohem EQ können gut zuhören,	**A** dass sie ständig an sich arbeiten.	**1.**	B
2. Sie können gut auf die Bedürfnisse anderer eingehen.	**B** dennoch verstehen sie ihre Mitmenschen nicht immer.	**2.**	☐
3. Sie üben zwar konstruktiv Kritik,	**C** versuchen sie für andere da zu sein.	**3.**	☐
4. Obwohl sie ein gutes Selbstbewusstsein haben,	**D** aber Kritik anzunehmen fällt auch Ihnen schwer.	**4.**	☐
5. Selbst wenn sie wenig Zeit haben,	**E** reden nicht so gerne über eigene Schwächen.	**5.**	☐
6. Emotionale Intelligenz ist ihnen so wichtig,	**F** Ungeachtet dessen können sie auch auf ihre eigenen Bedürfnisse achten.	**6.**	☐

b Ergänzen Sie die fehlenden Konnektoren. Es gibt meist mehrere Lösungen.

> infolgedessen   obschon   ungeachtet   infolge   so … dass
> wenngleich   folglich   trotz   trotzdem   dennoch   obwohl

1. _Obwohl / Obschon / Wenngleich_ sich viele Menschen für emotional intelligent halten, muss das nicht unbedingt stimmen.
2. Heutzutage wächst die Bedeutung von emotionaler Intelligenz auch im Berufsleben, _____ bleiben auch andere Qualifikationen wichtig.
3. _____ ihrer zunehmenden Bedeutung ist es sehr schwierig, emotionale Intelligenz während eines Bewerbungsverfahrens nachzuweisen.
4. Bei Bewerbungsgesprächen oder Auswahlseminaren müssen sich die Personalmitarbeiter _____ von ihrer Menschenkenntnis leiten lassen.
5. _____ langer Einstellungsgespräche oder komplexer Bewerbungsverfahren zeigt sich emotionale Intelligenz erst richtig im (Berufs-)Alltag.
6. _____ es eine zusätzliche Belastung zum Arbeitsalltag ist, kann man berufsbegleitend Trainingskurse zur Förderung der emotionalen Intelligenz besuchen.
7. Denn wer sich selbst _____ gut kennt, _____ er Komplexe und Ängste abbauen kann, profitiert an erster Stelle auch selbst von dieser „Qualifikation".
8. _____ der Auseinandersetzungen mit sich und den anderen gewinnt man einen neuen Blick auf die Dinge.
9. _____ wird man durch den Einsatz von emotionaler Intelligenz nicht zum perfekten Mitarbeiter, zur perfekten Kollegin oder zum perfekten Partner, jedoch sicher zu einem sehr angenehmen Mitmenschen.
10. _____ passt auch hier die Redewendung: Übung macht den Meister.

c Schreiben Sie Sätze. Verwenden Sie die angegebenen Konnektoren und Stichwörter.

1. derart … dass / Erfolge beim Coaching / überzeugend / sein / Gespräch / sich lohnen
   Die Erfolge beim Coaching sind derart überzeugend, dass sich ein Gespräch lohnt.
2. gleichwohl / Qualität eines Coaches / nicht immer gleich / sein
   _____
3. Berufsbild des Coaches / nicht geschützt / sein / infolgedessen / viele Scharlatane / es gibt
   _____
4. somit / Vergleich der Angebote / unbedingt empfehlenswert / sein
   _____
5. wenngleich / selbst ein guter Coach / keine positive Veränderungen / garantieren / können
   _____
6. selbst wenn / besten Coach / Sie / haben / eigene Bereitschaft / am wichtigsten / sein
   _____

Schule machen

Lesen

1 Zu Besuch in Deutschlands bekanntester Versuchsschule.

Lesen Sie den Text im Lehrbuch, S. 62, noch einmal und entscheiden Sie, ob die Aussagen richtig (r) oder falsch (f) sind.

		r	f
1.	Der Unterricht beginnt um acht Uhr mit einer kreativen Stunde.	r	☒
2.	Die Schüler lernen in einem großen unterteilten Saal.	r	f
3.	In der Laborschule lernt man auch einen fairen Umgang miteinander.	r	f
4.	In der Schule unterrichten auch Ärzte, deshalb heißt sie Laborschule.	r	f
5.	In der Laborschule werden die Schüler individuell gefördert.	r	f
6.	Die Schüler können ihre Leistungen selbst benoten.	r	f
7.	Der Leistungsvergleich der Schüler untereinander ist in der Laborschule besonders wichtig.	r	f
8.	Behinderte Schüler können die Laborschule nicht besuchen.	r	f
9.	Es wird kritisiert, dass die Schüler zu wenig lernen.	r	f
10.	Das Sozialverhalten der Schüler aus der Laborschule ist nicht sehr gut.	r	f

Schreiben
→GI

2 Ein Leserbrief

Eine ausländische Freundin bittet Sie darum, einen Brief zu korrigieren, den Sie an den Westdeutschen Rundfunk (WDR) geschrieben hat. Korrigieren Sie den Brief wie folgt.

– Schreiben Sie die richtige Form an den Rand (Beispiel 1).
– Wenn ein Wort an der falschen Stelle steht, schreiben Sie es an den Rand, zusammen mit dem Wort, mit dem es vorkommen soll (Beispiel 2).

Ihr Artikel vom … unter www.wdr.de „Zu Besuch in Deutschlands bekanntester Versuchsschule"

Sehr geehrten Redaktion,   *geehrte*   **1**

ich habe gelesen Ihren Artikel mit großem Interesse, denn ich habe selbst   *Interesse gelesen*   **2**
zwei Kinder im schulpflichtigen Alter.

In meiner persönlichen Sicht kann ich nur bestätigen, dass eine gute   **3**
Schulbildung sehr wichtig für die Entwicklung der Kinder ist.

Allerdings bin ich mich nicht sicher, ob die Schüler in der Versuchsschule   **4**
auch wichtige Kompetenzen wie Ordnung, Fleiß, Pünktlichkeit und den
Umgang mit Hierarchien lernen.

Dies sind wichtige Voraussetzung für den Eintritt in das Berufleben.   **5**

Lassen Sie mich Folgendes zum Beispiel anführen: Ein Auszubildender   **6**
kann die Inhalte seiner Ausbildung weder selbst bestimmen noch durch
Projektarbeit selbst entdecken.

Der Meister und die Berufsschule geben den Stoff vor und der Jugendliche
muss deren Autorität zweifellos akzeptiert.   **7**

Auch die Schüler der Laborschule müssen nach ihrer Schulzeit „draußen"
den Leistungsdruck und den Leistungsvergleichen standhalten. Mich würde   **8**
sehr interessieren, wie sie umgehen damit.   **9**

Von einer guten Schule ich erwarte, dass sie ihre Schüler auf das spätere   **10**
Leben vorbereitet. Das bedeutet heutzutage, das die Schüler lernen, sich in   **11**
einer modernen Leistungsgesellschaft zurecht zu finden.

Mit freundlichen Gruß,   **12**
Barbara Osswald

Der Preis geht an …

1 Reden halten – leicht gemacht

Zu welchen der Phasen A bis F einer Rede gehören die folgenden Sätze / Satzteile. Notieren Sie den richtigen Buchstaben hinter jeden Satz.

A Begrüßung   C Pro-Argumente und Beispiel   E Schlussfolgerung
B Einleitung   D Contra-Argumente   F Dank

1. Keine Frage! Die anderen Leistungen waren ebenfalls … Trotzdem … _D_
2. Es ist mir eine Freude, … _____
3. Sehr geehrte Damen und Herren, … _____
4. Ich danke Ihnen für Ihre Aufmerksamkeit! _____
5. All das lässt nur eine Schlussfolgerung zu: … _____
6. Ein Beispiel für seine / ihre herausragende Leistung ist, … _____
7. Liebe Anwesende, … _____
8. Es ist bewundernswert, wie … _____
9. Ich möchte heute ein Thema zur Sprache bringen, … _____
10. Danke! _____
11. Trotzdem … _____
12. Somit gibt es nur einen Gewinner. _____
13. Besonders gut gefällt mir, … _____
14. Ich freue mich, … _____
15. Zwar haben die anderen Kandidaten auch … gezeigt, aber … _____
16. Sie / Er hat eindrucksvoll gezeigt, dass… _____
17. Deshalb hat sie / er den Preis verdient. _____
18. Sie/Er handelt wie ein echtes Vorbild, weil … _____
19. Liebes Publikum, … _____
20. Deswegen liegt klar auf der Hand, … _____
21. Auch wenn die anderen Kandidaten… _____
22. Wie Sie sicher schon gehört haben, … _____
23. Liebe / Verehrte Jury, … _____

2 Wie war die Rede?

a Setzen Sie aus den Silben Adjektive zur Beschreibung einer Rede zusammen.

| ~~amü~~ | be | einfalls | en | end | enthu | feier | ge | geistert | lang |
| lich | los | lust | ~~sant~~ | siastisch | spann | tragen | trock | weilig | ig |

amüsant, …

b Sortieren Sie die Adjektive aus Übungsteil a nach ihrer Bedeutung und ergänzen Sie jede Spalte um vier weitere Adjektive.

positiv	negativ
amüsant	

3 Erinnern Sie sich? Menschen um uns

Welche Personen gehören dazu? Sammeln Sie möglichst viele Begriffe.

1. enge Familie: _Vater/Papa,_
2. Verwandtschaft: _Schwiegervater,_
3. Bekanntenkreis: _Bekannte/r,_
4. Arbeitsumfeld: _Kollege, Kollegin,_

Grammatik: Das Wichtigste auf einen Blick

Formen und
Strukturen
S. 92

1 Konsekutive Nebensätze und Angaben

Konsekutive Nebensätze geben an: **Was ist die Folge?**

„so" + Adjektiv oder Adverb im Hauptsatz, dass im Nebensatz:
• Kerstin verdient in den USA so gut, dass sie nicht wieder nach Europa zurückgehen will.
• Sie hatte dort derartig gute Chancen / solch gute Chancen, dass sie am liebsten für immer da geblieben wäre.

„so dass" kann auch zusammen am Anfang des Nebensatzes stehen:
• Kerstin hat in den USA die Karrieremöglichkeiten genutzt, sodass sie jetzt das Fünffache verdient.

Alternative Möglichkeiten, konsekutive Angaben auszudrücken:

Nebensatz	Verbindungsadverb	Präposition + Nomen
• Er verdiente so viel, dass er sich ein Haus kaufen konnte.	• Er verdiente sehr viel. Infolgedessen konnte er sich endlich ein Haus kaufen.	• Infolge seines guten Verdienstes konnte er sich endlich ein Haus kaufen.
sodass; solch ..., dass; derartig ..., dass	folglich, infolgedessen, somit, also, demzufolge, demnach, somit	infolge + G, infolge von + D

Formen und
Strukturen
S. 91

2 Konzessive Nebensätze und Angaben

Konzessive Nebensätze geben einen „Gegengrund" an: **Trotz welcher Umstände . . . ?**
• Obwohl es in den Großstädten Kanadas genauso turbulent zugeht wie in europäischen Großstädten, lebt man dort sehr viel freier und unkomplizierter.

Alternative Möglichkeiten, konzessive Angaben auszudrücken:

Nebensatz / Hauptsatz	Verbindungsadverb	Präposition + Nomen
• Ich gehe spazieren, obwohl es regnet. • Auch wenn es regnet, gehe ich spazieren. • Zwar regnet es, aber ich gehe spazieren.	• Es regnet. Trotzdem gehe ich spazieren. (Ich gehe trotzdem spazieren.)	• Trotz des Regens gehe ich spazieren.
obwohl, obgleich, selbst wenn, wenn... auch, auch wenn; obschon, wenngleich veraltet); zwar – aber	trotzdem, dennoch, gleichwohl, indessen	trotz + G, ungeachtet + G (gehobene Sprache)

12 Sprachlos

Sprachlos

Wortschatz

1 Gefühle – gefühlvoll – gefühllos?

a Welchen Artikel haben die Nomen? Ergänzen Sie!

b Wie heißen die Adjektive zu den Nomen? Ergänzen Sie ggf. auch die passenden Präpositionen.

1. _der_ Stolz   _stolz auf + A._
2. _____ Angst   _____
3. _____ Verärgerung   _____
4. _____ Zorn   _____
5. _____ Neugier   _____
6. _____ Freude   _____
7. _____ Verständnis   _____
8. _____ Dankbarkeit   _____
9. _____ Verzweiflung   _____
10. _____ Erleichterung   _____
11. _____ Enttäuschung   _____
12. _____ Erstaunen   _____

Wortschatz

2 Starke Gefühle

a Was wird mit den folgenden Sätzen ausgedrückt? Ordnen Sie zu. Manchmal sind mehrere Lösungen möglich.

a. Mir fehlen die Worte.
b. Was soll man da noch sagen?
c. Wie?!! Bist du wahnsinnig?
d. Mein Beileid!
e. Sag's mir einfach.
f. Zum Glück!
g. Ist nicht wahr!
h. Mir hat es echt die Sprache verschlagen!
i. Ich muss jetzt leider aufhören.
j. Gott sei Dank, das wurde auch Zeit.
k. Keine Ursache, das mache ich doch gerne.
l. Und?
m. Mir bleibt die Spucke weg.
n. So eine Frechheit!
o. Echt?
p. Nie und nimmer!
q. Ich kann dir gar nicht sagen, wie dankbar ich dafür bin.

Erstaunen	Neugier	Dankbarkeit	Unterstützung	Verärgerung	Bedauern
a,					

Hören 🔊 38
Aussprache

b Hören Sie die Sätze aus Übungsteil a, zeichnen Sie die Satzmelodie mit Pfeilen ein (↗, ↘, →). Hören Sie dann noch einmal und sprechen Sie die Sätze nach.

     a. _Mir fehlen die Worte._ ↘

Wortschatz
Sprechen

c Welche der Sätze aus Übungsteil a passen zu den folgenden Situationen? Manchmal sind mehrere Lösungen möglich.

1. Eigentlich ist es ja verrückt, aber ich habe mir jetzt doch einen Sportwagen bestellt.
2. Ich hab' zwar wenig Zeit, aber o.k.: Ich lese deine Examensarbeit Korrektur.
3. Stell dir vor, meine Oma hat den Jackpot im Lotto geknackt!!
4. Martina hat jetzt doch eine Gehaltserhöhung bekommen.
5. Wie hast du denn reagiert, als du gehört hast, dass nicht du, sondern Rolf Abteilungsleiter wird?
6. Ähm … ich weiß gar nicht, wie ich anfangen soll.
7. Wir haben jetzt schon eine Stunde telefoniert, hast du trotzdem noch ein bisschen Zeit?
8. Vielen Dank für deine Unterstützung!
9. Fred hat jetzt endlich die Führerscheinprüfung geschafft.
10. Würdest du nach Alaska auswandern wollen?
11. Meine Cousine ist gestern gestorben.
12. Bei mir kannst du Tag und Nacht anrufen. Da ist doch nichts dabei!

1	2	3	4	5	6	7	8	9	10	11	12
a, c,											

d Schreiben Sie sechs Äußerungen zu besonderen / überraschenden Situationen auf je einen Zettel. Arbeiten Sie dann zu zweit und reagieren Sie auf die Äußerungen des anderen mit den Sätzen aus Übungsteil a. Tauschen Sie sich dann im Kurs aus.

3 Standardsprache – Umgangssprache

Schreiben
Sprechen

a Wählen Sie rechts jeweils die passende Antwort auf die Äußerung links: a oder b?

b Handelt es sich dabei um eine eher standardsprachliche, formelle (f) oder umgangssprachliche, informelle (i) Situation? Markieren Sie die Dialoge entsprechend mit f oder i.

1. ▶ Frau Robertz, wären Sie so freundlich und würden mir die Akte Maier bringen?
    a. ▷ Aber gern, Herr Winter!
    b. ▷ Wird gemacht Chef!
    1. [*a*] [*f*]

2. ▶ Ein wirklich meisterhaft gespieltes Klavierkonzert. Sehr empfehlenswert!
    a. ▷ Klasse Pianist!
    b. ▷ Unglaublich, dass ein so junger Mann schon so hervorragend spielt!
    2. ☐ ☐

3. ▶ Hallo, Frau Kollegin! Ich hab' jetzt doch allen Kollegen das Programm gemailt.
    a. ▷ Na also! Warum nicht gleich so!
    b. ▷ Das wurde auch wirklich Zeit, Herr Mindt!
    3. ☐ ☐

4. ▶ Guten Abend! Ich möchte Ihnen gern Herrn Dankwart vorstellen.
    a. ▷ Sehr erfreut. Jürgens ist mein Name.
    b. ▷ Hallo, Herr Dankwart! Ich bin Peter Jürgens.
    4. ☐ ☐

5. ▶ Liebe Kolleginnen, das ist Jasmin Breyer, unsere neue Kollegin. Frau Breyer, das sind Frau Weis und Frau Schmidt.
    a. ▷ Super klasse, endlich zu dritt!
    b. ▷ Schön, dass Sie bei uns anfangen. Wir können Unterstützung gebrauchen.
    5. ☐ ☐

6. ▶ Stell dir vor, seine Schwester ist gestorben.
    a. ▷ Oje, das muss ja schrecklich sein für ihn!
    b. ▷ Richten Sie ihm bitte mein herzliches Beileid aus!
    6. ☐ ☐

7. ▶ Ich beglückwünsche Sie zum Erfolg Ihrer Abteilung. Sie werden diesmal an der Incentive-Reise teilnehmen.
    a. ▷ Vielen Dank für die Auszeichnung. Da freue ich mich aber sehr!
    b. ▷ Super! Eine Incentive-Reise: echt cool!
    7. ☐ ☐

8. ▶ Carsten ist schon wieder krank!
    a. ▷ Das ist in keiner Weise verwunderlich. Sein Lebenswandel ist höchst ungesund!
    b. ▷ Kein Wunder, bei dem Lebenswandel!
    8. ☐ ☐

c Arbeiten Sie zu zweit. Erfinden Sie eigene Antworten, die zu den acht Situationen in Übungsteil a passen. Falls möglich, spielen Sie die Dialoge auch in der Klasse vor.

Nichts sagen(d)

1 Das sollten Sie schon kennen – Allerweltsthemen

a Auf der Party herrscht Stimmengewirr. Über welches Thema unterhalten sich die Personen gerade und welche Wörter bzw. Wortteile können Sie identifizieren?

1. ▶ Was für ein scheußliches _Wetter_.

2. ▶ Wien, Venedig, New York – _____- touren sind einfach wunderbar.

3. ▶ Wie finden Sie die deutsche _____?

4. ▶ Haben Sie auch in dem großen _____ gestanden?

5. ▶ Ziemlich warm für die Jahres_____? Finden Sie nicht auch?

6. ▶ Wo werden Sie dieses Jahr Ihren _____ verbringen?

7. ▶ Die Fahrt hierher war schrecklich! Es hat die ganze Zeit _____.

8. ▶ _____ Sie gern?

9. ▶ Haben Sie's geschafft, pünktlich zu kommen? In der Innenstadt gab es ja kein _____!

10. ▶ Letzte Woche habe ich in der _____ „Don Juan" gesehen, kann ich nur empfehlen.

11. ▶ Finden Sie das _____ auch so gut?

12. ▶ Fahren Sie auch mit der _____?

▷ Ja, wirklich! Jetzt _____ es schon seit einer Woche. Alles nass!

▷ Ich fahre lieber ans _____, baden, faul in der Sonne liegen und lesen, lesen, lesen.

▷ Um ehrlich zu sein, ich esse lieber italienisch. Aber es gibt _____, die ich mag, z. B. Sauerbraten mit Klößen.

▷ Nein, glücklicherweise hatte ich den Verkehrs- _____ gehört und bin anders gefahren.

▷ Viel zu warm, und im Wetter_____ wurde etwas ganz anderes vorhergesagt.

▷ Wie jedes Jahr, wir fahren ja immer in ein Familienhotel in die Schweizer _____.

▷ Erstaunlich, so viel _____ schon im November – alles weiß!

▷ Ja, ich bin ein leidenschaftlicher _____, jedes Wochenende probiere ich ein neues Gericht aus.

▷ Allerdings! Ich habe vom Zentrum bis hierher eine Stunde _____. Es wird immer schlimmer.

▷ Nein, das Gesinge ertrage ich leider nicht, aber wenn nächste Woche die Berlinale ist, gehe ich jeden Abend ins _____.

▷ Ja, wunderbar und so eine große _____. Von allem etwas!

▷ Nein, ich bin begeisterter Auto_____.

Wetter	Essen	Verkehrssituation	Freizeit / Urlaub
1,			

b Schreiben Sie für jedes Thema mindestens einen Minidialog und spielen Sie sie in der Gruppe vor. Korrigieren Sie sich gegenseitig und tauschen Sie dann die Rollen.

2 Reden – nur worüber?

Wie heißen die Wörter und Ausdrücke? Wenn Sie die Texte im Lehrbuch, S. 68 / 69, noch einmal genau lesen, finden Sie es sicher heraus.

Text 1 – linke Spalte

1. sich an etwas sehr fest festhalten → _sich klammern an + A_

2. sich in einer peinlichen / hilflosen Situation fühlen → _____ sein

3. Man verlangt zu viel von sich selbst. → Man stellt zu _____.

4. Über heikle Themen sollte man nicht sprechen. → Man sollte sie _____.

5. Eine Unterhaltung hat Erfolg. → Sie _____.

Text 1 – rechte Spalte

6. Das Wetter ist das Thema Nr. 1, um ein Gespräch anzufangen. → Es ist der _____.

7. Man ist sich nicht mehr ganz fremd. → Das Eis ist _____.

Text 2

8. Man sitzt / steht enger zusammen. → Man ist sich _____.

9. ein Gespräch anfangen → ins _____

10. Courage lohnt sich. → Courage _____ aus.

11. jemand will nichts mit einem zu tun haben → Er zeigt einem die _____.

Text 3

12. krampfhaft nichts sagen → _____

13. Jemand ist taktvoll. → Er hat _____.

14. In eine peinliche Situation kommen. → ins _____

15. Seien Sie vorsichtig mit dem Thema Politik! → _____ vor dem Thema Politik!

16. Auch über Religion oder Geld spricht man nicht. → Das sind _____.

Text 4

17. einen Kontakt herstellen → Kontakt _____

18. Sie interessieren sich wirklich für Ihren Gesprächspartner. → Sie schenken ihm _____.

19. Gespräche sollen zu gegenseitigem Vertrauen führen. → Sie sollen Vertrauen _____.

20. Hemmungen besiegen → Hemmungen _____

21. Sie sind Spezialist auf diesem Gebiet. → Sie _____.

3 Informationen und Argumente zusammenfassen

Lesen
Schreiben

a Lesen Sie den Text und entscheiden Sie, ob die Aussagen richtig (r) oder falsch (f) sind.

Linguisten fordern Unterricht in Dialekten

Neuerdings wird von Sprachwissenschaftlern die Einführung von Dialektunterricht in den Schulen gefordert. Auch der Linguist Jost Fischer gehört zu den Anhängern dieser Idee. Denn die Stigmatisierung
5 von Dialekten – also der Sprache, die viele Kinder zuhause sprechen – in der Gesellschaft führe häufig dazu, dass Kinder in der Schule frustriert würden und daher Störungen entwickelten. „Zweisprachig" – d. h. mit Mundart und Hochdeutsch – aufgewachsene
10 Kinder entwickelten zudem mehr Sprachkompetenz, was auch Auffassungsgabe und Denken trainiere. Aus diesem Grund plädiert Fischer dafür, dass der Schulunterricht reformiert und das Curriculum durch das Fach „Dialektdeutsch" ergänzt wird.

Beim Philologenverband stieß dieser Vorschlag zwar 15 auf Zustimmung, aber es gab auch Gegenstimmen. Diese meinten, es sei zwar falsch, Dialekt zu verleugnen, aber es sei auch nicht hilfreich, ein neues Fach einzuführen. Es sei besser das Thema „Mundart" ins bestehende Unterrichtssystem zu integrieren. Denn 20 die Möglichkeit, auch im Unterricht seinen Dialekt verwenden zu können, stärke die eigene Identität und vergrößere die Ausdrucksmöglichkeit der Kinder. All dies ist nicht unumstritten. Auf jeden Fall sollte am Ziel der fehlerfreien Beherrschung des Deutschen 25 festgehalten werden.

1. Dialekte sollen in den Schulen unterrichtet werden.   r   f

2. Dialekt sprechende Kinder entwickeln häufig Störungen, weil
Dialekt sprechen als etwas Minderwertiges angesehen wird.   r   f

3. Der Philologenverband beurteilt die Einführung des neuen
Faches „Dialektdeutsch" uneingeschränkt positiv.   r   f

4. Kinder, die einen Dialekt sprechen, haben ein stärkeres
Identitätsgefühl.   r   f

b Welche Meinung zu diesem Problem unterstützt der Autor?

Zeile: _____., Formulierung: _____.

c Welche Informationen und welche Argumente finden Sie in dem Text?

Informationen	Argumente
Z. 1–4: Sprachwissenschaftler fordern ...	

d Fassen Sie nun den Text in drei Sätzen zusammen.

In dem Zeitungsartikel geht es darum, dass ...

> _Zusammenfassungen:_
> _Erinnern Sie sich, wie man eine Zusammen-_
> _fassung schreibt? Redemittel dafür finden Sie im_
> _Lehrbuch, Lektion 6._

Die Kunst der leichten Konversation

1 Scheußliche Themen

Lesen
Sprechen

Sie möchten das Thema wechseln oder die Gesprächsgruppe verlassen, ohne unhöflich zu wirken. Welche der Sätze unten passen? Markieren Sie.

1. Ich geh' mal eben etwas frische Luft schnappen. Es ist ein bisschen heiß hier. ☒
2. Ich glaube, ich hole mir noch was vom Buffet. ☐
3. Das Thema ist mir zu heiß, ich geh' dann mal woanders hin. ☐
4. Ach, da hinten sehe ich gerade einen alten Bekannten. Ich geh' mal eben hin. ☐
5. A propos, da fällt mir eine Geschichte ein: … ☐
6. Jetzt möchte ich aber endlich noch zu einer anderen Gruppe gehen. ☐
7. Da Sie gerade von Krankheiten sprechen, ich habe letztens im Radio einen interessanten Bericht über Heiler gehört. ☐
8. Ach du lieber Gott, ich habe vergessen, meine Frau abzuholen. ☐
9. Das Thema interessiert mich nicht besonders, ich glaube, ich geh mal eben zu den anderen. ☐
10. Entschuldigen Sie, ich muss noch … ☐

2 So ein Gerede!

Wortschatz

a Welche Verben passen zu den Nomen? Manchmal gibt es mehrere Lösungen.

führen machen treiben betreiben halten abhalten kommen

1. ein Gespräch _führen_
2. Konversation _____
3. Smalltalk _____
4. eine Unterhaltung _____
5. eine Besprechung _____

6. ein Schwätzchen _____
7. eine Diskussion _____
8. ein Interview _____
9. einen Plausch _____
10. ins Gespräch _____

b Welche Bedeutung haben die folgenden Nomen: neutral (n) oder negativ (neg)?

1. So ein Gerede! _neg_
2. Das viele Reden strengt an. _____
3. Die Rederei ist einfach zuviel. _____
4. Quatschen macht vielen Menschen Spaß. _____
5. Wir hören jeden Samstag das Gequatsche der Sportreporter. _____

6. Ich erinnere mich oft an die Quatscherei meines Philosophielehrers. _____
7. Hören Sie bitte auf mit der Fragerei! _____
8. Fragen will gelernt sein. _____
9. Das Plaudern am sonntäglichen Kaffeetisch erinnert mich an meine Kindheit. _____
10. Das Geplaudere nervt ganz schön! _____

c Wie heißt die Regel?

> ! Die Endung „-erei" beziehungsweise die Vorsilbe „Ge-" zusammen mit der Endung „-e" geben dem Nomen eine _____ Bedeutung.

d Bilden Sie Nomen mit „-erei" und – wenn möglich – „Ge- … -e".

Bei Verben auf –ieren, keine Nomen mit „Ge- …-e".

1. laufen   *die Lauferei*   *das Gelaufe*   **4.** singen _____ _____
2. schreien _____ _____   **5.** reisen _____ _____
3. diskutieren _____ _____   **6.** probieren _____ _____

3 Höher, schneller, weiter – Sportreporter sind nie sprachlos.

Hören 39–43

→TELC

a Hören Sie folgende Kurznachrichten. Entscheiden Sie, ob die Aussagen richtig (r) oder falsch (f) sind.

1. Das bulgarische Eiskunstpaar Denkowa und Stawiski erhält die Bronzemedaille.   r f
2. Der deutsche Skispringer Martin Schmitt erreichte den 13. Platz.   r f
3. Die schwedische Skiläuferin Anja Pärson holt ihren fünften WM-Titel.   r f
4. Der Deutsche Axel Teichmann erreicht beim Teamsprint nur den siebten Platz.   r f
5. Der Schweizer Daniel Albrecht gewinnt die Silbermedaille im Riesenslalom.   r f

Hören 44–53
Schreiben

b Hören Sie weitere Sportschlagzeilen, machen Sie sich Notizen und formulieren Sie dann die Schlagzeilen aus.

1. Jean Marie *schneller / Konkurrenten* _____   **6.** Die Norweger _____
2. Karl Maier _____   **7.** Die Chinesen _____
3. Silke Dach _____   **8.** Die Deutschen _____
4. Ihre Konkurrentin aus Kenia _____   **9.** Aber die Stimmung _____
5. Das deutsche Team _____   **10.** Im nächsten Jahr _____

1. *Jean Marie ist wieder schneller gelaufen als alle Konkurrenten.*

Mit Händen und Füßen

1 Die Macht der wortlosen Sprache

Lesen
Wortschatz

a Lesen Sie den Text und ergänzen Sie die fehlenden Wörter aus dem Schüttelkasten.

Instrumente   vorstellbar   authentischer   ein Signal   sich treffen   geprägt   Beurteilung
Kommunikation   herausgestreckte   entdeckt   wirkungsvoll   ~~sprachlos~~   gibt … preis

Der Körper ist niemals [1] *sprachlos* _____. Wenn Menschen [2] _____, reden sie miteinander – sogar wenn sie nicht sprechen. Die [3] _____ Brust ist [4] _____, ebenso wie die kleine Veränderung der Sitzhaltung, die geöffnete Handfläche, aber auch die Farbe der Krawatte oder das dezente Parfüm. Mimik, Gestik, Haltung und Bewegung, die räumliche Beziehung, Berührungen und die Kleidung sind wichtige [5] _____ der nonverbalen Kommunikation. Es ist die älteste Form der zwischenmenschlichen [6] _____. Auf diese Weise klären wir untereinander, ob wir uns sympathisch sind und ob wir uns vertrauen können. Der Körper [7a] _____ unsere wirklichen Gefühle [7b] _____, wer wir sind und was wir eigentlich wollen. Die nonverbalen Botschaften sind oft unbewusst und gerade deshalb so [8] _____. Ohne Körpersprache sind die täglichen sozialen Beziehungen gar nicht [9] _____. Wissenschaftler haben [10] _____, dass 95 Prozent des ersten Eindrucks von einem Menschen von Aussehen, Kleidung, Haltung, Gestik und Mimik, Sprechgeschwindigkeit, Stimmlage, Betonung und Dialekt [11] _____ werden und nur drei Prozent von dem, was jemand sagt. Und die [12] _____ der Person geschieht in weniger als einer Sekunde. Weil wir das körperliche Verhalten schwerer kontrollieren und beherrschen können als die verbalen Aussagen, gilt die Körpersprache als wahrer und [13] _____.

b Notieren Sie dann die Synonyme aus dem Text im Lehrbuch, S. 73.

1. *sprachlos → stumm*

Lesen
Wortschatz

2 Körpersprache

Ordnen Sie die folgenden Begriffe den hervorgehobenen Stellen im Text zu und formulieren Sie ggf. um.

a. sich entfernen ☐ ————————

b. verglichen mit ☐ ————————

c. der Effekt ☐ ————————

d. der Abstand ☐ ————————

e. wahrnehmen ☐ ————————

f. die Gegenwart `1` —————

g. bestimmt ☐ ————————

h. zu bemerken ☐ ————————

i. etabliert ☐ ————————

j. die Signale (Pl.) ☐ ————————

Störe meine Kreise nicht! Noli turbare circulos meos

So soll Archimedes den anrückenden Römern zugerufen haben und daraufhin erschlagen worden sein. Die [1] **Anwesenheit** und Nähe eines anderen Menschen bis hin zum Körperkontakt haben eine direkte und starke [2] **Wirkung**. Eine Ohrfeige oder ein Kuss sind körperliche [3] **Botschaften**, die jeder versteht. Für die richtige [4] **Distanz** zu anderen Menschen haben wir ein feines Gespür und instinktiv nehmen wir in einem Raum den Platz ein, der für uns angenehm ist. Wenn wir zu Nähe gezwungen werden, wie zum Beispiel im Fahrstuhl, versuchen wir, die anderen zu ignorieren, und vermeiden jeden Blickkontakt. Das Distanzempfinden ist kulturell [5] **geprägt**. Ein Japaner zum Beispiel könnte einen Europäer im Gespräch als aufdringlich [6] **empfinden**, da dieser immer etwas näher kommen möchte, als es dem Japaner lieb ist. Der Europäer hält dagegen möglicherweise den Japaner für distanziert, da dieser immer etwas [7] **zurückweicht**. Auch bei Berührungen sind kulturelle Unterschiede [8] **festzustellen**. In den westlichen Ländern haben sich in den letzten Jahren das Berühren von Freunden und Bekannten, Umarmungen und Küssen auf Wange oder Mund weitgehend [9] **durchgesetzt**. Dennoch ist Europa eine Region, in der der Austausch von Körperkontakt [10] **im Vergleich zu** anderen Kulturen eher selten ist.

3 Knifflige Situationen

Schreiben
Sprechen

a Entwerfen Sie zu zweit Dialoge für folgende Situationen. Die Redemittel helfen Ihnen.

> Ich habe festgestellt, dass … | Das ist nicht so einfach, weil … | Mir ist bewusst geworden, dass … | Ich bedaure, … | Da kann ich im Moment nichts machen. | Ich möchte eine Bestellung aufgeben. | Wären Sie so freundlich und würden … | Würde es Ihnen was ausmachen, …. | Ich muss mich leider darüber/über … beschweren. | Das ist ein bisschen schwierig, …

Rolle A: schwierige/r Kunde/in   **Rolle B: Hotelrezeptionist/in**

Die Dusche in Ihrem Zimmer defekt – sofortige Reparatur oder anderes Zimmer.

Es ist Wochenende. Reparatur nicht sofort möglich. Beruhigen Sie den Kunden mit einem Sonderangebot.

Sie stellen erst beim Zubettgehen fest, dass Ihr Zimmer direkt neben dem Aufzug liegt. Sie möchten umquartiert werden.

Um 23 Uhr ausgeschlossen; Hotel total ausgebucht.

Bestellung Kontinentalfrühstück mit vielen Extrawünschen; aufs Zimmer.

Entgegennahme Bestellung, da aufs Zimmer: teurer; da Sonderwünsche: teurer.

Matratze zu hart; Bett austauschen.

Geht, aber erst am nächsten Tag, da allein im Hotel.

Beschwerde über Hotelnachbarn; zu laut.

Entgegennahme Beschwerde; aber: Dauergast bleibt vier Wochen und hat schon bezahlt.

b Spielen Sie Ihre Szenen den anderen Gruppen vor. Die anderen nehmen Stellung.

- Welche Ausdrücke wurden verwendet? Welche finden Sie nützlich? Welche hätten noch verwendet werden können?
- Gab es sprachliche Unklarheiten? Wenn ja, welche?

Wortschatz
Sprechen

4 Alles klar, oder doch nicht?

a Welche Bedeutung haben die folgenden Gesten? Orden Sie zu.

1. Mir ist langweilig. ☐
2. Wie war das? ☐
3. Du bist doof! ☐
4. Pass nur auf! ☐

b Folgende Gesten können unterschiedliche Bedeutung haben. Ordnen Sie zu.

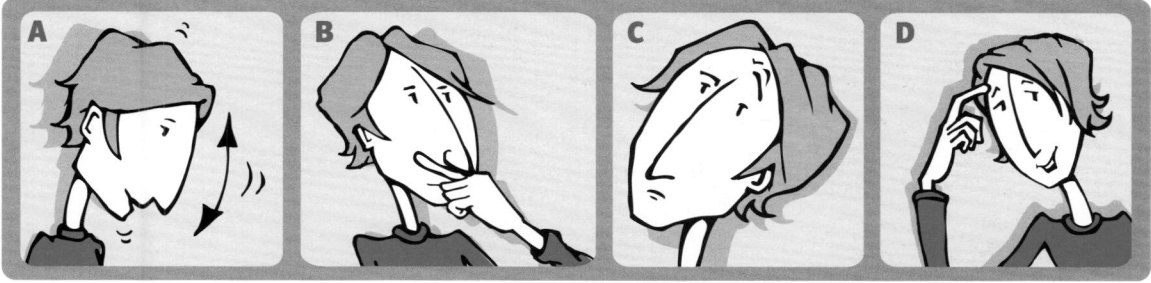

☐ **1. a.** „Mir egal!" (Spanien)
   b. „Das ist mir durch die Lappen gegangen."
   (Frankreich)
☐ **2. a.** „Ja." (in den meisten Ländern)
   b. „Nein." (Griechenland)

☐ **3. a.** „Du bist verrückt!" (weltweit)
   b. „Das ist intelligent." (Europa, Amerika)
☐ **4. a.** Flirt, Begrüßung (weit verbreitet)
   b. Skepsis (weit verbreitet)

c Was bedeuten folgende Gesten? Gibt es kulturelle Unterschiede? Vergleichen Sie?

d Kennen Sie noch andere Gesten? Tauschen Sie sich in Ihrem Kurs aus.

Der Ton macht die Musik

Wortschatz
Schreiben

1 Da ist der Wurm drin ...

Welche Ausdrücke im Kasten entsprechen den unterstrichenen Satzteilen? Manchmal passt mehr als einer. Formulieren Sie die Sätze neu.

> Der Punkt für mich ist, dass ... | Entscheidend für mich ist, dass ... | Ich erwarte, dass ... | Ich möchte unterstreichen/hervorheben, dass ... | Meine Forderung lautet, dass ... | Ich würde mir wünschen, dass ... | ~~Es kann nicht angehen, dass ...~~ | Außerdem wäre wünschenswert, dass ... | Es kann doch nicht im Sinne von ... sein, ... | Es kann doch nicht wahr sein, dass ... | Ich finde es ungeheuerlich, dass ... | Ich finde es unangemessen, dass... | Ich halte es für eine Frechheit/Unverschämtheit, dass ...

Herr Schulte hat einen Kaffeeautomaten gekauft. Der hat von Anfang an nicht funktioniert. Er ist schon zweimal repariert worden und ist schon wieder kaputt. Herr Schulte geht wütend ins Geschäft. Aber weit und breit ist niemand zu sehen. Daher notiert er Sätze für einen Beschwerdebrief:

1. Es ist nicht akzeptabel, dass im ganzen Geschäft kein einziger Ansprechpartner zu finden ist.
2. Es ist kaum zu glauben, aber der Geschäftsführer hat auch nichts unternommen.
3. Für das Geschäft kann es doch auch nicht gut sein, wenn die Kunden frustriert hinausgehen.
4. Ich halte es für ganz und gar unglaublich, dass ein Geschäftsführer seine Kunden beschimpft.
5. Ich möchte betonen, dass es nicht übertrieben ist, ein neues Gerät zu verlangen, nachdem das alte zum dritten Mal in kurzer Zeit repariert werden muss.
6. Ich fände es schön, wenn der Verkäufer selbst darauf gekommen wäre.
7. Das Wesentliche für mich ist, dass das Gerät von Anfang an kaputt war.
8. Ich fordere deswegen, dass Sie das Gerät umgehend gegen ein Neues umtauschen.
9. Außerdem wäre es schön, wenn Sie mir eine Gutschrift zur Kompensation meiner Unannehmlichkeiten anbieten würden.

> *1. Es kann nicht angehen, dass im ganzen Geschäft kein einziger Ansprechpartner zu finden ist.*

Schreiben

→TELC

2 Wirklich nicht akzeptabel

Verfassen Sie Beschwerdebriefe zu den folgenden Situationen. Benutzen Sie dabei auch die Redemittel aus dem Lehrbuch, S. 74 und 75.

> **Sich beschweren oder reklamieren, aber wie?**
> – klar und einfach schreiben
> – sich präzise ausdrücken
> – Nominalstil vermeiden
> – aggressiven Ton vermeiden
> – klare Forderungen stellen und begründen
> – ggf. eine Frist setzen

A Ihre Familie überweist Ihnen monatlich einen Betrag zum Lebensunterhalt. Sie haben festgestellt, dass es mehrfach mehr als zehn Tage gedauert hat, bis der Betrag Ihrem Konto gutgeschrieben wurde. Das hat sogar schon dazu geführt, dass Sie Ihr Konto überzogen haben und Überziehungszinsen zahlen mussten. Telefonisch ist die Bank schlecht zu erreichen – die Warteschleife in der Hotline ist endlos. Beschweren Sie sich über diese Situation und verlangen Sie die Erstattung der Überziehungszinsen.
Nützliche Redemittel:
Ich bitte Sie um Erstattung der ... auf mein Konto Nr. ...
Im Sinne der Kundenfreundlichkeit wäre es ..., wenn Sie ...
... und erwarte mit Interesse Ihre Antwort.

C Der Vermieter will Ihnen die Kaution nicht zurückzahlen, weil er behauptet, Sie hätten den Teppichboden ruiniert. Das stimmt nicht: Der Teppichboden war laut Mängelliste, die bei Ihrem Einzug aufgestellt wurde, schon beschädigt. Verlangen Sie die Kaution zurück; setzen Sie eine Frist; drohen Sie mit gerichtlichen Schritten.
Nützliche Redemittel:
Sollte der Betrag von € ... nicht bis zum ... auf meinem Konto eingegangen sein, werde ich die Sache meinem Anwalt übergeben.

B Sie haben einen DVD-Rekorder gekauft, der schon nach einem Monat kaputt war. Er wurde repariert und funktioniert jetzt schon wieder nicht. Im Geschäft will man ihn noch einmal reparieren. Sie wollen aber ein neues Gerät.
Man ist außerdem sehr unfreundlich zu Ihnen gewesen. Reklamieren Sie schriftlich bei der Geschäftsführung. Verlangen Sie ein neues Gerät. Weisen Sie auf die Gewährleistung hin.
Nützliche Redemittel:
Ich möchte Ihnen folgenden Sachverhalt darstellen: ...
Ich bitte Sie um schnelle Erledigung dieser leidigen Angelegenheit.

3 Ein „Schnäppchen" gekauft, was sie schnell bereut hat.

Formen und
Strukturen
S. 94

Ergänzen Sie die passende Relativpronomen „was" oder wo(r)-".

1. Inga hat sich oder einen neuen Fernseher gekauft, _____was_____ sie sich eigentlich im Moment nicht leisten kann.
2. Glücklicherweise hat sie ein „Schnäppchen" gemacht, _____ sie natürlich sehr froh war.
3. Leider war das Gerät schon nach zwei Tagen kaputt, _____ sie sich sehr geärgert hat.
4. Außerdem waren Bild- und Tonqualität miserabel, _____ heute eher sehr selten ist.
5. Alles, _____ der Verkäufer über diese unbekannte Marke gesagt hatte, war falsch.
6. Das Einzige, _____ sie jetzt tun kann, ist, das Gerät zurückzubringen und ihr Geld zurückzuverlangen, _____ es hoffentlich keinen Streit geben wird.
7. Das Schlimmste, _____ es kommen kann, ist ein „Gang zum Anwalt".

4 Vieles, wovon niemand weiß

Formen und
Strukturen
S. 94

Bilden Sie Relativsätze mit „was" oder „wo(r)- ".

Jan hat während seines Urlaubs ein schweres Unglück überlebt. Seitdem ist er „sprachlos".

1. Er hat Vieles erlebt. Er hatte noch nie darüber gesprochen.
2. Alles war schrecklich. Er hat es damals gesehen.
3. Vieles war falsch dargestellt. Die Presse hat davon berichtet.
4. Das Schlimmste war das Warten auf Hilfe. Jan erinnert sich daran.
5. Für die spontane Hilfsbereitschaft fremder Menschen ist er besonders dankbar.
6. Er wird jetzt mit einem Psychologen sprechen. Dazu hat ihm seine Familie dringend geraten.

> 1. Er hat Vieles erlebt, worüber er noch nie gesprochen hat. / Er hat Vieles, worüber er noch nie gesprochen hat, erlebt.

Wer wagt, gewinnt

1 Sprachlos in der mündlichen Prüfung? Aber nein!

Sprechen
→ GI

a Stellen Sie Ihrem/r Gesprächspartner/in Thema und Inhalt des Artikels vor. Nehmen Sie kurz persönlich Stellung zum Text. Sprechen Sie ca. 3 Minuten. Die Redemittel auf der nächsten Seite können Ihnen dabei helfen.

Worum geht es in dem Text:
– Was ist die Hauptaussage?
– Kennen Sie Menschen, auf die diese Aussage (überhaupt nicht) zutrifft?
– Wie ist Ihre persönliche Meinung dazu?

Glück in der Liebe
Der Ehemann der britischen Königin, Prinz Philip, hat sein Rezept für eine lang anhaltende Ehe verraten. „Das Geheimnis einer glücklichen Ehe ist, unterschiedliche Interessen zu behalten", sagte der 86-Jährige der Zeitung „Daily Telegraph". Und ein bisschen Selbstdisziplin gehöre dazu, damit man nicht alle seine verrückten Ideen in die Tat umsetze.

Die Hauptaussage eines Textes nennen: In diesem Text geht es um … | Dieser kurze Artikel handelt von … | Bei dem Text handelt es sich um … | Die Hauptaussage ist …
Beispiele nennen: Wenn ich das lese, muss ich an … denken. | Als ich das las, fiel mir sofort … ein. | Das erinnert mich übrigens an … | Ein Beispiel hierfür ist …
Eigene Meinung darstellen: Das kann ich sehr gut / überhaupt nicht verstehen. | Ich kann dem (nur voll) / (überhaupt nicht) zustimmen. | Ich teile die Meinung des Autors (nicht). | Ich halte die Meinung / den Vorschlag des Autors für richtig / falsch / gefährlich / unsinnig / sinnvoll, weil …

Sprechen

b Sie sollen zusammen mit einem/r Kollegen/in für Ihr Geschäft für Musikinstrumente eine Internetseite gestalten und sind auf der Suche nach einem passenden Bebilderung. Sie sollen eines der drei Bilder auswählen.

- Wählen Sie ein Bild aus und begründen Sie Ihren Vorschlag.
- Widersprechen Sie dem Vorschlag Ihres/r Gesprächspartners/in.
- Finden Sie am Ende des Gesprächs eine gemeinsame Lösung.
- Die Redemittel unten können Ihnen helfen.

Einen Vorschlag machen und begründen: Ich meine, wir sollten Bild … nehmen; denn … | Mein Vorschlag wäre Bild …, weil … | Wenn es nach mir ginge, würde ich … | Also, ich finde eindeutig Bild … am besten, weil …
Einem/r Gesprächspartner/in widersprechen: Meiner Ansicht nach passt Bild … am besten, weil … | Da bin ich ganz anderer Meinung, denn … | Bild … ist zwar nicht schlecht, aber Bild … passt viel besser, weil … | Ich verstehe zwar deine Argumentation, aber ich finde trotzdem … | Da kann ich dir (gar nicht) zustimmen, denn …
Zu einer Entscheidung kommen: Jetzt sollten wir uns langsam entscheiden. | Deine Argumente finde ich einleuchtend, wir nehmen also … | Ich glaube, du hast nichts dagegen, wenn wir … | Ich denke, wir fanden Bild … am besten, also sollten wir das nehmen. | Ich habe den Eindruck, wir können uns einfach nicht einigen. Wie wäre es mit einem Kompromiss: Diesmal entscheidest du, das nächst Mal bin ich an der Reihe.

Weitere Redemittel finden Sie in Lektion 9 im Arbeitsbuch.

2 Die Region macht die Musik.

Hören 🔘 54–59
Aussprache

a Hören Sie, was die Leute sagen. Aus welcher Region Deutschlands kommen sie wohl? Ordnen Sie nach der Reihenfolge ihres Sprechens zu!

Bayern	Berlin	Pfalz	Rheinland	Sachsen	Schwaben

b Wie heißen die Sätze wohl auf Hochdeutsch.

c Hören Sie noch einmal die regionalen Varianten. Welche Besonderheiten fallen Ihnen auf. Notieren Sie sie und tauschen Sie sich im Kurs aus.

Grammatik: Das Wichtigste auf einen Blick

1 Das Nachfeld: Vergleiche

Formen und
Strukturen
S. 86

Position 1	Position 2	Mittelfeld	Satzende	Nachfeld
Das Haus	hat	nach der Renovierung viel größer	ausgesehen	als vorher.
Skifahren	scheint	nicht so gefährlich	zu sein	wie Snowboarden.

In Vergleichssätzen kann ein Teil des Vergleichs noch nach dem Satzende stehen.

2 Beschreiben mit Relativsätzen

Formen und
Strukturen
S. 94

Relativsätze charakterisieren ein Nomen, ein Pronomen, oder auch den ganzen Hauptsatz. Relativsätze beginnen mit einem Relativpronomen. Genus und Numerus des Relativpronomens richten sich nach dem Nomen im Hauptsatz, auf das es sich bezieht.

Die Formen des Relativpronomens:

	m	n	f	Pl		m	n	f	Pl
Nom.	der	das	die	die	**Dat.**	dem	dem	der	denen
Akk.	den	das	die	die	**Gen.**	dessen	dessen	deren	deren

Der Kasus des Relativpronomens richtet sich nach der Funktion, den es im Nebensatz hat:
- Sind das **die Leute**, denen du die Bilder gezeigt hast? (Du hast die Bilder **den Leuten** gezeigt.)
- Da vorn ist **die Schule**, an der ich Abitur gemacht habe. (Ich habe **an der Schule** Abitur gemacht)
- Das ist **Frau Topf**, mit der ich lange telefoniert habe. (Ich habe **mit Frau Topf** lange telefoniert.)

Bei Ortsangaben kann man auch allgemein „wo" benutzen:
- Da vorn ist **die Schule**, wo ich Abitur gemacht habe.
- Das ist **das Dorf**, wo ich lange gelebt habe.

Wenn sich das Relativpronomen auf Indefinitpronomen, Demonstrativpronomen, Superlative oder ganze Sätze bezieht, steht „was" oder ein Präpositionalpronomen mit „wo(r)" + Präposition:
- Das ist **alles**, was ich sagen wollte.
- In der Zeitschrift steht **nichts**, was mich interessiert.
- Es gibt **einiges**, was ich dir erzählen muss.
- Gibt es **etwas**, was ich für dich tun kann?
- Beim Smalltalk erfährt man **vieles**, was man nicht wissen will.
- Das ist genau **das**, was ich meine.
- Das ist **das Beste**, was mir passieren konnte.
- **Er ist sehr früh gekommen**, was mich sehr gefreut hat. (Die Tatsache, dass er früh gekommen ist, hat mich gefreut.)
- Ich verkaufe **manches**, worauf ich verzichten kann. (Ich kann **auf** manches verzichten.)
- In der Firma gibt es **einiges**, worüber ich mich ärgere. (Ich ärgere mich über einiges in der Firma.)
- Auf meinem Notizzettel steht **vieles**, woran ich denke sollte. (Ich sollte **an** vieles denken.)

Wenn sich das Relativpronomen auf eine unbestimmte Person bezieht, steht „wer", „wen", „wem":
- Wer heute noch den neuen MP3-Spieler bestellt, (der) erhält einen Rabatt von 10%.
- Wen häufig Magenschmerzen plagen, (der) sollte Alkohol und fette Speisen meiden.
- Wem diese Band gefällt, (der) kann sie heute Abend im Stadion live erleben.
- Wem diese Band gefällt, (dem) raten wir, eine CD von ihr zu kaufen.
- Wem diese Band gefällt, (den) laden wir zu einer Probe ein.
- Wem diese Band gefällt, dessen CDs lassen wir signieren.

Der Relativsatz kann auch den Hauptsatz teilen:
- Der Vortrag, den er heute gehalten hat, war sehr lang.

Leseverstehen

Hinweise zum Leseverstehen
Der Prüfungsteil „Leseverstehen" besteht aus vier Teilen, dafür haben Sie 80 Minuten Zeit.
In diesem Prüfungsteil sollen Sie mehrere Texte lesen und die dazugehörenden Aufgaben lösen.
Markieren Sie Ihre Lösungen auf dem Aufgabenblatt. In der Prüfung haben Sie am Ende fünf
Minuten Zeit, Ihre Lösungen auf einen separaten Antwortbogen zu übertragen.
Bei der Prüfung dürfen Sie nicht mit Bleistift schreiben und Sie sollten deutlich schreiben.
Außerdem dürfen Sie keine Hilfsmittel – wie z. B. Wörterbücher oder Mobiltelefone – verwenden.

Leseverstehen 1   15 Minuten

Sie sollen für fünf Personen ein passendes Musikprogramm aussuchen und dabei auf die
persönlichen Vorlieben eingehen. Was meinen Sie, für welche der acht Veranstaltungen (A–H)
würden sich die Personen (1–5) jeweils interessieren?
Es gibt immer nur eine richtige Lösung.
Es kommt vor, dass nicht für jede Person etwas Passendes zu finden ist. Markieren Sie in diesem
Fall auf dem Antwortbogen „negativ".

Beispiel: **Lösung**
Welche der acht Veranstaltungen wäre wohl von Interesse für:

01. Clemens Hasenkamp, Techniker aus Buxtehude, der zur Entspannung gern
eine musikalische Mischung aus Film, Klassik und Schlagern bevorzugt?   *G*

02. Wolfgang Dittersbach, Theologe aus Nürnberg, der in seiner Freizeit Musik
mit südamerikanischen Rhythmen und perfekter instrumentaler Technik
bevorzugt.   *negativ*

Aufgabe: **Lösung**
Welche der acht Veranstaltungen wäre wohl von Interesse für:

1. Tanja Lüttich., Krankenschwester aus Gera, die am liebsten klassische Musik
von Beethoven und Brahms hört?   _____

2. Britta Schweigert, Psychologin aus Stuttgart, die innere Ruhe und Entspannung bei Musik aus dem 20./21. Jahrhundert findet, wenn sie einen
Bezug zum Mittelalter hat.   _____

3. Emil Dietrich, Lehrer aus Bielefeld, der gern Rockmusik mit anspruchsvollen
deutschen Texten hört.   _____

4. Franz Hofmeister, Web-Designer aus Landau, der über die Lieder der ersten
Hälfte des letzten Jahrhunderts die Zeit von damals besser zu verstehen
sucht.   _____

5. Ute Bühler, Managerin aus Kiel, die besonders gern Holzblasinstrumente
mag und am liebsten improvisierte Musik hört.   _____

A   Die Vision der Hildegard von Bingen

Melanie Schlotterbeck ist eine der großen Sängerinnen mittelalterlicher Musik in Europa. Sie gibt dem Gesang Raum und Zeit und erreicht damit eine ungewöhnliche Ruhe und Eindringlichkeit, in der Wort und Musik sich zu großer Ausdruckskraft vereinen. Die Sängerin steht zudem in intensivem Austausch mit zeitgenössischen Komponisten und sang bereits mehrere Uraufführungen. Ihre neueste, mit Spannung erwartete Produktion „Aus den Visionen der Hildegard von Bingen" von Sofia Gubaidulina kommt in den nächsten Tagen zur Uraufführung.

B   Nacht der ewigen Töne

An einem hoffentlich schönen Sommerabend werden rund 2.000 Besucher zu einem musikalischen Feuerwerk erwartet. Ergänzt wird das Orchesterprogramm durch den Klarinettisten Andy Miles. Diese Begegnung wird sicher zu einem eindrucksvollen Erlebnis. Miles, der auf der Klarinette improvisierend zaubert: klassisch, rockig, jazzig, mal rauchig cool, mal seriös: „Andy Miles gilt weltweit als der größte Crossoverklarinettist".

C   Mittelalterliche Klostergesänge in der Heiligkreuzkirche

Mit Klostergesängen in historischen Gewändern bringt der Liturgische Frauenchor Rostock unter Leitung von Virginia Abs am 11. März um 11 Uhr in der Universitätskirche Gregorianische Gesänge, Choräle und Lieder der Hildegard von Bingen zu Gehör. Herzlich eingeladen sind alle, die inmitten des Alltags ruhiger Musik lauschen möchten.

D   Oldies ganz neu

Unser Gedanke war, das Liedgut und musikalische Werk der Jahre 1900 bis 1950 in einer dem Publikum nahen Art und Weise wieder aufleben zu lassen. Es ist uns eine Freude, live vor unserem Publikum die Hits der 20er, 30er und 40er Jahre auf eine unterhaltsame Art und Weise zu präsentieren. Gerade die Mischung aus altem Liedgut und modernem Sound, verpackt in spritzigen Arrangements, begeistert Jung und Alt und lässt unsere Konzerte zu einem einzigartigen Show-Event werden.

E   Warriors of the World

Es gibt keinerlei Zweifel an Manowars Einfluss auf die Rockmusik. Während ihrer unglaublichen Karriere hat die Band den Heavy Metal durch die Kombination von besonderer musikalischer Virtuosität und anspruchsvollen Texten neu definiert. Ihr unbeugsamer Charakter, ihre Beharrlichkeit und Begabung haben die Band dazu befähigt, unermessliche Erfolge zu erringen, gewaltige Hindernisse zu überwinden und ein Ehrfurcht gebietendes Vermächtnis zu errichten, das mit jedem Jahr größer wird. Aber anstatt sich auf ihren verdienten Lorbeeren auszuruhen, kehren Manowar nun zurück: mit Warriors of the World.

F   Herbert Grönemeyer

Mitte Juni wird Grönemeyer bei seinem Open-Air-Konzert im Olympiastadion seine größten Hits von „Bochum" über „Flugzeuge im Bauch" und „Männer" bis hin zu „Mensch" und viele andere Songs seiner einzigartigen Karriere präsentieren. Wer den charismatischen Rocksänger und Schauspieler je live erlebt hat, weiß, was ihn erwartet: eine mitreißende Show, eine exzellente Band und eine packende Produktion vom ersten bis zum letzten Akkord. Grönemeyer ist der geborene Entertainer, der sein Publikum auf eine emotionale Reise schickt, seine Empfindungen vermittelt, Spaß und Nachdenklichkeit in eine Balance bringt. Millionen haben seine Texte verinnerlicht, denn seine Songs artikulieren die Gefühle mehrerer Generationen.

G   Die Nokia Nacht der Promis

Die Nokia Nacht der Promis ist ein Konzert-Event mit weltweit einzigartigem Konzept: Klassische Melodien, Filmmusik und Hits aus vier Jahrzehnten Popmusik laden Sie zu einer Reise durch 350 Jahre populäre Musik ein. Das 72-köpfige Orchester Novecento samt dem Chor Fine Fleur unter der Leitung von Robert Groslot spielt die klassischen Hits und begleitet – zusammen mit einer Electric Band – auch die Pop-Stargäste. Der nahtlose Brückenschlag von populärer Klassik zu Pop-Klassikern wird seit Jahren seitens des Publikums mit einer derart lebhaften Begeisterung begleitet, wie sie sonst kaum zu erleben ist. Und auch dieses Jahr haben Sie wieder die Gelegenheit, dabei zu sein.

H   Adagio – ma non troppo

Klassik zum Träumen! Die Salzburger Streichsolisten haben die schönsten langsamen Sätze der Musikgeschichte zusammengestellt. Vivaldis „Frühling" aus den „Vier Jahreszeiten", den „Kanon" von Pachelbel, Bachs „Air" oder Schumanns „Träumerei" – das gefeierte Ensemble hat eine Auswahl an Werken getroffen, die das Publikum sicherlich gerne hört: Gänsehaut-Klassik garantiert!

Leseverstehen 2   25 Minuten

Lesen Sie den Text auf der gegenüberliegenden Seite.
Entscheiden Sie, welche der Antworten (a, b oder c) passt. Es gibt immer nur eine richtige Lösung.

Beispiel:

0. Die Aussage „Hoffentlich kommt er nicht zu spät." bezieht sich auf

    a. den Zug.

    b. den Fahrer.

    c. ihren Freund.

Aufgabe:

6. Mitfahrgelegenheiten dienen vor allem dazu,

    a. Geld zu sparen.

    b. nette Bekanntschaften zu machen.

    c. nicht mit der Bahn oder mit dem Flugzeug zu fahren.

7. Mitfahrer und Mitnehmer kommunizieren u.a.

    a. über selbst geschriebene Annoncen in Verkaufsbüros.

    b. über Internetbörsen ausschließlich in Deutschland.

    c. über Anzeigen an einer Anschlagtafel in der Universität.

8. Mitnehmer sind

    a. in der Regel Personen, die wenig Geld haben.

    b. in der Regel Personen, die gern große Autos fahren.

    c. Personen aus unterschiedlichen Verhältnissen.

9. Es gibt inzwischen so viele Mitfahrorganisationen, dass

    a. auch Berufstätige auf ihren Fahrten zum Arbeitsplatz davon profitieren können.

    b. auch Frauen problemlos mitfahren können.

    c. auch die Eltern von Jugendlichen sich sicherer fühlen.

10. Manchmal passieren auch Missgeschicke, wenn

    a. das Auto der Mitfahrer kaputt geht.

    b. die Fahrer den vereinbarten Termin nicht einhalten und gar nicht kommen.

    c. die Mitfahrer zu spät zum vereinbarten Termin kommen.

Begegnung auf engem Raum

Yvonne steht am Dresdner Bahnhof und wartet. „Hoffentlich kommt er nicht zu spät.", denkt sie. Sie will ihren Freund besuchen, der in Osnabrück wohnt. Oben am Gleis tönt ein Lautsprecher – der Zug hat wieder Verspätung. Aber sie meint nicht den Zug, sondern ihren Fahrer, den sie durch das Internet gefunden hat. Und der fährt pünktlich um 16 Uhr mit seinem Kleinwagen vor – sein Ziel: Hamburg. So wie Yvonne nutzen täglich in Deutschland Tausende die Gelegenheit, preiswert und schnell kleinere oder größere Entfernungen zurückzulegen und oft auch noch nette Bekanntschaften zu machen.

Mitfahrgelegenheiten sind seit den 90er Jahren in Deutschland sehr beliebt. Von der selbst geschriebenen Anzeige am Schwarzen Brett der Universität über Verkaufsbüros bis hin zu europaweiten Internetbörsen existiert inzwischen ein breites Spektrum an Angeboten und Anbietern. Allen gleich ist das Prinzip: Person X fährt mit dem Auto von A nach B und hat noch Plätze frei. Person Y möchte von A nach B mitfahren und zahlt dafür einen Teil der Benzinkosten, außerdem meist noch eine Vermittlungsgebühr an die Firma. Treffpunkt ist ein günstig gelegener Ort, und gemeinsam werden dann die nächsten Stunden zurückgelegt. Natürlich sind die gemeinsamen Reisegefährten nicht zu Gesprächen gezwungen, aber meist entwickelt sich ein solches. Und für viele ist das sogar ein zusätzlicher Grund, warum sie auf Mitfahrgelegenheiten als Transportalternative zu Bahn, Flugzeug oder eigenem Auto schwören. Manchmal finden sich sogar gemeinsame Bekannte oder andere Gemeinsamkeiten, durch die der Kontakt auch nach der Fahrt bestehen bleibt. Neben vielen Freundschaften gibt es heute auch „Mitfahrbabys" – deren Eltern lernten sich bei einer gemeinsamen Fahrt kennen und lieben.

Besonders beliebt ist das Mitfahren natürlich bei Studierenden und anderen jungen Menschen, die mit ihrem Geld haushalten müssen. Die Mitnehmer sind in keine Gruppe einzuteilen und fahren alle Typen und Klassen von Autos. Ein Mitfahrer kann durchaus Platz in einem Mercedes oder BMW finden, aber auch in Smarts, Käfern oder anderen Kleinstwagen.

Falls die Eltern oder Freunde Zweifel haben sollten: Sie können beruhigt sein. Die Personalangaben, die jeder bei der Organisation hinterlassen muss, sorgen für Sicherheit. Auch gibt es Serviceangebote exklusiv für Frauen, falls dies von beiden Seiten gewünscht wird.

Mittlerweile hat sich das System so gut etabliert, dass auch Berufspendler über einige Mitfahrbüros passende Fahrgemeinschaften finden können. So sparen alle Geld und die Mitfahrer Zeit dazu, denn mit dem Auto sind manche Ziele einfach schneller zu erreichen, ganz zu schweigen von den Vorteilen für die Umwelt, wenn sich mehrere ein Auto teilen. Aufgrund der guten Verbreitung kann man inzwischen auch ganz spontan Mitfahrgelegenheiten finden, so z. B. auch wenn kurz vor der Abfahrt das eigene Auto kaputt geht.

Es kommt aber mitunter auch zu verpassten Gelegenheiten: Martina wurde einmal von ihren drei Mitfahrern in einer anderen Stadt abgesetzt. Im Nachhinein lächelt sie darüber. Und Franz hat auf dem Heimweg nach Fulda freitagabends um acht vergeblich auf seinen Fahrer gewartet, der ihn vorab sogar darauf hinwies, pünktlich zu sein. Und Yvonne weiß nun auch nach vielen Erfahrungen als Mitfahrerin: Pünktlichkeit ist leider keine Garantie, da viele Menschen sehr spontan sind und oft noch Umwege fahren oder irgendwo unterwegs die Reise bei Freunden unterbrechen.

Leseverstehen 3

25 Minuten

Lesen Sie den Text unten.
Stellen Sie fest, wie der Autor des Textes bzw. der Interviewte folgende Fragen
beurteilt: positiv (a) oder negativ bzw. skeptisch (b)?

Beispiel:

Lösung

0. Wie beurteilt die Familienministerin das Ende der Frauenemanzipation? _b_

Aufgabe:

Lösung

Wie ist die Meinung von Ursula von der Leyen zu folgenden Punkten:

11. die bisherige Rolle der Väter in der Kindererziehung? _____

12. die Rolle der Väter in Schweden? _____

13. die Integration von bildungsarmen Kindern? _____

14. die bisherigen Bemühungen des Staates im Bereich der frühkindlichen
Bildung _____

15. Sprachtests für alle Kinder? _____

Emanzipation der Männer noch weit zurück

*Im Interview mit der „Berliner Zeitung"
spricht sich Bundesfamilienministerin
Ursula von der Leyen für eine
Väterbewegung aus. Außerdem müssten
die benachteiligten Jungen durch eine
bessere frühkindliche Bildung gefördert
werden.*

Berliner Zeitung: Frau von der Leyen,
es wird zurzeit viel darüber diskutiert,
ob der Feminismus am Ende ist und
Frauen sich wieder auf die Mutterrolle
beschränken sollten. Was sagen Sie
dazu?

U. von der Leyen: Wir haben nicht zu
viel Emanzipation, sondern zu wenig.
Die gläserne Decke, die Frauen am
beruflichen Aufstieg hindert, existiert
nach wie vor. Frauen haben zwar viel
mehr Chancen als früher, aber die Frage
ist jetzt: Wer hat beruflich die Folgen zu
tragen, wenn Kinder geboren werden?

Berliner Zeitung: Die Antwort dürfte
klar sein.

U. von der Leyen: Lassen Sie es mich so
sagen: Mit der Emanzipation der
Männer sind wir noch weit zurück.
Deutschland braucht eine Väterbewegung.

Berliner Zeitung: Wie meinen Sie das?

U. von der Leyen: Emanzipation heißt
doch, dass man seine eigene Rolle
entwickelt und erweitert. In Deutschland ist ein Mann nach wie vor nur
dann ein echter Mann, wenn er
erfolgreich im Beruf ist. Die Rolle als
Vater ist noch recht unterentwickelt. In
Skandinavien gehört aktive Vaterschaft
zum Erfolg in Beruf und Gesellschaft

dazu, sie ist ein männliches Status-
symbol.

Berliner Zeitung: Bei uns wird
neuerdings beklagt, dass Jungs von den
Mädchen abgehängt werden. Teilen Sie
die Sorge?

U. von der Leyen: Ich finde es nicht
schlimm, dass Mädchen in Sachen
Bildung an den Jungen vorbeiziehen.
Wären die Zahlen anders herum, würde
kein Hahn danach krähen. Man würde
es als Gott gegeben betrachten. –
Dennoch müssen wir genauer hin-
gucken, was mit den Jungs los ist.

Berliner Zeitung: Und was ist mit
ihnen los?

U. von der Leyen: In der Gruppe der
Jugendlichen ohne Schulabschluss und
ohne berufliche Qualifikation sind
überwiegend Jungen, viele mit
Migrationshintergrund. Sie fühlen sich
abgehängt und klammern sich umso
stärker an tradierte Rollenmuster – aus
Angst, komplett die Orientierung zu
verlieren. Diese Jungs sind in den ersten
Lebens- und Schuljahren zu wenig
integriert worden, sie haben kaum
männliche Vorbilder im Alltag erlebt,
die sie für Bildung und Verantwortung
für andere als Wert an sich begeistert
haben. Das Drama der bildungsarmen
Kinder ist doch, dass sie isoliert sind ...

Berliner Zeitung: Zurück zu den
benachteiligten Jungen. Was ist zu tun?

U. von der Leyen: Einer der Schlüssel
ist eine bessere frühkindliche Bildung.
Dieses Thema wird noch immer sehr
vernachlässigt. Die öffentliche Hand
legt sich mächtig ins Zeug mit den

Universitäten, während die Eltern die
frühkindliche Bildung am stärksten
selbst finanzieren müssen. Wir müssen
das dringend vom Kopf auf die Füße
stellen, denn die ersten Lebensjahre
entscheiden über den weiteren Bil-
dungsweg.

Berliner Zeitung: Sie wollen die Länder
zwingen, endlich genug Kindertages-
stätten anzubieten?

U. von der Leyen: Wenn wir bedenken,
dass jedes dritte Kind einen
Migrationshintergrund oder keine
Geschwister mehr hat, kann die
Antwort nur lauten: Wir brauchen
mehr Orte, wo Kinder mit anderen
Kindern ihre Welt entdecken. Aus der
Gruppe der Kinder mit Migrations-
hintergrund und aus bildungsarmen
Elternhäusern kommt jedes fünfte Kind
niemals in den Kindergarten. Da muss
es uns nicht wundern, dass diese Kinder
vom ersten Schultag an in eine
Außenseiterposition geraten.

Berliner Zeitung: Sind Sie für die
Kindergartenpflicht?

U. von der Leyen: Das hielte ich für ein
zu grobes Instrument. Aber wir sollten
für jedes vierjährige Kind einen
verbindlichen Sprachtest einführen.
Für diejenigen, deren Sprachfähigkeit
auf dem Stand eines Zwei- oder
Dreijährigen ist, müssen wir ähnlich
der Schulpflicht einen verpflichtenden
Sprachkurs entwickeln. Ideal wäre,
diesen Kurs in das Kindergartenleben
zu integrieren.

Leseverstehen 4

15 Minuten

Im folgenden Text ist leider der rechte Rand unleserlich.
Rekonstruieren Sie den Text und schreiben Sie jeweils das fehlende Wort an den Rand. Manchmal gibt es zwei Möglichkeiten – in diesem Fall entscheiden Sie sich bitte für eine.

So schützen Sie sich vor Einbrechern

Früher herrschte engerer Kontakt unter Nachbarn, man kannte sich, wusste, was *jeder* **01**
machte. Das war manchen bestimmt oft zu eng, aber es war ein guter Schutz *vor* **02**
Einbrechern.
Heute müssen Sie leider mehr beachten:
- Treten Sie mit Ihren Nachbarn in Kontakt – ein kleines Gespräch wirkt oft Wunder. _____ **16**
  sich kennt, achtet auf den anderen und spürt, wenn etwas nicht in Ordnung _____ . **17**
- Wenn Sie wissen, dass Ihr Nachbar in Urlaub fahren möchte, bieten Sie _____ **18**
  doch an, auf die Wohnung zu achten: Blumen gießen, lüften, die Rollläden _____ **19**
  herunter lassen und morgens wieder hochziehen, Briefkasten leeren. _____ **20**
  wirkt die Wohnung stets bewohnt und erweckt nicht die Aufmerksamkeit _____ **21**
  Ganoven.
- Tauschen Sie mit Nachbarn Telefonnummern (auch im Urlaub) aus.
- Vereinbaren Sie regelmäßige Anrufe oder Zeichen zur Bestätigung, dass es _____ **22**
  gut geht.
- Halten Sie die Haustür geschlossen und verschließen Sie die Kellerräume. So _____ **23**
  sich kein ungebetener Besuch einschleichen.
- Denken Sie auch an Ihre Wohnung. Schließen Sie alle erreichbaren _____ **24**
  und Türen zum Schutz vor Einsteigedieben – auch wenn Sie zu Hause sind.
- Sollten Sie tatsächlich einen Einbrecher überraschen, versuchen Sie nicht _____ **25**
  aufzuhalten! Prägen Sie sich sein Aussehen ein und rufen Sie die Polizei.

Hörverstehen

Hinweise zum Hörverstehen

Der Prüfungsteil „Hörverstehen" besteht aus zwei Teilen und dauert ca. 30 Minuten. In diesem Prüfungsteil hören Sie zwei Texte und sollen die dazugehörenden Aufgaben lösen. Lösen Sie die Fragen nur nach den gehörten Texten, nicht nach Ihrem eigenen Wissen. Schreiben Sie Ihre Lösungen auf das Aufgabenblatt. In der Prüfung haben Sie am Ende fünf Minuten Zeit, Ihre Lösungen auf einen separaten Antwortbogen zu übertragen.

Hörverstehen 1

ca. 5 Minuten

Hören 🔵 60

Sie arbeiten bei der Deutschen Zentrale für Tourismus und erstellen gerade einen Handzettel mit aktuellen Sonderangeboten. Ihr Kollege hat Ihnen auf dem Anrufbeantworter einige Korrekturen und Ergänzungen mitgeteilt.

Notieren Sie die Korrekturen und Ergänzungen. Sie hören den Text nur einmal.

Bahn & Bett Herbst-Hit Berlin

Berlin zeigt das Flair einer pulsierenden Weltmetropole. Die Hauptstadt Deutschlands vereint sowohl altehrwürdige Sehenswürdigkeiten als auch futuristische Bauten und bereitet seinen Besuchern ein unendlich großes Spektrum an Unterhandlung. [01] _Unterhaltung_

Leistungen:

- Hotel Zentral Berlin-Mitte ****
  (Nähe Brandenburger Tor und Berliner Dom)

- Bahnfahrt 2. Klasse

- 1 Übernachtung im Doppelzimmer mit Frühstücksbuffet, bei täglicher Anreise

mit BahnCard pro Person 111,- €
ohne BahnCard pro Person 121,- €
Zuschlag 1. Klasse: 40,- €

Reisezeit: September und Oktober

Heiliges Römisches Reich Deutscher Nation 962–1806

29. Ausstellung [02] _des Europarates_ und Landesausstellung Sachsen-Anhalt im Kulturhistorischen Museum Magdeburg

Unter dem Titel „Von Otto dem Großen bis zum Ausgang des Mittelalters" wird im kulturhistorischen Museum Magdeburg neben weltlichen und sakralen Exponaten auch das Original des „Codex Manesse", der bedeutendsten Bildhandschrift des Mittelalters, zu sehen sein.

Leistungen:

- 2 Übernachtungen im Doppelzimmer mit Frühstücksbuffet im City-Hotel Magdeburg ****
- Bahnfahrt: Hin und Rück [1] _____,
  2. Klasse
- 1x Eintrittskarte für die Ausstellung am Tag nach der Anreise
- mit BahnCard pro Person ab 185,- €
- Zuschlag 1. Klasse: 48,- €
- zstl. Nacht [2] _____ pro Person: 52,- €

Öffnungszeiten der Ausstellung:
Täglich von 10–19 Uhr.

Reisezeit: 28.08.–10.12.

Chagall in Baden-Baden

Chagall – in neuem Licht – im Museum Frieder Burda in Baden-Baden

Marc Chagall verführt in eine Welt voller Fabelgestalten, Liebespaare und berauschender Blütenpracht. Der Lebensweg des berühmten Mahlerpoeten [3] _____ offenbart sich an 100 aus aller Welt versammelten Hauptwerken. Im Museum Frieder Burda erscheinen diese buchstäblich in neuem Licht.

Leistungen:

2 Übernachtungen im Doppelzimmer mit Frühstücksbuffet im Hotel Zum König***
[4] _____

Bahnfahrt 2. Klasse + 1 Eintrittskarte für die Ausstellung

Preis mit BahnCard pro Person ab 199,- €
Zuschlag 1. Klasse: 40,- €

Öffnungszeiten der Ausstellung:
Mo geschlossen, Di bis So von [5] _____ Uhr, Mi bis 20 Uhr.

Reisezeit: Juli bis September

Hörverstehen 2   ca. 25 Minuten

Hören 🔘 61–65

Sie hören folgenden Text zunächst einmal ganz, dann noch einmal in Abschnitten.
Kreuzen Sie die richtige Antwort (a, b oder c) an.

Beispiel:

0. Herr Werner ist der Auffassung,

    a. es sei nicht schlecht, wenn die Menschen arbeiten müssten.

    b. es sei gut, wenn die Menschen arbeiten müssten.

    c. es sei nicht schlecht, wenn die Menschen nicht arbeiten müssten.

Aufgabe:

6. Der Journalist vertritt die These,

    a. nur wer arbeitet, bewertet sich selbst.

    b. nur wer arbeitet, schafft Werte und ist etwas wert.

    c. nur wer arbeitet, macht das Leben lebenswert.

7. Das alte nicht mehr zeitgemäße Gebot lautet:

    a. Wer viel arbeitet, soll auch viel essen.

    b. Wer nicht arbeitet, soll auch nicht essen.

    c. Wer richtig arbeitet, soll auch essen.

8. Der moderne Unternehmer soll – so Herr Werner – die Frage beantworten:

    a. Wie kann ich die Menschen vom Zwang zu arbeiten befreien?

    b. Wie kann ich Arbeitsplätze schaffen?

    c. Wie kann ich meine Kunden am schnellsten bedienen?

9. Die Deutschen haben Angst,

    a. krank zu werden.

    b. nicht mehr kreativ zu sein.

    c. für die Gesellschaft nicht mehr von Nutzen zu sein.

10. „Radikal und revolutionär zu denken" bedeutet, dass

    a. Einkommen und Arbeit eng miteinander verkoppelt bleiben müssen.

    b. man ein Recht auf Arbeit und damit ein Recht auf Einkommen hat.

    c. jeder Bürger ein gewisses Einkommen als Grundlage erhalten soll.

11. Wenn jeder eine gewisse Summe ausgezahlt bekommt, dann kann er

    a. bescheiden und in Würde leben, und die Arbeitslosigkeit hätte ihre Bedeutung verloren.

    b. in Würde leben, auch wenn sein Einkommen sehr bescheiden ist.

    c. bescheiden und in Würde leben, ohne allerdings groß am gesellschaftlichen Leben
        teilzuhaben.

12. Herr Werner ist dafür,

    a. alle Steuern um 50 % zu erhöhen.

    b. alle Steuern abzuschaffen, nur die Mehrwertsteuer soll erhöht werden.

    c. alle Steuern abzuschaffen.

13. Das Grundeinkommen wäre gestaffelt nach

    a. Alter und ob man berufstätig ist oder nicht.

    b. Alter und ob man verheiratet ist oder nicht.

    c. Kindern und ob man berufstätig ist oder nicht.

14. Wenn man älter wird, überlegt man,

    a. wie man erfolgreich sein kann.

    b. wie man den Erfolg anderer fördern kann.

    c. wie man sich den Erfolg anderer zueigen machen kann.

15. Herr Werner sagt:

    a. Meine Gedanken schaffen eine bessere Welt.

    b. Ich habe volles Vertrauen in meine Ideen.

    c. Meine Ideen werden unter den Menschen immer bekannter.

Schriftlicher Ausdruck

Hinweise zum Schriftlichen Ausdruck
Für den Prüfungsteil „Schriftlicher Ausdruck" haben Sie 80 Minuten Zeit.
Dieser Prüfungsteil besteht aus zwei Aufgaben:
Aufgabe 1: Sie sollen an eine Redaktion schreiben. Dafür erhalten Sie zwei Themen zur Auswahl.
Sie bearbeiten nur ein Thema.
Aufgabe 2: Hier korrigieren Sie einen Text.
Bei der Prüfung dürfen Sie nicht mit Bleistift schreiben und Sie sollten deutlich schreiben.
Außerdem dürfen Sie keine Hilfsmittel – wie z. B. Wörterbücher oder Mobiltelefone – verwenden.

Schriftlicher Ausdruck 1   65 Minuten

In diesem Prüfungsteil wählen Sie zuerst eins aus zwei Themen aus.
Danach erhalten Sie die Aufgabenblätter für die Aufgaben 1 und 2.

Thema 1 A:
Models alle magersüchtig

Ihre Aufgabe ist es, auf eine Meldung im Internet zu reagieren.
Sie sollen sich dazu äußern, ob junge Mädchen, die als Models auftreten, vor Gesundheitsschäden geschützt werden sollen.

Thema 1 B:
Small Talk mit Hintergedanken

Ihre Aufgabe ist es, auf eine Meldung in einer Zeitung zu reagieren.
Sie sollen sich dazu äußern, wie sich die Funktion von Small Talk in der heutigen Gesellschaft ändert.

Schriftlicher Ausdruck 1 – Thema 1   65 Minuten

Im Internet lesen Sie folgende Meldung:

> Während auf der Modewoche in New York wie immer zerbrechlich zarte Mädchen über die Laufstege schwebten, kommen aus Madrid jetzt neue Töne: Zu dünne Models werden dieses Jahr verbannt. Über 30 Prozent der Models, die im vergangenen Jahr noch die neuesten Modekreationen vorstellten, dürfen nicht mehr auf den Laufsteg.
> Viele Modedesigner halten die Diskussion über angeblich zu dünne Models jedoch für übertrieben. Es seien gar keine magersüchtigen Mädchen zu sehen, meinte z. B. der deutsche Modemacher Karl Lagerfeld am Mittwoch nach der Vorstellung seiner jüngsten Kollektion in Paris. Sie seien einfach dünn und hätten einen schlanken Körperbau, sagte er vor der Presse. Und so sind sich die Modedesigner meist auch in dem Punkt einig, dass die Modebranche auf keinen Fall für Essstörungen junger Frauen verantwortlich sei.

Schreiben Sie eine Reaktion auf diese Meldung an die Online-Redaktion.

Sagen Sie:
- warum Sie schreiben,
- ob der Schutz „zerbrechlich zarter Mädchen" berechtigt ist,
- welche Gefahren Sie sehen, wenn die jungen Mädchen zu sehr hungern,
- welche Rolle eine Traumfigur für Sie spielt.

Achten Sie vor allem darauf,
- dass Sie die vier Leitpunkte ausführlich behandeln,
- dass Sie die Sätze und Abschnitte gut miteinander verbinden,
- dass Sie korrekt schreiben.

Schreiben Sie circa 180 Wörter.

Schriftlicher Ausdruck 1 – Thema 2

65 Minuten

In einer Zeitung lesen Sie folgende Meldung:

„Netzwerken" – das ist ein kleines Wort. Es erinnert an spinnende Insekten oder Computer, die von Niedersachsen bis Nowosibirsk Daten austauschen. Seit etwa fünf Jahren geistert es als Verb durch sämtliche Karrieremagazine und Berufsstart-Beilagen deutscher Zeitungen. Das Zauberwort wird gern auch in der englischen Fassung verwendet: „networking" heißt es dann und bedeutet: Durch zwanglose Kommunikation mit Menschen, die über entsprechende Macht oder Kontakte verfügen, einen beruflichen Vorteil erlangen; Aufträge ergattern durch Kontaktaufnahme mit potenziellen Auftraggebern und intensive Pflege derselben.

Zwanglose Kommunikation mit Hintergedanken. Man tarnt das Netzwerken locker-geschickt in einer netten E-Mail, einem Geplauder über die herrliche Herbstsonne oder den tollen Film, der gerade im Kino läuft – um sich schließlich so ganz nebenbei zu erkundigen, ob die ausgeschriebene Stelle noch frei ist.

Schreiben Sie eine Reaktion auf diesen Artikel an die Zeitung.

Sagen Sie:
- warum Sie schreiben,
- ob Sie persönlich schon einmal in einer solchen Lage waren (als Suchender oder als Angesprochener),
- ob es diese Art der Kommunikation auch in Ihrem Heimatland gibt und / oder wie sie sich dort darstellt,
- wie man auf solche Strategien reagieren sollte.

Achten Sie vor allem darauf,
- dass Sie die vier Leitpunkte ausführlich behandelt haben,
- dass Sie die Sätze und Abschnitte gut miteinander verbinden,
- dass Sie korrekt schreiben.

Schreiben Sie circa 180 Wörter.

Schriftlicher Ausdruck 2

15 Minuten

Ein ausländischer Freund bittet Sie darum, einen Brief zu korrigieren, da Sie besser Deutsch können.
Schreiben Sie die richtige Form an den Rand (Beispiel 01).
Wenn ein Wort an der falschen Stelle steht, schreiben Sie es an den Rand, zusammen mit dem Wort, mit dem es vorkommen soll (Beispiel 02).

Sehr geehrte Herr Metzger,	*geehrter* 01
seit einigen Monaten wir sind nun schon im Gespräch wegen der undichten	*sind wir* 02
Fenster in unserer Mietwohnung. Sie haben sich selbst dafür überzeugen können,	_____ 16
dass vor allem das Küchen- und das Schlafzimmerfenster sehr schlecht schließt. Im	_____ 17
Winter führt das zu erhöhten Heizkosten. Sie waren grundsätzlich einverstanden,	
in Schlafzimmer und Küche unseres Haus neue Fenster einzubauen. Jetzt beginnt	_____ 18
bald der Winter und ist es leider immer noch nichts geschehen.	_____ 19
Nach mehreren vergeblichen Versuchen, Sie telefonig zu erreichen, bitte ich	_____ 20
nunmehr auf diesem Wege, mich einen verbindlichen Termin innerhalb der	_____ 21
nächste zwei Wochen mitzuteilen.	_____ 22
Sollte ich nichts von Ihnen hören, wäre ich gezwingt, die Miete um 20% zu senken,	_____ 23
bis der Schaden ist behoben.	_____ 24
Mit freundlichen Grüßen	_____ 25
Thomas L. Moore	

Mündlicher Ausdruck

Hinweise zum Mündlichen Ausdruck

Der Prüfungsteil „Mündlicher Ausdruck" ist in der Regel eine Paarprüfung (in bestimmten Fällen kann es auch eine Einzelprüfung nur mit den Prüfern sein) und dauert ca. 15 Minuten, im Fall einer Einzelprüfung ca. 10 Minuten.

Dieser Prüfungsteil besteht aus zwei Aufgaben:

Aufgabe 1: Sie präsentieren Ihrem Gesprächspartner den Inhalt eines kurzen Artikels und nehmen persönlich dazu Stellung.

Aufgabe 2: Sie führen mit Ihrem Gesprächspartner eine Diskussion.

Vor der Prüfung haben Sie eine Vorbereitungszeit von 15 Min. (Paarprüfung) oder von 10 Min. (Einzelprüfung). Dabei dürfen Sie keine Hilfsmittel – wie z. B. Wörterbücher oder Mobiltelefone – verwenden.

Mündlicher Ausdruck 1 – Kandidat/in 1
ca. 3 Minuten

> **Rauchverbot**
>
> Die Minister von Bund und Ländern haben sich darauf verständigt, zukünftig das Rauchen in Behörden, Bildungs- Freizeit- und Kultureinrichtungen zu verbieten. Auch in Gaststätten soll das Rauchen nur noch in geschlossenen, extra dafür ausgewiesenen Räumen erlaubt sein. Damit versucht die Bundesrepublik der EU entgegenzukommen, ohne ein striktes Rauchverbot durchzusetzen, wie z. B. in Irland oder Italien.

Präsentieren Sie Ihrem/r Gesprächspartner/in Thema und Inhalt des Artikels. Nehmen Sie kurz persönlich Stellung:

Worum geht es in diesem Artikel?
- Was ist die Hauptaussage?
- Können Sie Beispiele nennen?
- Wie ist Ihre persönliche Meinung dazu?

Sprechen Sie circa 3 Minuten.

Im Anschluss an Ihren Kurzvortag präsentiert Ihr Gesprächspartner seinen Artikel.

Mündlicher Ausdruck 1 – Kandidat/in 2
ca. 3 Minuten

> **Kind mit zwei Promille ins Krankenhaus eingeliefert**
>
> Ein elfjähriger Junge ist an Karneval im Rheinland mit zwei Promille Alkohol im Blut in ein Krankenhaus gebracht worden. Wie die Polizei mitteilte, sagte der Vater, der Junge habe an einer Kinderkarnevalssitzung teilgenommen und vermutlich von Jugendlichen alkoholische Getränke bekommen. Die Eltern finden das Verhalten der Jugendlichen skandalös.

Präsentieren Sie Ihrem/r Gesprächspartner/in Thema und Inhalt des Artikels. Nehmen Sie kurz persönlich Stellung:

Worum geht es in diesem Artikel?
- Was ist die Hauptaussage?
- Können Sie Beispiele nennen?
- Wie ist Ihre persönliche Meinung dazu?

Sprechen Sie circa 3 Minuten.

Mündlicher Ausdruck 2

ca. 7 Minuten

Ihre Sprachschule feiert ihr 10-jähriges Bestehen. Zu diesem Anlass wollen Sie zusammen mit einem/r Kollegen/in einen Artikel schreiben. Dafür suchen Sie ein passendes Aufmacherfoto.

– Wählen Sie ein Foto aus und begründen Sie Ihren Vorschlag.
– Widersprechen Sie dem Vorschlag Ihres/r Gesprächspartners/in.
– Finden Sie am Ende des Gesprächs eine gemeinsame Lösung.

Lösungen

Lektion 7 – Natur

1 a **Wetter:** Hitze • Frost • Tau • Sonne • Wolke • Regen • Sturm • Schnee • **Pflanzen:** Ast • Kräuter • Blätter • Blume • Wurzel • Blüte • Gras • Unkraut • Pilz • Laub • **Tiere:** Spinne • Reh • Schmetterling • Igel • Frosch • Vogel • Mücke • Biene • Käfer • **Vorgänge:** erfrieren • schmelzen • blühen • vertrocknen • wachsen • welken • tauen • **Eigenschaften:** mild • kahl • grün • trocken • verblüht • feucht • saftig • schattig • frisch

1 b *Mögliche Lösungen:* **Frühling:** grünes Gras • Butterblumen • grüne Wiese • blühen • Kräuter • milde Luft • **Sommer:** Schatten • Hitze • heißer Tag • Schmetterling • **Herbst:** Sturm • kahlgefegt • nackte Äste • Blätter fallen • welken • Winde • rote Laub • von den Bäumen fallen • kahle Feld • **Winter:** Schweigen in schwarzen Wipfeln • Feuerschein • weißer Schnee • starrer See

1 c *Mögliche Lösungen:* **Frühling:** Regen • Kräuter • Vogel • schmelzen • wachsen • mild • saftig • frisch • grün • blühen • **Sommer:** Sonne • trocken • schattig • vertrocknen • Mücke • Biene • **Herbst:** Tau • Spinne • Pilz • Sturm • feucht • verblüht • welken • **Winter:** Frost • erfrieren • kahl

1 d 1. Krolow (Der Schatten, den ich mir erwählte, erfrischt mich kaum.) • Holz (Drin liege ich.) • Hildesheimer (das Grün vor meinem Fenster) • Novalis (sah ich's blühn, tagtäglich sah ich neue Kräuter) • 2. Hildesheimer (Der Sturm hat … kahlgefegt und … verwandelt.) • Trakl (Ein Schweigen … wohnt. Ein Feuerschein huscht …) • Heine (Die Winde pfeifen … Es seufzt der Wald) • 3. **viel Bewegung:** Hildesheimer (Der Sturm hat … kahlgefegt und … verwandelt.) • Rilke (Die Blätter fallen, …) • Heine (hin und her bewegend das rote Laub, das von den Bäumen fällt) • **wenig Bewegung:** Holz (Drin liege ich.) • Trakl (Ein Schweigen in den schwarzen Wipfeln wohnt) • Keller (Nicht ein Flügelschlag ging durch die Welt, still und blendend lag … keine Welle schlug im starren See.) • Hebbel (Es regt sich kein Hauch …; doch ob auch kaum die Luft sein Flügelschlag bewegte) • 4. Uhland (Die Welt wird schöner …) • Hildesheimer (… in ein Gitterwerk von nackten Ästen verwandelt) • Novalis (Es färbte sich die Wiese grün … Tagtäglich sah ich neue Kräuter) • 5. Holz (grün, goldgelb) • Hildesheimer (das Grün) • Trakl (schwarz) • Keller (weiß) • Hebbel (weiß) • Heine (rot) • Novalis (grün) • 6. Hebbel (Schmetterling) • 7. **Vergangenes:** Krolow (Die Hitze hat das Holz geschält …) • Hildesheimer (Ein Sturm hat gestern Nacht …) • Keller (Nicht ein Flügelschlag ging durch die Welt …) • Hebbel (Es regte sich kein Hauch …) • Novalis (Es färbte …) • **Gegenwärtiges:** Uhland (Die Welt wird schöner …) • Krolow (… erfrischt mich kaum) • Holz (Drin liege ich.) • Trakl (Ein Schweigen … wohnt …) • Rilke (Die Blätter fallen …) • Heine (Die Winde pfeifen …)

3 2. Da kam die Zeit näher heran und sah, dass es die kleine Schneeflocke war, die herzzerreißend weinte. / Die Zeit kam näher heran und da sah sie, dass … • 3. Die Zeit verstand natürlich, warum die Schneeflocke so verzweifelt war. • 4. Denn es war der Abschied des Winters und eine Schneeflocke liebt nichts mehr als den Winter. • 5. Während die kleine Schneeflocke da saß und weinte, verwandelten sich immer mehr Schneeflocken in Wasser. • 6. Je mehr die kleine Schneeflocke weinte, desto mehr taute der Schnee um sie herum und desto weicher wurde der erstarrte

Boden. / …, desto mehr taute der Schnee um sie herum und der erstarrte Boden wurde weicher. • 7. Als die Zeit versuchte, die Schneeflocke zu trösten, hob diese den Kopf und sah auf. • 8. Da bemerkte die Schneeflocke die Veränderungen, die um sie herum geschehen waren. • 9. Plötzlich verstand die Schneeflocke, dass mit dem Ende des Winters nicht alles zu Ende war, sondern dass auch für die Schneeflocke Sommer werden würde. • 10. Deshalb begann das Gesicht der Schneeflocke zu leuchten und es wurde ihr immer wärmer ums Herz. • 11. Schließlich warf die Schneeflocke ihr Winterkleid mit einem lauten Jubelschrei von sich und schwebte hoch zur Sonne. • 12. Nachdem die Schneeflocke verschwunden war, hörte die Zeit den Jubel der Schneeflocke in dem kleinen Bach, der hinter dem Hügel fröhlich vor sich hin plätscherte.

Von der Natur lernen

1 a **A:** Ente • Federn • Schnabel • **B:** Löwenzahn • Samen • schweben • **C:** Krebs • beißen • Schale • Zangen • **D:** spitz • stechen • **E:** Flecken • Schlange • sich winden • **F:** Netz • Spinne • weben

1 b 2. Zangen • Krebs • 3. Ente • 4. Federn • 5. Spinnen • Schlangen • 6. weben • 7. Samen • Löwenzahns

2 a 2. diese Prinzipien … • 3. ein eigenständiges technisches Gestalten … • 4. die das Vorbild Natur … • 5. doch die Perfektion … • 6. das zwischen Gräsern …

2 b 2r • 3f • 4f • 5r • 6f

3 a 2C • 3A • 4I • 5H • 6D • 7E • 8B • 9F

3 b 1. Eine bahnbrechende Entdeckung • 2. Lotusblatt unterm Elektronenmikroskop • 3. Lotuseffekt im Alltag • 4. Zukünftige Anwendung des Lotuseffekt

4 *Mögliche Lösung:* … Die Unterkunft ist geregelt; es wurden für alle Gäste 2- und 3-Bettzimmer in der Jugendherberge, inklusive Frühstück und Abendessen, reserviert. Auch für das Mittagessen wurde gesorgt: Wir haben es in der Uni-Mensa bestellt. Außerdem stehen Getränke und Pausensnacks bereit. Die Seminarräume sind mit Computern, Tafeln und Stiften ausgestattet. Und bei der Touristeninformation haben wir die Stadtführung zugesagt. Aber es gibt auch noch einiges zu tun: Wir müssen noch die Presse informieren. Außerdem müssen wir noch das Geld für die Stadtführung überweisen und den Bus für den Ausflug bestellten. Wir haben auch noch nicht besprochen, wer die Gäste am Bahnhof empfängt und wie wir den Transfer zur Jugendherberge regeln. Und zuletzt: Wie müssen wir für alle Gäste den Stadtplan kopieren. Wer hat dazu Zeit? Schickt mir eure Vorschläge etc. bitte bis morgen zu. Vielen Dank und liebe Grüße …

Naturkatastrophen

1 1f • 2r • 3r • 4f • 5f

2 a 2. Tabea Blum • 3. Helmut Gräter • 4. Katharina Meierhold • 5. Tabea Blum • 6. kein Kommentator • 7. Ein Naturwissenschaftler • 8. Joachim Scheirich • 9. Helmut Gräter

2 b

	Konjunktiv I	Konjunktiv II
Präsens	habe, seien, gebe, sei	hätten, verändern würden, denken würden
Vergangenheit	habe … zustande gebracht, sei … gewesen	
Futur	werde … stattfinden	

3 a 2f • 3r • 4f • 5f • 6f

3 b gebe • nehme • sei • werde • habe • wissen • könne • spreche

3 c …, indem man an den Verbstamm die Endung -e hängt. • Ausnahme ist: sei.

3 d Konjunktiv II

4 *Mögliche Lösungen:* 2. Die Zeitungen schreiben, dass nach ungewöhnlich heftigen Monsun-Regenfällen im Norden Thailands das Wasser auf machen Straßen bis zu zwei Meter hoch stehe. • 3. Es wurde gemeldet, dass bei einem Erdbeben der Stärke 6,2 im Westen Japans mindestens acht Menschen verletzt worden seien. Warnung vor einem Tsunami sei nicht ausgegeben worden. • 4. Man liest, Neuseeland stöhne unter einem der trockensten Sommer in den vergangenen 100 Jahren. Für die neuseeländische Landwirte sei die Lage ernst. Ihre Produktion sei ernsthaft in Gefahr. • 5. Die Nachrichten melden, dass das Flammen-Inferno in den Wäldern Portugals immer dramatischere Ausmaße annehme. Mehrere Menschen seien verletzt worden, zahlreiche hätten ihre Dörfer verlassen müssen. • 6. Man hört, dass an diesem Wochenende in Polen mindestens 27 Kältetote gemeldet worden seien. Im Osten des Landes sei das Quecksilber nachts zum Teil auf Minus 32 Grad gefallen. • 7. In den Nachrichten wurde gebracht, der indonesische Vulkan Merapi habe am Wochenende unvermindert heiße Gaswolken und Lava ausgespuckt. Die Behörden hätten daher die Menschen aufgerufen, in ihren Notquartieren zu bleiben.

5 *Mögliche Lösungen:* 2. Man will wissen, ob die starken Stürme etwas mit der Klimaveränderung zu tun hätten. • 3. Ein Mann fragt, was passiere, wenn die Temperaturen steigen würden. • 4. Eine Frau möchte wissen, was passiere, wenn die Eisberge schmelzen würden. • 5. Einer möchte Antwort auf die Frage, ob der Meeresspiegel schon angestiegen sei. • 6. Jemand will wissen, ob sich das Klima wirklich schon verändert habe. • 7. Es wird gefragt, wie lange es auf der Erde noch menschliches Leben geben werde. • 8. Man fragt, warum die Politiker keine strengeren Maßnahmen ergreifen würden. • 9. Alle möchten wissen, wieso sich nicht alle Industrienationen auf eine gemeinsame Klimapolitik einigen würden.

Klonen

1 a **Chancen:** aussichtsreich • hoffnungsvoll • erfolgversprechend • vielversprechend • **Gefahren:** beunruhigend • bedenklich • bedrohlich • ernst • riskant • unheimlich

1 b *Mögliche Lösungen:* 2. aussichtsreiche • 3. abenteuerliche • 4. vielversprechend • 5. bedrohlich • 6. riskant • 7. Hoffnungsvoll • 8. ernst • 9. aussichtsreich • 10. erfolgversprechende • 11. unheimlich

2 a 2a • 3b • 4a

2 b 2. Es heißt, dass er an einer englischen Universität studiert habe. • 3. Er versichert, noch Praktika in fünf anderen Ländern absolviert zu haben. • 4. Man sagt, seine Eltern seien erfolgreiche Geschäftsleute. • 5. Gerüchten zufolge sei die neue Stelle hervorragend bezahlt.

3 a 2. wollen • 3. sollen • 4. wollen • 5. sollen • 6. sollen • 7. wollen • 8. soll

3 b 2. Einige Forscher wollen große Erfolge erzielt haben. • 3. Die Experimente sollen nicht korrekt durchgeführt worden sein. • 4. Die Forscher wollen Beweise für die Korrektheit vorlegen können. • 5. Schon in den nächsten Monaten wollen die Forscher ihre Ergebnisse im Internet veröffentlichen. • 6. Diese Ergebnisse sollen die Politiker zu Entscheidungen zwingen. • 7. Die Politiker wollen sich schon entschieden haben. • 8. Schon nächste Woche soll über ein neues Klongesetz abgestimmt werden.

Ernährung – natürlich

1 2f: Z. 15–17 • 3r: Z. 18–25 • 4r: Z. 26–29 • 5r: Z. 37–41 • 6f: Z. 58–59 • 7f: Z. 55–58 • 8r: Z. 59–70

2 2J • 3G • 4N • 5I • 6D • 7M • 8C • 9L • 10K • 11E • 12B • 13H • 14A

3 2. Kritisiert wird, dass sich die Entwicklung von Genpflanzen kaum kontrollieren lässt. • 3. Außerdem sind mögliche langfristige Risiken für die Gesundheit noch nicht abschätzbar. • 4. Bei der Einführung von gentechnisch veränderten Lebensmitteln sind zwar Prüfverfahren durchzuführen. • 5. Und die Unbedenklichkeit der Lebensmittel ist sicherzustellen. • 6. Aber Naturschutzorganisationen klagen, dass die Gefahren für Allergiker sich bei Genlebensmitteln nicht kalkulieren lassen.

4 2. Äpfel müssen vor dem Verzehr gewaschen werden. • 3. Forelle kann gebraten oder gegrillt werden. • 4. Bei Ökoprodukten soll / muss eine lange Lagerung vermieden werden. • 5. Das Haltbarkeitsdatum kann nicht gelesen werden. • 6. Für scharfe Gerichte kann Chili verwendet werden. • 7. Die Milch kann / darf nicht mehr getrunken werden.

5 2. Dabei ist die Temperatur genau zu regeln. • 3. Die Pflanzen sind auch regelmäßig zu gießen. • 4. Viele Arbeiten sind von Maschinen ausführbar. • 5. Bei der Weiterverarbeitung sind Hygienestandards einzuhalten. • 6. Beim Transport lassen sich umweltschonende Verkehrsmittel einsetzen. • 7. Im Geschäft lassen sich die unterschiedlichsten Produkte erwerben. • 8. Es ist zu entscheiden, ob Preis oder Qualität die größere Rolle spielen sollen.

6 2. Da kann man nichts machen. / Da kann nichts gemacht werden. • 3. Das kann man schnell ändern. / Das kann schnell geändert werden. • 4. Das kann man machen. / Das kann gemacht werden. • 5. Das kann man kaum glauben. • 6. Da muss man noch viel tun. / Da muss noch viel getan werden. • 7. Das kann man sich schon vorstellen. • 8. Darüber kann man reden. / Darüber kann geredet werden.

7 a halbieren • schreiben • Diebe • rauben • Laube

7 b Kinder • Badetuch • Gründe • Hemden • Herde

7 c schweigen • fliegen • Ärger • Gebirge • Tage

Mit Pflanzen heilen

1 a 2. heimische • 3. chemisch • 4. schmerzlindernde • 5. Nebenwirkungen • 6. Arzneimittel / Heilmittel / Arzneien • 7. überlegen • 8. eingesetzt / verschrieben • 9. Kombination

2 2. Behandlung von Erkrankungen mithilfe pflanzlicher Heilmittel • 3. Früchte, Samen, Kräuter • 4. Theophrastos von Eresos • 5. christliche Mönche / Klöster • 6. Entwicklung chemischer Verfahren zur Arzneimittelherstelltung

3 **Beginn des Interviews:** Ich würde Sie gern zum Thema … interviewen. • Entschuldigen Sie bitte, hätten Sie kurz etwas Zeit? • **während des Interviews:** Dürfte ich den Gedanken noch einmal aufgreifen. • Ich würde jetzt gern zum nächsten Punkt kommen. • Darf ich noch einmal auf diesen Punkt eingehen. • Da würde ich gern kurz einhaken. • Kommen wir noch einmal zurück zum Thema … • **nachfragen:** Würden Sie das bitte etwas näher erläutern. • **Ende des Interviews:** Vielen Dank für dieses informative

Gespräch. • Ich danke Ihnen für Ihre Gesprächsbereitschaft. • Das war sehr interessant, vielen Dank.

Lektion 8 – Wissen und Können

1 Fähigkeit • Erziehung • Irrtum • Verknüpfungen • Fehler • Motivation • Wissenschaft • Erkenntnis • Bildungsstand • Zwischenziele • Empfinden • Fantasie • entdecken • Fortbildung

2 2. können • 3. weiß • 4. kennt • 5. weiß • 6. können • 7. Kennen • 8. konnte

3 2. weiß • 3. konnte • 4. wussten / wissen • 5. kannte • 6. kennt • 7. wussten / wissen • 8. weiß • 9. können • 10. weiß • 11. kennt

Was ist Wissen?

1 **der:** Verstand (kein Pl.) – verständigen • Glaube (kein Pl.) – glauben • Begriff, -e – begreifen • **das:** Netz, -e – vernetzen • Experiment, -e – experimentieren • Empfinden (kein Pl.) – empfinden • **die:** Erfahrung, -en – erfahren sein / erfahren (= eine Information erhalten) • Erkenntnis, -se – erkennen • Argumentation, -en – argumentieren • Definition, -en – definieren • Form, -en – formen • Gewissheit, -en – gewiss sein

2 2b • 3a • 4c • 5b • 6c

3 2. … habe sie schneiden lassen. • 3. … habe es nähen lassen. • 4. … haben … bauen lassen.

4 2. hören • 3. helfen / geholfen • 4. sehen • 5. hören

5 2. Ich meine damit … • 3. Besser gesagt, … • 4. Das ist aber interessant.

LB 4 1a • 2a • 3c • 4b • 5b • 6b • 7b • 8a • 9b • 10b • 11b • 12b

Vom Wissen zum Können

1 2A • 3E • 4C • 5B • 6C • 7E • 8B • 9D • 10F • 11C • 12C • 13C / E • 14C • 15E • 16D • 17F • 18C • 19B • 20F

2 a *Mögliche Lösungen:* 2. Die Grafik zeigt, wie sich das Angebot von und die Nachfrage nach Lehrstellen von 1992 bis 2006 entwickelt hat. • 3. In der Grafik ist dargestellt, dass von 1992–1995 das Angebot an Lehrstellen höher war als die Nachfrage. • 4. In der Grafik sieht man, dass seit 2002 die Nachfrage kontinuierlich höher ist als das Angebot. • 5. Die Grafik veranschaulicht, dass in den Jahren 2000 und 2001 das Angebot an Lehrstellen ganz leicht höher war als die Nachfrage.

2 b 2. sank • 3. auf • 4. fehlten • 5. Rückgang • 6. verringerte sich • 7. um • 8a. nahm • 8b. zu • 9. um

2 c **Entwicklung: nach oben, aus 2 a:** (kontinuierlich) höher als • **aus 2 b:** nahm zu … um • **aus 2c:** Die Zahl hat sich verdoppelt / verdreifacht / vervierfacht. • die Zahl ist von … auf … gestiegen • **nach unten, aus 2 b:** sank • hat abgenommen • der Rückgang • verringerte sich um … • **aus 2c:** Die Zahl ist von … auf … gefallen / gesunken / zurückgegangen. • Die Anzahl der Ausbildungsplätze hat sich um … verringert. • **gleich bleibend, aus 2c:** Die Kurven verlaufen parallel. • In den Jahren … ist die Zahl … gleich geblieben. • **Vergleich, aus 2c:** Im Vergleich zu 1999 … • verglichen mit 2002 • gegenüber 2004 • Die Zahl stagniert auf Vorjahresniveau. • **Gegensatz, aus 2c:** im Gegensatz zu … • im Unterschied zu …

3 2. …, in welchem Jahr / wann die Nachfrage so hoch war wie die Zahl der Angebote. • 3. …, warum die Anzahl der Lehrstellen so stark gesunken ist. • 4. …, was man zukünftig

tun kann, um die Zahl der Lehrstellen zu erhöhen. • 5. …, ob es sinnvoll ist, die Unternehmen zu zwingen, Lehrstellen einzurichten.

4 a **Mittel der Textverbindung:** 1. besonders in Bezug auf • 2. In diesem Kontext • 3. Sie sehen hier • dieses Gedächtnisses • 4. hierzu • Da • die • sie • sie • 5. die Zahlen • das • es waren • 6. Sie's • 7. dann • 8. daraus • also • 9. dazu • 10. am besten teilt man … • also • 11. weitere • 12. Dann

Zuordnungen: 2D • 3B • 4G • 5E • 6F • 7I • 8J • 9H • 10A • 11L • 12K

4 b 2r • 3f • 4r • 5f • 6r • 7r

5 2. beweisen • 3. parteiisch • 4. andersherum • 5. fehlen mir • grundlegende • 6. die Bezugnahme • 7. ziemlich • 8. auszahlen

6 1c • 2b • 3c

Klug, klüger am klügsten

1 a 2a • 3b • 4b • 5a • 6b • 7a • 8b • 9b • 10a • 11b • 12a

1 b Z. 25/26: junge Musiker zeigen durchschnittlich höheren Intelligenzquotienten auf • Z. 31/32: Musik macht Kinder klüger; positiver Einfluss auf soziale Fähigkeiten / Beispiel: Z. 35–40: Schweizer Studie zwischen 1989-1992: Kinder mit zusätzlichen Musikstunden haben verbessertes Sozialverhalten, beim Musizieren üben die Kinder aufeinander zu achten • Z. 41/42: bessere Hirne durch Musik / Beispiel: Z. 42–48: Koordination beider Hände über die Hirnbrücke, simultane Aktivitäten des Hörzentrums trainieren fast das ganze Gehirn, es entstehen neue Verknüpfungen • Beispiele: Z. 55–60: Bei Profi-Musikern mehr Gehirnareale aktiv als bei Laien • Z. 62/63: Musik als Heilmittel – Beispiel: Z. 63–69: Patienten, die die Sprache verloren haben, hilft oft Intonationstherapie • Z. 70/71: Musik verhilft autistischen Kindern zu Kontakt mit Umwelt / Z: 72–74: Hoffnung, sprachgestörten Kindern mit Musik helfen zu können / Z. 74–76: Unterstützung der Arbeit der Narkoseärzte durch Musik • Z. 82/83: Mensch profitiert individuell, biologisch, medizinisch

2 a **Film vorstellen:** Bei dem Film – Regisseur … – handelt es sich um … • **wesentliche Informationen vorstellen:** Zunächst wird dargestellt, wie … • Dann wird gezeigt, wie … bis … schließlich … • In dem Film geht es aber hauptsächlich darum … und zu verdeutlichen … **Beispiele anführen:** Das verdeutlicht …; beispielsweise • **Film bewerten:** Besonders bemerkenswert ist … • Ich bewerte den Film wie folgt: … • Ich halte den Film für sehenswert • Bemerkenswert finde ich, wie … • Nicht weniger großartig spielt … • Dieses brillante Spiel …

2 b **Film vorstellen:** Bei dem Film handelt es sich um … • In dem Film geht es um … • **wesentliche Informationen vorstellen:** Die Hauptaussage des Filmes ist folgende: … • Der Autor / Regisseur betont / hebt hervor / bezieht sich auf … • Es wird außerdem / darüber hinaus / zudem beschrieben / dargestellt, wie / dass … • **Beispiele anführen:** Diese Aussage wird durch (einige / …) Beispiele belegt. • beispielsweise • Dies möchte ich durch folgendes Beispiel verdeutlichen: … • Der Autor verdeutlicht dies mit Beispielen aus … • **Film bewerten:** Besonders bemerkenswert / interessant / spannend / neu ist für mich / finde ich … • Ich finde diesen Film …, weil …

Lernen und Gedächtnis

1 2b • 3a • 4b • 5b • 6c

2 2. Sie dürfen / können fragen, was Sie wollen. • 3. Müssen Sie noch Vorlesungen halten? • 4. Ja, ich muss acht Stunden Vorlesung pro Woche halten. Darüber hinaus kann ich mich auf meine Forschung konzentrieren. • 5. Dann können Sie sicher viel publizieren. • 6. Aber ich muss leider viel reisen.

3 2. Ist es möglich / Besteht die Möglichkeit, den Termin auf morgen zu verschieben? / …, dass wir den Termin auf morgen verschieben? • 3. Meine Freundin ist fähig / ist in der Lage, 30 Vokabeln am Tag zu lernen. • 4. Ich bin nur in der Lage, mir acht Wörter auf einmal zu merken. • 5. Erlauben Sie mir, Sie zu begleiten, wenn Sie auch gerade dorthin gehen? / Erlauben Sie mir, dass ich Sie begleite, wenn Sie auch gerade dorthin gehen?

Lebenslanges Lernen

1a *Mögliche Lösungen:* 2. 22% bilden sich fort, um die berufliche Karriere zu fördern. • 3. 4% der Arbeitnehmer machen eine Fortbildung, um einen Berufsabschluss zu erwerben. • 4. 3% besuchen Fortbildungsveranstaltungen, um ihren Arbeitsplatz zu sichern • 5. 2% bilden sich fort, um einen Schulabschluss nachzuholen oder ein Studium aufzunehmen. • 6. *Beispiellösungen:* 9% der Arbeitnehmer besuchen Fortbildungsveranstaltungen, weil es vom Betrieb gefordert wird. • 8% der Beschäftigten bilden sich fort, weil sie Spaß daran haben. • Für 7% der Beschäftigten ist die Teilnahme an Weiterbildungsmaßnahmen eine Möglichkeit, Ihre Freizeit zu gestalten. • 3% der Arbeitnehmer bilden sich fort, um ihr Wissen zu erweitern. • 3% der Beschäftigten nehmen an Weiterbildungsmaßnahmen teil, weil sie andere Menschen kennen lernen wollen. • Aus persönlichem Interesse nehmen 3% der Beschäftigten an Weiterbildungsmaßnahmen teil. • (Nur) 2% bilden sich weiter, um ein höheres Einkommen zu erzielen.

1b 2. Falsche Vorstellungen sollen zugelassen werden, damit die Kinder diese artikulieren und selbst korrigieren lernen. • 3. Kinder müssen experimentieren, um über den Weg des Irrtums zu neuen Erkenntnissen zu gelangen. • 4. Schulen müssen die passenden Lerngelegenheiten schaffen, damit die Kinder besser lernen. • 5. Die Zettel kleben auf den Holzlatten, damit klar ist, was die Kinder gelernt haben und was sie als nächstes lernen müssen. • 6. Die Kinder müssen in der Gruppe leise sprechen, um die anderen nicht zu stören / damit die anderen nicht gestört werden.

1c 1. als • 2. wenn • 3. Als • 4. weil • 5. wenn • 6. dass • um • 7. Damit

2a Norden, Süden, Osten, Westen, besten • Rasen, Sachsen, lasen, ausgelesen, gewesen

3a b + en; p + en → m̩: Bei folgenden Wörtern hört man [bm̩] bzw. [pm̩]: 1. Haben • haben • 3. Lumpen • Kneipen • 4. haben • Suppen • 5. glauben

4a 1. besorgen • morgen • 2. packen • 3. Augen

5a 1. sag (sh) • du (sl) • sagen (sl) • 2. du (sl) • 3. gemacht (sh) • du (sl) • gemacht (sl) • 4. du (sl) • dazu (sh)

Lektion 9 – Gefühle

1a Berechnung – berechnend • Eifersucht – eifersüchtig • Einsicht – einsichtig • Wut – wütend • Liebe – lieb / liebevoll • Stolz – stolz • Vernunft – vernünftig • Einsamkeit – einsam • Verständnis – verständnisvoll • Neid – neidisch • Vertrauen – vertrauensvoll • Mitleid – mitleidig • Leichtsinn – leichtsinnig • Misstrauen – misstrauisch

3 1. im • 2. für • 3. ihn • 4. nicht • 5. und / oder • 6. im • 7. als • 8. mit • 9. Er • 10. Nach

Emotionen

1 2r: Z. 8–12 • 3f: Z. 17–20 • 4f: Z. 45–49 • 5r: Z. 58–62 • 6f: Z. 93–95

2a **Akkusativ:** bis • durch • ohne • um • entlang • gegen • für • **Dativ:** ab • aus • gegenüber • von • außer • bei • entgegen • infolge von • mit • nach • seit • zu • trotz • wegen • vor • **Genitiv:** dank • ungeachtet • aufgrund • innerhalb • außerhalb • (an)statt) • trotz • wegen

2b 2. mit • 3. Seit • 4. Innerhalb • 5. wegen • 6. gegenüber • 7. gegen • 8. Durch • 9. vor • 10. trotz • 11. bis • 12. ohne

3 hinter der • über die • an den • neben dem • in dem • auf das • vor dem • zwischen den • hinter den

4 2. in • 3. von • 4. auf • 5. mit • 6. auf • 7. über • 8. auf • 9. über • 10. mit • 11. von • 12. über • 13. von • für

5 2. für • 3. bei • 4. von • 5. über • 6. in • 7. für • 8. auf • 9. mit • 10. über • 11. für • 12. von

6a **Verb + Akk.:** haben • vermissen • wissen, dass … (dass-Satz steht für Akk.-Obj.) • durchhalten • sagen, dass … • **Verb + Akk. + Dat.:** schreiben • zeigen • **Verb + Dat.:** vorstellen, passieren • gefallen • vorstellen • **Verb ohne Erg.:** kommen • kündigen • **Verb mit Präp.:** reden mit • **Verb mit Reflexivpr. + Präp.:** sich bewerben bei • sich freuen über • sich verlieben in • sich interessieren für • sich entscheiden für

6b **Verb + Akk.:** bewundern • empfinden • verstehen • warnen (vor) • suchen • lieben • beleidigen • schützen (vor) • verstehen • hassen • schaden • **Verb + Akk. + Dat.:** empfehlen • beantworten • versprechen • **Verb + Dat.:** drohen • vertrauen • glauben • helfen • misstrauen • danken (für) • **Verb ohne Erg.:** träumen • lächeln • auffallen • zittern • nachdenken • leiden • jubeln • **Verb mit Präp.:** bitten um • glauben an • zittern vor • sorgen für • nachdenken über • jubeln vor • **Verb mit Reflexivpr. + Präp.:** sich ärgern über • sich fürchten vor • sich sehnen nach • sich verabreden mit • sich schämen für • sich sorgen um • sich erinnern an •

Stark durch Gefühle

1 2. zur • 3. an • 4. die • 5. aufgrund • 6. was • 7. jedoch • 8. von • 9. wird • 10. dass

2a **Es passen nicht:** Schutzfilm • SMS • Tastatur • Zeile • Drehbank

3a 2. darauf • 3. darüber • 4. dafür • 5. dafür • 6. darüber • 7. damit • 8. davon • 9. darüber

3b 2. Worauf freut sie sich? – Sie freut sich darauf, dass Tom und sie ins Kino gehen. • 3. Worüber ärgert sie sich? – Sie ärgert sich darüber, dass Tom nicht kommt und sie warten muss. • 4. Wofür entschuldigt sich Tom? – Er entschuldigt sich dafür, dass er eine Stunde zu spät kommt. • 5. Wofür zeigt sie Verständnis? – Sie zeigt dafür Verständnis, dass er noch im Büro zu tun hatte. • 6. Worüber beschweren sie sich? – Sie beschweren sich darüber, dass ihre Kinoplätze besetzt sind. • 7. Womit sind sie zufrieden? – Sie sind damit zufrieden, dass sie nun in der ersten Reihe sitzen. • 8. Wovon bekommen sie Bauchschmerzen? – Sie bekommen davon Bauchschmerzen, dass sie zu viel Popcorn essen. • 9. Worüber lachen sie? – Sie lachen über den Abend.

4 2. Freude • 3. Lust • 4. Überraschung • 5. Ekel • 6. Enttäuschung • 7. Ärger • 8. Sehnsucht

5 2K • 3M • 4L • 5H • 6A • 7N • 8E • 9C • 10B • 11G • 12D • 13I • 14F

6 2. tolles • 3. glücklich • 4. geärgert • 5. kalt • 6. übertrieben

Gefühle verstehen

1 *Mögliche Lösungen:* 2. mag • 3. muss • 4. könnte • 5. dürfte • 6. dürfte • 7. muss • 8. könnte

2 a Reihenfolge aufwärtssteigend: mag • kann • könnte • dürfte • müsste • muss

2 b 2. mag / kann • dürfte 3. dürfte • 4. muss 5. kann nicht • 6. kann • 7. könnten

3 *Mögliche Lösungen:* Sie müssen nicht Kummer bedeuten. • Es könnte jemand auch vor Wut weinen. • Auch Sie dürften schon vor Freude Tränen in die Augen bekommen haben. • Andererseits dürfte Lachen nicht nur ein Zeichen für Freude sein. • Der eine mag aus Verachtung lachen, er könnte aber auch ängstlich sein. • In Situationen, in denen …, dürften wir auch lachen. • Es könnte zahlreiche Menschen geben, die …

4 2. wie ein Modalverb • 3. wie ein Modalverb • 4. als Futur • 5. als Vollverb • 6. als Futur

Fingerspitzengefühl

1 Reihenfolge: 10 • 9 • 4 • 1 • 6 • 3 • 11 • 2 • 8 • 5 • 7

2 Der Kunde: dürfte die Absicht gehabt haben, den Friseur zu provozieren. • muss zum ersten Mal im Laden gewesen sein. • **Die Frau:** dürfte den Kunden gebeten haben, nicht zu kommen. • muss beim Eintritt des Kunden in den Friseurladen einen Schreck bekommen haben. • **Der Friseur:** dürfte den Kunden getötet haben. • mag den Kunden aus Versehen getötet haben, was aber unwahrscheinlich ist.

3 *Mögliche Lösungen:* 1. Ja • 2. Ja • 3. Nein • 4. Ja • 5. Nein

4 *Mögliche Lösungen:* 2. Er müsste die Klingel gehört haben. • 3. Er dürfte keine Lust gehabt haben, mit uns zu sprechen. • 4. Er könnte verärgert sein. • 5. Er kann sich auch wegen seiner chaotischen Wohnung schämen. • Er könnte wieder zu viel getrunken haben. • Es kann seine Geliebte bei ihm gewesen sein. • Es muss ihm peinlich gewesen sein, zu öffnen. • Es mag ihm peinlich gewesen sein, aber …

5 2c • 3b • 4a • 5c • 6a • 7b • 8c • 9a • 10c

6 a 2. Du könntest mir eigentlich helfen. • 3. Ich habe eigentlich keine Zeit. • 4. Das habe ich dir ja schon gesagt. • 5. Du wirst ja ganz rot! • 6. Er wollte ja nicht auf mich hören! • 7. Räum doch endlich mal dein Zimmer auf! • 8. Du fährst doch sicher mit dem Auto? • 9. Du hast doch Medizin studiert? • 10. Kannst du mich denn nicht verstehen? • 11. Wo wohnst du denn? • 12. Wie spät ist es denn? • 13. Wenn er bloß schon heute kommen würde! • 14. Was mach ich bloß? • 15. Sag ihm bloß nichts von unserem Gespräch!

6 c jeweils von links nach rechts: eigentlich: Satz 2 • Satz 1 • Satz 3 • **ja:** Satz 5 • Satz 4 • Satz 6 • **doch:** Satz 8 • Satz 9 • Satz 7 • **denn:** Satz 10 • Satz 11 • Satz 12 • **bloß:** Satz 15 • Satz 14 • Satz 13

7 einfach • ja / doch • eigentlich / ja • einfach • bloß • ja / doch • wohl • ja / doch • ja / doch • bloß

Gemischte Gefühle

1 B. steht nicht im Klappentext • C. steht im Klappentext • D. steht nicht im Klappentext • E. steht im Klappentext • F steht im Klappentext • G. steht nicht im Klappentext • H. steht im Klappentext

2 2D • 3E • 4F • 5A • 6B

3 a 2. Fachliteratur • 3. Krimi • 4. Kochbuch • 5. Hörbücher • 6. Reiseliteratur • 7. Comics • 8. Kinderbuch • 9. Wörterbuch

3 b Personalausweis • Adresse • Buche • CD-ROM • Buchhaltung • Tagebuch

Lektion 10 – Arbeiten international

2 2. Unflexibilität und festgefahrene Karriereaussichten hatten starke Unzufriedenheit ausgelöst. • 3. Sie entschlossen sich dazu, nach Australien zu gehen. • 4. Sie haben in Australien von vorne angefangen. • 5. Innerhalb von vier Jahren haben sie sich hoch gearbeitet und verdienen das Dreifache von früher. • 6. O. Wiesner verfügte über genügend Kapital, um eine Schreinerei aufzumachen. • 7. Er hat die Aufbauphase aber nicht unbeschadet überstanden. • 8. Er verstand die Mentalität seiner Kunden nicht und kam damit nicht zurecht. • 9. Er zahlt seine Schulden immer noch ab. • 10. J. Schultinger hat Arbeiten angenommen, die weit unter ihrer Ausbildung lagen. • 11. Sie wollte sich auf diese Weise über Wasser halten. • 12. Sie fand schnell einen multikulturellen Freundeskreis.

3 1. keiner / niemand • 2. Manchen • 3. irgendeinen • 4. Manche / Sämtliche • 5 mehreren • diejenigen

4 a *Mögliche Lösungen:* unhöflich • zu direkt • klar

4 b Liebe Clara,
vielen Dank für den Entwurf für den Artikel in der Zeitschrift „Rückkehrer". Du hattest mich gebeten, mich dazu zu äußern. Ich habe ihn also sehr gründlich gelesen, und er gefällt mir vom Ansatz her sehr gut. Allerdings würde ich einige Änderungen vorschlagen, wenn Du einverstanden bist.
1. Grundsätzlich würde ich die Stilebene insgesamt ein wenig verändern. Es klingt alles sehr „gehoben", also ein bisschen steif. Vielleicht könntest du ab und zu einige umgangssprachliche Elemente einbauen oder auch Zitate, damit das Ganze lebhafter und persönlicher wirkt. Es geht ja um persönliche Erfahrungsberichte von Leuten, die nach dem Auslandseinsatz nach Deutschland zurückkommen und über ihre Schwierigkeiten am Anfang berichten. Das könnte ruhig ein wenig farbiger dargestellt werden.
2. Auch am Aufbau würde ich auch etwas ändern. Du beginnst mit theoretischen Erklärungen zur Situation der Rückkehrerinnen und Rückkehrer. Dann kommen praktische Beispiele. Ich würde vorschlagen, dass du genau umgekehrt vorgehst: Zuerst die persönlichen Aussagen der Rückkehrer, dann die Erl äuterung, warum das ganz typisch in dieser Situation ist, und später noch mal praktische Beispiele. Dadurch würde das Ganze lebhafter, s. Punkt 1.
3. Noch eine Kleinigkeit: Vielleicht solltest du die typischen Abkürzungen (BMZ, GTZ etc.) vermeiden, das kennen zwar die Leute aus der Szene, aber vielleicht sind ja auch andere an dem Artikel interessiert.
So, das wäre es, was mir an deinem Entwurf aufgefallen ist. Ich hoffe, du findest mich nicht zu kritisch! Falls etwas unklar ist, kannst du natürlich jederzeit gern mailen oder anrufen. Ich kann auch konkretere Änderungsvorschläge machen, wenn du das möchtest.
Sei herzlich gegrüßt und frohes Schaffen – Iris

Wege ins Ausland

1 2. Nationalagenturen • Servicestellen • 3. Auslandsaufenthalte • 4. Sprachaufenthalte • Workcamps • Freiwilligendienste • Schulaufenthalte • Zivildienst • 5. Telefonberatung • Beratungstage

2 Guten Tag, hier Martina Jung. … Hätten Sie gerade

einen Moment Zeit, oder passt es jetzt nicht • Was möchten Sie denn wissen? • Entschuldigen Sie, wenn ich Sie unterbreche • Das kann ich verstehen, es gibt wirklich viele. • Entschuldigen Sie, wenn ich kurz dazwischenfrage. • Könnten Sie mir vielleicht etwas anderes empfehlen? • Hm. Entschuldigen Sie, wenn ich noch mal unterbreche. • Verzeihung, wie meinen Sie das? • Und vielen Dank! • Gern geschehen.

3 a 1. fördern • 2. abgebaut werden • 3. mitwirken

3 b Dialog A: ▶ Leider nicht. Zurzeit können sich leider nur Jugendliche aus dem europäischen Ausland bewerben. • ▷ Schade! Trotzdem vielen Dank! • ▶ Nichts zu danken. Auf Wiederhören. • ▷ Auf Wiederhören.

Dialog B: ▶ Ja. Darf ich fragen, wie alt Sie sind? • ▷ 24. • ▶ Gut, das geht gerade noch. • ▷ Und was empfehlen Sie, wie soll ich mich bewerben? • ▶ Am besten wenden Sie sich an unsere Partnerorganisation in Spanien. • ▷ Könnten Sie mir freundlicherweise die Adresse geben? • ▶ Auf unserer Homepage finden Sie alles: www.ijgd.de. • ▷ O.k. Darf ich noch mal anrufen, falls ich etwas nicht verstehe? • ▶ Gern, dafür sind wir ja da. • ▷ Vielen Dank noch mal und auf Wiederhören. • ▶ Wiederhören

Vorbereitungen

1 3. wenn (statt: als) • 4. mich (statt: mir) • 5. gemacht (statt: gemachen) • 6. welche (statt: welchen) • 7. werden (statt: sein) • 8. kann ich (statt: ich kann) • 9. lernen muss (statt: muss … lernen) • 10. sozialen (statt: sozial) • 11. baldige (statt: balde) • 12. freundlichen (statt: freundlicher)

2 Sehr geehrter Herr Gruber,

vielen Dank für Ihr Schreiben vom … mit den Zusatzinformationen. Ich habe mich jetzt für einen Platz in einem der renovierten Doppelzimmer entschieden. In der Anlage finden Sie den von mir ausgefüllten und unterschriebenen Mietvertrag. Könnten Sie mir bitte eine kurze Bestätigung zukommen lassen? Vielen Dank im Voraus. Mit freundlichen Grüßen …

3 Anfrage

Sehr geehrte Damen und Herren,

ab 1.10. dieses Jahres werde ich als Leiter der Auslandsabteilung der Firma Riemer nach Lyon versetzt. Aufgrund dessen plane ich, nächste Woche ein paar Tage in Ihre Stadt zu kommen, um mich nach einer Wohnung umzusehen. Deshalb wende ich mich heute mit einer Anfrage an Sie: Bei meiner Suche nach einem preisgünstigen Zimmer in einem ruhig gelegenen Hotel bin ich im Internet auf Ihre Adresse gestoßen. Bitte schicken Sie mir ein verbindliches Angebot für ein Einzelzimmer mit Bad und WC für fünf oder sechs Übernachtungen. Es sollte sehr ruhig sein und nicht direkt neben dem Aufzug oder zur Straße hin liegen. Könnten Sie mir auch mitteilen, ab wann es Sonderpreise für längere Aufenthalte gibt?

Damit Sie mich schnell informieren können, wäre ich Ihnen dankbar, wenn Sie mir per E-Mail antworten könnten. Hier meine Adresse: schokolinskii@riemer.de Über eine baldige Antwort würde ich mich sehr freuen.

Mit freundlichen Grüßen
Friedhelm Schokolinski
Riemer-AG Fürth

Angebot Hotel

Sehr geehrter Herr Schokolinski,

wir bedanken uns für Ihr Interesse an unserem Etablissement und freuen uns, Ihnen folgendes Angebot unterbreiten zu können: Wir haben mehrere Einzelzimmer in verschiedenen Preisklassen, je nach Lage und Ausstattung. Das angenehmste liegt im 3. Stock, geht nach hinten raus und liegt Richtung Westen. Es ist sehr geräumig, hat einen Balkon, ein eigenes Bad und WC und ist mit Minibar, TV und Internetanschluss ausgestattet. Sie haben einen wunderschönen Blick über die ganze Stadt. Es kostet 73 € pro Nacht, inklusive Frühstück. Da Sie sechs Nächte bleiben, gewähren wir Ihnen einen Sonderrabatt von 10%. Natürlich bräuchten wir Ihre genauen Ankunfts- und Abfahrtstermine, damit wir die Belegung überprüfen können. Sollten Sie noch Fragen haben, setzen Sie sich bitte mit uns in Verbindung.

Wir würden uns freuen, Sie bald in unserem Hause begrüßen zu dürfen

und verbleiben mit freundlichen Grüßen

Hotel de l'Opéra

Michel Delpech

4 Es bereitet uns große Freude – Es freut uns • Wir sehen uns gezwungen, unser großes Bedauern darüber auszudrücken, dass – leider müssen wir Ihnen mitteilen, dass • derzeit kein freies Einzelzimmer zur Verfügung steht – im Moment kein Einzelzimmer frei haben • Wir verfügen … über – wir haben • Als Anlage erhalten Sie – legen wir … bei • Ihrem Wunsch entsprechend – wunschgemäß • zur Disposition stehenden – zur Verfügung stehenden • Falls Sie Interesse … haben sollten – falls Sie … interessiert sind • möchten wir die Bitte äußern – bitten wir Sie • ebenfalls beiliegend – ebenfalls in der Anlage • die Rücksendung … veranlassen – zurücksenden • Erst wenn Sie diese Voraussetzunge erfüllt haben, können wir die Reservierung vornehmen. – Das ist die Voraussetzung für die Reservierung. • Bei Rückfragen wenden Sie sich bitte direkt an … Wir freuen uns, Ihnen umgehend Auskunft zu geben. – Für zusätzliche Informationen stehen wir Ihnen jederzeit gern zur Verfügung. • und verbleiben mit vorzüglicher Hochachtung – mit freundlichen Grüßen

6 a 1. Gedanken • 2. Vorausset<u>z</u>ungen • 3. Bedingungen • 4. Vorbereitungen • 5. gelingen • 6. denken • 7. Gastgeschenke • 8. Anfang • langen • 9. <u>A</u>nke • Erfahrungen

7 fing – gefangen • sang – gesungen • sank – gesunken • sprang – gesprungen • trank – getrunken • klang – geklungen • gelang – gelungen

Paragrafendeutsch

1 a 2r • 3r • 4f • 5r • 6f • 7f

1 b 1. Nebenkosten • 2. inbegriffen • 3. Abschluss • Kaution • Monatsmieten • 4. teilmöbliertes • unmöbliertes • 5. Komfort • Ausstattung • 6. zusätzlich • 7. kündigen • renovieren

2 a aufgebauten (PII) • explorierend (PI) • entwickelten (PII) • zur Verfügung stehenden (PI) • wachsenden (PI) • globalisierten (PII)

2 b Eine vom Bundesministerium für … unterstützte und durch den IJAB koordinierte Steuerungsgruppe hat ein … • … ist es, international geförderte Jugendarbeit in Deutschland – … – sichtbar zu machen. • …, ob sie die angebotenen Nachweise einsetzen möchte und welche der drei Varianten jeweils die passende ist.

2 c trägerbezogen<u>e</u> • festgelegt<u>en</u> • personenbezogen<u>en</u>

Lösungen

• Teilnehmenden • Teilnehmende • gedachte • gezeigtes
• geleistete • detaillierter • gezeigte • Teilnehmende •
fundierten • wertschätzenden • entsprechende

3 a 3. jemand, der bei der Hausverwaltung angestellt ist •
4. diejenigen, die lernen • 5. eine Frau, die vorträgt • 6. das,
was von Jugendlichen geleistet wurde / worden ist • 7. ein
Mann, der in dem Projekt engagiert ist • 8. das, was neulich
besprochen wurde / worden ist • 9. diejenigen, die durch die
Stiftung gefördert werden

3 b 2. … und die vor dem Saal Wartenden wurden langsam
ungeduldig. • 3. Die Teilnehmenden äußerten sich … • 4. Das
in der Diskussion Beschlossene wurde protokolliert und … •
5. Am letzten Tag gab es leider einige Verletzte, als …

Weg – aber wohin?

1 1. Das liegt u. a. an den unternehmerischen Freiheiten.
• 2. … leichter umgesetzt werden als in Europa. •
3. … hinsichtlich der erforderlichen Ausbildungswege. •
4. … auswandern, träumen von einer großen Karriere. / …
träumen davon, eine große Karriere zu machen. • 5. …
Neuseeland seit langem ein … • 6. … der Einwanderung.
• 7. … will, muss über sehr gute berufliche Qualifikationen
verfügen. • 8. … dorthin entsandt werden. • 9. … in China
engagiert sind. • 10. Die Liste … Firmen ist frei zugänglich. •
11. Griechenland nimmt bei den …. einen Spitzenplatz ein.
• 12. Wer beschließt, in Griechenland … • 13. …, sollten Sie
sich an einen Euroberater wenden.

2 2f • 3r • 4f • 5f • 6r • 7r • 8f

3 3. …, ohne den Arbeitsvertrag unterschrieben zu haben.
• 4. …, ohne finanziell abgesichert zu sein. • 5. …, ohne dass
die Bundesagentur für Arbeit die Unterlagen geprüft hat. •
6. …, ohne eine Aufenthaltsgenehmigung zu haben.

Kulturschocks

1 2. ramponierte Fassaden • 3. seltsam • 4. beschattet von
mächtigen Bäumen • 5. Das stimmte nur fast. • 6. Mir brach
der Schweiß aus. • 7. Die deutsche Normalität entsprach der
von E. A. Poe. • 8. Buddhisten glauben an Reinkarnation. •
9. die rastlosen Seelen • 10. auf der Suche nach … • 11. …
versuchen, sich anderer Seelen zu bemächtigen, … • 12. die
abgelegensten Hügel • 13. Aus Liebe nimmt man manches in
Kauf. • 14. Ich redete mir ein, dass … • 15. ein unentbehrlicher
Teil • 16. Er unterlässt es, mich … zur Gemeinsamkeit zu
bekehren. • 17 …, sofern ich …

2 2. … erzählt, ohne auf Einzelheiten einzugehen. •
3. … erklärt, ohne dass ich sie verstanden hätte / habe. •
4. … nur zugehört, ohne nachzufragen. • 5. … verbracht,
ohne dass sie mir genützt hätten. • 6. …gekommen, ohne
einen Ausweg zu wissen. • 7. …gehen, ohne sich vorher gut
vorbereitet zu haben / ohne sich vorher gut vorzubereiten.
• 8. … Deutschland, ohne meine Heimat vergessen zu
haben / zu vergessen.

3 *Mögliche Erklärung:* **Zeichnung links:** In Deutschland
bedeutet diese Geste „Komm her!", der Grieche / Italiener
versteht darunter aber „Auf Wiedersehen!". • **Zeichnung
rechts:** Der Amerikaner möchte mit seiner Geste zeigen,
dass etwas o. k. / super ist. Für den Franzosen bedeutet diese
Geste: „Du bist eine Null."

Lektion 11 – Leistungen

1 a **a-:** atypisch • anormal • asozial • amoralisch • **des-:**
desinteressiert • desorganisiert • desinformiert • **in-:** inoffi-
ziell • inkompetent • informell • **non-:** nonkonformistisch •
nonverbal • **un-:** untypisch • uneigensinnnig • unharmonisch
• uninteressiert • unentschlossen • unsozial • untalentiert
• unorganisiert • unausgeglichen • unmoralisch •
uninformiert

1 b risikoreich • machtvoll • konfliktfreudig • variantenreich
• ideenreich • hoffnungsvoll • chancenreich • humorvoll
kontaktfreudig

1 c **-arm:** risikoarm, variantenarm • **-los:** risikolos • machtlos
• ideenlos • hoffnungslos • chancenlos • humorlos • **-scheu:**
risikoscheu • konfliktscheu • kontaktscheu

2 1. vitaminreich • Zuckerhaltige • alkoholhaltige •
2. schadstoffarmes • bleifreies • 3. geschmackvoll • uneitel
• nonkonformistisch • 4. ideenreiche • fantasievolle •
unentschlossenen • verantwortungsvoll • risikolose •
5. liebevolle • temperamentvolle • unharmonisches •
6. vorurteilsfrei • konfliktscheu • 7. reizvollen • schuldenfrei •
stilvoll • 8. arbeitslos • humorvoll • gefühllos • 9. sorgenfreies
• wunschlos • 10. neidlos

3 a 2. für • 3. meines • 4. aus • 5. auf • 6. die • 7. zu • 8. dafür
• 9. zu • 10. dass • 11. der

3 b **in Übungsteil a:** meiner Ansicht / Meinung nach • ich
halte … für … • meines Erachtens • aus meiner Sicht • ich
sehe die Sache so … • ich bin dagegen / dafür … • ich bin der
Überzeugung, dass … • ich habe den Eindruck / das Gefühl
… • ich bin der Meinung / Überzeugung / Ansicht, dass …
mögliche Ergänzungen: ich meine / glaube / denke • ich bin
für / gegen • ich finde es … • ich beurteile das …

4 a *Mögliche Lösungen:* **Vorsichtiger Widerspruch:** Mir
schient das fraglich. • Ich sehe das etwas anders • Das ist
mir neu. • Sind Sie da sicher? • Ihre Argumente überzeugen
mich nicht ganz. • Ich bin da nicht so sicher. • Ich glaube,
Sie haben das etwas übersehen. • Da habe ich Bedenken. •
Klarer Widerspruch: So kann man das meiner Meinung nach
nicht sagen. • Da haben Sie etwas falsch verstanden. • Ganz
im Gegenteil. • Dem kann ich nicht zustimmen. • Da muss
ich Ihnen leider widersprechen. • **Massiver Widerspruch:**
Das kann doch nicht ihr Ernst sein. • Da bin ich aber ganz
anderer Meinung.

5 a Gesellschaft • Hilfe • Widerstand • Zahlungen • Folge

5 b … dass immer viele Menschen um ihn / in seiner
Gesellschaft sein wollten. • … half sofort ein Arzt. • Er wehrte
sich nicht gegen die Polizei. / Er ließ sich ohne Widerstand
festnehmen. • Der Sportverband zahlte nach dem Skandal
nicht mehr und … • …, in Zukunft alle Vorschriften zu
befolgen, durfte …

6 a 2A • 3E • 4F • 5G • 6B • 7D

Schneller, höher, weiter

1 a/b arbeitete – Präteritum (arbeiten – sie arbeitet
– sie arbeitete – sie hat gearbeitet) • sich gestritten hatte
– Plusquamperfekt (sich streiten • sie streitet sich – sie stritt
sich – sie hat sich gestritten) • suchte – Präteritum (suchen
– sie sucht – suchte – hat gesucht) • gewann – Präteritum
(gewinnen – sie gewinnt – sie gewann – sie hat gewonnen) •
kündigte – Präteritum (kündigen – sie kündigt – sie kündigte
– sie hat gekündigt) • eröffnete – Präteritum (eröffnen – sie
eröffnet – sie eröffnete – sie hat eröffnet) • sich spezialisiert
hat – Perfekt (sich spezialisieren – sie spezialisiert sich – sie

spezialisierte sich – sie hat sich spezialisiert) • anbietet – Präsens (anbieten – sie bietet an – sie bot an – sie hat angeboten) • hat unterstützt – Perfekt (unterstützen – er unterstützt – er unterstützte – er hat unterstützt) • hätte gepackt – Konj. II der Vergangenheit (packen – sie packt – sie packte – sie hat gepackt) • meint – Präsens (meinen – sie meint – sie meinte – sie hat gemeint) • ist (sein – sie ist – sie war – sie ist gewesen)

1 c 1r • 2f • 3r • 4f • 5r • 6f • 7f • 8f • 9r • 10r • 11r

2 a 2. Das Geschäft lief sehr gut, nachdem sie eine Werbeagentur engagiert hatte. / Nachdem sie eine Werbeagentur engagiert hatte, lief … • 3. Sie wurde sehr bekannt, nachdem sie einen wichtigen Preis gewonnen hatte. / Nachdem sie einen wichtigen Preis gewonnen hatte, wurde … • 4. Sie übergab ihre Firma an ihre Kinder, nachdem sie Millionen verdient hatte. / Nachdem sie Millionen verdient hatte, übergab … • 5. Sie will nun das Leben genießen, nachdem sie sehr viel gearbeitet hat. / Nachdem sie sehr viel gearbeitet hat, will …

2 b 2. Als er seine Traumfrau traf, bekam er gerade das Geld. • 3. Als sie sich einen Monat kannten, machte er ihr einen Heiratsantrag. • 4. Als sie einen Monat später heirateten, schenkte er ihr ein Haus. • 5. Als er ein Jahr später sein Vermögen an der Börse verlor, gewann seine Frau eine Million im Lotto.

2 c 2. leitet • 3a. hatte • 3b. begonnen • 4. sprach • 5a. baute • 5b. aus • 6. erhielt • 7a. hat • 7b. bewährt • 8a. hat • 8b. gemacht • 9. malt • 10a. stellt • 10b. aus • 11. sieht • 12. halten

3 a ↗: zunehmen • steigen • wachsen • erhöhen sich • verbessern • ↘: zurückgehen • senken • sich verschlechtern • sinken • fallen • ↑: den Höhepunkt erreichen • den Spitzenwert erreichen • den Höchstwert erreichen • ↓: die Talsohle erreichen • den Tiefstand erreichen • →: konstant bleiben • gleich bleiben • sich stabilisieren • stagnieren

3 b

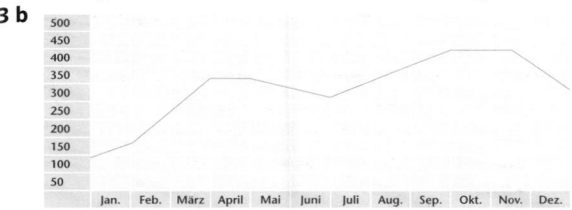

Wir müssen nur wollen

1 b *Mögliche Lösungen:* **Rosenstolz:** 12 Lieder • 13. Album • mit vielen Spielarten der Liebe auseinandersetzen • schräge Klänge • Geschichte vom großen Leben • mit Piano, Wurlitzer-Orgel, Bläsern und Streichern • großer Wurf in deutscher Popmusik • **Element of Crime:** deutsche Rockband • zeitloser Rock • Romantik mit Witz und Ironie • genial einfach die Texte der Band, die von Alltagskomik, Herbstphantasien, Liebeserklärungen erzählen • Liebeslieder sind Spezialität der Rockpoeten • romantisch ohne Kitsch und Klischees • **Grönemeyer:** tiefgründiges, wie unkonventionelles Album • Single … setzt sich mit Religion auseinander • Stück hat Zeug zum Ohrwurm • … bildet thematisch wie musikalisch einen Gegensatz • In dem Titel geht es darum, … • Ballade …, die Sänger seiner Freundin gewidmet hat • beschreibt mit seiner ausdrucksvoll poetischen Sprache Liebe zwischen zwei unabhängigen Menschen • **Sportfreunde Stiller:** Münchner Band ihrem Lieblingsthema Fußball gewidmet

• elf Songs über das runde Leder mit unterschiedlichen Melodien • Spiel wird eröffnet mit … • mit … Stimmung auf dem Höhepunkt • eingängige Melodien, die zu Ohrwürmern werden können • lustige Texte, die ohne Sprachkunst und Tiefgang auskommen • in den Stadien zur Hymne werden können

2 2. Cassetten • 3. Videoclips • 4. Audiodatei • 5. MP3-Player • 6. Webseite • 7. Hintergrundinfos • 8. Lyrics • 9. Konzert • 10. Sound • 11. Zugaben • 12. Tickets • 13. Internet • 14. Fanartikel • 15. DVD

3 f 2. ○● • 3. ○●○ • 4. ●○ • 5. ○○●○ • 6. ●○○ • 7. ○● • 8. ○○○● • 9. ○●○

Ein kluger Kopf

2 2r • 3r • 4r • 5f • 6r • 7f • 8r • 9f

3 a 2F • 3D • 4E • 5C • 6A

3 b 2. dennoch / trotzdem • 3. Trotz / Ungeachtet • 4. infolgedessen / folglich • 5. Trotz / Ungeachtet • 6. Obwohl / Obschon / Wenngleich • 7. so … dass • 8. Infolge • 9. Trotzdem / Dennoch • 10. Infolgedessen / Folglich

3 c 2. Gleichwohl ist die Qualität eines Coaches nicht immer gleich. • 3. Das Berufsbild des Coaches ist nicht geschützt, infolgedessen gibt es viele Scharlatane. • 4. Somit ist ein Vergleich der Angebote unbedingt empfehlenswert. • 5. Wenngleich selbst ein guter Coach keine positive Veränderungen garantieren kann. • 6. Selbst wenn Sie den besten Coach haben, ist die eigene Bereitschaft am wichtigsten.

Schule machen

1 2r • 3r • 4f • 5r • 6f • 7f • 8f • 9r • 10f

2 3. Aus (statt: In) • 4. mir (statt: mich) • 5. Voraussetzungen (statt: Voraussetzung) • 6. als (statt: zum) • 7. akzeptieren (statt: akzeptiert) • 8. dem (statt: den) • 9. sie damit (statt: umgehen damit) • 10. erwarte ich (statt: ich erwarte) • 11. dass (statt: das) • 12. freundlichem (statt: freundlichen) / Grüßen (statt: Gruß)

Der Preis geht an …

1 2B • 3A • 4F • 5E • 6C • 7A • 8C • 9B • 10F • 11D • 12E • 13C • 14B • 15D • 16C • 17E • 18C • 19A • 20E • 21D • 22B • 23A

2 a begeistert • einfallslos • enthusiastisch • feierlich • getragen • langweilig • lustig • spannend • trocken

2 b **positiv:** begeistert • enthusiastisch • feierlich • getragen (kann pos. sein) • lustig • spannend • *weitere mögliche Lösungen:* einfallsreich • humorvoll • facettenreich • geschliffen • unterhaltsam • **negativ:** einfallslos • getragen (kann neg. sein) • langweilig • trocken • *weitere mögliche Lösungen:* humorlos • langatmig • eintönig • spannungslos • ermüdend

3 *Mögliche Lösungen:* 1. Mutter / Mama • Bruder • Schwester • Sohn • Tochter • Enkelsohn • Enkeltochter • Großvater • Großmutter • Eltern • Kinder • Enkel • 2. Schwiegermutter • Schwiegereltern • Schwiegerkinder • Onkel • Tante • Cousin/e • Neffe • Nichte • Großtante • Großonkel • Großcousin/e • Großneffe • Großnichte • Schwager • Schwägerin • 3. Freund/in • Nachbar/in • Sportkamerad • 4. Chef/in • Vorgesetzter • Vorgesetzte • Teamleiter/in • Abteilungsleiter/in • Assistent/in

Lösungen

Lektion 12 - Sprachlos

1 a/b 2. die • ängstlich • 3. die • verärgert über + A • 4. der • zornig über + A • 5. die • neugierig auf + A • 6. die • freudig • 7. das • verständnisvoll • 8. die • dankbar für + A • 9. die • verzweifelt über + A • 10. die • erleichtert über + A • 11. die • enttäuscht über + A • 12. das • erstaunt über + A (Nr. 9, 10, 11, 12 sind formal Partizipien, die aber als Adjektive gebraucht werden.)

2 a Erstaunen: a • b • g • h • m • **Neugier:** e • g • l • **Dankbarkeit:** f • j • q • **Unterstützung:** k • i • **Verärgerung:** c • n • p • **Bedauern:** d • i

2 b a. Mir fehlen die Worte. ↘ • b. Was soll man da noch sagen? ↘ • c. Wie?!! ↗ Bist du wahnsinnig? ↗ • d. Mein Beileid! ↘ • e. Sag's mir einfach. ↘ • f. Zum Glück! ↘ • g. Ist nicht wahr! ↘ • h. Mir hat es echt die Sprache verschlagen! ↘ • i. Ich muss jetzt leider aufhören. ↘ • j. Gott sei Dank ↘, das wurde auch Zeit. ↘ • k. Keine Ursache ↘, das mache ich doch gerne. ↘ • l. Und? ↗ • m. Mir bleibt die Spucke weg. ↘ • n. So eine Frechheit! ↘ • o. Echt? ↗ • p. Nie und nimmer! ↘ • q. Ich kann dir gar nicht sagen →, wie dankbar ich dafür bin. ↘

2 c *Mögliche Lösungen:* 1. a, c, g, m • 2. q • 3. a, g, m • 4. j • 5. h • 6. e • 7. i • 8. k • 9. f, g, j • 10. p • 11. d • 12. q, o

3 a/b 2. b • f • 3. a • i • 4. a • f • 5. b • f • 6. a • i • 7. a • f • 8. b • i

Nichts sagen(d)

1 1. regnet • 2. Städte- • Meer • 3. Küche • Gerichte • 4. Stau • -funk • 5. -zeit • -bericht • 6. Urlaub • Alpen • 7. geschneit • Schnee • 8. Kochen • Koch • 9. Durchkommen • gebraucht • 10. Oper • Kino • 11. Büffet • Auswahl • 12. Bahn • Autofahrer

Wetter: 1 • 5 • **Essen:** 3 • 8 • 11 • **Verkehrssituation:** 4, 7, 9, 12 • **Freizeit / Urlaub:** 2, 6, 10

2 2. verlegen • 3. hohe Anforderungen an sich selbst • 4. meiden • 5. gelingt • 6. Spitzenreiter • 7. gebrochen • 8. körperlich näher • 9. Gespräch kommen • 10. zahlt sich • 11. kalte Schulter • 12. verbissen schweigen • 13. Taktgefühl • 14. Fettnäpfchen treten • 15. Hüten Sie sich • 16. Tabuthemen • 17. knüpfen • 18. echtes Interesse • 19. herstellen • 20. überwinden • 21. kennen sich aus

3 a 1r • 2r • 3f • 4f

3 b Zeile 24–26: Auf jeden Fall sollte am Ziel der fehlerfreien Beherrschung des Deutschen festgehalten werden.

3 c Informationen: Z. 1–4: Sprachwissenschaftler, z.B. Jost Fischer, fordern Dialektunterricht in Schulen. • Z. 12–14: Fischer plädiert für Reform des Schulunterrichts und Ergänzung des Curriculums durch das Fach „Dialektdeutsch". • Z. 15/16: Philologenverband ist geteilter Meinung. • Z. 24: Die ganze Argumentation ist umstritten. • Z. 24–26: Fehlerfreie Beherrschung des Deutschen bleibt Ziel. • **Argumente:** Z. 4–8: Dialekt sprechende Kinder sind häufig in der Schule frustriert und entwickeln Störungen, weil Dialekt sprechen als etwas Minderwertiges gilt. • Z. 8–11: „Zweisprachige" Kinder entwickeln mehr Sprachkompetenz, wodurch Auffassungsgabe und Denken trainiert werden. • Z. 19–23: Integration von Dialekt in den Unterricht stärkt die Identität und verbessert die Ausdrucksfähigkeit.

3 d *Mögliche Zusammenfassung:* In dem Zeitungsartikel geht es um den Vorschlag, Dialektunterricht in Schulen. einzuführen. Sprachwissenschaftler begründen dies mit zwei unterschiedlichen Argumentationslinien: einerseits schade die Stigmatisierung von Dialekten Dialekt sprechenden Kindern, andererseits habe die „Zweisprachigkeit" Vorteile für ihre Entwicklung. Beim Philologenverband ist der Vorschlag jedoch umstritten, weil es Hauptziel des Unterrichts sei, fehlerfrei Deutsch zu sprechen.

Die Kunst der leichten Konversation

1 höfliche Möglichkeiten: 2 • 4 • 5 (kommt auf Situation an) • 7 • 8

2 a 2. treiben • machen • 3. machen • treiben • betreiben • 4. führen • 5. abhalten • 6. halten • 7. führen • 8. führen • machen • 9. halten • 10. kommen

2 b 2. n • 3. neg • 4. n • 5. neg • 6. neg • 7. neg • 8. n • 9. n • 10. neg

2 c negative

2 d 2. die Schreierei • das Geschreie • 3. die Diskutiererei • – • 4. die Singerei • das Gesinge • 5. die Reiserei • das Gereise • 6. die Probiererei • –

3 a 1r • 2f • 3f • 4f • 5r

3 b 2. 50 Kg. mehr / geplant: Karl Maier hat 50 kg mehr gehoben als geplant. • 3. 3. Runde langsamer / Trainer besprochen: Silke Dach ist die 3. Runde viel langsamer angegangen, als mit dem Trainer besprochen war. • 4. schneller gelaufen / alle vorausgesagt: Ihre Konkurrentin aus Kenia ist (noch) schneller gelaufen, als alle vorausgesagt hatten. • 5. genauso gut (abgeschnitten) / letztes Jahr: Das deutsche Team hat genauso gut abgeschnitten wie letztes Jahr. • 6. mehr Preise / alle anderen: Die Norweger haben (mal wieder) mehr Preise gewonnen als alle anderen. • 7. Turnen so gut (abgeschnitten) / erwartet: Die Chinesen haben im Turnen so gut abgeschnitten wie erwartet. • 8. weniger Medaillen / erhofft: Die Deutschen haben weniger Medaillen gewonnen, als sie erhofft hatten / als erhofft. • 9. Stimmung besser / vergangene Jahre: Aber die Stimmung war besser als in den vergangenen Jahren. • 10. Trainingslager länger / dieses Jahr: Im nächsten Jahr soll der Aufenthalt im Trainingslager länger dauern als in diesem.

Mit Händen und Füßen

1 a 2. sich treffen • 3. herausgestreckte • 4. ein Signal • 5. Instrumente • 6. Kommunikation • 7a. gibt • 7b. preis • 8. wirkungsvoll • 9. vorstellbar • 10. entdeckt • 11. geprägt • 12. Beurteilung • 13. authentischer

1 b 2. zusammenkommen • 3. vorgereckte • 4. eine Botschaft • 5. Mittel • 6. Verständigung • 7. verrät • 8. machtvoll • 9. denkbar • 10. herausgefunden • 11. bestimmt • 12. Einschätzung • 13. echter

2 a7: da dieser sich immer etwas entfernt • b10: – • c2: einen direkten und starken Effekt • d4: Für den richtigen Abstand • e6: – • f1: – • g5: – • h8: – • i9: – • j3: –

3 a *Mögliche Dialoge:* 1. ▶ Guten Abend. Ich habe gerade festgestellt, dass die Dusche in meinem Zimmer nicht funktioniert. • ▷ Oh, das tut mir leid! Da kann ich aber leider im Moment nichts machen. Es ist doch Samstagabend. Unser Techniker ist gerade nach Hause gegangen und kommt erst am Montag wieder. • ▶ Das ist nicht mein Problem! Entweder die Dusche wird umgehend repariert oder Sie geben mir ein anderes Zimmer! • ▷ Das ist leider nicht möglich. Wir sind an diesem Wochenende komplett ausgebucht. Es tut mir wirklich leid. Ich möchte Ihnen ein Angebot machen: Sie erhalten von uns einen Gutschein für Massage und Hautbehandlung in unserer Wellness-Oase, oder ich reduziere den Zimmerpreis für heute und morgen Nacht um 50%. Würde Sie das für Ihre Unannehmlichkeiten entschädigen? • ▶ Na ja, besser als nichts. • 2. ▶ Guten Abend. Mir ist gerade bewusst geworden, dass mein Zimmer direkt neben dem Aufzug liegt. Das ist wirklich sehr störend. Können Sie mir ein anderes Zimmer geben? • ▷ Oh, ich bedaure sehr. Das ist ein bisschen schwierig, jetzt um 23 Uhr. Das Hotel ist total ausgebucht. • ▶ Wirklich? Das kann ich gar nicht glauben, im Restaurant war doch kaum jemand. • ▷ Doch, ich versichere Ihnen, dass es so ist. Aber ich übermorgen könnte ich Ihnen ein anderes Zimmer geben. • ▶ O. k., vielen Dank. • 3. ▶ Guten Morgen. Wären Sie so freundlich und würden mir ein Frühstück aufs Zimmer bringen? • ▷ Natürlich gern, was soll es denn sein? • ▶ Ein Kontinentalfrühstück, dazu zusätzlich zwei weiche Eier und einmal Müsli mit frischen Früchten und geschlagener Sahne. • ▷ Hm. Das ist ein bisschen schwierig, da müssten Sie aber einen Aufpreis bezahlen. Sie sehen ja auf der Speisekarte, dass für Bestellungen aufs Zimmer ein Zuschlag von 5% zu zahlen ist und ihre Sonderwünsche müssen wir Ihnen auch zusätzlich berechnen. • ▶ Das ist aber überhaupt nicht kundenfreundlich. Und Sie wollen ein Vier-Sterne-Hotel sein! • 4. ▶ Guten Morgen! Würde es Ihnen etwas ausmachen, ein anderes Bett in Zimmer 56 zu bringen. Die Matratze ist so hart, mir tut alles weh! • ▷ Das ist im Moment ein bisschen schwierig. Ich bin allein hier, aber morgen kann ich das gern veranlassen. • ▶ Na gut, wenn's nicht früher geht. • 5. ▶ Hier Müller. Ich muss mich leider über meinen Zimmernachbarn beschweren. Er ist so laut, dass ich kein Auge zumachen kann. Können Sie da bitte etwas unternehmen? • ▷ Hm, das ist leider nicht so einfach. Ihr Nachbar ist ein Dauergast. Er bleibt 4 Wochen und hat schon alles bezahlt. Aber ich habe Ihrer Beschwerde notiert und werde mit dem Geschäftsführer sprechen. • ▶ Nur sprechen reicht mir nicht. Ich verlange, dass Sie etwas unternehmen. Ich bin schließlich auch Gast oder gibt es Gäste zweiter Klasse?

4 a 1B • 2C • 3A • 4D

4 b 1B • 2A • 3D • 4C

4 c *Mögliche Lösungen:* **A:** Ablehnung / Skepsis / Langeweile • **B:** „Jetzt fällt mir's ein." / „Ich / Du / der / die / das ist blöd." • **C:** jemand (unfreundlich) wegschicken / „Komm her!" (aus der Ferne, Spanien) • **D:** Lob über Leistung, Essen, schöne Frau

Der Ton macht die Musik

1 2. Ich finde es unangemessen / Es kann doch nicht wahr sein, dass … • 3. Es kann doch nicht im Sinne von dem Geschäft / des Geschäfts sein, wenn … • 4. Ich finde es ungeheuerlich / Ich halte es für eine Frechheit / Unverschämtheit, dass … • 5. Ich möchte untersteichen / hervorheben, dass es nicht übertrieben ist, ein neues Gerät zu … • 6. Ich würde mir wünschen, dass der Verkäufer … • 7. Entscheidend für mich ist / Der Punkt für mich ist, dass … • 8. Meine Forderung lautet deswegen / Ich erwarte deswegen, dass … • 9 Außerdem wäre es wünschenswert, dass Sie mir …

3 2. worüber • 3. worüber • 4. was • 5. was • 6. was • worüber • 7. wozu

4 2. Alles, was er damals gesehen hat, war schrecklich. • 3. Vieles, wovon die Presse berichtet hat, war falsch dargestellt. • 4. Das Schlimmste, woran er sich erinnert, war das Warten auf Hilfe. • 5. Wofür er besonders dankbar ist,

ist die spontane Hilfsbereitschaft fremder Menschen. • 6. Er wird …, wozu ihm seine Familie dringend geraten hat.

Wer wagt, gewinnt

2 a Bayern: 3 • Berlin: 1 • Pfalz: 2 • Rheinland: 6 • Sachsen: 4 • Schwaben: 5

2 b Da war ich sprachlos. Das hätte ich nicht gedacht. Das ist ganz ungewöhnlich. Aber es ist vollkommen richtig: Zwei können mehr als einer.

Goethe-Zertifikat B2 – Probeprüfung

LV 1 1. negativ • 2A • 3F • 4D • 5B

LV 2 6a • 7c • 8c • 9a • 10b

LV 3 11b • 12a • 13b • 14b • 15a

LV 4 16. Wer • 17. ist • 18. ihm / sich • 19. abends / am Abend • 20. So / Dann • 21. von / der • 22. Ihnen • 23. kann / wird • 24. Fenster • 25. ihn

HV 1 1. Hin- und Rückfahrt • 2. Verängerungsnacht • 3. Malerpoet 4. Hotel Zum Kaiser • 5. 10.30–17.30

HV 2 6b • 7b • 8a • 9c • 10c • 11a • 12b • 13a • 14b • 15c

SA 2 16. davon (statt: dafür) • 17. schließen(statt: schließt) • 18. Hauses (statt: Haus) • 19. es ist (statt: ist es) • 20. telefonisch (statt: telefonig) • 21. mir (statt: mich) • 22. nächsten (statt: nächste) • 23. gezwungen (statt: gezwingt) • 24. behoben ist (statt: ist behoben) • 25. freundlichen (statt: freundligen)

Transkriptionen

Im Folgenden finden Sie die Transkriptionen der Hörtexte im Arbeitsbuchteil von B2.2, die dort nicht abgedruckt sind.

Lektion 7

🔘 1: 1. Berlin. Am 18. Januar öffnet die diesjährige Internationale Grüne Woche in Berlin ihre Pforten. Die weltgrößte Messe der Agrar- und Ernährungswirtschaft hat nicht nur kulinarische Genüsse aus fünf Kontinenten zu bieten. Sie ist auch Treffpunkt der internationalen Agrarpolitik, eine erste Adresse für den Gartenbau und Wissensbörse für die Nutzung nachwachsender Rohstoffe. Zehn Tage lang zeigen 1.600 Aussteller aus 56 Ländern ihr Angebot. Die Veranstalter rechnen mit mehr als 400.000 Gästen, darunter mehr als 50 Minister und Staatssekretäre aus dem Ausland sowie 60 deutsche Spitzenpolitiker.

🔘 2: 2. Mit dem Orkantief „Kilian" ist am gestrigen Donnerstag der schwerste Wintersturm seit Jahren über Europa gezogen. Wegen zahlreicher unbefahrbarer Strecken hat die Deutsche Bahn den Fern- und Regionalverkehr komplett eingestellt. Zehntausende Reisende saßen die Nacht über fest. Der Zugverkehr wird auch heute noch stark beeinträchtigt sein. Zahlreiche Bahnstrecken sind wegen umgestürzter Bäume und abgerissener Oberleitungen nicht befahrbar. Reisende sollten sich vor Fahrtantritt frühzeitig über die aktuellen Reisemöglichkeiten informieren und von nicht notwendigen Fahrten absehen, riet die Deutsche Bahn.

🔘 3: 3. Pollenvorhersage für heute Donnerstag, den 1. Februar: Aufgrund des ungewöhnlich milden Winters hat die Haselblüte stark verfrüht eingesetzt. Entsprechend fliegen in längeren Niederschlagspausen Haselpollen meist mit leichter, teils auch mit mäßiger Intensität. Außerdem sind erste Erlenpollen in der Luft. Betroffen ist vor allem der Westen und Süden Deutschlands. Im Osten des Landes lässt das Wetter kaum Pollenflug zu. Weder Erlen- noch Haselpollen sind in der Luft nennenswert vorhanden. Allergiker haben hier also nichts zu befürchten.

🔘 4: 4. Alpenpark Karwendel – Österreichs größtes Naturschutzgebiet: Mit rund 920 km² Gesamtfläche ist der Alpenpark Karwendel eines der größten Naturschutzgebiete Österreichs und besticht durch zahlreiche landschaftliche Höhepunkte: Hier finden Sie ein ideales Revier zum Wandern, Klettern oder Mountainbiken. Zahlreiche Hütten säumen dabei den Weg und laden Sportbegeisterte zu einer kleinen Pause ein. Die Infozentren in Hinterriß und Scharnitz informieren nicht nur über die Besonderheiten der Tier- und Pflanzenwelt, sondern bieten auch umfassende Informationen zu Wetterlage, Wandermöglichkeiten und Reservierungen von Hütten. Sollten Sie Fragen haben, wenden Sie sich bitte an unsere Servicehotline.

🔘 5: 5. Aufruf zur Blutspende! Die Berliner Bürger spenden nicht genug Blut. Wegen der immer knapper werdenden Reserven in Berlin und Brandenburg ruft das Deutsche Rote Kreuz heute zu einer Spendenaktion im RBB-Fernsehzentrum auf. Gesunde Bürger im Alter von 18 bis 68 Jahren können zwischen 10 und 18 Uhr in der Masurenallee 16 bis 18 in Charlottenburg Blut spenden. Die Aktion soll helfen, dass Krankenhäuser ausreichend mit Blutkonserven beliefert werden können und Operationen nicht verschoben werden müssen. Spender werden gebeten, ihren Personalausweis mitzubringen.

Lektion 8

🔘 14: Ja, meine Damen und Herren, wie lernt man am besten? Auf Folie 4 habe ich vier Merksätze für Sie zusammengestellt. Erstens: Lernen gelingt am besten bei ständigem Training. Jeder weiß das, aber dieses Wissen umzusetzen, ist oft sooo schwer! Warum eigentlich? Ist es Überforderung oder einfach nur Faulheit oder gibt es noch andere Gründe? Das bringt uns zu Merksatz 2: Lernen gelingt am besten, wenn bereits ein dichtes Wissensnetz geknüpft ist. Will heißen, je mehr wir von einer Sache wissen und je unterschiedlicher die Aspekte sind, die wir von ihr kennen, desto leichter fällt uns das Lernen. Je besser wir Neues mit bereits Vorhandenem verknüpfen können, desto einfacher fällt es uns. Was ist noch wichtig? Merksatz 3 sagt: Lernen gelingt am besten bei optimalen Rahmenbedingungen. Was ist darunter zu verstehen? Die Rahmenbedingungen sind wahrscheinlich für jeden unterschiedlich, aber ich denke, man kann sagen, dass eine gewisse äußere Sicherheit und Ruhe eine Rolle spielen. Wenn ich z. B. absolut nicht weiß, wie ich morgen meine Miete bezahlen soll, ist das sicherlich nicht förderlich fürs Lernen. Überhaupt die innere Verfassung: Wenn ich gerade die größten Probleme mit meinem Partner oder meiner Partnerin habe, werde ich höchstwahrscheinlich nur noch bedingt lernfähig sein. Und wenn mich der Stoff, den ich lernen muss, zu Tode langweilt, wird es auch ziemlich schwierig werden. Und das bringt uns zum nächsten Merksatz: Interesse, Sinn, Ziel sind Schlüsselwörter. D. h. Lernen gelingt am besten, wenn ich ein wirkliches Interesse an dem habe, was ich lerne, wenn ich einen tieferen Sinn darin sehe und ein klar definiertes Ziel damit verfolge. Also meine Damen und Herren: Wenn Sie wieder einmal einen Durchhänger beim Lernen haben, fragen Sie sich: Weiß ich, welchen Sinn das Lernen für mich macht? Habe ich mein Ziel vor Augen? Will ich es unbedingt immer noch erreichen? Wenn sie diese Fragen mit „Ja" beantworten können, wird Ihnen das Lernen ganz sicher viel, viel leichter fallen!

Lektion 12

🔘 39: 1. Eiskunstlauf: Die Weltmeister Albena Denkowa und Maxim Stawiski aus Bulgarien hatten es bei der Europameisterschaft nicht leicht. Gegen das überzeugende französische Paar mit Isabelle Delobel und Olivier Schoenfelder, die zur Filmmusik von „Bonnie and Clyde" die eleganteste Kür zeigten, und das perfekt aufeinander eingespielte russische Paar Oksana Domnina und Maxim Schabalin hatten die Bulgaren keine Chance auf einen der ersten beiden Plätze.

🔘 40: 2. Weitsprung: Nach dem verletzungsbedingten Aus von Michael Uhrmann hatten die deutschen Skispringer bei der WM keine Chance. Den Titel gewann Simon Ammann aus der Schweiz. Der beste Deutsche, Jörg Ritzerfeld, erreichte gerade Platz 15 und auch Martin Schmitt brachte mit Sprüngen von 113 und 103 Metern weniger als erwartet.

🔘 41: 3. Abfahrtski: Anja Pärson ist die Größte! Die 25-jährige Schwedin gewann bei der Weltmeisterschaft nach Super-G und Kombination auch die Abfahrt. Mit ihrem siebten WM-Titel ist Pärson die erste Skirennfahrerin überhaupt, die Weltmeisterin in allen fünf Disziplinen wurde. Ihr Erfolg ist einzigartig! Sogar König Gustav lobte sie und erklärte: „Sie ist eine herausragende Botschafterin für Schweden".

🔘 42: 4. Langlauf: Riesen Enttäuschung bei den Teamsprintern Tobias Angerer und Axel Teichmann. Bis zum letzten Wechsel hatten beide das Rennen kontrolliert, doch beim letzten Anstieg wurde Teichmann eingeklemmt und fiel auf Platz sieben zurück. Auf der Zielgeraden sprintete er noch mit größter Kraft nach vorn, aber auf die Siegertribüne reichte es nicht mehr.

🔘 43: 5. Riesenslalom: Aksel Lund Svindal präsentierte sich in Bestform und holte bei der Ski-WM im Riesenslalom sein zweites Gold. Der Norweger setzte sich als schnellster vor den beiden Schweizern Daniel Albrecht und Didier Cuche durch. Am Ende distanzierte er in 2:19,64 Minuten den Kombinations-Weltmeister Albrecht um 0,48 Sekunden. Cuche gewann Bronze und damit seine erste WM-Medaille überhaupt.

🔘 44-53: 1. Jean Marie ist wieder schneller gelaufen als alle Konkurrenten. • 2. Karl Maier hat 50 kg. mehr gehoben als geplant. • 3. Silke Dach ist die 3. Runde viel langsamer angegangen, als mit dem Trainer besprochen war. • 4. Ihre Konkurrentin aus Kenia ist noch schneller gelaufen, als alle vorausgesagt hatten. • 5. Das deutsche Team hat genauso gut abgeschnitten wie letztes Jahr. • 6. Die Norweger haben mal wieder mehr Preise gewonnen als alle anderen. • 7. Die Chinesen haben im Turnen so gut abgeschnitten wie erwartet. • 8. Die Deutschen haben weniger Medaillen gewonnen, als sie erhofft hatten. • 9. Aber die Stimmung war besser als in den vergangenen Jahren. • 10. Im nächsten Jahr soll der Aufenthalt im Trainingslager länger dauern als in diesem.

🔘 54-59: **Text in Hochdeutsch:** Da war ich sprachlos. Das hätte ich nicht gedacht. Das ist ganz ungewöhnlich. Aber es ist vollkommen richtig. Zwei können mehr als einer.

Goethe-Zertifikat B2 – Probeprüfung

🔘 60: Hallo Beate, hier ist Enrico. Kann dich leider nicht erreichen, hoffe aber, dass du die Nachricht noch abhören kannst, bevor die Infos wegen der drei Top-Angebote rausgehen, denn es sind noch ein paar Kleinigkeiten zu korrigieren und zu ergänzen.

Bei der Fahrt nach Berlin steht in der letzten Zeile des ersten Absatzes „Unterhandlung". Richtig muss es natürlich heißen „Unterhaltung".

Bei der Ausstellung in Magdeburg fehlt der Europarat, das ist ein wichtiger Geldgeber, wenn wir den vergessen würden, wäre das sehr peinlich. Ergänze also: 29. Ausstellung des Europarates.

Bei den Leistungen für die Ausstellung in Magdeburg haben wir „Hin und Rück" geschrieben, ich finde, wir sollten das ausschreiben, also Hin- und Rückfahrt, damit auch alle wissen, was gemeint ist.

Ebenso haben wir „zusätzliche Nacht" mit „zstl. Nacht" abgekürzt, da wissen vor allem Ausländer nicht, was damit gemeint ist. Ich schlage also vor, wir ersetzen das durch „Verlängerungsnacht". Wenn man seinen Aufenthalt verlängern will, halt.

Bei „Chagall in Baden-Baden" ist ein schlimmer Tippfehler passiert. Der Malerpoet schreibt sich natürlich ohne „h", er mahlt ja keinen Kaffee, sondern er ist Künstler. Also bitte das „h" streichen. Und mit Gustav Mahler hat das natürlich auch nichts zu tun.

Die Unterbringung der Reisenden erfolgt nicht im Hotel Zum König – das gibt es auch, ist aber nicht standesgemäß für unsere Klientel – sondern im Hotel Zum Kaiser.

Und als letztes noch die Öffnungszeiten der Chagall-Ausstellung: Wir haben uns mit der Museumsleitung in Verbindung gesetzt, und die hat uns gesagt: 10:30–17:30.

Das musst du dann noch ergänzen.

Das wär's dann auch schon. Vergiss nicht, dem Layouter zu sagen, dass wir übermorgen die Vorlagen brauchen für die Druckerei.

Das wär's. Danke und schönen Tag noch und bis morgen, Ciao.

🔘 61-65: *Ansage:* Sie hören ein Interview mit Götz Werner, dem Gründer und Chef der dm-Drogeriemarktkette. 1973 eröffnete er sein erstes Geschäft. Heute arbeiten bei ihm europaweit 23.000 Mitarbeiter in 1.600 Filialen. Zu diesem Interview sollen Sie zehn Fragen beantworten. Lesen Sie jetzt die Fragen 6 bis 15. Sie hören das Interview zuerst ganz, dann in Abschnitten.

Beispiel

Interviewer: Herr Werner, Sie lieben Tabubrüche, Sie sagen: „Es ist eine gute Sache, wenn die Menschen nicht arbeiten müssen!"

H. Werner: Ja, es ist doch eine großartige Sache, von diesem Zwang zur Arbeit befreit zu sein. Die Zeiten sind vorbei, dass wir – wie nach dem Sündenfall – im Schweiße unseres Angesichts das Brot verdienen müssen. Der Mensch hat die fünfte Schöpfung geschaffen – nämlich die Maschinen. Diese Maschinen sind unsere modernen Sklaven. Und es ist wunderbar, diesen Sklaven bei der Arbeit zuzuschauen. Es ist ein Genuss zu sehen, wie die Roboter in den Autofabriken die Karosserien zusammenschweißen, da meinen Sie, Titanen wären am Werk. Es ist also unsinnig, wenn etwa Bergarbeiter um ihre Knochenjobs kämpfen, dafür, dass sie in 2.000 Meter Tiefe bei Hitze krankmachenden Feinstaub einatmen.

Abschnitt 1

Interviewer: Es ist einfach so: Man ist in der Gesellschaft nur etwas wert, wenn man arbeitet, wenn man Werte schafft. Das schafft auch Selbstwert.

H. Werner: Ja, denn wir leben immer noch nach dem alten, nicht mehr zeitgemäßen Gebot: „Wer nicht arbeitet, soll auch nicht essen!" Da waren die alten Griechen schon viel weiter. Bei ihnen war die Muße das Ziel, nicht die Arbeit. Ich kann also das Gerede um die Schaffung neuer Arbeitsplätze kaum mehr hören.

Interviewer: Jetzt sagen Sie bloß noch: Arbeitslosigkeit ist eine Chance.

H. Werner: Ja, so ist es.

Interviewer: Sozial ist, was Arbeit schafft, rufen die Politiker!

H. Werner: Die Politiker sind vernagelt. Von ihnen sind kaum Ideen zu erwarten, die uns weiterbringen. Sie sind narkotisiert vom Vollbeschäftigungswahn. Wir müssen diese neue Wirklichkeit akzeptieren: Die Zeiten der Vollbeschäftigung sind endgültig vorbei. Vollbeschäftigung ist ein Mythos, eine Lüge.

Interviewer: Aufgabe der Wirtschaft ist es doch, Arbeitsplätze zu schaffen.

H. Werner: Nein. Das ist Unsinn. Die Wirtschaft ist keine sozialtherapeutische Beschäftigungsveranstaltung. Kein Unternehmer geht in seinen Laden und fragt sich: Wie schaffe ich neue Arbeitsplätze? Er fragt sich stattdessen: Wie kann ich möglichst effizient produzieren und wie rationalisieren, wie kann ich das Optimale für meine Kunden schaffen? Aufgabe der Wirtschaft – abgesehen von der Güterproduktion – ist es, die Menschen von Arbeit zu befreien.

Transkriptionen

Interviewer: So betrachtet, steht die deutsche Wirtschaft großartig da!

H. Werner: Ja. Wir leben in paradiesischen Zuständen. Die Frage ist, wie wir es fertig bringen, allen Menschen den Zugang zu dem zu ermöglichen, was die Gesellschaft hervorbringt. Nach 5.000 Jahren Mangel, Mangel, der genetisch in uns zu sein scheint: Zum ersten Mal in der Menschheitsgeschichte leben wir im Überfluss. Aber die Menschen schaffen es nicht, mit dieser neuen Wirklichkeit klarzukommen. Sie sind in einem Erfahrungsgefängnis.

Interviewer: Sie haben ganz einfach Angst, ein Hartz-IV-Fall zu werden.

H. Werner: Ja. Und das ist ein großes Problem. Sie haben Angst, stigmatisiert zu werden. Nutzlos zu sein. Dieses manische Schauen auf Arbeit macht uns alle krank. Und was ist denn Hartz IV? Hartz IV ist offener Strafvollzug. Es ist die Beraubung von Freiheitsrechten. Hartz IV quält die Menschen, zerstört ihre Kreativität.

Abschnitt 2

Interviewer: Das war notwendig, heißt es allenthalben, um aus der Krise herauszukommen!

H. Werner: Aha! Was für eine Krise? Wir haben keine Wirtschaftskrise.

Interviewer: Wie bitte?

H. Werner: Wir haben eine Denkkrise. Dass wir so viele Arbeitslose haben, zeigt die Stärke und die Effizienz unserer Wirtschaft.

Interviewer: Sie sind ja ein Zyniker.

H. Werner: Nein, ganz im Gegenteil. Ich bemühe mich, den Menschen zu helfen. Niemand muss ins soziale Abseits rutschen, wir können alle Erwerbslosen versorgen. Dazu müssen wir lernen, radikal, revolutionär zu denken.

Interviewer: Dann verraten Sie, was getan werden muss!

H. Werner: Einkommen und Arbeit sind in unserem Wirtschaftssystem aneinander gekoppelt. Das ist nicht mehr zeitgemäß. Wir brauchen kein Recht auf Arbeit. Wir brauchen ein Recht auf Einkommen. Auf ein bedingungsloses Grundeinkommen. Den Menschen muss man Geld in die Hand geben – von der Wiege bis zur Bahre – unbürokratisch, ohne Auflagen, ohne Formulare.

Interviewer: Wie schön!

H. Werner: Ja, sehr schön. Spotten Sie nicht, denken Sie stattdessen! Wir brauchen das Bürgergeld – für jeden.

Interviewer: Sie wollen jedem ein paar hundert Euro monatlich in die Hand geben, einfach so?

H. Werner: Ja, aber nicht nur ein paar hundert Euro, sondern so viel, dass jeder – bescheiden zwar – aber in Würde leben kann, dass jeder am gesellschaftlichen und kulturellen Leben teilnehmen kann. Und damit erreichen Sie auch, dass es Arbeitslosigkeit als Problem nicht mehr gibt, dass niemand mehr stigmatisiert werden kann.

Interviewer: Wie hoch soll dieses Bürgergeld sein?

H. Werner: Ich denke, es sollten 1.500 Euro sein. Stellen Sie sich mal vor, was für eine Gesellschaft sich entwickeln würde – eine Gesellschaft ohne Existenzangst!

Interviewer: Das ist ein schöner Traum, aber wer soll ihn bezahlen? Das hieße doch: Noch mehr Steuern, noch mehr Abgaben!

H. Werner: Überhaupt nicht. Ich bin dafür, alle Steuern abzuschaffen. Bis auf eine: die Mehrwertsteuer. Die müsste allerdings kräftig ansteigen, vielleicht sogar auf 50 Prozent.

Interviewer: Sie sind verrückt.

H. Werner: Nein. Die Mehrwertsteuer ist die einzig gerechte und wirklich sinnvolle Steuer. Wer viel konsumiert, der trägt viel zur Finanzierung des Staatswesens bei.

Abschnitt 3

Interviewer: Also: Sie wollen jedem Bürger tatsächlich 1.500 Euro in die Hand geben, einfach so?

H. Werner: Ja.

Interviewer: Das sprengt doch die Staatshaushalte. Das wären etwa 1,4 Billionen Euro im Jahr, also gut zwei Drittel der Wirtschaftsleistung Deutschlands!

H. Werner: Ich sage ja nicht, dass wir sofort voll in das neue System einsteigen. Das ist ein langer Prozess, der 15, 20 Jahre dauern kann. Es geht um einen Einstieg in das neue Denken. Mit meiner Idee des Bürgergeldes kann man schon morgen – auf kleiner Flamme – anfangen. Wir könnten schon morgen sagen: Jeder hat Anspruch auf 700, 800 Euro. Außerdem wird nicht jeder 1.500 Euro bekommen, das Grundeinkommen wäre nach dem Alter gestaffelt, Kinder bekommen 300 Euro, Rentner etwas weniger als Leute im Arbeitsalter. Über 720 Milliarden geben der Staat, die Länder, die Kommunen an Transferleistungen schon heute aus – an Arbeitslosengeld, Kindergeld, Sozialhilfe, Bafög, Wohnungsgeld und …

Interviewer: Das fällt dann alles weg?

H. Werner: Ja, die Dinge sind alle im Grundeinkommen enthalten, also nun überflüssig. Und somit passiert noch etwas: Der aufgeblähte Verwaltungsapparat, diese gigantische Sozialbürokratie, die die Bürger kujoniert, würde dramatisch zusammenschnurren, zig Milliarden würden freigesetzt. Ein Grundeinkommen von 800 Euro können wir uns also sofort leisten, das ist überhaupt nicht utopisch.

Interviewer: Was hat Sie dazu gebracht, so über die Gesellschaft nachzudenken.

H. Werner: Die Klassiker.

Interviewer: Sie meinen Goethe, Schiller …

H. Werner: Und noch einige andere mehr, ja. Ich habe die Klassiker gelesen als eine Art Grundlagenforschung. Ich war ja auch mal verzehrt von diesem üblichen Drang nach mehr, mehr. Das hat mich fast umgebracht. Aber irgendwann kommen die Fragen nach dem Sinn des Strebens. Goethes „Faust", Schillers „Ästhetische Briefe" halfen mir, die Welt neu zu sehen. Das macht einen wahrnehmungsfähig.

Interviewer: „Werft die Angst des Irdischen von euch", ruft Schiller, „Fliehet aus dem engen dumpfen Leben in des idealen Reich!"

H. Werner: Ja, darum geht es! Als junger Mensch habe ich auch eher nach dem Motto gelebt: Drauf und los! Aber wenn man älter wird, merkt man, dass Erfolg nicht heißt, wie erfolgreich bin ich, sondern wie gelingt es mir, andere erfolgreich zu machen. Es geht immer um den Menschen. Die Frage ist: Womit kann ich den Menschen dienen, nicht verdienen.

Interviewer: Edel, edel.

H. Werner: So sehe ich mich nicht, eher als einen – wie im „Faust" beschrieben – der immer strebend sich bemüht.

Interviewer: Und Sie glauben, Ihr Tun, Ihre Gedanken, das hilft, schafft eine bessere Welt?

H. Werner: Ich weiß nicht. Aber ich weiß, dass meine Ideen den Menschen Hoffnung geben. Ich glaube auch, dass meine Ideen sich ausbreiten. Ich bin da voller Vertrauen. Sehen Sie mal, wie wenig Hefe nötig ist, um einen Teig zum Treiben zu bringen!

Quellen

Bildquellen im Lehrbuchteil B2.2

Umschlagfoto: Getty Images, München

AKG, Berlin: 54.3 • Avenue Images GmbH, Hamburg: 30.3 (Banana Stock); 42.1 (Creatas); 43.1 (Banana Stock); 66.1,3 (Image Source / RF) • Bananastock RF, Watlington / Oxon: 29.1 • Corbis, Düsseldorf: 6.3 (RF); 38.6 (Joseph Sohm; ChromoSohm Inc.); 45.1 (Helen King); 58.2 (Michael S. Yamashita); 65.1 (Ludovic Maisant); 65.2 (Atlantide Phototravel) • Corel Corporation, Unterschleissheim: 8.1,5 • Creativ Collection Verlag GmbH, Freiburg: 14 • Das Fotoarchiv, Essen: 9.2 (Otto Stadler); 64.1 (Yavuz Arslan) • defd, Hamburg: 34 • Die Sportagentur, Neukirchen: 54.4 • EMI Music Germany GmbH & Co. KG, Köln: 58.1 (CD-Cover: Wir Sind Helden, Die Reklamation, Copyright: EMI Music Germany) • Fischer, Artur, Waldachtal: 19.1,4 • Fotosearch RF, Waukesha, WI: 6.1; 10.1 (Digital Vision); 30.2 (PhotoDisc); 38.1 (Image Source RF) • Getty Images, München: 20.2,3 (PhotoDisc); 29.3 (DigitalVision); 29.4 (Photodisc); 30.1 • GLOBUS Infografik, Hamburg: 28; 57 • Ingram Publishing, Tattenhall Chester: 20.4; 38.8 • Inmagine, Houston TX: 43.3 (Dynamicgraphics RF) • iStockphoto, Calgary, Alberta: 38.2,4,5,7 (RF); 66.4 (RF/ Jaimie D. Travis); 67; Joker, Bonn: 42.2 (Paul Eckenroth) • JupiterImages, Tucson, AZ: 29.2,5; 30.4; 38.3; 42.3; 52; 66.2 (RF/photos.com) • Klett-Archiv, Stuttgart: 16 (Aribert Jung); 77.1 (aus: PONS Reisewörterbuch Französisch, Foto: Klett-Archiv, Stuttgart); 77.2 (aus: PONS Reisewörterbuch Griechisch, Foto: Klett-Archiv, Stuttgart); 77.3 (aus: PONS Reisewörterbuch Portugiesisch, Foto: Klett-Archiv, Stuttgart); 77.4 (aus: PONS Reisewörterbuch Thailändisch, Foto: Klett-Archiv, Stuttgart) • Kulka, Matthias, Düsseldorf: 9.1 • MEV, Augsburg: 6.2,4; 43.2 • Ostkreuz, Berlin: 27 (Ludwig Schirmer) • Panther Media GmbH, München: 8.2 (RF/Andrea Knoblich); 8.3 (RF/ Mike Essandoh); 8.6 (RF/Wolfgang Röhrl); 10.2 (RF/Hans Eder); 31.1 (RF/Robert Kneschke); 31.2 (RF/Werner Heiber); 31.3 (RF/Ariane Lohmar); 64.2 (Anja Abel); 64.3 (Thomas Lammeyer) • Peuckert, Michael, Lörrach: 8.4 • Picture-Alliance, Frankfurt: 12 (epa/pa); 37 (Zucchi, Uwe); 54.1 (Bernd Weissbrod); 54.2; 62.2 (Robert Fishman); 65.3 (Åke Eson Lindman); 75 (Karl-Josef Hildenbrand) • StepStone Deutschland AG, Düsseldorf: 50 • ullstein bild, Berlin: 20.1 (Peter Arnold Inc.); 45.2 (Caro/Meyerbroeker); 62.1 (Jürgen Bauer).

Textquellen im Lehrbuchteil B2.2

S. 6: Im Birnbaumschatten, aus: Karl Krolow: Die Zeichen der Welt © Luzie Krolow, Darmstadt; „Ein Sturm hat gestern Nacht … nackten Ästen verwandelt" aus: Wolfgang Hildesheimer, Lieblose Legenden © Suhrkamp Verlag, Frankfurt am Main 1962 • S. 8: Die Natur als Lehrmeister © Bayerischer Rundfunk, München • S. 10: Meinungen und Kommentare © Helmut Gräter, www.apollo.zeit.de/kommentare/indexwf. php?km_id=288 • S. 12 Hwang will trotz langem Sündenregister wieder klonen © Prof. Dr. Roland Graf, Alpthal, http://cloning.ch/newsdetails.php?recordID=53 (Klonen, Stammzellen, Embryonenforschung und PID); Die Geschichte übers Klonen… © Heike Hupertz, Friedrichsdorf • S. 14: Genfood – Segen oder Fluch? © Bernadette Schweda, Berlin • S. 16: Kräutergarten der Natur © Medizinauskunft, Dießen • S. 20: Man kann Wissen erwerben © Bibliographisches Institut & F. A. Brockhaus, Mannheim; Wissen © www. phillex.de; Das Wort Wissen … © www.almanach.online.de • S. 21: Kleines Quiz © www.wissen.de • S. 24: Macht Musik klüger? © Philip Wolff, in: SZ Wissen 17.12.2005, Süddeutsche Zeitung, München • S. 26: Das Geheimnis der Musikgenies © Westdeutscher Rundfunk, Köln • Das Lustobjekt Gehirn © Margit Mertens, in: Generalanzeiger 28.1.2006, Bonn • S. 30: Was es ist, aus: Erich Fried, Es ist was es ist. © Verlag Klaus Wagenbach, Berlin 1983, NA 1996 • S. 32: Was sind Gefühle überhaupt? © Heiko Ernst, Psychologie Heute 1/2006 • S. 36/37: San Salvador, aus: Peter Bichsel, Eigentlich möchte Frau Blum den Milchmann kennenlernen. 21 Geschichten. © Suhrkamp Verlag Frankfurt am Main 1993 • S. 37: Über Peter Bichsel © Beatrice Sandberg, Essen • S. 39: E-mail © Katharina Litschauer, Wien • S. 43: Persönliche Erfahrungen im Ausland © www.auswandern-heute. de • S. 44: Wie bekomme ich Informationen? © Eurodesk Deutschland, IJAB e. V., Bonn • S. 50: Was sind die Voraussetzungen? © Stepstone, Düsseldorf • S. 52: Geister in der Stadt © Mei-Huey Chen, Berliner Zeitung 22.5.1998 • S. 53: Interkulturelle Kommunikation © Küsters 1998, Deutscher Universitäts-Verlag, Wiesbaden • Tabelle © Kroeber-Riel/Weinberg, Verlag Vahlen, München • S. 62: Laborschule Bielefeld © Westdeutscher Rundfunk, Köln • Zitat von H. v. Hentig: An dieser Schule … © Universität Bielefeld, Laborschule • S. 69: Sitzt man im Flugzeug … © Germanwings GmbH, Köln • Kennen Sie das? © www.egonet.de • S. 69: Im Aufzug … © Cocomore AG, Frankfurt am Main, Vericon Ratgeber VK 45 Small Talk • Kommunikationstrainerin Topf © Bohmann Druck & Verlag, Wien • S. 73: Die Macht der wortlosen Sprache, Weltsprache oder Geheimcode? © Julia Lohrmann, Brühl

Hörtexte im Lehrbuchteil B2.2

Lek. 7: Die kleine Schneeflocke © Reinhold Schneider, Insel Verlag, Frankfurt • Die Natur als Ingenieur: Was ist Bionik? © Bayerischer Rundfunk, München • Lek. 8: Abenteuerspielplatz im Kopf © campus-web. de, Bonn • Eine Präsentation, Quelle: Folien im Buch S. 96 nachgebaut; Text stark verändert © 2001 – 2006 Sven Lehmann – Unternehmer, Berater, Coach – Kontakt & Impressum Telefon: 03423-603406, Telefax: 03423-604672,http://www.seven-lehmann.de/aktuell/top-thema/wissen-koennen-entwickelt-sich-unterschiedlich.html • Vergessen © Prof. Hans Markowitsch, Universität Bielefeld • Lek. 9: Militärschnitt © Ronald-Henss-Verlag, Saarbrücken • Lek. 10: Interview Studentin/Eurodesk © Eurodesk Deutschland, IJAB e. V., Bonn • Lek. 11: „Müssen nur wollen", Interpreten: Wir sind Helden, Freudenhaus Musikverlag/Partitur Musikverlag GbR/Wintrup Musikverlag, Text und Komposition: Judith Holofernes, Reklamation Records

Bildquellen im Arbeitsbuchteil B2.2

Cinetext, Frankfurt: 135 • Corbis, Düsseldorf: 116.3 (RF); 128 (Archivo Iconografico); 147 (Joseph Sohm); 174 (RF); 199.3 (Ronnie Kaufman) • Corel Corporation, Unterschleissheim: 118.1; 118.5 • creativ collection, Freiburg: 123; 141.2 • Das Fotoarchiv, Essen: 119 (Otto Stadler) • dfd Deutscher Fotodienst GmbH, Hamburg: 144 • Fotosearch RF, Waukesha, WI: 116.1; 121.1 (Digital Vision); 141.1 (Stockbyte); 186.1 (EyeWire); 186.3 (Photodisc) • Getty Images, München: 150 (PhotoDisc); 166 (EyeWire); 186.2 (Photo Disc) • GLOBUS Infografik, Hamburg: 131 • iStockphoto, Calgary, Alberta: 185.1,2 (RF); 199.1 (Grove) • Jupiterimages GmbH, Starnberg: 199.2 (photos.com) • Klett-Archiv, Stuttgart: 126 (Aribert Jung) • MEV, Augsburg: 116.2,4 • Michael Peuckert, Lörrach: 118.4 • Panther Media GmbH, München: 118.2 (RF/Andrea Knoblich); 118.3 (RF/Mike Essandoh); 118.6 (RF/Wolfgang Röhrl); 121.2 (RF/Hans Eder); 141.3 (Viola S.) • Picture-Alliance, Frankfurt: 122 (epa/pa); 146 (Zucchi, Uwe) • ullstein bild, Berlin: 140 (Hellgoth); 173 (Bauer)

Textquellen und Hörtexte im Arbeitsbuchteil B2.2

S. 118/119: Die Natur als Ingenieur: Was ist Bionik? © Bayerischer Rundfunk, München • S. 141: Was es ist, aus: Erich Fried, Es ist was es ist. © Verlag Klaus Wagenbach, Berlin 1983, NA 1996 • S. 154: Kurzinformation Internationale Jugendgemeinschaftsdienste Bundesverein e. V. © ijgd Bundesverein, Bonn • S. 158: ping pong © Eugen Gomringer, Institut für konstruktive Kunst und konkrete Poesie, Archiv Eugen Gomringer, Rehau • In der Nacht die Sterne funkeln aus: Karl Valentin: Gesammelte Werke in einem Band © Piper Verlag GmbH, München • S. 159: Nachweise International, erstellt nach Informationen aus der Homepage vom Internationalen Jugendaustausch- und Besucherdienst der Bundesrepublik Deutschland (IJAB) e.V., Bonn • S. 161: Auslandtätigkeit © Dr. Ulrich Brötzmann, Mainz, in: Frankfurt Allgemeine Zeitung, 05.08.06, Frankfurt • S. 182: Störe meine Kreise nicht © Julia Lohrmann, Brühl • S. 192: Emanzipation der Männer noch weit zurück © Berliner Zeitung 29.09.2006, Berlin • S. 195: Interview mit Götz Werner © Arno Luik, STERN 17/2006, Hamburg • S. 197: Netzwerken © Kirsten Reinhardt, taz 14.10.2006, Berlin

Trotz intensiver Bemühungen konnten wir nicht alle Rechteinhaber ausfindig machen. Für Hinweise ist der Verlag dankbar.

Audio-CD

Aufnahmeleitung: Ernst Klett Sprachen GmbH, Stuttgart
Produktion: Bauer Studios GmbH, Ludwigsburg
Sprecher: Christian Büsen, Reinhard Froboes, Barbara Kysela, Götz Schneyder, Christiane Timerding, Christiane Weiss
Presswerk: P+O Compact Disc GmbH & Co. KG, Diepholz
Gesamtzeit: 46:10

Erfolg in Sicht:

Ein Konzept für alle Prüfungen!

Von A1 – C1 mit klarer Struktur

In den Übungs- und Testbüchern finden Sie alles, was für die Prüfungen wichtig ist:

- Aufgaben zu den Fertigkeiten Lesen, Hören, Schreiben und Sprechen
- alle prüfungsrelevanten Aufgabentypen
- Modelltests zum Üben
- Transkriptionen der Hörtexte

Mit zusätzlichen Audio-CDs zur intensiven Vorbereitung auf den Prüfungsteil Hören.

**Mit Erfolg zu telc Deutsch B2/
Zertifikat Deutsch Plus**

Übungsbuch
978-3-12-675417-0

Testbuch
978-3-12-675418-7

Audio-CD
978-3-12-675416-3

Mit Erfolg zur DSH

Übungsbuch
978-3-12-675436-1

Testbuch
978-3-12-675435-4

Audio-CD zum Übungsbuch
978-3-12-675438-5

Audio-CD zum Testbuch
978-3-12-675437-8

**Mit Erfolg zum
Goethe-Zertifikat B2**

Übungsbuch
978-3-12-675830-7

Testbuch
978-3-12-675831-4

Audio-CD zum Übungsbuch
978-3-12-675832-1

Audio-CD zum Testbuch
978-3-12-675833-8

**Mit Erfolg zum
Goethe-Zertifikat C1**

Übungsbuch
978-3-12-675834-5

Testbuch
978-3-12-675835-2

Audio-CD zum Übungsbuch
978-3-12-675836-9

Audio-CD zum Testbuch
978-3-12-675837-6

Alle diese Titel erhalten Sie in Ihrer Buchhandlung oder im Internet unter **www.klett.de**.

Z33666